普通高等学历教育(本科)“法律法规”系列教材
“工商”企业在职岗位培训系列教材

农村政策法规

周　晖　杨四龙　主　编
张冠男　郭　可　副主编

清华大学出版社
北　京

内容简介

根据国家农业与农村经济发展和产业结构调整的新形势，结合国家近年颁布实施的农村法律法规和政策规定，本书系统介绍农业基本法律制度，农村土地承包与纠纷解决法律制度，农业生产经营管理，农业生产资料管理，农业知识产权，农村资源利用和环境保护法律制度，农业行政执法，农村科技、教育与创业，农村财政、金融与税收，农村社会保障制度，城乡统筹发展，扶贫开发与农民合法权益维护，村民基层组织与自治法律制度等农村政策法规知识，并注重案例教学，以提高学生的应用能力。

本书具有通用性和实用性，既可作为普通高等院校经济管理专业法律基础课程的首选教材，同时也兼顾高职高专、高等教育自学考试、成人教育的教学，对于广大农村工作者也是一本有益的在职岗位培训教材。

图书在版编目(CIP)数据

农村政策法规/周晖，杨四龙主编. —北京：清华大学出版社，2017（2020.10重印）
（普通高等学历教育（本科）“法律法规”系列教材）
（“工商”企业在职岗位培训系列教材）
ISBN 978-7-302-48738-8

Ⅰ. ①农… Ⅱ. ①周… ②杨… Ⅲ. ①农业政策－中国－高等学校－教材 ②农业法－中国－高等学校－教材 Ⅳ. ①F320 ②D922.4

中国版本图书馆 CIP 数据核字(2017)第 272178 号

责任编辑：袁 帅
封面设计：常雪影
责任校对：宋玉莲
责任印制：杨 艳

出版发行：清华大学出版社
网　　址：http://www.tup.com.cn，http://www.wqbook.com
地　　址：北京清华大学学研大厦 A 座　　**邮　　编**：100084
社 总 机：010-62770175　　**邮　　购**：010-62786544
投稿与读者服务：010-62776969，c-service@tup.tsinghua.edu.cn
质量反馈：010-62772015，zhiliang@tup.tsinghua.edu.cn
印 刷 者：北京富博印刷有限公司
装 订 者：北京市密云县京文制本装订厂
经　　销：全国新华书店
开　　本：185mm×230mm　　**印　　张**：23.75　　**字　　数**：499 千字
版　　次：2017 年 11 月第 1 版　　**印　　次**：2020 年 10 月第 4 次印刷
定　　价：59.00 元

产品编号：077242-01

教材编审委员会

从书序言

PERFACE

随着我国改革开放进程的加快和我国社会主义市场经济的快速推进，我国经济建设一直保持着持续高速增长的态势，已成为全球第二大经济体。经济发展越快，市场竞争越激烈，越是需要法律法规作保障，法律法规既是规则，也是企业的行为道德准则；法律法规在开拓国际市场、国际商务活动交往、防止金融诈骗、打击违法犯罪、推动民族品牌创建、支持大学生创业、促进生产、拉动内需、解决就业、推动经济发展、保证国家税改、改善民生、构建和谐社会等方面发挥着越来越大的作用。

目前，我国正处于经济稳步发展与社会变革的重要时期，随着经济转型、产业结构调整、传统企业改造，涌现了大批旅游、物流、电子商务、生物医药、动漫、演艺、文化创意、绿色生态、循环经济等新型产业；为支持“中小微”型企业和自主创业发展，为与国际经济接轨、适应中国经济国际化发展趋势，近年来国家不断加大税制改革、调整财政与会计政策，并及时颁布实施了一系列新出台和修订的法律法规，包括劳动法、旅游法、商标法、税法、保险法等，以及企业会计准则、税收征管制度等政策规定，为的是更好地搞活经营、活跃市场、确保我国经济的可持续发展。

市场经济是法治经济，经济活动必须遵纪守法，法律法规执行与监管是市场经济的永恒主题。随着我国法律体系的逐步建立，全民都必须尊重、严守法律法规，随着世界逐步纳入法制化轨道，所有企业也必须依法办事规范经营。当前，面对经济的快速发展、激烈的国际市场竞争、就业上岗的压力，更新观念、学习新法律法规，调整业务知识结构、掌握各项新的管理制度，加强在职从业人员的法律法规应用技能培训、强化法规道德素质培养已成为目前亟待解决的问题。

社会需求和市场呼唤有知识、会操作、能顶岗的实务型法律法规专业人才，本套书的出版不仅有力地配合了高等教育法律教学的创新和教材更新，而且也满足了社会需求，起到了为国家经济建设服务的作用；对依法治国、依法办事、依法经营，对加强法治观念、树立企业形象、提升核心竞争力、有效进行自我保护具有积极的现实意义。

本套教材作为普通高等教育本科院校法律法规课程的特色教材，以读者应用能力训练为主线，以科学发展观为统领，严格按照国家教育部关于“加强职业教育、突出实践技能与能力培养”的教育教学改革要求，依据各项法律法规的教学特点和人才培养目标，根据当前国际法制改革新的发展趋势，结合国家正在启动的毕业生就业工程，针对社会、市场、企事业单位对各种法律事务岗位用人的实际需求；我们组织多年从事法律法规相关课程教学的专家教授与具有丰富实战经验的律师事务所律师共同撰写。

本套教材包括《经济法》《商法》《海商法》《税法》《国际商法》《劳动与社会保障法》《金融法律法规》《保险法律法规》《会计法律法规》《电子商务法律法规》等教材。参与编写的单位有：吉林工程技术师范学院、北京物资学院、华北科技学院、北京联合大学、哈尔滨师范大学、北方工业大学、山西大学、首钢工学院、牡丹江大学、北京教育学院、燕山大学、北京城市学院、东北财经大学、北京财贸职业学院、厦门集美大学、北京朝阳社区学院、大连商务学院、北京西城社区学院、郑州大学、北京石景山社区学院、大连海事大学、北京宣武社区学院、浙江工业大学、大连工业大学等全国三十多所高校。

由于本套教材紧密结合中国经济改革与发展实际、融入法律法规实践教学理念，坚持改革创新、注重与时俱进，有效解决本科法律教材陈旧、知识老化、数据案例过时、重理论轻实践等问题，具有选材新颖、知识系统、案例真实、贴近实际、通俗易懂等特点，并采取规范统一的格式化体例设计；因此既可以作为普通高等教育本科院校、高职高专院校相关专业法律教学课程的首选教材，也可以作为各类企事业机构从业人员的在职教育和岗位培训教材，对于广大社会社区居民也是非常有益的普法参考读物。

在教材编著过程中，我们参阅借鉴了大量国内外有关金融、财税等各项法律法规的最新书刊资料和国家新出台的政策法规及管理制度，并得到有关行业企业领导与专家教授的悉心指导，在此一并致谢。为配合本套教材的发行使用，特提供配套电子课件，读者可以从清华大学出版社网站（www. tup. com. cn）免费下载。希望全国各地区普通高等教育、高职高专院校积极选用本套教材，并请同行多提改进意见，以使教材不断完善与提高。

编委会主任　牟惟仲

前 言

FOREWORD

我国是历史悠久的农业大国。农业在国家的经济社会发展中占据着重要的地位。党中央、国务院历来高度重视解决农业、农村、农民问题，把加快农业发展、促进农民增收、保持农村稳定作为进行社会主义现代化建设的头等大事来抓。特别是21世纪以来，中共中央、国务院自2004—2017年，先后发布了以“三农”为主题的“中央一号文件”14个，反复强调解决好“三农”问题是中国社会主义现代化建设新时期各项工作的“重中之重”，对农村改革、农业发展、农民致富做出了一系列战略性部署，有关部委也先后出台了一系列政策性指导意见和落实的措施办法。

中央明确提出，到2020年全国农村改革发展的基本目标任务是：农村经济体制更加健全，城乡经济社会发展一体化体制机制基本建立；农民人均纯收入比2008年翻一番，消费水平大幅提升，绝对贫困现象基本消除；农村基层组织建设进一步加强，村民自治制度更加完善，农民民主权利得到切实保障等。

农村政策法规是高等教育农业经济管理专业的重要基础课程，也是农业从业就业者必须学习的一门核心课程。随着国家经济转轨和产业结构调整，涌现了特色观光农业、绿色养殖业、旅游、物流、电子商务等一大批新兴文化创意产业，结合国家鼓励乡镇企业创业、促进农民就业，各类农家乐、光能、环保等高新科技乡镇企业得到蓬勃发展，为此国家出台了多项有利于农业农村新兴产业和农村乡镇企业发展的政策法规。

本书作为高等教育农业与农村政策法规课程的特色教材，坚持以科学发展观为统领，严格按照国家教育部关于“加强职业教育、突出应用能力培养”的教学改革要求，注意突出实操性、注重实践训练。本书的出版不仅有力配合高等院校的法学专业教学创新和教材更新，也可以起到为国家农业与农村经济建设服务的作用。

全书共十四章，以学习者应用能力培养为主线，根据国家农业与农村经济发展的新形势，结合国家近年颁布实施的农业与农村法律法规，系统介绍农业基本法律制度，农村土地承包与纠纷解决法律制度，农业生产经营管理，农村生产资料管理，农业知识产权，农村资源利用和环境保护法律制度，农业行政执法，农村科技、教育与创业，农村财政、金融与税收，农村社会保障制度，城乡统筹发展，扶贫开发与农民合法权益维护，村民基层组织与自治法律制度等农村政策法规知识。

本书融入农业与农村政策法规最新的实践教学理念，坚持创新、力求严谨、注重与时俱进，具有选材新颖、知识系统、观点科学、贴近实际、突出实用性、便于理解掌握等特点，因此本书既可以作为普通高等院校经济管理专业法律基础课程的首选教材，同时兼顾高职高专和成人教育教学，也适用于广大农村工作者在职岗位培训。

本教材由李大军统筹策划并具体组织，周晖、杨四龙主编，周晖统改稿，张冠男、郭可为副主编，由我国法律专家李遐桢教授审定。作者写作分工：牟惟仲（序言），张冠男（第一章、第二章），周晖（第三章、第四章），郭可（第五章、第七章），罗佩华（第六章），杨四龙（第八章、第十章），张武超（第九章），姚志敏（第十一章），李爱华（第十二章），孙勇、吴青梅（第十三章），王桂霞（第十四章）；华燕萍、李晓新（文字修改、版式整理、制作教学课件）。

在教材编著过程中，我们参阅了有关农村政策法规的最新书刊资料、国家近年颁布实施的农村政策法规和管理制度，收集了具有实用价值的典型案例，并得到有关专家教授的具体指导，在此一并致谢。为方便教学、本书配有教学课件，读者可以从清华大学出版社网站（www.tup.com.cn）免费下载。因农村政策法规涉及面广、内容较多，且作者水平有限，所以书中难免存在疏漏不足，恳请专家和读者批评指正。

编　者

2017 年 5 月

目　录

CONTENTS

农村政策法规

第一章 农村政策法规概论

学习目标

- 掌握农村政策的概念、特点和分类，农村政策与农村法律法规的关系。
- 理解政策的概念、特点和分类。
- 了解农业、农村法律体系框架构成。

案例导学

2015 年 1 月 19 日，国务院常务会议部署加强乡村医生队伍建设、更好保障农村居民身体健康。探索实施乡村医生与农村居民签约服务模式，并按规定收取费用，财政根据核定任务量和乡镇卫生院对乡村医生的考核结果等给予补助；提高乡村医生收入，将 2014 年、2015 年对农村地区新增的人均基本公共卫生服务补助资金以政府购买服务的方式全部用于乡村医生，今后继续重点倾斜等。

END

第一节　农村政策概述

一、政策的概念、特点和分类

(一) 政策的概念

政策是指一个政党或国家在一定历史时期为实现一定的目标而规定的行政准则和依据。政策可以从以下三点来理解。

(1) 政策必定是关于国家管理的公共性政策，是作用于全社会的。

(2) 政策是为解决某一问题而采取的措施。

(3) 政策对全体社会成员的政治经济行为产生影响，并通过相应的法律条文配合产生一定的约束规范作用。

执政党及其政府以纲领、决议、决定、命令、指示、规定、意见等形式颁布的文件都属于政策范畴。政策的实质是阶级利益观念化、主体化和实践化的反映。

(二) 政策的特点

(1) 阶级性。政策的最根本特点就是在阶级社会中、政策只代表特定阶级的利益，从来不代表全体社会成员的利益，不反映所有人的意志。

(2) 正误性。任何阶级及其主体的政策都有正确与错误之分。

(3) 时效性。政策是在一定时间内的历史条件和国情条件下推行的现实政策。

(4) 表述性。政策的表现形态不是物质实体，而是外化为符号表达的观念和信息。它是由有权机关使用语言和文字等表达手段进行表述的。

(三) 政策的分类

政策按不同层次划分，分为总政策、基本政策和具体政策。

(1) 总政策居于最高层次，而且只有一个。它是基本政策和具体政策的总依据和总目标。总政策的内容具有高度的概括性和综合性，在一定的历史时期内是稳定不变的。总政策的改变标志着一个历史时期的结束，并带来政策体系的改变。

(2) 基本政策居中，处于承上启下的关键地位，在总政策和具体政策之间。它是总政策的具体化，又是制定具体政策的依据。基本政策有若干方面，在经济社会的各个领域都有基本政策。

(3) 具体政策居于最低层次，是基本政策的具体化。总政策和基本政策的贯彻执行最终要靠具体政策的落实来完成。没有具体政策，整个政策的作用就不能发挥。具体政策有很多，它直接规范人们的行为，因而十分详细、具体。

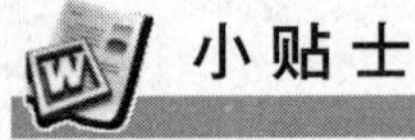

小贴士

政策的其他分类

(1) 按覆盖面划分。分为反映统治阶级利益的政策、反映部分社会成员利益的政策和反映社会全体成员利益的政策。

(2) 按不同内容划分。分为经济政策、外交政策、教育政策和宗教政策。

END

二、农村政策的概念、特点和分类

(一) 农村政策的概念

农村政策是指中国共产党或国家在一定历史时期为实现党在我国农业的一定目标

而规定的行政准则和依据。

（二）农村政策的特点

从本身的性质出发，农村政策具有内容的纲领性、工作范围的广泛性、具体应用的灵活性和政策效力的有限性等特点。

（三）农村政策的分类

按不同层次划分为农村总政策、农村基本政策和农村具体政策。

1. 农村总政策

党的基本路线是我国的总政策，也是党在农村的总政策。党在社会主义初级阶段的基本路线是："领导和团结全国各族人民，以经济建设为中心，坚持四项基本原则，坚持改革开放，自力更生、艰苦创业，为把我国建设为富强、民主、文明的社会主义现代化国家而奋斗。"贯彻这一基本路线，需要制定符合实际情况的具体工作路线和政策。所有的具体工作路线和政策都必须以基本路线为依据，要服从和服务于基本路线。

在新时期，我们必须用党的基本路线作为统一思想和行动的准则，振奋广大农民建设社会主义新农村的巨大热情和创造精神，为把我国建设成为富强、民主、文明的社会主义现代化国家而奋斗。

2. 农村基本政策

从 1950 年夏天《中华人民共和国土地改革法》颁布开始，我国农村和农民的生活发生了翻天覆地的变化。从互助组到高级社，再到人民公社的建立，特别是到改革开放时期，党中央对农业的基本政策，覆盖了农村经济社会的各个领域。

(1) 家庭承包经营责任制政策。主要包括：①家庭承包经营是集体经济组织内部的一个经营层次，享有充分的生产经营自主权。②集体作为一个经营层次，具有管理协调、生产服务、资源开发、资产积累等职能。③家庭经营与集体经营相互结合，实行宜统则统、宜分则分的双层经营体制。④家庭承包经营责任制的分配原则是交足国家的、留足集体的、剩余都是自己的。⑤在家庭承包经营责任制中，无论采取哪种方式都不允许改变土地的集体所有制性质，不准以任何形式把土地变为私有。⑥稳定完善双层经营体制，关键是稳定完善土地承包关系。

(2) 以公有制为主体，多种所有制经济共同发展政策。主要包括：①坚持社会主义公有制为主体。公有制经济不仅包括国有经济和集体经济，还应包括混合所有制经济中的国有成分和集体成分。②集体所有制经济是公有制经济的重要组成部分。要支持、鼓励城乡多种形式集体经济、股份合作制经济的发展。③非公有制经济是我国社会主义市场经济的重要组成部分。对个体、私营等非公有制经济要继续鼓励引导，使之健康发展。④健全财产法律制度，依法保护各类企业的合法权益和公平竞争，并对它们进行监督管理。

(3) 共同富裕政策。主要包括：①共同富裕是经济社会发展的最终目标。②承认地区经济发展不平衡和个人收入差别，允许和鼓励一部分地区和一部分人通过诚实劳动和合法经营先富起来。③组织引导先富帮后富，逐步实现共同富裕。

(4) 以按劳分配为主体和按生产要素分配为辅相结合的分配政策。主要包括：①坚持按劳分配为主体，充分发挥其在分配中的示范作用。②承认按劳分配以外的其他分配方式。③既要有利于善于经营的企业和诚实劳动的个人先富起来，合理拉开收入差距，又要防止贫富悬殊，坚持共同富裕的方向。④在促进效率提高的前提下体现社会公平。⑤针对分配中的主要倾向，着重解决吃大锅饭、搞平均主义、互相攀比的问题。⑥对过高的个人收入采取有效措施进行调节，防止和解决社会分配不公问题。对以非法手段牟取暴利的，要依法制裁。

(5) "以工哺农，以城带乡，多予、少取、放活"的政策。主要包括：①工业反哺农业，不断增强农村政策的反哺性和普惠性，促进农业与国有经济发展相协调。②建立新型城乡关系，城市支持农村，促进生产要素在城乡间自由流动，引导资金、技术、人才、服务等向"三农"聚集，促进农村富余劳动力向非农产业和城镇转移。③调整国民收入分配格局，建立健全财政支农资金稳定增长机制。④统筹城乡发展，逐步消除影响城乡协调发展的体制性障碍，逐步缩小农民与城镇居民的收入差距。⑤充分发挥市场配置资源的基础性、决定性作用，推进农村征地，农民户籍、教育等制度改革，逐步形成城乡统一的要素市场，增强农村经济发展活力。

(6) 推进农产品流通体制改革的政策。主要包括：①逐步理顺农产品价格。②实行多渠道、少环节流通体制。鼓励兴办农产品中心批发市场、专业市场和集贸市场。进一步完善农产品运输"绿色通道"管理机制。

(7) 扶持老少边穷地区脱贫致富的政策。

(8) 推进农业供给侧结构性改革的政策。

案例 1-1

2016 年，北京市怀柔区怀柔镇对镇域所有村庄、道路和河道环境进行综合整治。①成立以镇党委书记、镇长为组长，镇党委副书记和主管镇长为副组长，科室长为组员的怀柔镇环境综合整治领导小组，全面指导镇域环境综合整治工作。②通过广播、悬挂标语、发放宣传单、与商住户座谈等多种形式，广泛宣传环境整治的意义和重要性，帮助群众认清爱护环境、垃圾清理、规范经营对环境改善的重要作用。③全面落实领导班子分片包干、住户和商住户"门前三包"责任制。④30 个行政村成立了环境管理委员会，加强日常环境卫生综合整治工作的巡查和督查力度，使全镇环境卫生整治工作步入良性轨道。

请问：北京市怀柔区怀柔镇采取哪些举措推进环境综合整治？

【解析】

一是加强组织，明确领导。制定并下发《怀柔镇环境综合整治工作方案》，坚持党政一把手亲自抓、负总责，卫生片区责任领导具体抓、负直接责任，将任务层层分解，明确工作责任，严格实行两级包抓制，一抓到底。二是加强宣传，科学引导。引导群众养成良好的生活习惯和规范经营的自觉性，着力提高村民文明素养和环境整治意识，进而自觉参与到该镇环境整治维护中。三是明确责任，狠抓落实。四是健全机制，长效管理。制定《怀柔镇管理办法》，对乱停、乱堆、乱摆、乱放、逆向行驶行为严厉禁止，严加惩处，对施工企业、集镇商店、居民住户、机动车辆进行严格规定，做到有制可依，有章可行，督促群众自觉遵守。确保怀柔镇环卫管理工作的科学化、规范化、制度化。

END

3. 农村具体政策

21 世纪的 14 个“中央 1 号文件”一脉相承(见表 1-1)，贯彻落实科学发展观、统筹城乡发展、把三农工作作为重中之重、坚持“多予少取放活”方针等指导思想都始终坚持。每年都根据新情况和新问题提出明确要求，既突出主题又统筹兼顾，措施明确有力，可操作性强，形式和内容高度统一，取得了显著的效果。

表 1-1　21 世纪的 14 个“中央 1 号文件”

2004 年《中共中央、国务院关于促进农民增加收入若干政策的意见》。
2005 年《中共中央、国务院关于进一步加强农村工作提高农业综合生产能力若干政策的意见》。
2006 年《中共中央、国务院关于推进社会主义新农村建设的若干意见》。
2007 年《中共中央、国务院关于积极发展现代农业扎实推进社会主义新农村建设的若干意见》。
2008 年《中共中央、国务院关于切实加强农村基础建设进一步促进农业发展农民增收的若干意见》。
2009 年《中共中央、国务院关于促进农业稳定发展农民持续增收的若干意见》。
2010 年《中共中央、国务院关于加大统筹城乡发展力度进一步夯实农业农村发展基础的若干意见》。
2011 年《中共中央、国务院关于加快水利改革发展的决定》。
2012 年《中共中央、国务院关于加快推进农业科技创新持续增强农产品供给能力的若干意见》。
2013 年《中共中央、国务院关于加快发展现代农业进一步增强农村发展活力的若干意见》。
2014 年《中共中央、国务院关于全面深化农村改革加快推进农业现代化的若干意见》。
2015 年《中共中央、国务院关于加大改革创新力度加快农业现代化建设的若干意见》。
2016 年《中共中央、国务院关于落实发展新理念加快农业现代化实现全面小康目标的若干意见》。
2017 年《中共中央、国务院关于深入推进农业供给侧结构性改革加快培育农业农村发展新动能的若干意见》。

三、贯彻落实好农村各项政策的要求

1. 科学认识农业农村形势，全面把握农业农村深刻变化

当前我国农业农村呈现持续发展的良好势头，出现了多年期盼、十分难得的好局面，展现出许多前所未有的喜人景象。农民对中央的支农惠农政策衷心拥护，心气顺、劲头足，使得党群关系进一步改善。但是农业农村发展仍然处于艰难的爬坡阶段，解决好“三农”问题仍然是长期而艰巨的任务。越是在形势好的时候，各级领导越要保持清醒的头脑，越要增强忧患意识和危机感。“十三五”时期，必须更加科学地进行“三农”工作，更加自觉地统筹城乡发展，更加主动地创新农村体制机制，更加积极地发展现代农业、推进新农村建设。进一步加强现代农业建设，加快发展农村经济，实现全面建设小康社会的宏伟目标。

2. 努力增强政策观念，不断提升执行政策的水平

(1) 农业发展关系到国民经济的可持续发展，农村的稳定关系整个社会的稳定，农民的富裕关系国家的富强。研究和解决农业、农村和农民问题，必须有强烈的政治责任感，从大局出发，以国家的根本利益为一切问题的出发点和落脚点，运用马克思主义的辩证唯物主义和历史唯物主义的立场、观点和方法，客观地分析问题，解决问题。

(2) 加强对政策的学习研究，不断提高执行政策水平。要学习研究政策的内容、适用范围和条件，深刻领会政策的精神实质和意图，按照政策规定调整自己的认识和行为，务必做到在思想和行动上与党中央的政策要求保持一致，自觉自愿地接受、支持和执行政策。

3. 认真贯彻落实中央对农业农村工作的重要决策

坚持政策的原则立场，严格按照政策规定的要求去做，全面地、不折不扣地贯彻落实中央对农业农村工作的重要决策。在不违背政策原则精神和坚持政策方向的前提下，要坚持从实际出发，采取灵活多样的方式方法，使政策目标得以实现。

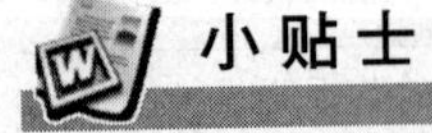

小贴士

特色小镇

特色小镇是具备特色鲜明的产业形态、和谐宜居的美丽环境、彰显特色的传统文化、便捷完善的设施服务和充满活力的体制机制，满足以下条件：①具备良好的发展基础、区位优势和特色资源，能较快发展起来。②实施并储备一批质量高、带动效应强的产业项目。③镇规划编制工作抓得紧，已编制的总体规划、详细规划或专项规划达到定位准确、目标可行、规模适宜、管控有效 4 项要求。现有规划未达到定位准确等 4 项要求的已启

动规划修编工作。④制定并实施支持特色小镇发展的政策措施，营造市场主导、政企合作等良好政策氛围。⑤实施老镇区整治提升和发展利用工程，做到设施完善、风貌协调和环境优美。⑥引入的旅游、文化等大型项目符合当地实际，建设的道路、公园等设施符合群众需求。

特色小镇通常坐落在上海、杭州、北京等产业基础较好的城市周边，距离城市中心30～50千米。不只是地产开发，而是把支撑小镇的基础农业包含在内。模式创新，基础农业配套为返乡创业的人提供产权保障，有效抑制人口流出。在建筑规划中，90%是住宅，10%是配套设施，包括医疗、教育、餐饮、娱乐和文化等。

2016年，全国各省(自治区、直辖市)有127个特色小镇，2017年计划推荐名额300个。建设部、国家发展改革委、财政部明确提出，到2020年，将培育出1000个左右的特色小镇。

END

四、新时期要深入推进农业供给侧结构性改革

当前我国农业农村发展不断迈上新台阶，已进入新的历史阶段。从根本上解决好农业结构性矛盾、大力推进农业供给侧结构性改革已成为“三农”工作的新主线。新形势下，农业主要矛盾已经由总量不足转变为结构性矛盾，主要表现为阶段性的供过于求和供给不足并存。农业农村内外部环境发生了深刻变化。

从外部看，经济增长换挡降速，农民工收入增长缓慢，财力紧张，对农村投入增幅明显回落。从内部看，农产品需求升级了，有效供给跟不上；资源环境承载能力到极限了，绿色生产跟不上；国外低价农产品进来了，国内竞争力跟不上；农民增收传统动力减弱了，新的动能跟不上。在这些问题中，供给和需求两侧都存在，但矛盾的主要方面在供给侧，突出的是结构性、体制性矛盾。推进农业供给侧结构性改革，就是要从根本上解决这些结构性矛盾问题。

农业供给侧结构性改革，不是简单的少种点什么、多种点什么，而是涵盖范围广、触及层次深的一场全方位变革。这需要总体把握：主要目标是增加农民收入、保障有效供给；主攻方向是提高农业供给质量；根本途径是体制改革和机制创新。要用改革的办法推动发展由过度依赖资源消耗、主要满足“量”的需求，向追求绿色生态可持续、更加注重满足“质”的需求转变。

农业供给侧结构调整必须坚守三条底线——确保粮食生产能力不降低，农民增收势头不逆转，农村稳定不出问题。突出“三大调整”方向：调优产品结构，突出“优”字；调好生产方式，突出“绿”字；调顺产业体系，突出“新”字。着力发展农村新产业新业态，促进三产深度融合，实现农业“全环节升级、全链条升值”。改革板块的核心是理顺政府和市场“两只手”关系，实现三大激活——激活市场、激活要素、激活主体。培育新型农业经营

主体和服务主体,激活各类人才到农业农村创业创新。

在抓手、平台、载体方面,建设“三区”“三园”加“一体”。“三区”即粮食生产功能区、重要农产品生产保护区、特色农产品优势区;“三园”即现代农业产业园、科技园、创业园;“一体”是指田园综合体。在资源配置方面,提出大规模实施节水工程、盘活利用闲置宅基地,允许节约的建设用地采取入股、联营等方式,重点支持乡村休闲旅游养老等产业。在农业主体和人才保障方面,一方面要大力培育新型农业经营主体和服务主体,加快发展多种形式的规模经营;另一方面要积极发展生产、供销、信用“三位一体”综合合作。乡村规划、住宅设计人才是一个“瓶颈”,应鼓励高等学校、职业院校开设相关专业和课程,培育一批专业人才,扶持一批乡村工匠。

小贴士

田园综合体的定义、提出的出发点和发展模式

田园综合体就是农业+文旅+地产的综合发展模式。早在2012年年底的时候,我国就有8.5万个村开展了休闲农业与乡村旅游活动,休闲农业与乡村旅游经营主体达到170万家,其中农家乐150万家,从业人员2 800万,占全国农村劳动力的6.9%,年接待游客8亿人次,实现营业收入超过2 400亿元。

2017年中央一号文件提出:“支持有条件的乡村建设以农民合作社为主要载体、让农民充分参与和受益,集循环农业、创意农业、农事体验于一体的田园综合体,通过农业综合开发、农村综合改革转移支付等渠道开展试点示范。”

田园综合体是在城乡一体化格局下,顺应农村供给侧结构改革、新型产业发展,结合农村产权制度改革,实现中国乡村现代化、新型城镇化、社会经济全面发展的一种可持续模式。

田园综合体的提出的出发点是主张以一种可以让企业参与、带有商业模式的顶层设计、城市元素与乡村结合、多方共建的“开发”方式,创新城乡发展,形成产业变革、带来社会发展,重塑中国乡村的美丽田园、美丽小镇。

田园综合体是以企业和地方合作的方式,在乡村社会进行大范围整体、综合的规划、开发、运营。(1)企业承接农业,就可以避免实力弱小的农户的短期导向行为,可以做中长期产业规划,以农业产业园区发展的方法提升农业产业,尤其是发展现代农业,形成当地社会的基础性产业。(2)规划打造新兴驱动性产业——综合旅游业,也可称为文旅产业,促进社会经济发展。(3)在基础产业和新兴驱动性产业起来后,当地的社会经济活动就会发生大的改变,该地区就可以开展人居环境建设,为原住民、新住民、游客这三类人群营造新型乡村、小镇,形成社区群落。

田园综合体最终形成的是一个新的社会、新的社区。中国休闲农业产业已成为农业和农村经济发展的亮点之一，并彰显出广阔的发展前景。

第二节 农业、农村法律体系框架的构成

改革开放以来，我国在调整农民、农业和农村各类社会关系方面，先后制定和修改了《中华人民共和国农业法》(简称《农业法》)等 20 多部法律、70 多部行政法规以及相关的一系列法律法规。一个具有中国特色的农业、农村法律制度框架已初步形成，在“三农”方面基本做到了有法可依。

一、从立法效力关系上进行界定，我国农业、农村法律体系框架构成可以分为五个部分

1.《农业法》

《农业法》作为农业基本法，主要就农业和农村经济的基本制度和农业发展的一些方向性问题进行较为原则的规定。

2. 专业法律

专业法律是就农业和农村经济中的特定经济关系或某个领域的基本问题进行规定的与《农业法》相配套的专门法律。

3. 行政法规

为实施专门法律而制定配套性行政法规和法律没有明确的具体规定，凡涉及全国性农业和农村经济中的重大具体问题，涉及重大方针、政策性具体问题或涉及几个部门的具体问题，由国务院以行政法规加以规定。

4. 地方性法规

地方性法规是为保证宪法、法律和行政法规在本区域的有效实施和规范本区域农业和农村经济中的特殊经济关系或基本问题而制定的。

5. 部门规章(或称部门行政规章)和地方规章(或称地方行政规章)

部门规章在全国普遍适用，而地方规章则只适用于本区域范围。

二、从涉农关系看，农业、农村适用的法规体系框架可分为 9 大部分

1. 农业基本法律制度

农业基本法律制度包括《农业法》。

2. 农产品生产与经营法律制度

农产品生产与经营法律制度包括《中华人民共和国农业技术推广法》(以下简称《农业技术推广法》)、《中华人民共和国种子管理条例》(以下简称《种子管理条例》)、《农业部关于肥料、土壤调理剂及植物生长调节剂检验登记的暂行规定》《农业部肥料登记管理办法》《加强肥料登记管理工作的若干规定》《中华人民共和国农药管理条例》(以下简称《农药管理条例》)、《中华人民共和国饲料和饲料添加剂管理条例》(以下简称《饲料和饲料添加剂管理条例》)、《中华人民共和国兽药管理条例》(以下简称《兽药管理条例》)、《中华人民共和国农业机械安全监督管理条例》(以下简称《农业机械安全监督管理条例》)、《中华人民共和国食品安全法》(以下简称《食品安全法》)、《中华人民共和国农产品质量安全法》(以下简称《农产品质量安全法》)、《中华人民共和国动物防疫法》(以下简称《动物防疫法》)、《中华人民共和国进出境动植物检疫法》(以下简称《进出境动植物检疫法》)、《中华人民共和国植物检疫条例》(以下简称《植物检疫条例》)、《中华人民共和国种畜禽管理条例》(以下简称《种畜禽管理条例》)、《中华人民共和国乳品质量安全监督管理条例》(以下简称《乳品质量安全监督管理条例》)、《中华人民共和国农业转基因生物安全管理条例》(以下简称《农业转基因生物安全管理条例》)、《中华人民共和国农民专业合作社法》(以下简称《农民专业合作社法》)、《中华人民共和国合伙企业法》(以下简称《合伙企业法》)和《中华人民共和国合同法》(以下简称《合同法》)等。

3. 农业知识产权法律制度

农业知识产权法律制度包括《中华人民共和国专利法》(以下简称《专利法》)、《中华人民共和国植物新品种保护条例》(以下简称《植物新品种保护条例》)、《中华人民共和国植物新品种保护条例实施细则》(以下简称《植物新品种保护条例实施细则》)、《中华人民共和国商标法》(以下简称《商标法》)、《中华人民共和国商标法实施条例》《中华人民共和国反不正当竞争法》(以下简称《反不正当竞争法》)、《地理标志产品保护规定》和《农产品地理标志管理办法》等。

4. 农村土地承包与纠纷解决法律制度

农村土地承包与纠纷解决法律制度包括《中华人民共和国农村土地承包法》(以下简称《农村土地承包法》)、《中华人民共和国农村土地承包经营纠纷调解仲裁法》(以下简称《农村土地承包经营纠纷调解仲裁法》)等。

5. 农业资源与环境保护法律制度

农业资源与环境保护法律制度包括《中华人民共和国环境保护法》(以下简称《环境保护法》)、《中华人民共和国土地管理法》(以下简称《土地管理法》)、《中华人民共和国水法》(以下简称《水法》)、《中华人民共和国渔业法》(以下简称《渔业法》)、《中华人民共和国草原法》(以下简称《草原法》)、《中华人民共和国矿产资源法》(以下简称《矿产资源法》)和《中华人民共和国森林法》(以下简称《森林法》)等。

6. 农村金融服务法律制度

农村金融服务法律制度包括《中华人民共和国保险法》(以下简称《保险法》)、《中华人民共和国农业保险条例》(以下简称《农业保险条例》)、《中华人民共和国工伤保险条例》(以下简称《工伤保险条例》)、《中华人民共和国企业所得税法》(以下简称《企业所得税法》)、《企业所得税法实施条例》、《中华人民共和国增值税暂行条例》(以下简称《增值税暂行条例》)、《中华人民共和国增值税暂行条例实施细则》(以下简称《增值税暂行条例实施细则》)、《中华人民共和国城镇土地使用税暂行条例》(以下简称《城镇土地使用税暂行条例》)、《中华人民共和国耕地占用税暂行条例》(以下简称《耕地占用税暂行条例》)、《中华人民共和国契税暂行条例》(以下简称《契税暂行条例》)、《中华人民共和国契税暂行条例实施细则》(以下简称《契税暂行条例实施细则》)和《中华人民共和国车船税法》(以下简称《车船税法》)等。

7. 农民婚姻家庭继承法律制度

农民婚姻家庭继承法律制度包括《中华人民共和国婚姻法》(以下简称《婚姻法》)、《中华人民共和国继承法》(以下简称《继承法》)和《中华人民共和国反家庭暴力法》(以下简称《反家庭暴力法》)以及有关婚姻家庭继承的司法解释等。

8. 农村社会保障制度

农村社会保障制度包括《中华人民共和国农村五保供养工作条例》(简称《农村五保供养工作条例》)等。

9. 村民自治法律法规

村民自治法律法规包括《中华人民共和国村民委员会组织法》(简称《村民委员会组织法》)、《中华人民共和国选举法》(简称《选举法》)和《村民一事一议筹资酬劳管理办法》等。

小贴士

法律权利、法律义务

所谓权利是指公民依法享有的权益，法律意义上的权利表现为法律允许人们做或不做某种行为；所谓义务是指公民依法应当履行的责任，法律意义上的义务是法律要求人们必须做或不做某种行为。

END

第三节　农村政策与农村法律法规的关系

一、农村政策与农村法律法规的联系

1. 农村政策指导农村法律法规的制定

制定农村法律法规，要以国家的宪法为依据，但还要有国家的农村政策为指导，任何一项农村法律法规都要体现国家的基本农村政策。在这个意义上说，农村法律法规是农村政策的具体化、条文化。

2. 农村法律法规对农村政策的制约作用

农村法律法规是执政党和国家意志在农业方面的统一，是国家权力的最高体现。它决定执政党和任何政治团体以及政府首脑的有关农业活动都必须在农业法律的范围内进行，农村政策决不能与农业法律相违背。即使农村法律法规的有些内容已不适应时代发展的要求，也只能通过法定程序加以修改和更新，不能借口执行农村政策而随意改变法律。

二、农村法律法规与农村政策的区别

1. 属性不同

农村法律法规具有国家意志的属性，法律体现一种国家意志，具有普遍约束力，以权利和义务的形式表现出来，成为各种组织和全体公民必须遵守的行为规则。农村政策则是由党和政府部门制定的，不具有国家意志的属性。

2. 制定主体不同

农村法律法规必须由国家立法机关及依法授权的有关机关制定，而且必须依照严格的法定程序和法定权限。农村法律法规是根据党的政策制定的，具有明确的规范性，是党的政策的定型化、条文化、具体化。农村政策则可以由政党、政府、利益集团等不同政治主体制定或影响，某些农村政策的制定不一定要像法律那样经过严格的规范程序。政策的规定一般来说比较笼统，原则性强，弹性较大。

3. 表现方式不同

农村法律法规一定要以规范性的法律文件正式公布出来，而农村政策是由决定、决议、纲领、宣言、通知、纪要等形式表现出来的，有时还有所谓的内部政策。

4. 实施方式不同

农村法律法规是以国家的强制力为后盾保证实施的。在法律的背后有法庭、警察、监狱，国家司法机关对违反法律的行为必将绳之以法，给予强制性惩处。但是农村政策并不一定都是以国家强制力为后盾，农村政策主要是靠宣传、教育、说服、劝导等方式来贯彻实施。

5. 稳定程度不同

农村法律法规比农村政策更加稳定。农村政策比较灵活多变，它可以根据变化的农业以及整个国民经济形势，根据当时的客观实际和具体需要而制定，做出迅速地调整。

三、农业领域政策和法规联系非常密切

在农业领域，政策和法律联系非常密切。要准确认识农村法规的主要制度，就必须理解相关的农村政策。同时，由于农业立法的滞后性，农村政策在农业和农村经济活动中仍然发挥着重要的作用。

1. 农村政策和农村法规具有时代性

我国正处于经济和社会的转型期，农业尤其如此。我国现行的重要农村政策和农村法规均体现这一时代特点。这一特点决定：第一，农业和农村领域的立法进程较快，适应农村改革深化的要求，不断有新的农村法律法规颁布实施；第二，农业和农村发展中不断产生新的问题和矛盾，需要国家不断制定新的政策用以指导农村经济活动。

2. 农村政策和农村法规具有实践性

农村政策和农村法规的制定和颁布基于我国当前农业和农村改革的现实需要，因此既要理解所涉及的基本理论，更要与我国农业和农村发展的实践相结合，要能够根据农村法规知识来解决实践中的矛盾和问题。

导学案例解析

1. 乡村医生仍将长期存在

让乡村医生的岗位真正变得“有吸引力”。李克强说，中国城镇化还有很长的路要走，未来几十年乡村医生仍将长期存在，“要千方百计提高他们的待遇，让有能力的村医乐意留在乡村”。

2009 年，村医数量只有 100 万人，现在已达到 130 万人，这充分说明农村居民对村医有巨大的需求。村医让老乡“足不出村就能看上病，距离近、花钱少，是老百姓的‘健康卫士’”。必须加强乡村医生队伍建设，既符合“预防为主”的医疗卫生方针，也更方便农村居民就近、便宜就医。

2. 亮点是“签约”和“收费”

传统上乡村医生对于同村居民的诊治一般不收取医疗服务费用，医生的劳务价值无法体现；只能通过卖药来获取收入，这样既损害农村医生的收入，又在农村形成“以药养医”。

2014 年，中国人均基本公共卫生服务经费补助标准由 2013 年的 30 元提高至 35 元。

国家卫计委2013年规定，一般安排40%左右的基本公共卫生服务经费用于乡村医生公共卫生服务补偿。

对于乡村医生的规模，原则上按照每千服务人口不少于1名的标准在全国配备乡村医生，采取公建民营、政府补助等方式，支持村卫生室建设和设备购置。根据国家卫计委公布的数字，2013年年底，中国58.9万个行政村共设64.9万个村卫生室，村卫生室人员达145.7万人，其中，执业(助理)医师29.1万人、注册护士8.5万人、乡村医生100.5万人。

3. 乡村医生面临两大问题

一是整体待遇低、缺乏吸引力；二是自身水平不高、有待进一步提高。加强对村医培训，事实上是政府提供的必要公共产品和公共服务。

国家卫计委在2013年下发通知，指导乡村医生"签约式服务"工作，乡村医生所要提供的服务包括：基本医疗服务，即常见病、多发病的诊疗服务；基本公共卫生服务，关注特定服务对象；重点人群跟踪服务，进行上门服务；规范转诊等。

对乡村医生开展免费培训和脱产进修，建立乡村全科执业助理医师制度；拓宽乡村医生发展空间，乡镇卫生院优先聘用乡村医生，到村卫生室工作的医学本科毕业生优先参加住院医师培训；提高乡村医生养老待遇等。

在国务院常务会议上通过了《全国医疗卫生服务体系规划纲要》(简称"纲要")。根据纲要规定，中国将分级设置各类公立医院，大力发展社会办医，科学布局优质医疗资源，强化功能布局与分工协作，加快推进公立医院改革等。

(资料来源：http://news.cnfol.com/guoneicaijing/20150120/19960038.shtml.)

练习题

一、简答题

1. 农村政策是什么？农村法规是什么？
2. 14个"中央一号文件"有哪些？
3. 农村政策种类包括哪些？
4. 农村政策与农村法规的区别有哪些？

二、不定项选择题

1. 我国农业、农村法律体系框架构成可以分为(　　)，部门规章(或称部门行政规章)和地方规章(或称地方行政规章)等部分。

A.《农业法》　B. 行政法规　C. 专业法律　D. 地方性法规

2. 农业基本法律制度包括(　　)。

A.《农业法》　B.《农业技术推广法》

C.《种子管理条例》　　D.《广告法》

3. 农村土地承包与纠纷解决法律制度包括(　　)。

A.《农村土地承包法》

B.《农村土地承包经营纠纷调解仲裁法》

C.《合同法》

D.《土地管理法》

4. 农业资源与环境保护法律制度包括(　　)。

A.《环境保护法》　　B.《土地管理法》

C.《水法》　　D.《森林法》

5. 农民婚姻家庭继承法律制度包括(　　)。

A.《婚姻法》

B.《继承法》

C.《关于建立新型农村合作医疗制度的意见》

D.《草原法》

6. 农业知识产权法律制度包括(　　)。

A.《专利法》　　B.《植物新品种保护条例》

C.《商标法》　　D.《地理标志产品保护规定》

7. 农村金融服务法律制度包括(　　)。

A.《保险法》　　B.《农业保险条例》

C.《工伤保险条例》　　D.《耕地占用税暂行条例》

8. 农村法律法规与农村政策的区别是(　　)不同。

A. 属性　　B. 制定主体　　C. 表现方式　　D. 实施方式

三、案例分析题

2017 年,《中共中央、国务院关于深入推进农业供给侧结构性改革加快培育农业农村发展新动能的若干意见》发布实施。

试分析：你所在地的省(自治区、直辖市)都采取哪些推进农业供给侧结构性改革的政策措施?

第二章
农业基本法律制度

学习目标

- 掌握农业法、农业和农村经济发展的基本目标，农业生产经营体制及农民权益保护。
- 理解农业法基本原则、粮食安全、农业支持保护体系及财政补贴政策。
- 了解农业农村法律体系、农业生产和农产品流通法规，农业资源与环境保护。

案例导学

2015 年 12 月 1 日，山东省 A 市 A 县大柳树村委会与李大力家双方签订一份果园承包合同，在合同中约定承包土地的用途、果树的数目、承包价款、交付承包费的时间，以及不按期交付承包费的违约责任。承包期限内，由于承包地的上游地区乔家峪水库放水频繁，所放水库中的水从承包地周围流过，果树被大量涝死，李大力重新栽种果树，但是补栽的果树还是没能成活。李大力心急如焚，多方寻找原因，最终确定是地质条件的原因。于是李大力商定改种栗子树，并且改种的栗子树生长很好。

2016 年 3 月，当地因修建高速公路莱城区段占了果园部分土地，部分果树被砍伐，果园内实际成才果树的棵数少于合同约定的棵数，但是果园内所有果树的棵数多于合同约定的棵数。由于修建公路占了部分土地，李大力向大柳树村委会要求减少部分承包费。但是大柳树村委会不但不同意，反而要求李大力增加承包费，双方发生争议。2017 年 3 月，大柳树村委会向 A 县人民法院提起了诉讼，请求解除承包合同，请求被告支付承包费并承担违约金 14 万元。

END

第一节　《农业法》概述

一、《农业法》的概念

《农业法》有广义和狭义之分。广义的《农业法》是指国家权力机关、国家行政机关(包括有立法权的地方权力机关、地方行政机关)制定和颁布的规范农业经济主体行为和调控农业经济活动的法律、行政法规、地方法规和政府规章等规范性文件的总称。狭义的《农业法》仅指农业法典,即国家权力机关通过立法程序制定和颁布的,对于农业领域中的根本性、全局性的问题进行规定的规范性文件,即《农业法》。

制定《农业法》的目的是巩固和加强农业在国民经济中的基础地位,深化农村改革,发展农业生产力,推进农业现代化,维护农民和农业生产经营组织的合法权益,增加农民收入,提高农民科学文化素质,促进农业和农村经济的持续、稳定、健康发展,实现全面建设小康社会的目标。

小贴士

剪　刀　差

剪刀差是"剪刀状价格差距"的简称,通常是指在工农业产品的比价中,工业品价格偏高,农产品价格偏低,从而在两者之间形成一个不合理的价格差距。

当一般物价上涨时,虽然农产品价格也同时上涨,但它上涨的幅度往往低于工业品价格上涨的幅度;当一般物价下跌时,虽然工业品的价格也同时下跌,但它下跌的幅度往往低于农产品价格下跌的幅度。

如果价格背离价值的差额越来越大,叫扩大剪刀差;反之,叫缩小剪刀差。

END

二、《农业法》的调整范围

《农业法》的调整范围包括产业范围和主体范围两个方面。

1. 农业的范围

农业是大产业。在产业范围上,我国《农业法》包括种植业、林业、畜牧业、渔业等产业以及与其直接相关的产前、产中、产后服务。

2. 农业生产经营活动的范围

《农业法》所称的农业是指种植业、林业、畜牧业和渔业等产业,包括与其直接相关的产前、产中、产后服务,如农业生产资料供应、农产品流通、农业投入、农业技术推广、农业资源保护、环境保护等。

3. 法律关系主体的范围

在主体范围上，我国《农业法》包括国家和农业生产经营主体（包括农村集体经济组织、农民专业合作经济组织、各类农业企业、农户或者农民个人）及与农业生产经营主体发生农业法律关系的其他组织和个人。

《农业法》所称的农业生产经营组织是指农村集体经济组织、农民专业合作经济组织、农业企业和其他从事农业生产经营的组织。

4. 地域的适用范围

种植业、林业、畜牧业在领域的范围内发展，渔业还要扩大到领海（12 海里）和其他管辖海域（专属经济区，200 海里，大陆架）。

三、农业和农村经济发展的基本目标

（一）农业是国民经济的基础

国家把农业放在发展国民经济的首位。农业是人类生存和一切生产的历史起点和先决条件，没有农业生产，人类就不能生存，社会就无法延续。农业劳动生产率的提高是国民经济其他部门赖以独立化的基础，没有农业劳动生产率的提高，便没有第二、第三产业的独立与发展，农业发展程度决定其他部门的发展程度。农业的产业特点又与其他产业存在很大不同，农业是自然再生产与经济再生产的统一。在生产经营过程中，既承担着自然风险又承担着市场风险，且在科技、耕地等因素已定的情况下缺乏供给弹性。

我国农业农村经济在取得巨大成就的同时，农业资源过度开发、农业投入品过量使用、地下水超采以及农业内外源污染相互叠加等带来的一系列问题日益凸显，农业可持续发展面临重大挑战。农业已成为我国国民经济中最薄弱的环节，把加强农业放在发展国民经济的首位，不仅是农业本身的要求，也是国民经济与社会发展的要求。

（二）农业和农村经济发展的基本目标

《农业法》第 4 条对我国农业和农村经济发展的基本目标做出了明确规定：建立适应发展社会主义市场经济要求的农村经济体制，不断解放和发展农村生产力，提高农业的整体素质和效益，确保农产品供应和质量，满足国民经济发展和人口增长、生活改善的需求，提高农民的收入和生活水平，促进农村富余劳动力向非农产业和城镇转移，缩小城乡差别和区域差别，建设富裕、民主、文明的社会主义新农村，逐步实现农业和农村现代化。

当前，我国农业仍然面临生产成本持续上升，农业生产效益低而不稳，农业基础设施建设滞后，农产品质量安全风险增多，农业面临的国际竞争压力加大，阶段性、结构性的供过于求和供给不足并存的严峻形势。为此，2016 年 11 月国家发展改革委印发的《全国农村经济发展"十三五"规划》（简称《规划》）明确提出，要以农业供给侧结构性改革为主线，转变农业发展方式，推进农村产业融合，加快构建现代农业生产体系，强化现代农业发展的物质装备和技术支撑，提高土地产出率、资源利用率和农业劳动生产率，实现藏粮于地、藏粮于技，巩固和提升农业综合生产能力，提高农业综合效率、提高农产品国际竞争力，到2020年我国的农产品供给保障体系要更加健全有效，农村经济发展更加繁荣协调，农民生活水平和质量普遍提高，生态环境质量总体改善，农村经济体制更加成熟定型。

小贴士

美国和日本的《农业法》基本内容框架

美国和日本已经建立比较完善的农业法体系，其内容涉及的领域都相当广泛。尽管具体内容有较大差异，但两国对《农业法》基本内容的界定是相同的，都包括以下几个方面：农业宏观调控法律规范、农业生产主体法律规范、农业生产与收入分配法律规范、农产品流通与价格法律规范、农业投入法律规范、农业教育、科技与推广法律规范、农业资源与环境保护法律规范等。

四、《农业法》的基本原则

（一）保障农业在国民经济中的基础地位原则

保障农业在国民经济中的基础地位原则是指《农业法》制定和实施都应以保障农业的基础地位为出发点和落脚点。它是《农业法》的一项核心性、目的性原则，是我国国民经济发展的客观要求，是实现农业持续、稳定、协调发展的根本保证，是《农业法》中最基本的内容。《农业法》第3条第1款规定："国家把农业放在发展国民经济的首位。"这一规定是其原则的法律表现形式，把保障农业的基础地位用法律形式固定下来，集中反映了要确立农业在国民经济中的首要地位，强调了《农业法》所追求的主导方向及其法律地位。

保障农业在国民经济中的基础地位，有利于更好地发展农村社会主义市场经济，促进农业持续、稳定、协调发展；有利于实现农村社会的全面进步和共同富裕；有利于保障人民生活的基本需要和满足第二产业、第三产业发展的需要。

（二）坚持家庭联产承包经营制度，以公有制为主体、多种所有制经济共同发展的原则

《农业法》第5条规定，国家坚持和完善公有制为主体、多种所有制经济共同发展的基本经济制度，振兴农村经济。国家长期稳定农村以家庭承包经营为基础、统分结合的

双层经营体制，发展社会化服务体系，壮大集体经济实力，引导农民走共同富裕的道路。国家在农村坚持和完善以按劳分配为主体、多种分配方式并存的分配制度。

家庭联产承包责任制是中国农民的伟大创造，是农村经济体制改革的产物。家庭联产承包责任制的实行解放了我国农村的生产力，开创了我国农业发展史上的第二个黄金时代，充分体现了社会主义公有制的优越性。由于利益的内在推动，家庭承包经营"不仅适应以手工劳动为主的传统农业，也能适应采用先进科学技术和生产手段的现代农业"，从而推动我国农业的现代化。

党的十一届三中全会以来，我国农村经营体制发生了根本性变化，集中到一点就是由高度集中统一的集体单一经营转变为家庭和集体统分结合的双层经营。《农业法》在法律上确立了这一项我国农村集体经济的基本制度。

（三）尊重农民的主体地位，维护农民合法权益原则

尊重农民的主体地位，维护农民合法权益原则是指农业法律规范应当确认并保障农民和农业生产经营组织在农业活动中的合法权益得以实现。这一原则是现代宪政精神在《农业法》上的集中反映，是制定农业法律制度和农村政策要实现的目标，也是保障农民和农业生产经营组织从事农业活动的基本前提。

《农业法》第 7 条规定："国家保护农民和农业生产经营组织的财产及其他合法权益不受侵犯。各级人民政府及其有关部门应当采取措施增加农民收入，切实减轻农民负担。"维护农民合法权益原则基本内容包括：①农业法律制度的建立应当以保障农民和农业生产经营组织的合法权益为主导；②禁止随意限制和剥夺农民和农业生产经营组织合法权益；③对因违法行为受到侵害的农民和农业生产经营组织应当提供法律救济措施。

农民和农业生产经营组织是发展我国农业的基础力量，对于推动农业发展和农村社会进步具有至关重要的作用，关系到我国国民经济发展和社会稳定的大局。因此，各级政府都应当切实维护农民和农业生产经营组织的合法权益。凡是违背该原则的行为都是《农业法》所不允许的，都应当予以禁止。

（四）坚持科教兴农原则

坚持科教兴农原则是指依靠农业教育和科技进步，全面振兴农业，实现农业的高产、优质、高效发展和经济效益、社会效益、生态效益的同步提高，使农业走上持续、稳定、协调发展的道路。该原则是我国改革开放和现代化建设实践的深刻总结，是适应农业社会化大生产和农业现代化发展的客观需要，是当代世界农业经济发展的必然趋势。

《农业法》第 6 条明确规定："国家坚持科教兴农和农业可持续发展的方针。国家采取措施加强农业和农村基础设施建设，调整、优化农业和农村经济结构，推进农业产业化经营，发展农业科技、教育事业，保护农业生态环境，促进农业机械化和信息化，提高农业综合生产能力。"

发展优质、高产、高效的现代农业必须以科技进步为动力，科学技术是第一生产力，劳动者又是生产力的第一要素。发展农业教育是振兴农业的重要保障。确立科教兴农原则就是要从法律上来规范农业，进一步加强对农业的科技投入，重视农业教育，实现从传统农业向现代化农业的转变。

大力加强农业科学研究，深化农业科研体制改革，加强农业科研攻关和引进工作，进一步完善农业科学研究政策，国家要对发展农业有显著成绩的单位和个人给予奖励；切实搞好农业技术推广工作，着重加强农业技术市场建设；进一步加强农业技术教育，着力培养适应现代农业发展需要的高级科技人才。

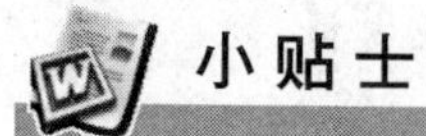
小贴士

“可持续发展”概念的来源

“可持续发展”概念来源于1987年世界环境与发展委员会提出的专题报告——《我们共同的未来》。它是在环境问题危及人类的生存和发展，传统的发展模式严重地制约经济发展和社会进步的背景下产生的，是人们对传统发展观的反思和创新。

END

（五）实现农业可持续发展原则

实现农业可持续发展原则是指在强调农业发展的同时，重视农业资源的合理开发利用和农业环境保护，使农业既满足当代人的需要又不削弱子孙后代满足其需要之能力的发展。该原则是实现农业经济再生产与农业自然再生产的客观需要，是实现我国农业和农村经济持续发展的根本途径，是《农业法》在农业活动中的基本导向。

《农业法》第4条规定，国家采取措施，保障农业更好地发挥在提供食物、工业原料和其他农产品，维护和改善生态环境，促进农村经济社会发展等多方面的作用。

《农业法》第6条的规定也凸显出农业可持续发展的重要性。农业发展同自然资源与环境存在密切联系，是人类社会持续发展的基础。特别是传统农业发展的模式已带来农业资源的极大浪费和环境的严重污染，制约着农业可持续发展和农村社会的全面进步。

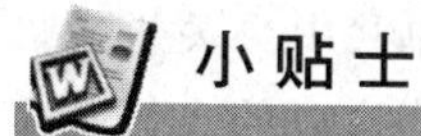
小贴士

WTO《农业协议》农业政策的分类

WTO《农业协议》对农业政策分为农业支持政策和农业保护政策两大类。

农业支持政策是指政府对农业提供一般性政府服务（如农业科研、病虫害控制、培训推广与咨询、检疫、市场促销、水利等基础设施服务);以食物安全为目的的公共储蓄;国内食品援助;与生产不挂钩的收入支持;自然灾害的救济支持;通过投资提供的公共调整计划;地区援助计划;通过资源休闲计划提供的结构调整援助;环境规划等。这些能在不扭曲市场机制的条件下促进农业的持续发展,称作"绿箱政策"。

农业保护政策是指政府对国内农业生产与贸易采取的财政补贴、价格干预、关税与非关税壁垒等措施,以达到刺激国内粮食等农产品的生产、向农业转移收入的目的,其结果替代和扭曲了市场机制,称作"黄色政策"。WTO的宗旨是促进自由贸易,消除贸易壁垒,试图通过多边贸易协议加以限制甚至消除农业保护。历史上许多发达国家实行过形形色色的农业保护政策,但发达国家的农业政策已由农业保护转向农业支持。

第二节 农业生产经营体制

一、农业生产经营体制概述

(一) 农业生产经营体制的概念

农业生产经营体制是指对农业生产过程的决策以及组织这些决策实施的基本组织制度和形式,包括农业生产经营的基本组织制度、生产经营主体和经营形式。有关农业生产经营体制的规定是《农业法》最核心的内容之一。

《农业法》第5条规定,我国农业生产经营的基本组织制度是"以家庭承包经营为基础、统分结合的双层经营体制"。

(二) 新中国农业生产经营体制的演变

新中国成立后,农业生产经营制度经历了几次大的变革。

1. 以互助组为主、同时试办初级社的阶段

1949—1953年,在社会主义改造时期成立农村互助组,互助组显示了集体劳动的优越性,拉开了合作化的序幕,为农民的进一步合作奠定了基础。

2. 普遍建立发展初级社阶段

1954—1955年上半年,普遍建立合作社。1953年12月通过了《中共中央关于发展农业生产合作社的决议》,全国迅速掀起了合作化的高潮。客观地评价这时的农村基本经营制度,可以说在一定程度上体现了政治和经济两个方面的要求,也体现了一定的市场原则。

3. 农业合作化运动快速发展的阶段

1955年下半年至1956年1月,全国基本上实现了农业合作化。12月,农业社会主

义改造基本上完成，农民个体所有制转变为社会主义集体所有制。农业合作化也称农业集体化，是指在党的领导下，通过各种互助合作的形式，把个体农业经济(以生产资料私有制为基础)改造为农业合作经济(以生产资料公有制为基础)的过程。它通过互助合作的形式对个体农业进行社会主义改造，把农民个体所有制改造为社会主义集体所有制，以工农联盟为基础的人民民主专政政权得以巩固。

小贴士

全国高级社、人民公社数据

1956年12月，全国共建高级社54万个，入社农民占总农户比重为87.8%。到1957年，全国共建了74万个高级社，1958年又合并成2.6万个人民公社。

4. 实现人民公社化阶段

1958年8月，中共中央政治局在北戴河会议上通过了《关于在农村建立人民公社的决议》，1958年10月，全国即实现了公社化。1958年8月，合作社直接转为人民公社，在短短的两三个月时间里，全国农村就实现了人民公社化。众多自然经济性质的农户和合作社组合为“大集体”，其实质只是把农户的自然经济扩大为集体的自然经济，并未体现较高层次组织化带来的优势。

高级合作社和人民公社化脱离了中国农村生产力发展的实际水平，加上高度集中的劳动方式和分配中的平均主义，影响了农民生产的积极性，农村经济的发展受到约束。

5. 实行家庭联产承包责任制阶段

1978年到现在，全国实行了家庭联产承包责任制。1978年，中国共产党召开十一届三中全会以后，实行家庭联产承包经济责任制，形成了目前“统分结合双层经营”的最基本的经营制度。从20世纪80年代初至21世纪初，我国农业生产经营体制的发展大体可以分成三个阶段，从1980年至20世纪90年代初的萌芽阶段，到20世纪90年代初至90年代后期的起步阶段，再到21世纪初的深化阶段。

家庭联产承包责任制的推行纠正了长期存在的管理高度集中和经营方式过分单调的弊端，使农民在集体经济中由单纯的劳动者变成既是生产者又是经营者，从而大大地调动了农民的生产积极性，较好地发挥了劳动和土地的潜力。

为保障农民的土地经营权，1982年12月4日，第五届全国人民代表大会第五次会议通过的《中华人民共和国宪法》规定：“农村和城市郊区的土地，除由法律规定属于国家所有的以外，属于集体所有；宅基地和自留地、自留山，也属于集体所有。”1986年6月通过的《中华人民共和国土地管理法》，使这一制度更加明确。

(三) 我国农业生产经营体制的基本形式

我国农业生产经营的基本组织制度是以家庭承包经营为基础、统分结合的双层经营体制。这是我国《农业法》加以明确的基本组织制度。

二、稳定以家庭承包为主的责任制,完善统分结合的双层经营体制

(一)“稳定以家庭承包为主的责任制,完善统分结合的双层经营体制”符合农业生产客观规律和我国国情

(1) 家庭经营符合农业生产的客观规律,是一种有效率的经济组织。

(2) 符合我国的国情。在我国广大农村,以家庭为单位实行分散经营,适应现阶段农业生产力水平较低的状况,有利于克服长期存在的管理过分集中、经营方式过分单一,以及吃“大锅饭”的弊端,有利于扩大农民的经营自主权,调动农民的积极性。可是,分散经营难以实现机械化耕作,抗御自然灾害能力较低,只有集体经营才能够完成一家一户难以承担的生产活动。分散经营与统一经营相结合的双层经营责任制可以恰当地协调集体利益与个人利益,并使集体统一经营和劳动者自主经营两个积极性同时得到发挥,取得更大的经济效益。

(3) 稳定以家庭承包为主的责任制、完善统分结合的双层经营体制就是坚持生产关系必须适应生产力状况的历史唯物主义观点。

(二) 农业生产经营体制的基本内容

农村集体经济经营体制是以家庭联产承包为主的责任制和统分结合的双层经营体制。

1. 家庭联产承包责任制

在保留集体经济必要的统一经营的同时,集体将土地和其他生产资料承包给农户,承包户根据承包合同规定的权限,独立做出经营决策,并在完成国家和集体任务的前提下分享经营成果。一般做法是集体将土地等按人口或劳动力比例根据责、权、利相结合的原则分给农户经营。承包户和集体经济组织签订承包合同。

2. 双层经营体制

双层经营体制是农村实行联产承包制以后形成的家庭分散经营和集体统一经营相结合的经营形式。按照这一经营形式,集体经济组织在实行联产承包、生产经营,建立家庭承包经营这个层次的同时,还对一些不适合农户承包经营或农户不愿承包经营的生产项目和经济活动,比如某些大型农机具的管理使用,大规模的农田基本建设活动,植保、防疫、制种、配种以及各种产前、产后的农业社会化服务,某些工副业生产等,由集体统一经营和统一管理,从而建立起一个统一经营层次。之所以称为双层经营体制,是由于这种经营体制具有两个不同的经营层次。

从总体上看，农村改革38年（1978—2016）来，以家庭经营为基础的农村基本经营制度，总体的政策制度基本稳定，具体的实现形式又在实践中不断创新发展的，正是这种与时俱进的实践创新和中央政策的及时调整完善，才使得农村基本经营制度显示出持续的活力和稳定性，体现了在创新中稳定、在稳定中创新的辩证规律。

（三）农业生产经营主体

1. 农业生产经营组织

（1）农业集体经济组织

农业集体经济组织是指以农民集体所有的土地、农业生产设施和其他公共财产为基础，主要自然村或者行政村为单位建立，从事农业生产经营的经济组织。

我国的农业集体经济组织起源于20世纪50年代的互助组，经历了初级社、高级社、人民公社而逐步形成和发展。党的十一届三中全会以后，随着以家庭承包经营为基础、统分结合的双层经营体制的实行，国家改变了“政社合一”的农村基层政权制度，并废除了人民公社，农业集体经济组织在原有的“三级所有、队为基础”的农民集体财产所有制的基础上，被注入了新的使命。党的十五届三中全会决定指出：“农业集体经济组织要管理好集体资产，协调好利益关系，组织好生产服务和集体资源开发，壮大经济实力，特别要增强服务功能，解决一家一户难以解决的困难。”

各地的农业集体经济组织的形式有合作社、合作社联合社、农工商总公司等形式，有些地方还对原有的集体经济组织进行了股份合作制改造。但是，不论是何种名称，是否进行了股份合作制改造，凡是以改革开放以前的“三级所有、队为基础”的农民集体财产所有制为基础的，并以自然村、行政村、乡镇等社区为单位建立的农业生产经营组织，都是《农业法》所规定的农业集体经济组织。

（2）农民专业合作经济组织

《农业法》第2条指出，农民专业合作经济组织属于农业生产经营组织的一种类型。

《农业法》第11条规定，国家鼓励农民在家庭承包经营的基础上自愿组成各类专业合作经济组织。农民专业合作经济组织应当坚持为成员服务的宗旨，按照加入自愿、退出自由、民主管理、盈余返还的原则，依法在其章程规定的范围内开展农业生产经营和服务活动。农民专业合作经济组织可以有多种形式，需依法成立、依法登记。任何组织和个人不得侵犯农民专业合作经济组织的财产和经营自主权。

《农业法》第12条规定，农民和农业生产经营组织可以自愿按照民主管理、按劳分配和按股分红相结合的原则，以资金、技术、实物等入股，依法兴办各类企业。

农民专业合作经济组织是合作社性质的经济组织。农业合作社是世界上解决农产品分散经营与大市场矛盾的主要方式，我国的农业产业化发展过程中，各种农民专业合作经济组织也正迅速发展，并对促进农业产业化经营发挥了重要作用。

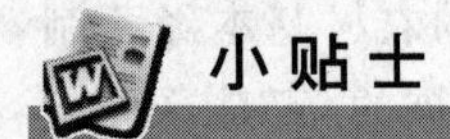

小贴士

农民专业合作经济组织的类型

从组织形式上进行分类，目前实践中的农民专业合作经济组织分为3种类型。①专业合作社，从事专业生产的农民平等持股、自我服务、民主管理、合作经营的经济组织。专业合作社一般制度较健全、管理较规范、与农民利益联系较紧密。农民入社需交纳一定股金，合作社除按股付息外，主要按购销产品数量向社员返还利润。②协会，从事专项农产品生产、销售、加工的农民，按照自愿互利原则，以产品和技术为纽带，组建的社团型合作经济组织。凡是从事专业生产并达到一定规模的农民均可自愿入会，协会对会员进行无偿和低偿服务，入会农民根据协会的要求进行生产、销售。③股份合作，在保持合作制基本特征的基础上，吸收股份制优点而发展起的一种新型合作经济组织。农民主要在兴办龙头企业、进行农产品加工、销售、运输、储藏、水利建设和资源开发等方面采取此种形式。

(3) 农业企业

农业企业是国有农业企业与其他农业企业的总称。它是以公司、合伙企业、独资企业等企业组织形式建立的从事农业生产经营的经济组织。农业企业的设立和发展适应社会主义市场经济发展的需要，是国家在农村实行多种所有制经济共同发展的基本经济制度的具体表现。

(4) 其他从事农业生产经营组织

其他从事农业生产经营的组织包括《农业法》第28条规定的供销合作社，第98条规定的国有农场、林场、牧场、渔场、原种场、良种场等。

2. 农产品行业协会

(1) 农产品行业协会的定义

根据2003年10月全国供销合作总社在《加快农产品行业协会发展的意见》给出的定义，“农产品行业协会是由涉农企事业单位、农民专业合作组织、专业大户等根据生产经营活动的需要，为增进共同利益、维护合法权益，在自愿基础上依法组织起来的非营利性自治组织，属于经济类社团法人。”

农产品行业协会的称谓为广义称谓，它泛指以协会或商会的形式存在的农产品行业组织。比如中国食品土畜进出口商会。

《农业法》第14条规定，农民和农业生产经营组织可以按照法律、行政法规成立各种农产品行业协会，为成员提供生产、营销、信息、技术、培训等服务，发挥协调和自律作用，提出农产品贸易救济措施的申请，维护成员和行业的利益。

(2) 农产品行业协会的主要职能

以建立完善全国农产品市场体系、提升市场建设和市场管理水平，更好地发挥农产品市场体系对农业增效、农民增收和稳定市场供应的支撑保障作用为宗旨，扎扎实实开展市场行业自我服务、自我发展与完善、自我保护、自我监督管理的多项有益活动。

3. 农民或者农户

农民是指长时期从事农业生产的人。农民家庭（即农户）是指农村中以血缘和婚姻关系为基础组成的农村最基层的社会单位，既是一个独立的生产单位，又是一个独立的生活单位。农村集体土地实行家庭承包经营，农户成为从事生产经营活动的基本单位。自 1980 年以来，农民根据其产业重点，被冠以各种称呼。粮农是指以粮食生产为主导的农民（农户）、生产组织。果农是指以水果种植为主的农户、生产组织，有瓜农、桃农等。菜农是指以蔬菜种植为主的农户。花农指以种植花卉为主的农户。棉农是指以棉花种植为主的农户、生产组织，主要集中在新疆和其他棉花产区。养殖户是指以畜牧业和水产养殖为主的家庭，包括渔民牧民。专业户多指农村地区生产规模比一般的家庭大，而且具有生产特色的家庭生产单位。

(四) 农业产业化经营

1. 农业产业化经营的定义

农业产业化经营是指以市场为导向，以家庭承包经营为基础，依靠龙头企业及各种中介组织的举动，将农业的产前、产中和产后诸环节联结为完整的产业链条，实行多种形式的一体化经营，形成系统内部有机结合、相互促进和利益互补机制，实现资源优化配置的一种新型的农业经营方式。

《农业法》第 13 条规定，国家采取措施发展多种形式的农业产业化经营，鼓励和支持农民和农业生产经营组织发展生产、加工、销售一体化经营。国家引导和支持从事农产品生产、加工、流通服务的企业、科研单位和其他组织，通过与农民或者农民专业合作经济组织订立合同或者建立各类企业等形式，形成收益共享、风险共担的利益共同体，推进农业产业化经营，带动农业发展。

2. 农业产业化经营的作用

农业产业化经营的龙头企业具有开拓市场、赢得市场的能力，是带动结构调整的骨干力量。龙头企业带领农户闯市场，农产品有了稳定的销售渠道，就可以有效降低市场风险，减少结构调整的盲目性，同时也可以减少政府对生产经营活动直接的行政干预。农业产业化经营对优化农产品品种、品质结构和产业结构，带动农业的规模化生产和区域化布局，发挥着至关重要的作用。

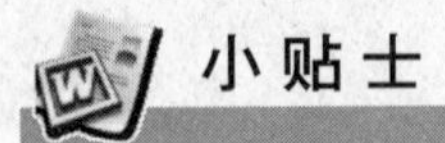

小贴士

美国和日本《农业法》制定程序的比较

美、日两国《农业法》的制定程序都是比较复杂和相当严谨的，必须经过法律草案的提出、审议、通过和颁布实施几个阶段。但由于两国政治法律制度的不同，两国农业法律制定的程序也有差异。

日本是一个立法权比较集中的国家，日本学者称为“中央立法主义”。以下过程也就是日本农业法的立法程序。通过委任补充立法制度，总理大臣(或内阁)和主管大臣可以发布实施办法；有时国会也授权地方制定某些实施细则，但这种授权是非常有限的。为解决地方的特殊问题，在立法前，由主管部门组成专业性的“临时委员会”进行调查研究，找到解决这些特殊问题的法律办法，供起草时考虑。日本行政机关还建立审议会制度和公开意见听取会制度。政府部门在提出法律议案前，往往先在有关审议会内进行反复研究，由审议会提出调研报告和有关法案，经主管部门讨论通过后，作为内阁的正式提案提交国会审议。

美国的立法权集中在联邦和州议会，一般商事法属于州法，而“反托拉斯法”多属于联邦法，行政当局则根据法律的授权负责制定实施法案，并由司法部门负责审查法律和监督法律的执行，国会在立法过程中，广泛听取各方面的意见，比较选择最佳方案。其《农业法》的制定程序包括：提出法律议案，国会两院农业委员会进行听证和辩论，国会两院表决，总统签署成为法律。

END

第三节　农业生产和农产品流通法律制度

一、农业生产法律制度

(一) 农业产业结构调整

1. 农业产业结构调整的概念

农业产业结构调整是指根据市场对农产品需求结构的变化改变农产品的生产结构，从而使农业生产和市场需求相协调的过程。调整优化农业结构是新阶段农业发展的客观要求。调整优化农业结构是扩大农业对外开放的必然要求，也是增加农民收入的有效途径。调整优化农业结构是合理开发利用农业资源的重要手段。

《农业法》第 15 条规定，县级以上人民政府根据国民经济和社会发展的中长期规划、农业和农村经济发展的基本目标和农业资源区划，制定农业发展规划。省级以上人民政府农业行政主管部门根据农业发展规划，采取措施发挥区域优势，促进形成合理的农业生产区域布局，指导和协调农业和农村经济结构调整。

2. 农业产业结构调整优化的原则

(1) 以市场为导向，根据市场需求及其变化趋势调整优化农业结构，满足社会对农产品多样化和优质化的需求。

(2) 发挥区域比较优势调整优化农业结构，在发挥区域比较优势的基础上，逐步发展不同类型的专业生产区。

(3) 依靠科技进步，调整优化农业结构要充分依靠科技进步。稳定提高农业综合生产能力，严格保护耕地、林地、草地和水资源，防治水土流失。

(4) 用经济手段调控和引导，正确处理政府引导和发挥市场机制作用的关系。

3. 我国农业产业结构调整的方向

《农业法》第 16 条规定，国家引导和支持农民和农业生产经营组织结合本地实际按照市场需求，调整和优化农业产业结构，协调发展种植业、林业、畜牧业和渔业，发展优质、高产、高效益的农业，提高农产品国际竞争力。

(1) 种植业以优化品种、提高质量、增加效益为中心，调整作物结构、品种结构和品质结构。

(2) 加强林业生态建设，实施天然林保护、退耕还林和防沙治沙工程，加强防护林体系建设，加速营造速生丰产林、工业原料林和薪炭林。

(3) 加强草原保护和建设，加快发展畜牧业，推广圈养和舍饲，改良畜禽品种，积极发展饲料工业和畜禽产品加工业。

(4) 渔业生产应当保护和合理利用渔业资源，调整捕捞结构，积极发展水产养殖业、远洋渔业和水产品加工业。

县级以上人民政府应当制定政策，安排资金，引导和支持农业结构调整。

(二) 促进农业生产，改善农业生产条件

《农业法》第 17 条规定，各级人民政府应当采取措施，加强农业综合开发和农田水利、农业生态环境保护、乡村道路、农村能源和电网、农产品仓储和流通、渔港、草原围栏、动植物原种良种基地等农业和农村基础设施建设，改善农业生产条件，保护和提高农业综合生产能力。

《农业法》第 18 条规定，国家扶持动植物品种的选育、生产、更新和良种的推广使用，鼓励品种选育和生产、经营相结合，实施种子工程和畜禽良种工程。国务院和省、自治区、直辖市人民政府设立专项资金，用于扶持动植物良种的选育和推广工作。

通过土地开发整理，有效地提高原有土地质量和产值，增加耕地面积，方便交通，有利于农机作业，改变耕种条件和生产条件，促进农业机械化发展，改善农村生态环境，增

加农民收入，促进社会经济发展。

规范制度监管，狠抓工程质量。《农业法》第 19 条规定，各级人民政府和农业生产经营组织应当加强农田水利设施建设，建立健全农田水利设施的管理制度，节约用水，发展节水型农业，严格依法控制非农业建设占用灌溉水源，禁止任何组织和个人非法占用或者毁损农田水利设施。国家对缺水地区发展节水型农业给予重点扶持。

特别注重协调好土地整理后的土地产权调整。《农业法》第 20 条规定，国家鼓励支持农民和农业生产经营组织使用先进、适用的农业机械，加强农业机械安全管理，提高农业机械化水平。国家对农民和农业生产经营组织购买先进农业机械给予扶持。

(三) 保证农产品质量安全

目前，我国农产品生产者、加工者、销售者以及农业投入品经营者的农产品质量安全意识普遍增强。农产品质量安全可追溯体系尚未完善。《农产品质量安全法》对加强农产品质量可追溯体系建设有要求和规定，建立健全农产品质量可追溯体系建设是开展农产品质量安全工作的基础性工作。农产品生产、经营以及监督管理工作制度建设要逐步完善。

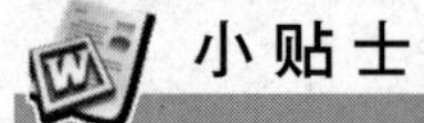

小贴士

农产品质量可追溯体系建设

包括农产品生产、销售环节可追溯体系建设与农业投入品可追溯体系建设，在农产品生产、销售环节，制定统一的农产品生产记录样本，生产记录样本主要包括生产资料购买记录与田间农事操作记录，并指导生产基地开展记录、填写；在农业投入品可追溯体系建设环节，印发统一的农药、肥料进货台账与销售台账，敦促各农资经销点认真照此填写，各项具体工作尚未完全得到落实。

END

保证农产品质量安全，应主要从以下几个方面着手。

(1) 净化产地环境。

(2) 严格管理农业投入品。《农业法》第 25 条规定："各级人民政府应当建立健全农业生产资料的安全使用制度，农民和农业生产经营组织不得使用国家明令淘汰和禁止使用的农药、兽药、饲料添加剂等农业生产资料和其他禁止使用的产品。"

(3) 注重生产过程管理。

(4) 规范农产品标识。

(5) 严格市场准入制度。实行农产品市场销售"准入制"。经检测合格的农产品方能上市销售是解决农残超标最关键的一项举措。

（6）加快资金投入，加强检测机构仪器设备建设。机构职能需进一步强化，另外，处罚机制完善了，有一定的震慑力量，让一些无德生产商、经营户没有可乘之机。加大政府经费投入，建立健全农产品安全检测机构，并加大农产品质量安全法律、法规以及农业标准化生产技术宣传培训力度。

（7）积极推进农业产业化发展，培育和引进农产品龙头企业。实行农产品生产、加工、销售一条龙服务，农业标准化生产技术的推行与实施才能有可靠保障。

（四）建立健全农产品质量标准体系和质量检验检测监督体系

《农业法》第22条规定，国家采取措施提高农产品的质量，建立健全农产品质量标准体系和质量检验检测监督体系，按照有关技术规范、操作规程和质量卫生安全标准，组织农产品的生产经营，保障农产品质量安全。

（五）国家支持建立健全优质农产品认证和标志制度

1. 农产品质量认证制度

《农业法》第23条规定，国家支持依法建立健全优质农产品认证和标志制度，国家鼓励和扶持发展优质农产品生产。县级以上人民政府应当结合本地情况，按照国家有关规定采取措施，发展优质农产品生产。符合国家规定标准的优质农产品可以依照法律或者行政法规的规定申请使用有关标志。符合规定产地及生产规范要求的农产品可以依照有关法律或者行政法规的规定申请使用农产品地理标志。

培育优质优价的市场机制，形成优质优价意识，凸显无公害农产品、绿色食品、有机食品商品价值，以提高农民、业主、企业申报及生产“三品”的积极性。

适应农业发展的新变化新要求，以推进农业供给侧结构性改革为主线，大力发展绿色生态农业，积极发展精准农业，着力推进森林、草原食品产业发展，狠抓标准化生产，发展“互联网＋农业”，推进畜牧业标准化规模化集约化生产，形成种植者、养殖者、消费者共同参与、线上线下共享的生产经营体系。以市场为导向把农业结构调好调顺调优，强化营销手段。

把农产品质量安全作为农业供给侧结构性改革和现代农业建设的关键环节和重要任务，坚持以绿色发展为引领，以满足安全、优质、营养、健康消费需求为导向，坚持“产出来”“管出来”两手抓，大力推进产地环境治理、投入品管控、农业标准化、农产品追溯、质量安全县创建、监管体系队伍建设，切实保障农业产业健康发展和公众“舌尖上的安全”。

2. 农产品产地名称、产地标志管理制度

农产品产地名称、产地标志都是农产品出产地的标识。我国尚未建立起完备的农产品产地名称、产地标志管理制度。建立健全农产品产地名称和标志制度，对保障农产品质量安全具有十分重要的意义。

（六）实行动植物防疫、检疫制度

国家实行动植物防疫、检疫制度，健全动植物防疫、检疫体系，加强对动物疫病和植物病、虫、杂草、鼠害的监测、预警、防治，建立重大动物疫情和植物病虫害的快速扑灭机制，建设动物无规定疫病区，实施植物保护工程。

（七）建立健全农业生产资料的安全使用制度

农药、兽药、饲料和饲料添加剂、肥料、种子、农业机械等可能危害人畜安全的农业生产资料的生产经营，依照相关法律、行政法规的规定实行登记或者许可制度。

各级人民政府应当建立健全农业生产资料的安全使用制度，农民和农业生产经营组织不得使用国家明令淘汰和禁止使用的农药、兽药、饲料添加剂等农业生产资料和其他禁止使用的产品。

二、农产品流通法律制度

（一）农产品市场体系

农产品市场体系是指流通领域内农产品经营、交易、管理、服务等组织系统与结构形式的总和，是沟通农产品生产与消费的桥梁与纽带，是现代农业发展的重要支撑体系之一。党的十七届三中全会通过的《中共中关于推进农村改革发展若干重大问题决定》指出，要健全农产品市场体系，发展农产品现代流通方式，加快形成流通成本低、运行效率高的农产品营销网络。

《农业法》第 27 条规定，国家逐步建立统一、开放、竞争、有序的农产品市场体系，制定农产品批发市场发展规划。对农村集体经济组织和农民专业合作经济组织建立农产品批发市场和农产品集贸市场，国家给予扶持。

县级以上人民政府工商行政管理部门和其他有关部门按照各自的职责，依法管理农产品批发市场，规范交易秩序，防止地方保护与不正当竞争。

（二）农产品流通形式和经营主体的多元化

《农业法》第 28 条规定，国家鼓励和支持发展多种形式的农产品流通活动。支持农民和农民专业合作经济组织按照国家有关规定从事农产品收购、批发、储藏、运输、零售和中介活动。鼓励供销合作社和其他从事农产品购销的农业生产经营组织提供市场信息，开拓农产品流通渠道，为农产品销售服务。

县级以上人民政府应当采取措施，督促有关部门保障农产品运输畅通，降低农产品流通成本。有关行政管理部门应当简化手续，方便鲜活农产品的运输。除法律、行政法规另有规定外，不得扣押鲜活农产品的运输工具。

规范和健全的市场体系是现代流通的载体。成熟发达的市场经济是以规范健全的市场体系为基础的。应建立纵横交错的农产品市场网络，货物的集散按产销流程、集散序列有序进行。

农产品市场流通呈现多主体、多渠道、多形式的发展趋势。在实践中，要因地制宜，根据不同的市场需求、产品品种和消费习惯，有针对性地选择推广或重点突破，加快形成流通成本低、运行效率高的农产品营销网络和快速通道。

培育“农超对接”龙头企业，支持大型连锁超市、农产品流通龙头企业与农村专业合作组织对接，促进“农超对接”基地品牌化经营，提升基地农产品品牌知名度和市场竞争力，强化农产品基地农民的培训，提高农民进入市场的能力。

加强农产品市场信息服务。随着整个社会信息化的发展，农产品市场信息的价值和作用愈发显现。农产品市场信息的影响力和规范信息发布越来越重要。政府和有关部门要通过多种渠道，采集、整理、分析、发布信息，及时传递给生产者和消费者，引导生产和消费。

（三）全国农产品市场体系建设

2015 年 8 月，商务部等 10 部门联合发布了《全国农产品市场体系发展规划》（简称《规划》），提出到 2020 年年初步建成中国特色的全国网与区域网相结合、公益性和市场化相结合、实体网与虚拟网相结合、批发网络与零售网络相结合的全国农产品市场体系。《规划》从加强农产品流通基础设施建设、培育壮大农产品市场主体、完善农产品产销衔接体系、推进农产品流通信息化建设、维护农产品市场安全稳定运行和建立农产品市场公益性实现机制 6 方面提出重点任务，并从建立健全法律法规标准体系、改革创新投融资方式、完善建设用地保障机制、减轻企业税费负担、发挥行业协会作用等 6 方面提出落实措施。

（四）农产品进口预警制度和进口损害救济制度

《农业法》第 30 条规定，国家鼓励发展农产品进出口贸易。

（1）对主要农产品进口要事先确定预警线，当国外同类产品大量涌进并达到一定规模时，应该及时采取紧急保护措施，保证内地农业生产不受大的冲击。

（2）根据世贸组织规则中市场对等开放的原则，在中国农产品出口遇到过多的技术壁垒时，采用适当增加进口的办法，争取对方为中国的农产品打开大门通关放行，以确保中国的优势产业稳定占领甚至扩大国际市场。

（3）建立并完善中国以技术壁垒、绿色壁垒为主要内容，符合世贸组织游戏规则的贸易保护措施、政策，健全反倾销、反补贴等保障机制，以增强中国农业和加工出口企业的自我保护能力。

第四节 粮食安全

一、粮食安全的概念

粮食安全就是能确保所有的人在任何时候既买得到又买得起他们所需的基本食品。粮食安全的概念包括：确保生产足够数量的粮食；最大限度地稳定粮食供应；确保所有需要粮食的人都能获得粮食。

二、《农业法》确立制度，保护粮食安全

(1)《农业法》规定，国家采取措施保护和提高粮食综合生产能力，稳步提高粮食生产水平，保障粮食安全。国家建立耕地保护制度，对基本农田依法实行特殊保护。

(2) 国家在政策、资金、技术等方面对粮食主产区给予重点扶持，建设稳定的商品粮生产基地，改善粮食收贮及加工设施，提高粮食主产区的粮食生产、加工水平和经济效益。国家支持粮食主产区与主销区建立稳定的购销合作关系。

(3) 在粮食的市场价格过低时，国务院可以决定对部分粮食品种实行保护价制度。保护价应当根据有利于保护农民利益、稳定粮食生产的原则确定。农民按保护价制度出售粮食，国家委托的收购单位不得拒收。

县级以上人民政府应当组织财政、金融等部门以及国家委托的收购单位及时筹足粮食收购资金，任何部门、单位或者个人不得截留或者挪用。

(4) 国家建立粮食安全预警制度，采取措施保障粮食供给。国务院应当制定粮食安全保障目标与粮食储备数量指标，并根据需要组织有关主管部门进行耕地、粮食库存情况的核查。国家对粮食实行中央和地方分级储备调节制度，建设仓储运输体系。承担国家粮食储备任务的企业应当按照国家规定保证储备粮的数量和质量。

(5) 国家建立粮食风险基金，用于支持粮食储备、稳定粮食市场和保护农民利益。

(6) 国家提倡珍惜和节约粮食，并采取措施改善人民的食物营养结构。

三、农业支持财政补贴政策

2016 年，中央财政对棉花、大豆目标价格补贴的总量及补贴水平都有了进一步提高，并提前向试点省份预拨财政补贴资金，有利于切实保护好农民利益。

(一) 保障种粮收益，玉米生产者获财政补贴

在推动农产品价格形成机制和收储制度改革背景下，2016 年国务院决定在东北(辽宁、吉林、黑龙江)和内蒙古自治区建立玉米生产者补贴制度，意味着我国针对玉米临时

收储制度进行的改革正在快速推进。这是国家保障农民种粮基本收益、推动实施农业供给侧结构性改革、促进提升农业发展质量和效益的一项重要政策措施。

具体补贴政策包括以下几个方面。

1. 市场定价、价补分离

也就是说，玉米价格由市场形成，同时中央财政将对东北三省和内蒙古自治区给予一定补贴，并鼓励地方将补贴资金向优势产区集中，保障优势产区玉米种植收益基本稳定。

2. 定额补贴、调整结构

在玉米价格由市场形成的基础上，国家对各省(区)亩均补贴水平保持一致，补贴基期也在一定年限内保持不变，充分发挥价格对生产的调节引导作用，体现优质优价，促进种植结构调整，提高农业发展的质量和效益。

3. 中央支持、省级负责

根据国务院有关决定，中央财政将一定数额的补贴资金拨付至省级财政，并赋予地方自主权，由各省区制定具体的补贴实施方案，确定本省区的补贴范围、补贴对象、补贴依据、补贴标准等。

4. 公开透明、加强监督

补贴操作应当坚持公开透明，地方政府拨付补贴资金等充分利用此前粮食直接补贴的工作基础，自觉接受社会有关方面的监督，切实加强组织实施，确保将国家财政补贴资金兑付给玉米生产者。

(二) 保护种粮积极性，财政奖励资金加大倾斜

2016 年中央财政预算安排产粮大县奖励资金 394 亿元，比 2015 年增加 22 亿元，奖励资金进一步向商品粮大省、粮油调出大县倾斜，并对黄淮海的玉米产区增加了资金安排。

同时，鼓励地方加大对新型经营主体的支持力度，保护好农民的种粮积极性，并促进玉米等种植结构调整，更好地推动实现农产品收储制度改革目标。

四、农业支持保护补贴

2016 年起，在全国范围内推进粮食直补、良种补贴、农资综合补贴“三补合一”改革，即将农业“三项补贴”合并为农业支持保护补贴，2016 年数额达到 1 442 亿元，政策重点支持耕地地力保护和粮食适度规模经营。

(一) 加强耕地地力保护

用于耕地地力保护的补贴资金，其补贴对象原则上为拥有耕地承包权的种地农民；补贴依据可以是二轮承包耕地面积、计税耕地面积、确权耕地面积或粮食种植面积等，具

体以哪一种类型面积或哪几种类型面积进行补贴，由省级人民政府结合本地实际自定；补贴标准由地方根据补贴资金总量和确定的补贴依据综合测算确定。

对已作为畜牧养殖场使用的耕地、林地、成片粮田转为设施农业用地、非农业征（占）用耕地等已改变用途的耕地，以及长年抛荒地、占补平衡中“补”的面积和质量达不到耕种条件的耕地等不再给予补贴。鼓励各地创新方式方法，以绿色生态为导向，提高农作物秸秆综合利用水平，引导农民综合采取秸秆还田、深松整地、减少化肥农药用量、施用有机肥等措施，切实加强农业生态资源保护，自觉提升耕地地力。

（二）促进粮食适度规模经营

用于粮食适度规模经营的补贴资金，原则上以2016年的规模为基数，每年从农业支持保护补贴资金中予以安排，以后年度根据农业支持保护补贴的预算安排情况同比例调整，支持对象重点向种粮大户、家庭农场、农民合作社和农业社会化服务组织等新型经营主体倾斜，体现“谁多种粮食，就优先支持谁”。各地要坚持因地制宜、简便易行、效率与公平兼顾的原则，进一步优化资源配置，提高农业生产率、土地产出率和资源利用率。鼓励各地创新新型经营主体支持方式，采取贷款贴息、重大技术推广与服务补助等方式支持新型经营主体发展多种形式的粮食适度规模经营，不鼓励对新型经营主体采取现金直补。

对新型经营主体贷款贴息可按照不超过贷款利息50%的标准给予补助。对重大技术推广与服务补助，可以采取“先服务后补助”、提供物化补助等方式。要加快推进农业社会化服务体系建设，在粮食生产托管服务、病虫害统防统治、农业废弃物资源化利用、农业面源污染防治等方面，积极采取政府购买服务等方式支持符合条件的经营性服务组织开展公益性服务，积极探索将财政资金形成的资产折股量化到组织成员。

五、建立健全粮食安全省长责任制

2015年1月，国务院发布了《关于建立健全粮食安全省长责任制的若干意见》（国发〔2014〕69号），指出粮食安全是实现经济发展、社会稳定和国家安全的重要基础。建立健全粮食安全省长责任制。2015年11月，国务院办公厅发布了《关于印发粮食安全省长责任制考核办法的通知》（简称《考核办法》）（国办发〔2015〕80号）。《考核办法》的主要内容包括以下几个方面。

（1）确保耕地面积基本稳定、质量不下降，粮食生产稳定发展，粮食可持续生产能力不断增强。

（2）保护种粮积极性，财政对扶持粮食生产和流通的投入合理增长，提高种粮比较收益，落实粮食收购政策，不出现卖粮难问题。

（3）落实地方粮食储备，增强粮食仓储能力，加强监督管理，确保地方储备粮数量真实、质量安全。

（4）完善粮食调控和监管体系，保障粮食市场供应和价格基本稳定，不出现脱销断档，维护粮食市场秩序；完善粮食应急保障体系，及时处置突发事件，确保粮食应急供应。

（5）加强耕地污染防治，提高粮食质量安全检验监测能力和超标粮食处置能力，禁止不符合食品安全标准的粮食流入口粮市场。

（6）按照保障粮食安全的要求，落实农业、粮食等相关行政主管部门的职责任务，确保责任落实、人员落实。

六、农业信贷担保体系

2015 年，财政部、农业部、银监会研究制定了《关于财政支持建立农业信贷担保体系的指导意见》。明确了中央财政下达地方用于支持粮食适度规模经营的农业支持保护补贴资金统筹用于资本金注入、担保费用补助、风险补偿等方面，通过强化银担合作机制，着力解决新型经营主体在粮食适度规模经营中的"融资难、融资贵"问题，力争用 3 年时间建成政策性、独立性、专注于农业、覆盖全国的农业信贷担保体系。

（一）建立健全全国农业信贷担保体系

（1）建立健全覆盖全国的政策性农业信贷担保体系框架。

（2）加快建立省级农业信贷担保机构。力争用 2 年时间建立健全省级农业信贷担保机构。

（3）适时筹建全国农业信贷担保联盟。在省级农业信贷担保机构建立健全的基础上，适时组建全国农业信贷担保联盟，重点为省级及省以下农业信贷担保机构提供政策和业务指导、行为规范和风险救助、再担保、人员培训和信贷政策对接等服务。

（4）稳妥建立市县农业信贷担保机构。有条件的市县可以建立市县级农业信贷担保机构，省级财政可以安排一定资金给予适当支持。省级担保机构要为省内市县农业信贷担保机构提供担保业务设计、业务指导、政策对接和监督管理等服务。

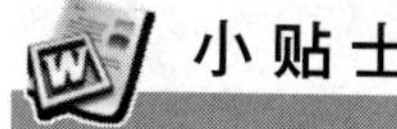

小贴士

农村改革成果

截至 2016 年，全国完成农村集体产权制度改革的村组累计向农民股金分红 2 840 亿元，当年分红 434.1 亿元。

截至 2016 年年底，全国已有 6.7 万个村和 6 万个农民小组完成农村集体产权制度改革，其中北京、上海、浙江完成改革的村占到98%以上。

组建全国农业信贷担保体系，国家农业信贷担保联盟有限责任公司挂牌运营，33个省(自治区、直辖市、计划单列市)组建了省级农业信贷担保公司，目前已累计为农民发放贷款227.9亿元。

END

(二) 财政支持建立农业信贷担保体系的政策措施

(1) 农业信贷担保机构的资本金注入。省级财政部门要利用中央财政支持粮食适度规模经营补贴资金，对省级、市县农业信贷担保机构进行资本金注入。鼓励省级财政安排本级财政资金作为资本金注入省级农业信贷担保机构。

(2) 建立农业信贷担保经营风险补助机制。省级财政要会同有关部门明确对农业信贷担保机构经营风险的补助条件和补助标准，主要包括担保费补助和代偿补助等，鼓励农业信贷担保机构做大农业信贷担保业务，稳定经营预期，降低农业贷款者资金成本。

(3) 建立农业信贷担保系统风险救助制度。中央财政和省级财政利用粮食适度规模经营资金支持建立农业信贷担保体系的风险准备金等救助制度，应对农业产业系统性风险导致政策性农业信贷担保机构出现资本流动性危机建立农业信贷担保机构救助机制，帮助及时化解风险。

(4) 明确农业信贷担保体系客户和业务定位。农业信贷担保服务应优先满足从事粮食适度规模经营的各类新型经营主体的需要，对其开展粮食生产经营的信贷提供担保服务。农业信贷担保可以逐步向农业其他领域拓展，并向与农业直接相关的第二、第三产业延伸，促进农村第一、第二、第三产业融合发展。

(5) 支持扩大信贷担保机构的杠杆倍数。

(6) 建立银担合作共赢机制。建立财政部门、农业部门、银监部门、战略合作银行的协商沟通制度，明确各自的责任、权利和义务，形成长期协同支农机制。农业信贷担保业务政策设计要明确合理的担保费率、贷款期限和代偿比例等，建立合理的风险分担机制。农业信贷担保机构和战略合作银行要加强协调，创新更多适合新型经营主体的担保和贷款产品、服务方式。

(7) 加强农业信贷担保机构经营风险管理。

(8) 落实现有相关税收优惠政策。符合条件的农业信贷担保机构从农业中小企业担保或再担保业务取得的收入，执行现行中小企业信用担保机构免征营业税政策。

(9) 完善对农业信贷担保机构的考核机制。

(10) 加强农业信贷担保人才队伍建设。

第五节 农业支持保护体系

一、农业支持保护的必要性

(1) 农业是国民经济中的重要产业，并起着优化资源配置、良化生态环境的作用。人类社会生存发展离不开农业，归根到底人们的衣食要靠农业来解决。同时，其他产业发展也很大程度上要依赖农业。实施和加强农业保护，保证农业适度发展，对于任何一个国家来说都是必须的。

(2) 耕地资源稀缺，生态环境恶化以及农业投入增长缓慢。首先，耕地资源稀缺、生态环境恶化，使我国农业增长受到自然约束；其次，农业投入增长缓慢。

(3) 在经济全球化和市场自由化的大背景下，农业市场的风险源更多，风险发生的可能性更大、波及的范围更广、致损程度更严重、不可控性更强。

(4) 农业面临自然和市场双重风险。农业生产总是表现为自然再生产过程与经济再生产过程交织在一起。这一特点使得农业经营始终面临着自然和市场两大风险。

(5) 农业信贷风险日益凸现。农业信贷风险已成为农业经营中新的风险品种。

二、农业支持保护体系的内容

(1) 国家建立和完善农业支持保护体系。采取财政投入、税收优惠、金融支持等措施，从资金投入、科研与技术推广、教育培训、农业生产资料供应、市场信息、质量标准、检验检疫、社会化服务以及灾害救助等方面扶持农民和农业生产经营组织发展农业生产，提高农民的收入水平。

在不与我国缔结或加入有关国际条约相抵触的情况下，国家对农民实施收入支持政策，具体办法由国务院制定。

(2) 提高农业投入的总体水平。国家逐步提高农业投入的总体水平，中央和县级以上地方财政每年对农业总投入的增长幅度应当高于其财政经常性收入的增长幅度。

各级人民政府在财政预算内安排的各项用于农业的资金应当主要用于：加强农业基础设施建设；支持农业结构调整，促进农业产业化经营；保护粮食综合生产能力，保障国家粮食安全；健全动植物检疫、防疫体系，加强动物疫病和植物病、虫、杂草、鼠害防治；建立健全农产品质量标准和检验检测监督体系、农产品市场及信息服务体系；支持农业科研教育、农业技术推广和农民培训；加强农业生态环境保护建设；扶持贫困地区发展；保障农民收入水平等。县级以上各级财政用于种植业、林业、畜牧业、渔业、农田水利的农业基本建设投入应当统筹安排，协调增长。

国家为加快西部开发，增加对西部地区农业发展和生态环境保护的投入。

(3) 多渠道增加农业投入。除国家财政投入外，通过信贷资金、其他社会资金和外资对农业进行支持，鼓励农民和农业生产经营组织增加农业投入。《农业法》第 41 条规定，国家鼓励社会资金投向农业，鼓励企业事业单位、社会团体和个人捐资设立各种农业建设和农业科技、教育基金。国家采取措施，促进农业扩大利用外资。

(4) 健全农村金融服务体系。《农业法》第 45 条规定，国家建立健全农村金融体系，加强农村信用制度建设，加强农村金融监管。有关金融机构应当采取措施增加信贷投入，改善农村金融服务，对农民和农业生产经营组织的农业生产经营活动提供信贷支持。农村信用合作社应当坚持为农业、农民和农村经济发展服务的宗旨，优先为当地农民的生产经营活动提供信贷服务。国家通过贴息等措施，鼓励金融机构向农民和农业生产经营组织的农业生产经营活动提供贷款。

(5) 国家建立和完善农业保险制度。国家逐步建立和完善政策性农业保险制度。鼓励和扶持农民和农业生产经营组织建立为农业生产经营活动服务的互助合作保险组织，鼓励商业性保险公司开展农业保险业务。农业保险实行自愿原则，任何组织和个人不得强制农民和农业生产经营组织参加农业保险。

(6) 在与世界贸易组织规则相衔接的前提下，明确促进农产品出口的扶持措施。

(7) 鼓励和支持开展农业信息服务以及其他多种形式的农业生产产前、产中、产后社会化服务。

《农业法》第 42 条规定，各级人民政府应当鼓励和支持企业事业单位及其他各类经济组织开展农业信息服务。县级以上人民政府农业行政主管部门及其他有关部门应当建立农业信息搜集、整理和发布制度，及时向农民和农业生产经营组织提供市场信息等服务。

(8) 扶持农业生产资料的生产和贸易，采取措施保持主要农业生产资料和农产品之间的合理比价。

(9) 做好防灾、抗灾和救灾工作。《农业法》规定，各级人民政府应当采取措施，提高农业防御自然灾害的能力，做好防灾、抗灾和救灾工作，帮助灾民恢复生产，组织生产自救，开展社会互助互济；对没有基本生活保障的灾民给予救济和扶持。

(10) 加大扶贫工作力度和资金投入。

(11) 加强国家财政对农业的支持、监督管理。《农业法》第 39 条规定，县级以上人民政府每年财政预算内安排的各项用于农业的资金应当及时足额拨付。各级人民政府应当加强对国家各项农业资金分配、使用过程的监督管理，保证资金安全，提高资金的使用效率。任何单位和个人不得截留、挪用用于农业的财政资金和信贷资金。审计机关应当依法加强对用于农业的财政和信贷等资金的审计监督。

第六节　农民权益保护

一、保护农民对承包土地的使用权

《农业法》规定，各级人民政府、农业生产经营组织在农业和农村经济结构调整、农业产业化经营和土地使用权流转等过程中，不得侵犯农民的土地承包经营权，不得干涉农民自主安排的生产经营项目的权利，不得强迫农民购买指定的生产资料或者按指定的渠道销售农产品。

二、减轻农民负担

主要制度包括以下几个方面。

(1) 禁止非法收费、罚款、摊派。

(2) 不得向农民集资和非法在农村进行达标、升级、验收活动。

(3) 不得违法摊派税款及以其他非法方法向农民征税。

(4) 不得对农村中小学生非法收费。

(5) 不得侵犯农民在土地征用、占用时的合法利益。

(6) 不得强制农民接受服务。

小贴士

一事一议筹资筹劳

一事一议筹资筹劳是2000年农村税费改革初期适应改革村提留征收使用办法、取消统一规定的“两工”而做出的制度安排，是推进农村基层民主政治建设、提高民主管理水平和充分调动广大农民积极性的一项有效措施。

END

三、减轻农民负担的政策

针对有的地方和部门减负意识淡化、监管力度减弱，有的地方涉农收费、一事一议筹资筹劳问题仍然较多，有的地方向村级组织、农民合作社等新型农业经营主体乱收费的新问题凸现，有的地方在落实强农惠农富农政策、发展农村社会事业中加重农民负担的问题时有发生等实际状况，国家发展和改革委、农业部、财政部等部委联合发文——《关于做好2015年减轻农民负担工作的意见》(农经发〔2015〕8号)，并提出以下政策。

1. 切实加强村级组织负担监管

地方各级政府和有关部门组织开展农村基础设施建设和公共服务必须量力而行，严禁向村级组织摊派、集资或者要求村级配套。推动健全村干部报酬补贴、办公会务、交通差旅、学习考察、捐助赞助等非生产性开支的管理制度。

2. 严格管理涉农收费和价格

继续组织开展农村义务教育、农民建房、计划生育、农业用电等领域乱收费的专项治理。

深入推进涉农收费和价格“公示制”，有关部门要将收费项目、标准、批准机关、监督电话等向农民公示。向农民收取行政事业性费用除应有合法依据外，还必须按规定程序收取，严禁扩大收费范围、提高收费标准和搭车收费。涉农经营服务必须坚持农民自愿的原则，与行政事业性收费分开实施和执行，严禁在执行行政事业性收费时搭车、捆绑收取经营服务性收费。继续推动减少农民、农民合作社等在生产经营活动中的行政事业性收费，通过停征和免征等措施。

3. 规范实施一事一议筹资筹劳

组织村民通过一事一议筹资筹劳参与村级公益事业建设，既要鼓励和引导农民的积极性，也要防止和纠正违规筹资筹劳行为。进一步完善一事一议筹资筹劳政策，合理界定筹资筹劳范围，创新村民民主议事程序，逐步降低筹资筹劳限额标准，探索控制以资代劳数量和比例的措施。加强筹资筹劳方案审核，重点在民主议事是否真实、筹资筹劳数量是否符合实际需要、资金投入是否存在缺口等方面把好关。推动健全民主决策、多元投入、均衡发展的村级公益事业建设新机制。

4. 加强新领域农民负担的监管

适应农村改革发展的新形势，将农民负担监管工作融入统筹城乡发展、加强农村社会管理、落实强农惠农富农政策中。加强对农民合作社、家庭农场、专业大户等新型农业经营主体的负担监管，防止在登记、年检、认证等环节乱收费乱摊派。

加强强农惠农富农政策落实的监管，严肃查处代扣代缴其他费用、配售商品、以领取补贴为条件要求缴纳其他费用等加重农民负担问题的行为。加强对农业技术推广、动植物疫病防控、农产品质量安全监管等领域的监管，防止将公益性服务转为经营性服务向农民收费。建立健全农村基础设施建设项目农民负担审核制度，以及涉及农民负担政策文件会签、信息公开和备案制度，防止向农民、新型农业经营主体和村级组织摊派。

5. 强化涉及农民负担事项监督检查

建立和完善农民负担检查情况通报和公开制度，严肃查处加重农民负担的违规违纪行为，提高检查效果。畅通农民负担信访渠道，加强对信访问题的督查督办。

6. 健全减轻农民负担工作机制

落实减轻农民负担“一票否决”制度，完善减负工作考核制度。进一步完善农民负担监督卡制度，及时更新内容，标明举报电话，便于农民监督和反映问题。完善农民负担监测制度，建立包括新型农业经营主体在内的监测体系，提高监测质量。建立健全减轻农民负担工作逐级督导制度。

四、农村公共事务管理中对农民权益的保护

《农业法》从筹资筹劳和村务公开两个方面进行了规定。

农村兴办公益事业向农民筹资筹劳的决定程序和农村财务公开制度。一事一议筹资筹劳以村民的意愿为基础，尊重村民的意愿，不能强迫命令。议事过程坚持民主程序。实施过程和结果要由群众全程参与监督，将财政投入与农民投入相结合。

村务公开是村民委员会组织把处理本村涉及国家的、集体的和村民群众利益的事务的活动情况，通过一定的形式和程序告知全体村民，并由村民参与管理、实施监督的一种民主行为。

五、农民在出售产品和购买生产资料时的利益保护

《农业法》规定，农产品收购单位在收购农产品时，不得压级压价，不得在支付的价款中扣缴任何费用。

六、农民权益的行政保护

任何单位和个人向农民提供有偿服务，必须坚持自愿原则，不得强迫。

七、对农民权益受损时的行政和司法救济措施

在诉讼、仲裁中通过法律援助解决广大农民在生活中遇到的法律纠纷，使社会成员获得公平的法律服务从而实现司法公正，是农民群体作为社会公民应该享有的社会权利，也是其实现社会基本权利的重要途径。

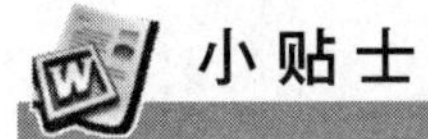

小贴士

农业资源

农业资源是指人们从事农业生产或农业经济活动所利用或可资利用的资源，包括农业自然资源和社会资源。《农业法》所说的农业资源特指农业自然资源，它是指人们从自然界直接获得的用以形成农业生产手段的物质要素，如土地、水、森林、草原、野生动植

物等。

农业资源的特征：①地域性和节律性；②有限性和可再生性；③整体性和层次性；④稳定性和变化性。

农业资源保护主要包括土地资源保护、草原资源保护、森林资源保护、野生动物资源保护、野生植物资源保护、矿产资源保护等。

发展农业和农村经济必须合理利用和保护土地、水、森林、草原、野生动植物等自然资源，合理开发和利用水能、沼气、太阳能、风能等可再生能源和清洁能源，发展生态农业，保护和改善生态环境。

END

第七节 农业资源与农业环境保护

一、农业资源与环境保护的基本制度

1. 建立农业资源区划和监测制度

2. 保护耕地质量

我国人多地少，特别是耕地少是我国的基本国情。人均占有耕地的数量少、耕地总体质量差、耕地退化严重、耕地后备资源匮乏是我国耕地资源的显著特点。人增地减的趋势已成为我国经济社会发展的一个重要问题。因此，十分珍惜、合理利用土地和切实保护耕地，是关系国计民生、关系国家发展全局和中华民族生存安危的大事，是我国的基本国策。

《农业法》规定，农民和农业生产经营组织应当保养耕地，合理使用化肥、农药、农用薄膜，增加使用有机肥料，采用先进技术，保护和提高地力，防止农用地的污染、破坏和地力衰退。

县级以上人民政府农业行政主管部门应当采取措施，支持农民和农业生产经营组织加强耕地质量建设，并对耕地质量进行定期监测。各级政府应当依法采取措施，全面规划，严格管理，保护、开发土地资源，制止非法占用耕地的行为。

3. 预防和治理水土流失、治理沙化土地

《农业法》第59条规定，各级人民政府应当采取措施，加强小流域综合治理，预防和治理水土流失。从事可能引起水土流失的生产建设活动的单位和个人，必须采取预防措施，并负责治理因生产建设活动造成的水土流失。

各级人民政府应当采取措施，预防土地沙化，治理沙化土地。国务院和沙化土地所在地区县级以上地方人民政府应当按照法律规定制定防沙治沙规划，并组织实施。

4. 保护森林资源

《农业法》规定，国家实行全民义务植树制度。各级人民政府应当采取措施，组织群众植树造林，保护林地和林木，预防森林火灾，防治森林病虫害，制止滥伐、盗伐林木，提高森林覆盖率。

国家在天然林保护区域实行禁伐或者限伐制度，加强造林护林。

5. 保护草原资源

《农业法》第61条规定，有关地方人民政府，应当加强草原的保护、建设和管理，指导、组织农(牧)民和农(牧)业生产经营组织建设人工草场、饲草饲料基地和改良天然草原，实行以草定畜，控制载畜量，推行划区轮牧、休牧和禁牧制度，保护草原植被，防止草原退化沙化和盐渍化。

《农业法》第62条规定，禁止毁林毁草开垦、烧山开垦以及开垦国家禁止开垦的陡坡地，已经开垦的应当逐步退耕还林、还草。

禁止围湖造田以及围垦国家禁止围垦的湿地。已经围垦的，应当逐步退耕还湖、还湿地。对在国务院批准规划范围内实施退耕的农民，应当按照国家规定予以补助。

6. 保护渔业资源

(1) 渔业资源环境的保护。《农业法》第63条规定，各级人民政府应当采取措施，依法执行捕捞限额和禁渔、休渔制度，增殖渔业资源，保护渔业水域生态环境。

(2) 国家引导、支持从事捕捞业的农(渔)民和农(渔)业生产经营组织从事水产养殖业或者其他职业，对根据当地人民政府统一规划转产转业的农(渔)民，应当按照国家规定予以补助。

(3) 禁止性行为的规定。主要有：禁止破坏渔业资源的方法进行捕捞；对渔获物中幼鱼比例的限制；禁止在禁渔区、禁渔期内销售非法捕捞的渔获物等。

(4) 确立水产种植资源保护制度。水产种植资源保护制度有益于水生动植物种群的繁衍和生物多样性的保护。

(5) 强调水生野生动植物的重点保护。

7. 保护农业生物物种资源

《农业法》第64条规定，国家建立与农业生产有关的生物物种资源保护制度，保护生物多样性，对稀有、濒危、珍贵生物资源及其原生地实行重点保护。从境外引进生物物种资源应当依法进行登记或者审批，并采取相应安全控制措施。

农业转基因生物的研究、试验、生产、加工、经营及其他应用，必须依照国家规定严格实行各项安全控制措施。

8. 保护农业环境

《农业法》第65条规定，各级农业行政主管部门应当引导农民和农业生产经营组织采取生物措施或者使用高效低毒低残留农药、兽药，防治动植物病、虫、杂草、鼠害。

农产品采收后的秸秆及其他剩余物质应当综合利用，妥善处理，防止造成环境污染和生态破坏。从事畜禽等动物规模养殖的单位和个人应当对粪便、废水及其他废弃物进行无害化处理或者综合利用，从事水产养殖的单位和个人应当合理投饵、施肥、使用药物，防止造成环境污染和生态破坏。

《农业法》明确规定，县级以上人民政府应当采取措施，督促有关单位进行治理，防治废水、废气和固体废弃物对农业生态环境的污染。排放废水、废气和固体废弃物造成农业生态环境污染事故的，由环境保护行政主管部门或者农业行政主管部门依法调查处理；给农民和农业生产经营组织造成损失的，有关责任者应当依法赔偿。

二、农业资源与生态环境保护工程规划

2017 年 1 月，农业部印发了《农业资源与生态环境保护工程规划（2016—2020 年）》（简称《规划》），提出“十三五”期间要通过实施重大工程项目，不断夯实农业绿色发展的物质基础，走产出高效、产品安全、资源节约、环境友好的现代化道路，力争通过 5 年的努力，实现农业资源永续利用水平明显提升，农业环境突出问题治理取得积极进展，农业生态功能得到改善恢复，农业绿色化发展取得重要进展。

（一）农业绿色化发展要实现的具体目标

1. 资源过度开发的趋势得到初步遏制

力争耕地重度污染面积不扩大，土壤清洁率达到 80％以上。基本实现农业“一控两减三基本”目标，农田灌溉水有效利用系数超过 0.55，主要农作物化肥、农药利用率达到 40％，农膜回收率达到 80％，养殖废弃物综合利用率达到 75％。

2. 重点区域环境问题治理取得阶段性成效

东北黑土退化区、南方重金属污染区、京津冀地下水超采区、西南石漠化区、草原生态治理区治理技术体系和推进机制基本建立，耕地轮作休耕全面推进，主要农产品产地实现农产品安全达标生产。北方农牧交错带、西北干旱区农业结构适应性水平、可持续发展水平明显提升。

3. 农业生态功能得到恢复和增强

基本控制草原退化沙化和渔业水域资源荒漠化趋势，草原综合植被覆盖度达到 56％，有代表性的草原类型及珍稀濒危野生动植物资源得到有效保护，重大外来有害入侵物种得到有效遏制。

4. 绿色生态农业发展机制基本建立

基本构建科学的考评机制、合理化的生态补偿机制、市场化的投入交易机制、法制化的监督问效机制。

(二) 重点任务

《规划》提出了8项重点任务，即加强耕地质量建设与保护、推进农业投入品减量使用、开展农业废弃物资源化利用、推广高效节水农业模式、强化退化草原治理修复、养护渔业资源环境、加强外来生物入侵防控、实施农业湿地保护修复；划定了7个重点区域，即东北黑土区、南方耕地污染区、京津冀地下水超采区、北方农牧交错带、西北旱作农业区、西南石漠化区、草原生态治理区；明确了10个重点工程，即东北黑土地保护工程、南方污染耕地修复治理工程、京津冀地下水超采治理工程、西北地区旱作节水农业工程、草原生态保护工程、渔业资源及生态保护工程、农业投入品减量化工程、外来入侵生物综合防控工程、典型流域农业面源污染综合治理工程、农业湿地保护与修复工程。

导学案例解析

根据《土地承包法》和《合同法》的相关规定，以及国务院关于土地承包的政策，被告的土地承包经营权应当依法受到保护。一是果园承包合同不符合法定解除条件；二是果园承包费应该确定为一直交付的每年1 200元，理由是虽然合同约定每年的承包费是1 200元，但是，被告每年交付和原告实际接受的是每年1 500元，合同的实际履行变更了合同的约定。最终，弱势群体的利益受到了法律的保护。

A县人民法院判决驳回原告的诉讼请求；承包费维持合同约定的承包费数额，即每年1 200元；诉讼费律师代理费由原告承担。

END

练习题

一、简答题

1. 简述农业生产法律制度。
2. 简述农业信贷担保体系。
3. 简述农业支持保护体系。
4. 简述减轻农民负担的政策。
5. 简述农业资源与环境保护的基本制度。

二、不定项选择题

1. 我国农业生产经营的基本组织制度是(　　)。

   A. 以家庭承包经营为基础　　B. 统分结合的双层经营体制

   C. 以个体承包经营为基础　　D. 以集体承包经营为基础

2.《农业法》第6条明确规定："国家坚持(　　)和(　　)的方针。"

A. 科教兴农　　B. 保护农业生态环境

C. 促进农业机械化和信息化　　D. 农业可持续发展

3.《农业法》第 12 条规定，(　　)和(　　)可以自愿按照民主管理、按劳分配和按股分红相结合的原则，以资金、技术、实物等入股，依法兴办各类企业。

A. 农民　　B. 农业生产经营组织

C. 农村承包经营户　　D. 农业公司

4.《农业法》第 13 条规定，国家采取措施发展多种形式的农业产业化经营，鼓励和支持农民和农业生产经营组织发展(　　)一体化经营。

A. 生产　　B. 加工　　C. 销售　　D. 流通

5.《农业法》规定，国家引导和支持农民和农业生产经营组织结合本地实际按照市场需求，发展(　　)的农业。

A. 优质　　B. 高产　　C. 高效益　　D. 精准

6.《农业法》明确规定，农民和农业生产经营组织不得使用国家明令淘汰和禁止使用的(　　)等农业生产资料和其他(　　)的产品。

A. 农药　　B. 兽药　　C. 饲料添加剂　　D. 禁止使用

7.《农业法》第 23 条规定，国家支持依法建立健全优质农产品(　　)和(　　)制度，国家鼓励和扶植发展(　　)生产。

A. 认证　　B. 标志　　C. 优质农产品　　D. 名优农产品

8.《农业法》明确规定，国家实行(　　)检疫制度。建立(　　)和(　　)的快速扑灭机制，建设动物无规定疫病区，实施(　　)。

A. 动植物防疫　　B. 重大动物疫情　　C. 植物病虫害　　D. 植物保护工程

三、案例分析题

2015 年 8 月底，商务部等 10 部门联合发布了《全国农产品市场体系发展规划》，提出将于 2020 年年初步建成中国特色农产品市场体系。

试分析：你所在的省(自治区、直辖市)都进行了哪些全国网与区域网相结合、公益性和市场化相结合、实体网与虚拟网相结合、批发网络与零售网络相结合的农产品市场体系建设?

第三章 农村土地承包与纠纷解决法律制度

学习目标

- 掌握发包方和承包方的权利和义务，农村土地概念，土地承包的原则，承包期限，土地承包经营权的流转方式。
- 理解农村土地承包经营制度，土地承包合同，三权分置。
- 了解土地承包的程序，其他方式的承包，农村土地承包经营权纠纷的解决。

案例导学

陈某昌(原告)、陈某香(被告)与陈某友(第三人)系亲兄弟，其父母随第三人生活，该父母的承包田土被登记在陈某友名下，之后陈某香与陈某友达成协议：母亲曹某的生养死葬由陈某友承担，陈某友对曹某的承包田土享有承包经营权；父亲陈某福的生养死葬由陈某香承担，陈某香对陈某福的承包田土享有承包经营权。2017 年 4 月 5 日陈某香将陈某福承包的田土承包经营权转让给陈某昌，并有书面协议。之后陈某昌将受转让的田种上莼菜。后胜利坝水库将该田征收，陈某友将土地补偿款登记在陈某友名下，为此发生纠纷。

陈某昌请求人民法院判令陈某香继续履行与陈某昌签订的土地《转让合同书》，同时判令陈某友对征收土地的补偿款返还给陈某昌，并由陈某香承担本案的诉讼费用。

陈某香辩称：我与陈某昌的转让协议系原告不按协议种大米，陈某昌违约。同时父亲陈某福的承包田系陈某友让给我做，无权转让，转让合同无效。陈某友述称：我父母的承包田土是以我为户主所承包，其承包经营权属我父母和我，而且我有承包的相关手续为证，陈某昌与陈某香达成的转让协议是无效的。

END

第一节 《农村土地承包法》概述

一、农村土地的概念

2002 年 8 月 29 日第九届全国人民代表大会常务委员会第二十九次会议通过的《农村土地承包法》明确规定，农村土地是指农民集体所有和国家所有依法由农民集体使用的耕地、林地、草地以及其他依法用于农业的土地。其他依法用于农业的土地主要有包括荒山、荒沟、荒丘、荒滩的"四荒地"，以及养殖水面等。

二、农村土地承包经营制度

（一）农村土地承包经营制度概述

国家实行农村土地承包经营制度。农村家庭承包经营制度是在农村土地集体所有保持不变的前提下，由村委会或者农村集体经济组织与农民或者农户签订农村土地承包合同，农民依法取得农村土地承包经营权，自主经营。1993 年，国家决定在农户原有的承包期到期后可再延长 30 年，在承包期内，农户对土地的经营使用权可以在不改变使用方向的前提下实行自愿、有偿转让。

（二）农村土地承包经营权的概念

农村土地承包经营权是指承包人（个人或单位）因从事种植业、林业、畜牧业、渔业生产或其他生产经营项目而承包使用、收益集体所有或国家所有的土地或森林、山岭、草原、荒地、滩涂、水面的权利。

小贴士

法律保护土地承包经营权

《中华人民共和国民法通则》（简称《民法通则》）第 80 条第 2 款规定："公民、集体依法对集体所有的或者国家所有由集体使用的土地的承包经营权，受法律保护。"《民法通则》第 81 条第 3 款规定："公民、集体依法对集体所有的或者国家所有由集体使用的森林、山岭、草原、荒地、滩涂、水面的承包经营权，受法律保护。承包双方的权利和义务，依照法律由承包合同规定。"

END

（三）农村土地承包的形式

农村土地承包采取两种承包方式，即农村集体经济组织内部的家庭承包经营方式和以招标、拍卖、公开协商等方式的承包。

家庭承包经营方式是指以农村集体经济组织的每一个农户家庭全体成员为一个生产经营单位，作为承包人承包农民集体的耕地、林地、草地等农业用地的经营方式。本集体经济组织成员平等地享有承包本集体经济组织所有的土地或者国家所有由本农村集体经济组织使用的土地。其主要特点如下。

(1) 集体经济组织的每个人均享有承包本农村集体的农村土地的权利，“按户承包，按人分地”。不论男女老少，没有年龄、性别限制。特别强调保护土地承包中妇女的合法权益，妇女与男子享有平等的权利。任何组织和个人都无权剥夺他们的承包权。任何组织和个人不得剥夺、侵害妇女应当享有的土地承包经营权，除非农民本人放弃这个承包权利。

(2) 以户为生产经营单位承包方与本集体经济组织或者村委会订立一个承包合同，享有合同中约定的权利，承担合同中约定的义务。如果承包户家庭中的某个成员死亡，只要这个承包户还有其他人在，承包关系就不变，该土地由这个承包户中的其他成员继续承包。

(3) 用于家庭承包的农村土地不限于耕地、林地、草地，凡是本集体经济组织的成员每人都有份的农村土地，如自留地等，都应当实行家庭承包的方式。

对本集体经济组织成员有的不愿承包，或者那些不宜采用家庭承包的农业用地，可以采取招标、拍卖、公开协商等方式承包。不仅本集体经济组织成员，而且本集体经济组织以外的单位和个人都可以以自愿、公开、公正的原则进行承包。

农村土地承包两种方式的采用，透明度高，便于农民群众监督，有利于农村土地的合理利用。

第二节 家庭承包

一、发包方和承包方的权利和义务

(一) 发包方的权利和义务

1. 发包主体

(1) 农民集体所有的土地依法属于村农民集体所有的，村集体经济组织或者村民委员会作为发包方。村指行政村，是设立村民委员会的村，不是指自然村。农民集体所有的土地依法属于村农民集体所有，应当由村集体经济组织发包，有些村没有集体经济组织，难以完成集体所有土地的发包工作，可以由村民委员会发包。

(2) 已经分别属于村内 2 个以上农村集体经济组织的农民集体所有的土地，村内各该农村集体经济组织或者村民小组作为发包方。村民小组相当于原生产队，是指行政村内由村民组成的组织，它是村民自治共同体内部的一种组织形式，目前有的地方村民小组并未设立集体经济组织，土地属于村民小组，可以由村民小组作为发包方。

(3) 村集体经济组织或者村民委员会发包的，不得改变村内各集体经济组织农民集体所有的土地的所有权。村内各集体经济组织农民集体所有的土地，是指已经分别属于村内2个以上农村集体经济组织的农民集体所有的土地。如果村民小组也不具备发包的条件，或者由其发包不方便，则由村集体经济组织或者村民委员会代为发包。

(4) 国家所有依法由农民集体使用的农村土地，农村集体经济组织、村民委员会或者村民小组作为发包方。虽然这部分土地的所有权不属于使用该土地的农民集体，但由于作为农村土地是由农民集体使用从事农业生产，法律规定也实行承包经营。由村农民集体使用的，村集体经济组织是发包方；村集体经济组织未设立的，村民委员会是发包方。由村内2个以上集体经济组织的农民集体使用的，村内各集体经济组织是发包方，村内各集体经济组织未设立的，村民小组是发包方。村内各集体经济组织或者村民小组发包有困难或者不方便的，也可以由村集体经济组织或者村民委员会代为发包。

2. 发包方的权利

(1) 发包本集体所有的或者国家所有依法由本集体使用的农村土地的权利。这是发包方的发包权，是享有其他权利的前提。

(2) 监督承包方依照承包合同约定的用途合理利用和保护土地的权利。

(3) 制止承包方损害承包地和农业资源的行为的权利。土地必须合理利用和保护，对于损害土地和农业资源的行为发包方有权制止。

(4) 法律、行政法规规定的其他权利。发包人的权利不限于此，其他法律如《农业法》《土地管理法》《渔业法》《森林法》和《草原法》等法律以及国务院的行政法规还可以赋予发包方其他权利。

3. 发包方的义务

(1) 维护承包方的土地承包经营权，不得非法变更、解除承包合同。国家实行农村土地承包经营制度，是一项基本国策。法律保护农民的承包经营权，任何组织和个人不得剥夺和非法限制农村集体经济组织成员承包土地的权利。发包方有义务维护承包方的土地承包经营权。

(2) 尊重承包方的生产经营自主权，不得干涉承包方依法进行正常的生产经营活动。生产经营自主权是承包方自主安排生产、自主进行经营决策的权利，是承包权最重要的内容。发包方有义务尊重承包方的生产经营自主权，不得干涉承包方依法进行的正常的生产经营活动。

(3) 依照承包合同约定为承包方提供生产、技术、信息等服务。这是发包方的服务义务。我国实行的以家庭经营为基础、统分结合的双层经营体制，统就是要求集体经济组织要做好为农户提供生产、经营、技术等方面的统一服务。发包方有义务帮助承包方搞好生产经营，提供生产、技术、信息服务。

(4) 执行县、乡(镇)土地利用总体规划，组织本集体经济组织内的农业基础设施建设。土地利用总体规划是在一定区域内，各级人民政府根据国家社会经济可持续发展的要求和本地经济、社会和自然资源、环境保护等条件，对土地的开发、利用、治理、保护在空间上、时间上所做的总体安排和布局。发包方有执行土地利用总体规划的法定义务。

(5) 法律、行政法规规定的其他义务。

(二) 承包方的权利和义务

1. 承包主体

农村土地的承包即家庭承包。承包方是本集体经济组织的农户。农户是农村中以血缘和婚姻关系为基础组成的农村最基层的社会单位。农村土地承包以“户”为单位进行，由“户”的代表与发包方签订土地承包合同，解决农村中有土地份额的无民事行为能力或者限制民事行为能力的农民无法与农村集体签订承包合同并无法履行合同的难题。作为生产单位的农户，依靠家庭成员的劳动进行农业生产与经营活动，农户是农民交易活动的主体。以户的财产承担责任，保证承包义务的履行。

2. 承包方的权利

(1) 依法享有承包地使用、收益和土地承包经营权流转的权利，有权自主组织生产经营和处置产品。《中华人民共和国物权法》(简称《物权法》)把土地承包经营权规定为用益物权。该法第117条规定，用益物权人对他人所有的不动产依法享有占有、使用和收益的权利。

(2) 承包地被依法征用、占用的，有权依法获得相应的补偿。

①《宪法》规定，国家为了公共利益的需要，可以依法对集体所有的土地实行征用，即可以将集体所有的土地转化为国家所有。为了保护承包方的合法权益，征用承包地必须依照法定的条件和程序进行，不得滥用土地征用权。

② 占用是为了兴办乡镇企业和村民建设住宅，经依法批准使用本集体经济组织农民集体所有的土地，或者乡(镇)村公共设施和公益事业建设，经依法批准使用农民集体所有土地。根据《土地管理法》的规定，乡镇企业、乡(镇)村公共设施、公益事业、农村村民住宅等乡(镇)村建设，应当按照村庄和集镇规划，合理布局，综合开发，配套建设；建设用地，应当符合乡(镇)土地利用总体规划和土地利用年度计划，并依照规定办理审批手续。乡(镇)村公共设施、公益事业建设，需要使用土地的，经乡(镇)人民政府审核，向县级以上地方人民政府土地行政主管部门提出申请，按照省、自治区、直辖市规定的批准权限，由县级以上地方人民政府批准；其中涉及占用农用地的，依照规定办理审批手续。

③ 承包地被依法征用、占用的，承包方有权依法获得相应的补偿。根据《土地管理法》的规定，征地补偿应当按照被征用土地的原用途确定补偿标准和补偿数额。原来的

土地是耕地的按耕地的标准补偿，原来是林地的按林地标准补偿，原来是草地的按草地的标准补偿。征用耕地的补偿费用应当包括土地补偿费、安置补助费以及地上附着物和青苗的补偿费。土地补偿费是给予土地所有者和承包人因投入而造成损失的补偿，应当归土地所有者和承包人所有；安置补助费是用于被征地的承包人的生活安置的；地上附着物和青苗的补偿费归地上附着物、青苗的所有者（即承包人）所有。补偿费是对承包方合法利益的保护，使失去承包地的农民的生活得到保障。任何组织和个人不得非法截流、占用、滥用承包方应得的补偿费。

（3）法律、行政法规规定的其他权利。

3. 承包方的义务

（1）维持土地的农业用途，不得用于非农建设。农业用途是指将土地直接用于农业生产，从事种养殖业、林业等。非农建设，是指将土地用于农业生产目的以外的建设活动，例如在土地上建商店等。我国人多地少，土地是稀缺资源，为稳固农业基础，保障农民的基本生活，必须确保农用地的农业用途。承包方违法将承包地用于非农建设的，由县级以上地方人民政府有关行政主管部门依法予以处罚。

（2）依法保护和合理利用土地，不得给土地造成永久性损害。我国的人均占有耕地的数量少，耕地的总体质量差、生产水平低，耕地退化严重，耕地后备资源缺乏。保护和合理利用土地，是我国的基本国策。承包经营土地的单位和个人有保护和按照承包合同约定的用途合理利用土地的义务。承包方给承包地造成永久性损害的，发包方有权制止，并有权要求承包方赔偿由此造成的损失。

（3）法律、行政法规规定的其他义务。

二、土地承包的原则

（一）按照规定统一组织承包时，本集体经济组织成员依法平等地行使承包土地的权利，也可以自愿放弃承包土地的权利

只要是农村集体经济组织中的成员，其对集体土地都享有一定的权益，都有权依法承包由农村集体经济组织发包的土地。任何组织和个人不得剥夺或者非法限制农村集体经济组织成员承包土地的权利。这是土地承包中应当遵循的重要原则。平等主要体现在两个方面：一是本集体经济组织的成员平等地享有承包本集体经济组织土地的权利，无论男女老少、体弱病残；二是本集体经济组织成员在承包过程中都平等地行使承包本集体经济组织土地的权利，发包方应当平等地对待每一个本集体经济组织成员的承包权。在承包过程中，发包方不能厚此薄彼，不能对本集体经济组织成员实行差别待遇。

（二）民主协商，公平合理

在确定承包方案时，应当民主协商，公平合理地确定发包方、承包方各自的权利义

务。特别是发包方不得滥用权力，承包合同中不得对承包方的权利进行不合理的限制、干涉承包方的生产经营自主权，或者通过承包合同给承包方增加不合理的负担。

"民主协商"要求发包方在发包过程中应当与作为承包方的本集体经济组织成员民主协商，应当充分听取和征求本集体经济组织成员的意见，不得暗箱操作，不得强迫本集体经济组织成员接受承包方案。"公平合理"要求本集体经济组织成员之间所承包的土地在离居住地距离的远近、土质的好坏以及离水源的远近等方面不能有太大的差别。即使有差别，也应当在合理的范围内。

(三) 承包方案应当按照《土地承包法》第 12 条的规定，依法经本集体经济组织成员的村民会议 2/3 以上成员或者 2/3 以上村民代表的同意

《土地承包法》第 12 条规定，农民集体所有的土地依法属于村农民集体所有的，由村集体经济组织或者村民委员会发包；已经分别属于村内 2 个以上农村集体经济组织的农民集体所有的，由村内各该农村集体经济组织或者村民小组发包。村集体经济组织或者村民委员会发包的，不得改变村内各集体经济组织农民集体所有的土地的所有权。国家所有依法由农民集体使用的农村土地，由使用该土地的农村集体经济组织、村民委员会或者村民小组发包。

凡是关系到村民利益的事项，由群众自己当家、自己做主。村民的土地承包经营方案是涉及村民切身利益的重大事项，应当由村民会议决定。

(四) 承包程序合法

在承包过程中，承包各方要严格按照法定的条件和程序办事，违反法律规定的承包程序进行的承包无效。发包方要平等对待每一个承包方，不得暗箱操作。承包方应当以正当的手段和方式参加承包活动，不得通过行贿手段或者利用亲属关系来获得有利的承包条件。

在土地承包中除了应当遵循上述几项原则外，还应当遵循土地承包的基本原则，即农村土地承包应当坚持公开、公平、公正的原则，正确处理国家、集体、个人三者的利益关系。

三、土地承包的程序

(一) 本集体经济组织成员的村民会议选举产生承包工作小组

承包工作小组一般由村党支部、村集体经济组织、村民委员会的部分成员和一定数目的村民代表组成。

(二) 承包工作小组依照法律、法规的规定拟订并公布承包方案

承包工作小组在对本集体经济组织的土地状况进行认真、详细的调查研究，在对本集体经济组织成员情况进行了解的基础上拟订土地承包方案。承包方案应当符合法律、

法规的规定。承包方案完成后，承包工作小组应当向本集体经济组织的成员公布，征求本集体经济组织成员的意见。

（三）依法召开本集体经济组织成员的村民会议，讨论通过承包方案

承包工作小组确定承包方案后，集体经济组织应当依法召开本集体经济组织的村民会议，由村民会议讨论通过承包方案。按照《农村土地承包法》第12条的规定，依法经本集体经济组织的村民会议2/3以上成员或者2/3以上村民代表同意。

（四）公开组织实施承包方案

承包方案依法经本集体经济组织的村民会议符合法定人数的村民代表同意后，农村集体经济组织应当公开组织实施，使承包方案的内容得到落实。

（五）签订承包合同

发包方和承包方应当依照公开组织实施的承包方案和相关法律、行政法规的规定签订承包合同。承包方与发包方双方的地位是平等的，发包方不得拒绝与承包方签订合同，也不得利用自己的优势地位强迫承包方接受一些不公平的条款。在实践中，土地承包合同一般由地方人民政府负责管理农村土地承包合同的部门事先拟订。《农村土地承包法》第21条明确规定了承包合同包括的一般条款。

四、承包期限

（一）承包期限的概念

承包期限是指农村土地承包经营权存续的期间。在期间内，承包方依照法律的规定和合同的约定，享有土地承包经营权，承担相应的义务。

国家编制土地利用总体规划，规定土地用途，将土地分为农用地、建设用地和未利用地。严格限制农用地转为建设用地，控制建设用地总量，对耕地实行特殊保护。按土地的用途，将土地划分为农用地、建设用地和未利用地。农用地是指直接用于农业生产的土地，包括耕地、林地、草地、农田水利用地、养殖水面等；建设用地是指建造建筑物、构筑物的土地；未利用地是指农用地和建设用地以外的土地。不同用途的农用地，承包期限不同。

（二）耕地的承包期限

耕地的承包期为30年。耕地是指用于种植农作物的土地，包括灌溉水田、望天田（又称天水田）、水浇地、旱地和菜地。我国农村实行土地承包经营制度的土地主要是耕地。我国耕地总面积约为14亿亩，人均1亩多一点。承包期为30年的规定，符合有关法律和目前我国农村的实际情况，同国家政策的规定一致，有利于对土地利用方式的适当调整以及有关利益的协调。

（三）草地的承包期限

草地的承包期为30～50年。草地是指生长草本植物为主，用于畜牧业的土地，包括天然草地、改良草地和人工草地。草原是草地的主体。我国是草原资源大国，草原总面积仅次于澳大利亚，居世界第二位。

（四）林地的承包期限

林地的承包期一般为30～70年。林地是指生长乔木、竹类、灌木、沿海红树林的土地，包括有林地、灌木林地、疏林地、未成林造林地以及迹地和苗圃等。我国林业用地面积38.5亿亩，其中集体所有的林地约占59%，国家所有的林地约占41%。林地承包经营政策是我国农村林业的基本政策。

同耕地相比，草地和林地有其特殊性。特殊林木的林地承包期经国务院林业主管部门批准可以再延长。对于采取其他方式承包的土地承包期限，依照法律的规定，由当事人双方根据实际情况协商确定，如菜地或养殖水面，“四荒”地等。对承包“四荒”进行治理开发的，依照国家有关政策承包期最长可以达到50年。实践中，一般鱼塘的承包期为1～3年。

五、土地承包合同

（一）土地承包合同的概念

土地承包合同是发包方与承包方之间达成的，关于农村土地承包权利义务关系的协议。

（二）土地承包合同的形式

《农村土地承包法》要求土地承包合同应当采用书面形式。土地承包经营权是我国农民最重要的权利之一，它既关系农业、农村经济发展和农村社会稳定，又关系亿万农民的切身利益。实践中侵犯土地承包经营权的情况比较多。采用书面形式，更有利于明确双方的权利义务，有利于防止争议和解决纠纷。

（三）土地承包合同的主要条款

(1) 发包方、承包方的名称。发包方负责人和承包方代表的姓名、住所。这是承包合同必须具备的条款。

(2) 承包土地的名称、坐落、面积、质量等级。这是土地承包合同权利义务指向的对象，也是合同的必备条款，否则合同不能成立，合同中必须规定得细致、清楚，以防产生纠纷。

(3) 承包期限和起止日期。承包期限是承包方依法享有权利，承担义务的期间。为了确定合同权利义务的具体期间，合同中还要规定合同的起止日期。

(4) 承包土地的用途。承包土地只能用于从事种植业、林业、畜牧业和渔业生产。这是依据《农村土地承包法》《土地管理法》《农业法》《渔业法》《森林法》和《草原法》等多部法律的规定确立的。

(5) 发包方和承包方的权利和义务(详见本章本节"一、发包方和承包方的权利和义务")。

(6) 违约责任。它是指土地承包合同当事人一方或者双方不履行合同或者不适当履行合同,依照法律的规定或者按照当事人的约定,应当承担的法律责任。当事人一方不履行合同义务或者履行义务不符合约定的,应当依照合同法的规定承担违约责任。

(四) 承包合同的成立、生效、变更与解除

1. 承包合同的成立

承包合同的成立是指订约当事人就承包合同的主要内容形成合意。对于承包合同的成立时间,依照《合同法》的规定,承诺生效时合同成立。这是合同成立的一般规定。同时,合同法又对书面形式合同的成立做出特别规定:当事人采用合同书形式订立合同的,自双方当事人签字或者盖章时合同成立。承包合同成立的时间应当是当事人签字或者盖章之时。实践中对当事人虽然没有签字或者盖章,但是履行承包合同主要义务的,承包合同也可以成立。

2. 承包合同生效

承包合同生效是指依法成立的承包合同产生法律约束力。承包合同自成立之日起生效。承包方自承包合同生效时取得土地承包经营权。合同生效后,当事人依法受到合同的约束,必须遵循合同的规定,依照诚实信用的原则,正确行使权利、履行义务。合同生效后,任何单位或者个人都不得侵犯当事人的合同权利,不得非法阻挠当事人履行义务。当事人违反合同的,将依法承担民事责任。

县级以上地方人民政府应当向承包方颁发土地承包经营权证或者林权证等证书,并登记造册,确认土地承包经营权。颁发土地承包经营权证或者林权证等证书,除按规定收取证书工本费外,不得收取其他费用。登记制度是物权制度的重要组成部分。登记的主要功能是对物权的设立、变更或者消灭产生公示作用。土地承包经营权证书、林权证等证书是承包方享有土地承包经营权的法律凭证。

3. 承包合同的变更

承包合同的变更是指承包合同成立后,当事人在原合同的基础上对承包合同的内容进行修改或者补充。

4. 承包合同的解除

承包合同的解除是指承包合同成立后,当具备法律规定的合同解除条件时,因当事人一方或者双方的意思表示而使承包合同关系归于消灭的行为。承包合同生效后,发包

方不得因承办人或者负责人的变动而变更或者解除,也不得因集体经济组织的分立或者合并而变更或者解除。国家机关及其工作人员不得利用职权干涉农村土地承包或者变更、解除承包合同。

六、土地承包经营权的保护

(一) 承包期内承包地的交回与收回

(1) 承包期内,发包方不得收回承包地。除法律对承包地的收回有特别规定外,在承包期内,无论承包方发生什么样的变化,只要作为承包方的家庭还存在,发包方都不得收回承包地。

(2) 承包期内,承包方全家迁入小城镇落户的,应当按照承包方的意愿,保留其土地承包经营权或者允许其依法将土地承包经营权采取转包、出租、互换、转让或者其他方式进行流转。“小城镇”包括县级市市区、县人民政府驻地镇和其他建制镇。

(3) 承包期内,承包方全家迁入设区的市,转为非农业户口的,应当将承包的耕地和草地交回发包方。承包方不交回的,发包方可以收回承包的耕地和草地。承包方交回的耕地和草地,用于调整承包土地或者承包给新增人口。交回的土地中不包括林地,因为林地的承包经营具有特殊性,林业生产经营周期和承包期长、投入大、风险大。

(4) 承包期内,承包方交回承包地或者发包方依法收回承包地时,承包方对其在承包地上投入而提高土地生产能力的,有权获得相应的补偿。

(二) 承包期内承包地的调整

承包期内,发包方不得调整承包地。稳定土地承包关系是党和农村政策的核心内容。为了维护土地承包关系的长期稳定,让农民吃上定心丸,法律中明确做出了规定。但是在特殊情形下,应当允许按照法律规定的程序对个别农户之间的承包地进行必要的调整。解决人地关系的矛盾,按照中央关于“大稳定、小调整”的原则,在农户之间进行个别调整。

(1) 调整只限于人地矛盾突出的,个别农户之间承包的土地进行小范围适当调整。

(2) 承包期内,因自然灾害严重毁损承包地等特殊情形对个别农户之间承包的耕地和草地需要适当调整的,可以适当调整承包地。

(3) 调整的方案应当经过一定的法定程序。必须经本集体经济组织成员的村民会议 2/3 以上成员或者 2/3 以上村民代表的同意,并报乡(镇)人民政府和县级人民政府农业等行政主管部门批准。承包合同中约定不得调整的,按照其约定。承包合同中违背承包方意愿或者违反法律、行政法规有关不得收回、调整承包地等强制性规定的约定无效。

(三) 应当用于调整承包土地或者承包给新增人口的土地

1. 集体经济组织依法预留的机动地

机动地是发包方在发包土地时，预先留出的不作为承包地的少量土地，用于解决承包期内的人地矛盾问题，对预留机动地必须严格控制。《农村土地承包法》规定："本法实施前已经预留机动地的，机动地面积不得超过本集体经济组织耕地总面积的5%。不足5%的，不得再增加机动地。本法实施前未留机动地的，本法实施后不得再留机动地。"

2. 通过依法开垦等方式增加的土地

《土地管理法》规定，开垦未利用的土地，必须经过科学论证和评估，在土地利用总体规划划定的可开垦的区域内，经依法批准后进行。禁止毁坏森林、草原开垦耕地，禁止围湖造田和侵占江河滩地。根据土地利用总体规划，对破坏生态环境开垦、围垦的土地，有计划有步骤地退耕还林、还牧、还湖。《中华人民共和国水土保持法》(简称《水土保持法》)规定，禁止在25°以上陡坡地开垦种植农作物。

3. 承包方依法、自愿交回的土地

承包方依法交回的土地是指承包方依照《农村土地承包法》第26条第3款的规定交回的土地，即在承包期内，承包方全家迁入设区的市，转为非农业户口，将承包的耕地和草地交回发包方的情况。承包方自愿交回的土地是指承包方依照《农村土地承包法》第29条的规定交回的土地，即在承包期内，承包方因从事非农业产业、进城务工或者全家迁入小城镇落户等原因，不愿继续耕种土地，自愿将承包地交回发包方的情况。

承包方依法、自愿交回的土地也应当用于调整承包土地或者承包给新增人口。承包期内，承包方可以自愿将承包地交回发包方。承包方自愿交回承包地的，应当提前半年以书面形式通知发包方。承包方在承包期内交回承包地的，在承包期内不得再要求承包土地。

(四) 妇女土地承包经营权的保护

我国立法一直都致力于妇女的权益保护。妇女在土地承包中的合法权益应当受到保护。《农村土地承包法》在规定妇女与男子享有平等的权利的基础上，从有利于保护弱者，体现公平，维护社会稳定的角度出发，对妇女土地承包经营权的保护问题，做出了具体规定。

1. 妇女结婚

承包期内妇女结婚，在新居住地未取得承包地的，发包方不得收回其原承包地。妇女嫁入方所在村应当解决其承包的土地，如果集体经济组织不能分给嫁入妇女一份承包地的，出嫁妇女原籍所在地的发包方不得收回其原承包地。

2. 妇女离婚或者丧偶

（1）承包期内，妇女离婚或丧偶，仍在原居住地生活，其已取得的承包地应当由离婚或者丧偶妇女继续承包，发包方不得收回。

（2）承包期内，妇女离婚或丧偶，不在原居住地生活，但在新居住地未取得承包地的，发包方不得收回其原承包地。

（五）承包方应得的承包收益的继承

为缓解人地矛盾，体现社会公平，对因承包人死亡，承包经营的家庭消亡的，其承包地不允许继承，应当由集体经济组织收回。但是承包方应得的承包收益，作为承包方的个人财产，依照《继承法》的规定继承。

法律规定，林地承包的承包人死亡，其继承人可以在承包期内继续承包。

七、土地承包经营权的流转

（一）土地承包经营权流转的概述

1. 土地承包经营权流转的概念

农村土地承包经营权是农村集体经济组织成员对农村集体所有或者国家所有的土地，通过土地承包合同享有占有土地、使用、收益和在一定范围内处分的权利。土地承包经营权流转中保留（土地）承包权、转移土地经营权（土地使用权）。土地承包经营权的流转是指拥有土地承包经营权的土地承包经营权人在保留（土地）承包权的前提下，将土地经营权（土地使用权）转移给第三人的行为。对土地等自然资源的承包经营权具有物权性质，属于用益物权，具有流转性。

在稳定家庭承包经营的基础上允许土地承包经营权的合理流转，是农业发展的必然选择，应当依法、慎重进行。

2. 土地承包经营权流转的当事人

农村土地承包经营权流转的当事人，出让方是承包方，主要有两类，一是本集体经济组织的农户；二是本集体经济组织及其以外的单位、农户和个人。农村土地承包经营权流转的受让方可以是承包农户，也可以是其他按有关法律及有关规定允许从事农业生产经营的组织和个人。受让方应当具有农业经营能力。在同等条件下，本集体经济组织成员享有优先权。

3. 土地承包经营权流转的客体

农村土地承包经营权流转的客体是农村土地承包经营权。

4. 土地承包经营权流转的内容

土地承包经营权流转必须建立在农户自愿的基础上。承包方有权依法自主决定承包土地是否流转、流转的对象和方式。

承包期内，发包方不得单方面解除承包合同，不得假借少数服从多数强迫承包方放弃或者变更土地承包经营权，不得以划分“口粮田”和“责任田”等为由收回承包地搞招标承包，不得将承包地收回抵顶欠款。

土地承包经营权流转的转包费、租金、转让费等，应当由当事人双方协商确定。流转的收益归承包方所有，任何组织和个人不得擅自截留、扣缴。法律保障承包方流转土地承包经营权的收益不被侵犯。

受让方在流转期间因投入而提高土地生产能力的，土地流转合同到期或者未到期由承包方依法收回承包土地时，受让方有权获得相应的补偿。具体补偿办法可以在土地流转合同中约定或双方通过协商解决。

（二）土地承包经营权流转的方式

农村土地承包方依法采取转包、出租、互换、转让和入股方式将农村土地承包经营权部分或者全部流转，承包方与发包方的承包关系不变，双方享有的权利和承担的义务不变。

1. 转包

转包是指农村土地承包经营户依照转包合同规定，将其所承包的土地在承包期限内进行再转移的行为。转包方是享有土地承包经营权的农户，受让方是承受土地承包经营权转包的农户。受让方享有土地承包经营权使用的权利，获取承包土地的收益，并向转包方支付转包费。转包无须经发包方许可，但转包合同需向发包方备案。

2. 出租

出租是指承包方将部分或全部土地承包经营权以一定期限租赁给他人从事农业生产经营。出租后原土地承包关系不变，原承包方继续履行原土地承包合同规定的权利和义务。承租方按出租时约定的条件对承包方负责。农民出租土地承包经营权无须经发包方许可，但出租合同需向发包方备案。通常情况下，受让方要向原土地承包经营权人，即转包方支付转包费，承租方要向出租方支付租金。

现实中，将土地交由他人耕种的原因多种多样，情况也比较复杂，有将承包的全部土地转包或者出租给他人的，也将一部分土地转包或者出租给他人的，还有的农户是暂时离开家乡，将承包地交由他人代耕。法律规定，交由他人代耕不超过 1 年的，可以不签订书面合同；如果代耕期超过 1 年，为了明确双方的权利义务关系，减少争议，应当签订书面合同。

3. 互换

互换是指承包方之间为方便耕作或者各自需要，同一集体经济组织的承包方之间自愿将土地承包经营权进行互换，双方对互换土地原享有的承包权利和承担的义务也相应互换，当事人可以要求办理农村土地承包经营权证变更登记手续。

互换方式流转承包土地的，应当报发包方备案。采取互换方式流转土地承包经营权，当事人申请办理土地承包经营权流转登记的，县级人民政府农业行政（或农村经营管理）主管部门应当予以受理，并依照《农村土地承包经营权证管理办法》的规定办理。未经登记的，不可对抗善意第三人。

4. 转让

转让是指承包方有稳定的非农职业或者有稳定的收入来源，经承包方申请和发包方同意，将部分或全部土地承包经营权让渡给其他从事农业生产经营的农户，由该农户同发包方确立新的承包关系，原来承包方与发包方在该土地上的承包关系即行终止。

农村土地承包经营权的转让需要符合 3 个条件：一是有稳定的非农职业或者收入来源；二是需经发包方同意；三是受让人应是从事农业生产经营的农户。

5. 入股

入股是指实行家庭承包方式的承包方之间为发展农业经济，将土地承包经营权作为股权，自愿联合从事农业合作生产经营；其他承包方式的承包方将土地承包经营权量化为股权，入股组成股份公司或者合作社等，从事农业生产经营，承包方按股分红。

①入股应在承包方间进行，主体只限于农户，是农户之间自愿联合。②土地承包经营权入股是农户以入股形式组织在一起，从事农业合作生产，收益按照股份分配，而不是将土地承包经营权入股作为赚取经营回报的投资。股份合作解散时入股土地应当退回原承包农户。③入股方式是从事农业合作生产，是以合作社为主要形式的合作性质的联合体，非其他企业组织形态。

投资方可以自愿将土地承包经营权量化为股份，投入从事农业生产的工商企业或者公司，以土地承包经营权作为投资成立农业经营公司。

依照我国《森林法》的规定，可以将森林、林木、林地使用权依法作价入股或者作为合资、合作造林、经营林木的出资、合作条件，但不得将林地改为非林地。已经取得的林木采伐许可证可以同时转让，同时转让双方都必须遵守本法关于森林、林木采伐和更新造林的规定。除上述规定的情形外，其他森林、林木和其他林地使用权不得转让。具体办法由国务院规定。

（三）土地承包经营权流转的原则

1. 平等协商、自愿、有偿原则

平等指土地承包经营权流转的双方当事人的法律地位平等。自愿是指土地承包经营权的流转必须出于双方当事人完全自愿，流转方不得强迫受流转方必须接受土地承包经营权流转，受流转方也不得强迫流转方必须将土地承包经营权流转。有偿是指土地承包经营权的流转是等价有偿，流转方有权通过依法流转土地承包经营权获得相应的流转费等报酬。应当体现公平原则。

2. 不改变土地所有权的性质和土地的农业用途的原则

土地承包经营权流转的对象是承包方依法享有的土地承包经营权，不是土地所有权。流转不得改变土地所有权的性质，也不得改变土地的农业用途。

3. 流转的期限不得超过承包期剩余年限的原则

土地承包经营权流转是有期限的，该期限不得超过土地承包经营权的剩余期限。

4. 受让方需有农业经营能力的原则

受让方应当具有农业生产的能力，这是对受让方主体资格的要求。如外商在我国租赁农户承包地，必须是农业生产、加工企业或者农业科研推广单位。

5. 本集体经济组织成员的优先权原则

土地承包经营权流转中，在同等条件下，即在流转费、流转时间和内容等条件相同，本集体经济组织的成员享有优先权，可以优先取得流转的土地承包经营权。

(四) 土地承包经营权流转合同

1. 土地承包经营权流转合同的签订

土地承包经营权采取转包、出租、互换、转让或者其他方式流转，当事人双方应当签订书面合同，以明确双方的权利义务，减少纠纷。土地承包经营权流转合同应当采用书面形式签订，当事人没有采用书面形式签订，但已实际流转，仍可认定土地承包经营权流转合同成立。

2. 土地承包经营权流转合同主要条款

依据《农村土地承包经营权流转管理办法》的规定，农村土地承包经营权流转合同一般包括：①双方当事人的姓名、住所；②流转土地的四至、坐落、面积、质量等级；③流转的期限和起止日期；④流转方式；⑤流转土地的用途；⑥双方当事人的权利和义务；⑦流转价款及支付方式；⑧流转合同到期后地上附着物及相关设施的处理；⑨违约责任。除此之外，当事人可约定其他内容。

农村土地承包经营权流转合同文本格式由省级人民政府农业行政主管部门确定。

农村土地承包经营权流转当事人可以向乡（镇）人民政府农村土地承包管理部门申请合同鉴证。

(五) 土地承包经营权的流转登记

土地承包经营权只限于采取互换、转让方式流转的，并且当事人要求登记的，应当向县级以上地方人民政府申请登记。未经登记，不得对抗善意第三人。登记的决定权在农民手中。也就是说，不登记将产生不利于土地承包经营权受让人的法律后果。土地承包经营权的受让人为了更好地维护自己的权益，要求办理土地使用权的流转登记比较稳妥。

小贴士

土地承包经营权证书

土地使用权流转进行登记的机关与核发土地使用权证书的机关是统一的，都是县级以上地方人民政府。县级以上地方人民政府向承包方颁发土地承包经营权证或者林权证等证书，并登记造册，确认土地承包经营权。

END

第三节　其他方式的承包

一、其他方式的承包概述

（一）其他方式承包的土地范围

其他方式承包的土地范围也就是通常所说的“四荒”土地的承包方式。采取招标、拍卖和公开协商等其他方式承包的农村土地的范围，主要是承包荒山、荒沟、荒丘、荒滩等土地资源。虽然在家庭联产承包责任制时期，对部分“四荒”也进行了承包经营，但是其对生产力的促进作用远远低于耕地承包，很多地方荒山依旧、面貌未改，这样的土地资源，在我国农村非常丰富，还有巨大的开发潜力。

（二）其他方式承包的土地主体

农村集体经济组织内农民都有参与治理“四荒”的权利，同时积极支持和鼓励社会单位和个人参与。在同等条件下，本集体经济组织内的农民享有优先权。国家实行农村土地承包经营制度，对于不宜采取家庭承包方式的“四荒”等其他农村土地，可以采取招标、拍卖、公开协商等方式承包。承包方不只限于农村集体经济组织内部成员，非本集体经济组织成员的外村农户、其他组织等从事农业生产经营者依照法律规定和承包合同都可以取得对这些土地的承包权，从事种植业、林业、畜牧业、渔业等农业生产经营。主要是通过市场化的方式获得其承包经营权。

承包“四荒”的主体应当遵守有关法律、行政法规的规定，防止水土流失，保护生态环境。

（三）其他方式承包与家庭承包的区别

1. 承包方不同

家庭承包的承包方只能是本集体经济组织内部的农户；其他方式承包的承包方既可以是本集体经济组织内部的农户，也可以是经过本集体经济组织大部分成员同意的外部企事业单位和个人。

2. 承包的对象不同

家庭承包的对象主要是耕地、林地和草地；其他方式承包的对象主要是不适宜实行家庭承包的土地，包括“四荒”以及果园、蚕场、养殖水面及其他零星土地。

3. 承包土地的原则不同

家庭承包是本集体组织成员人人有份的承包，它的基本原则是平等、公平；其他方式的承包不是人人有份的平均承包，它的原则是效率优先，兼顾公平。

4. 当事人权利义务、承包期限确定方式不同

家庭承包采取法定方式确定双方的权利义务、承包期限必须遵守法律的具体规定；其他方式的承包，双方当事人可以按照法律规定的方式，通过平等协商一致，确定双方的权利义务、承包期限。

5. 权利的保护方式不同

对家庭承包取得的土地承包经营权，按照物权方式予以保护；对其他方式的承包，则按照债权方式予以保护。

6. 继承权利不同

家庭承包的土地，承包人死亡，其承包地不允许继承，其应得的承包收益，依法可以继承。林地承包的承包人死亡，其继承人可以在承包期内继续承包。其他方式的承包土地在承包期内，其继承人可以继续承包该块土地。

二、承包的具体形式

(一) 招标投标

1. 招标投标的含义

招标投标是市场经济条件下促进效率优化资源的一种交易方式，这种交易方式多为大宗货物的买卖、工程建设项目的发包与承包，以及服务项目的采购与提供所采用。农村荒山、荒沟、荒丘、荒滩等土地资源的承包可以采取招标投标的方式进行。

采用招标投标方式进行交易活动是将竞争机制引入交易过程，招标方通过对各投标竞争者的条件进行综合比较，从中选择最符合条件的、经营能力和资信情况都最优的农业经营者作为中标者。招标投标活动严格依照法定程序公开进行，有利于调动农民和社会的资金和力量，重新优化配置“四荒”土地资源，促进农村集体经济组织基层的民主建设。

2. 招标投标主体

①农民集体所有的“四荒”等农村土地依法属于村农民集体所有的，由村集体经济组织或者村民委员会作为招标方。②已经分别属于村内 2 个以上农村集体经济组织的农民集体所有的，由村内各该农村集体经济组织或者村民小组作为招标方。③国家所有依

法由农民集体使用的，由使用该土地的农村集体经济组织、村民委员会或者村民小组作为招标方。

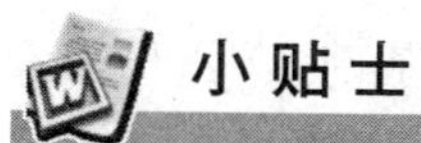

小贴士

招标投标程序

①招标方通过发布招标公告或者向有意投标承包的集体经济组织内部成员或外部农业生产者发出招标信息，如有关发包的荒山、荒沟、荒丘、荒滩等土地名称、坐落、面积、质量及其承包要求、承包期限以及对承包经营者的资格要求等招标条件。②由各有意承包的农业承包经营者作为投标方，向招标方书面提出自己响应招标要求的条件，参加投标竞争。③招标方对全部投标方的条件进行审查比较。④招标方择优选定中标者，并与其签订土地承包合同。

END

(二) 拍卖

拍卖是指以公开竞价的形式，将特定物的财产权利转让给最高应价的买卖方式。拍卖是一种公开的竞买活动。拍卖的出卖人称为“拍卖人”，参加拍卖的买主称为“竞买人”。拍卖活动具有公开性和竞争性。“四荒”这一生产要素资源流转的主要形式是拍卖，通过拍卖“四荒”，可以实现土地资源的优化配置、农村集体经济组织盘活存量资产、回收资金、壮大集体经济的实力、促进农村经济的可持续发展。拍卖的程序如下。

1. 委托拍卖

当事人双方签订合同，规范双方责任、利益和义务；委托拍卖阶段需确定委托人身份，主要指身份证明及证明委托人身份的文件。如果委托人是自然人，应当提供身份证；如果委托人是法人或者其他组织，应当提供企业法人营业执照、社团法人登记证明等。委托阶段需确定委托人的权利。

2. 发出拍卖公告

向公众发出拍卖相关事宜的公告，扩大拍卖活动的宣传影响；告知的常用方式为在媒介上刊登广告等，公告本身并不是合同意义上的要约，而只是邀请谈判（也称为要约邀请）。

3. 拍卖交易

竞买人进行竞买登记，成为真正意义上的竞买人，经交付保证金和领取竞价号牌后，按照公告规定的时间和地点参加拍卖会参与竞买，通过竞买，当拍卖师落槌表示成交后，在众多竞买人中产生买受人。一经拍定，买卖合同便告成立。

4. 拍卖成交、拍卖的结算和标的物的交付

拍卖物交付买受人，买受人向拍卖人交付价款，拍卖标的物的转移，委托人与拍卖人结算拍卖费用及价款。拍卖人的核算以及拍卖资料的整理归档。

(三) 公开协商

公开协商是指发包方与有意承包“四荒”的当事人在平等、自愿的基础上，公开就承包的相关事宜进行协商，与承包条件最好的承包方签订“四荒”土地承包合同。

承包荒山、荒沟、荒丘、荒滩的，应当遵守有关法律、行政法规的规定，防止水土流失，保护生态环境。

三、本集体经济组织成员的优先承包权

(一) 优先承包权的含义

以其他方式承包农村土地，在同等条件下，本集体经济组织成员享有优先承包权。这是指以其他方式如招标、拍卖、公开协商等承包的，以“四荒”为代表的农村土地，农民集体所有和国家所有依法由农民集体使用的土地资源，本村村民享有优先承包权。同等条件即本集体经济组织内部成员和企事业单位、社会团体及其他组织或者个人等外部竞包者同时参与“四荒”土地承包权的竞争，在农业技术、资信、承包价格、承包金给付方式、承包期限、对土地保护义务等方面的条件相同或者相近，本集体经济组织内部成员获得该土地的承包权。

(二) 优先权的法律性质

优先权是法定的而非约定的权利。法律赋予集体组织成员的优先权，目的是维护集体组织成员的生存利益，保护生态环境、提高土地利用效率。优先权具有成员权性质。它是一种基于特定的身份关系即集体组织成员资格而产生的权利。优先权只能由特定的主体即本集体经济组织成员享有，而不包括农户。优先权可以对抗第三人，具有物权绝对性的特点。

确认无效的机构包括农业主管部门设立的土地仲裁机构以及有管辖权的人民法院。

四、承包的原则

其他方式的承包遵循效率优先，兼顾公平的原则。

其他方式的承包通过招标、拍卖、公开协商等体现效率原则。对于其他方式的承包，尤其是对荒山、荒沟、荒丘、荒滩等土地资源的承包，关键点在效率，重在开发治理，改善生态环境，促进可持续发展。承包方不限于农村集体经济组织成员内部，本集体经济组织以外的单位和个人都可以承包，从事种植业、林业、畜牧业或者渔业生产。如采取拍卖方式承包的，拍卖人在竞相抬价的应买人的要约中，选择价格最高者拍板或用其他惯常方式做出卖的承诺，承包费即是经拍卖人拍定的最高竞价。承包方应同发包方签订承包合同，在不违反法律强制性规定的条件下，双方的权利义务可以由双方协商确定。

五、承包的程序

从维护集体经济组织成员的应有权利，促进农户的经济民主出发，法律设定了程序性规定。发包方发包时应履行下列程序。

(1) 由集体管理机构提出包括发包方式、承包期限、维权底线、应包条件等内容的发包方案。

(2) 召开本集体经济组织成员的村民会议或者农户会议讨论发包方案，表决权总数的 2/3 以上同意有效。

发包方将农村土地发包给本集体经济组织以外的单位或者个人承包，应当事先经本集体经济组织成员的村民会议 2/3 以上成员或者 2/3 以上村民代表的同意。

(3) 公布发包方案，选择承包者。方案为定价发包的，可以抓阄或其他公平的方式决定承包者；采取竞价承包的，由报名承包者自报承包金，管理机构择优确定承包者。

(4) 协商承包事宜，公布承包人及协商承包结果。

(5) 报乡(镇)人民政府批准，签订承包合同。

由本集体经济组织以外的单位或者个人承包的，应当对承包方的资信情况和经营能力进行审查后，再签订承包合同。

程序的公开、公正保证了“四荒”等土地资源得到合理开发利用，承包合同得到全面履行，防止农民集体经济组织利益受到损害。

六、其他方式承包的土地承包经营权流转

通过招标、拍卖、公开协商等方式承包农村土地，经依法登记取得土地承包经营权证或者林权证等证书的，土地承包经营权可以依法采取转让、出租、入股、抵押或者其他方式流转。

以其他方式承包的土地承包经营权流转与农村土地承包经营权流转相比较有如下特征。

(一) 流转当事人不同

家庭承包中，互换方式要求接受流转的一方必须为本集体经济组织的成员；转让方式要求必须是从事农业生产经营的农户。其他方式的承包中对受让方没有特别限制，本集体经济组织以外的单位和个人皆可承包经营。

(二) 流转的客体不同

在农村土地的承包中，流转的客体一般为耕地、林地和草地的土地承包经营权。其他方式的承包，流转的客体一般为“四荒”等的土地承包经营权。

(三) 流转的前提不同

依照《土地承包法》第 16 条第(1)项和第 32 条的规定，家庭承包取得了土地承包经营权后，由于已由人民政府发证并登记造册，农村土地承包经营权得到了确认，已具备流转的权利基础。以招标、拍卖、公开协商等方式取得的农村土地承包经营权，承包"四荒"，一般期限较长，有的达到 50 年，必须在依法登记取得土地承包经营权证或者林权证等证书的前提下，才能实现流转。

(四) 流转条件的限制

家庭承包中的转包、出租和互换，双方当事人在签订合同后，要报发包方备案；采取转让的流转方式的，转让方应当有稳定的非农职业或者稳定的收入来源，并需要经过发包方同意。这是由于家庭承包是通过行使成员权所获得的。其他方式的承包中的流转由于是通过市场化进行的并支付一定的对价获得，所以无须具备这些条件。

(五) 流转方式有差别

农村土地的承包的流转方式有转包、出租、互换、转让和入股方式。依照《中华人民共和国担保法》(简称《担保法》)第 34 条、第 37 条的规定，以家庭承包方式获得的土地承包经营权不得抵押，耕地、自留地、自留山等集体所有的土地使用权不得抵押。最高人民法院《关于审理涉及农村土地承包纠纷案件适用法律问题的解释》的规定，承包方以其土地承包经营权进行抵押或者抵偿债务的，应当认定为无效。对因此造成的损失，当事人有过错的，应当承担相应的民事责任。

其他方式的承包的流转方式增加了抵押方式，没有规定转包、互换两种流转方式。依照我国《担保法》的规定，承包的荒山、荒沟、荒丘、荒滩等荒地的土地使用权可以抵押。《物权法》第 180 条规定，债务人或者第三人有权处分的下列财产可以抵押：以招标、拍卖、公开协商等方式取得的荒地等土地承包经营权。其他方式的承包的流转可以采取转让的方式，从字面上看与农村土地的承包的流转方式是一致的，但是两种承包经营权具有不同的功能定位，从而在适用的前提条件、程序性要求等方面都存在差异。承包方有稳定的非农职业或者有稳定的收入来源，经承包方申请和发包方同意，把部分或全部土地承包经营权让渡给农村集体经济组织内部成员或者非本集体经济组织成员的外村农户、其他组织等从事农业生产经营者，由它们同发包方确立新的承包关系，原来承包方与发包方在该土地上的承包关系即行终止。

案例 3-1

2016 年 1 月 15 日，北京首宗挂牌出让的集体经营性建设用地西红门镇地块由北京赞比西房地产开发有限公司(简称赞比西公司)竞得，地块金额 8.05 亿元，折合土地楼面价1.5万元/平方米。大兴区西红门镇地块规划用途为F81绿隔产业用地，出让年限40年，规划建设用地面积为26 700平方米，规划建筑面积为53 400平方米。

请问：该宗地附带哪些条件允许农村集体经营性建设用地入市？

【解析】

该宗地附带优先安置当地劳动力就业、规定投资强度和纳税额等条件，并要求选取3 400平方米营业性用房作为履约用房，5年内不得出售或转让。

2015年2月，全国33个拟允许农村集体经营性建设用地入市的试点出炉，大兴区成为北京市唯一获批的试点区，允许存量农村集体经营性建设用地使用权出让、租赁、入股，实行与国有建设用地使用权同等入市、同权同价，试点行政区域合理提高被征地农民分享土地增值收益的比例。

END

第四节　农村土地承包经营权流转新趋势

一、"三权分置"改革

现阶段深化农村土地制度改革，顺应农民保留土地承包权、流转土地经营权的意愿，将土地承包经营权分为承包权和经营权，实行所有权、承包权、经营权（以下简称"三权"）分置并行，着力推进农业现代化，是继家庭联产承包责任制后农村改革又一重大制度创新。《关于完善农村土地所有权承包权经营权分置办法的意见》（中办发〔2016〕67号）要求在2020年年底前基本完成相关改革工作任务。其中明确规定了：

（一）基本原则

1. 尊重农民意愿

坚持农民主体地位，维护农民合法权益，把选择权交给农民，发挥其主动性和创造性，加强示范引导，不搞强迫命令、不搞一刀切。

2. 守住政策底线

坚持和完善农村基本经营制度，坚持农村土地集体所有，坚持家庭经营基础性地位，坚持稳定土地承包关系，不能把农村土地集体所有制改垮了，不能把耕地改少了，不能把粮食生产能力改弱了，不能把农民利益损害了。

3. 坚持循序渐进

充分认识农村土地制度改革的长期性和复杂性，保持足够历史耐心，审慎稳妥推进改革，由点及面开展，不操之过急，逐步将实践经验上升为制度安排。

4. 坚持因地制宜

充分考虑各地资源禀赋和经济社会发展差异，鼓励进行符合实际的实践探索和制度创新,总结形成适合不同地区的"三权分置"具体路径和办法。

(二)逐步形成"三权分置"格局

完善"三权分置"办法,不断探索农村土地集体所有制的有效实现形式,落实集体所有权,稳定农户承包权,放活土地经营权,充分发挥"三权"的各自功能和整体效用,形成层次分明、结构合理、平等保护的格局。

1. 始终坚持农村土地集体所有权的根本地位

农村土地农民集体所有,是农村基本经营制度的根本,必须得到充分体现和保障,不能虚置。土地集体所有权人对集体土地依法享有占有、使用、收益和处分的权利。农民集体是土地集体所有权的权利主体,在完善"三权分置"办法过程中,充分维护农民集体对承包地发包、调整、监督、收回等各项权能,发挥土地集体所有的优势和作用。农民集体有权依法发包集体土地,任何组织和个人不得非法干预;有权因自然灾害严重毁损等特殊情形依法调整承包地;有权对承包农户和经营主体使用承包地进行监督,并采取措施防止和纠正长期抛荒、毁损土地、非法改变土地用途等行为。承包农户转让土地承包权的,应在本集体经济组织内进行,并经农民集体同意;流转土地经营权的,须向农民集体书面备案。集体土地被征收的,农民集体有权就征地补偿安置方案等提出意见并依法获得补偿。通过建立健全集体经济组织民主议事机制,切实保障集体成员的知情权、决策权、监督权,确保农民集体有效行使集体土地所有权,防止少数人私相授受、牟取私利。

2. 严格保护农户承包权

农户享有土地承包权是农村基本经营制度的基础,稳定现有土地承包关系并保持长久不变。土地承包权人对承包土地依法享有占有、使用和收益的权利。农村集体土地由作为本集体经济组织成员的农民家庭承包,不论经营权如何流转,集体土地承包权都属于农民家庭。任何组织和个人都不能取代农民家庭的土地承包地位,都不能非法剥夺和限制农户的土地承包权。在完善"三权分置"办法过程中,充分维护承包农户使用、流转、抵押、退出承包地等各项权能。承包农户有权占有、使用承包地,依法依规建设必要的农业生产、附属、配套设施,自主组织生产经营和处置产品并获得收益;有权通过转让、互换、出租(转包)、入股或其他方式流转承包地并获得收益,任何组织和个人不得强迫或限制其流转土地;有权依法依规就承包土地经营权设定抵押、自愿有偿退出承包地,具备条件的可以因保护承包地获得相关补贴。承包土地被征收的,承包农户有权依法获得相应补偿,符合条件的有权获得社会保障费用等。不得违法调整农户承包地,不得以退出土地承包权作为农民进城落户的条件。

3. 加快放活土地经营权

赋予经营主体更有保障的土地经营权,是完善农村基本经营制度的关键。土地经营权人对流转土地依法享有在一定期限内占有、耕作并取得相应收益的权利。在依法保护集体所有权和农户承包权的前提下，平等保护经营主体依流转合同取得的土地经营权，保障其有稳定的经营预期。在完善"三权分置"办法过程中，依法维护经营主体从事农业生产所需的各项权利，使土地资源得到更有效合理的利用。经营主体有权使用流转土地自主从事农业生产经营并获得相应收益，经承包农户同意，可依法依规改良土壤、提升地力，建设农业生产、附属、配套设施，并依照流转合同约定获得合理补偿；有权在流转合同到期后按照同等条件优先续租承包土地。经营主体再流转土地经营权或依法依规设定抵押，须经承包农户或其委托代理人书面同意，并向农民集体书面备案。流转土地被征收的，地上附着物及青苗补偿费应按照流转合同约定确定其归属。承包农户流转出土地经营权的，不应妨碍经营主体行使合法权利。加强对土地经营权的保护，引导土地经营权流向种田能手和新型经营主体。支持新型经营主体提升地力、改善农业生产条件、依法依规开展土地经营权抵押融资。鼓励采用土地股份合作、土地托管、代耕代种等多种经营方式，探索更多放活土地经营权的有效途径。

4. 逐步完善"三权"关系

农村土地集体所有权是土地承包权的前提，农户享有承包经营权是集体所有的具体实现形式，在土地流转中，农户承包经营权派生出土地经营权。支持在实践中积极探索农民集体依法依规行使集体所有权、监督承包农户和经营主体规范利用土地等的具体方式。鼓励在理论上深入研究农民集体和承包农户在承包土地上、承包农户和经营主体在土地流转中的权利边界及相互权利关系等问题。通过实践探索和理论创新，逐步完善"三权"关系，为实施"三权分置"提供有力支撑。

(三) 确保"三权分置"有序实施

1. 扎实做好农村土地确权登记颁证工作

确认"三权"权利主体，明确权利归属，稳定土地承包关系，才能确保"三权分置"得以确立和稳步实施。坚持和完善土地用途管制制度，在集体土地所有权确权登记颁证工作基本完成的基础上，进一步完善相关政策，及时提供确权登记成果，切实保护好农民的集体土地权益。加快推进农村承包地确权登记颁证，形成承包合同网签管理系统，健全承包合同取得权利、登记记载权利、证书证明权利的确权登记制度。提倡通过流转合同鉴证、交易鉴证等多种方式对土地经营权予以确认，促进土地经营权功能更好实现。

2. 建立健全土地流转规范管理制度

规范土地经营权流转交易，因地制宜加强农村产权交易市场建设，逐步实现涉农县(市、区、旗)全覆盖。健全市场运行规范，提高服务水平，为流转双方提供信息发布、产权交易、法律咨询、权益评估、抵押融资等服务。加强流转合同管理，引导流转双方使用合同示范文本。完善工商资本租赁农地监管和风险防范机制，严格准入门槛，确保土地经营权规范有序流转，更好地与城镇化进程和农村劳动力转移规模相适应，与农业科技进步和生产手段改进程度相适应,与农业社会化服务水平相适应。加强农村土地承包经营纠纷调解仲裁体系建设,完善基层农村土地承包调解机制,妥善化解土地承包经营纠纷,有效维护各权利主体的合法权益。

3. 构建新型经营主体政策扶持体系

完善新型经营主体财政、信贷保险、用地、项目扶持等政策。积极创建示范家庭农场、农民专业合作社示范社、农业产业化示范基地、农业示范服务组织,加快培育新型经营主体。引导新型经营主体与承包农户建立紧密利益联结机制,带动普通农户分享农业规模经营收益。支持新型经营主体相互融合,鼓励家庭农场、农民专业合作社、农业产业化龙头企业等联合与合作,依法组建行业组织或联盟。依托现代农业人才支撑计划,健全新型职业农民培育制度。

4. 完善"三权分置"法律法规

积极开展土地承包权有偿退出、土地经营权抵押贷款、土地经营权入股农业产业化经营等试点,总结形成可推广、可复制的做法和经验,在此基础上完善法律制度。加快农村土地承包法等相关法律修订完善工作。认真研究农村集体经济组织、家庭农场发展等相关法律问题。研究健全农村土地经营权流转、抵押贷款和农村土地承包权退出等方面的具体办法。

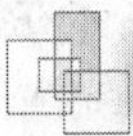

案例 3-2

2013 年 12 月 20 日,深圳市首例成功入市"农地",该宗入市的"农地"位于宝安区福永街道凤凰社区。凤凰社区从"农地"入市中除获取到土地收益金外,还获得了一部分物业权。2015 年 12 月 16 日,龙华新区民治办事处辖区的另一宗"农地"以教育设施用地的用途成功入市。第三宗"农地"位于坪山新区龙田社区一块面积为 29 004.05 平方米的"农地",于 2016 年 3 月 3 日挂牌,该宗土地的规划用途为工业用地。

请问:深圳市探索拓展原农村集体经济组织建设用地入市范围的重要作用是什么?

【解析】

"农地"的成功入市对深圳市盘活存量土地资源有着积极的示范意义,"农地"入市实际上是政府通过与原农村集体谈判,采取利益分成的方式,释放存量土地开发空间,它可以缓解深圳市土地资源紧缺的现状,改变过去效益低下的土地开发利用模式,使原农村集体在分享城市飞速发展所带来的土地增值收益的同时,可以实现社区的转型,为社区居民赢得长远利益发展。

这对从源头上遏制违法建设起到重要的作用。"农地"入市采取的是利益分成方式,它通过引入市场化机制,把原农村集体经济组织手中实际掌握的建设用地,经过科学规划,公开上市,让这部分土地纳入城市发展的总体规划之中,得到科学、合理、高效的利用。让广大社区认识到，不搞违建不仅能得到实际利益，还能实现社区更长远的发展。

二、引导农村产权流转交易市场健康发展

2015年1月，国务院办公厅发布了《关于引导农村产权流转交易市场健康发展的意见》(国办发〔2014〕71号)，提出法律没有限制的品种均可以入市流转交易。

1. 现阶段的交易品种

现阶段的交易品种主要包括农户承包土地经营权、林权、“四荒”使用权、农村集体经营性资产、农业生产设施设备、小型水利设施使用权、农业类知识产权7个门类。

2. 流转交易主体

流转交易主体主要有农户、农民合作社、农村集体经济组织、涉农企业和其他投资者。除宅基地使用权、农民住房财产权、农户持有的集体资产股权外，流转交易的受让方原则上没有资格限制(外资企业和境外投资者按照有关法律、法规执行)。

农户拥有的产权是否入市流转交易由农户自主决定。

第五节　农村土地承包经营权纠纷的解决

一、农村土地承包经营权纠纷的解决概述

2009年6月27日第十一届全国人民代表大会常务委员会第九次会议通过了《农村土地承包经营纠纷调解仲裁法》，自2010年1月1日起施行。法律所称的农村土地是指农民集体所有和国家所有依法由农民集体使用的耕地、林地、草地，以及其他依法用于农业的土地。

二、农村土地承包经营纠纷类型

农村土地承包经营纠纷是民事纠纷。通过农村土地承包经营纠纷调解和仲裁方式解决的类型有以下几种。

(一) 因订立、履行、变更、解除和终止农村土地承包合同发生的纠纷

农村土地承包合同是发包方与承包方确立农村土地承包关系、明确双方权利义务的协议。订立、履行、变更、解除和终止是农村土地承包合同的全过程，即是农村土地承包关系的各个环节，这类纠纷属于合同纠纷，包括因订立、履行、变更、解除和终止合同产生的纠纷。比如，不按照合同约定履行义务、单方面变更合同内容或者转让合同权利义务、不按照法定或者约定的解除条件解除合同等产生的纠纷。

(二) 因农村土地承包经营权转包、出租、互换、转让、入股等流转发生的纠纷

承包方依法取得的土地承包经营权受法律保护。承包期内可以采取转包、出租、互换、转让等方式流转,可以采取入股方式发展农业合作生产;通过招标、拍卖、公开协商等方式经依法登记取得土地承包经营权证或者林权证等证书的,可以采取出租、互换、转让、入股、抵押等方式流转。签订土地承包经营权流转合同的,土地承包经营权流转合同纠纷归属土地承包经营权流转纠纷。

(三) 因收回、调整承包地发生的纠纷

为保持农村土地承包关系稳定并长久不变,承包期内发包方不得收回承包地。承包方全家迁入小城镇落户的,应当按照承包方的意愿,保留其土地承包经营权或者允许其依法进行土地承包经营权流转。承包方全家迁入设区的市,转为非农业户口的,应当将承包的耕地和草地交回发包方。承包方不交回的,发包方可以收回承包的耕地和草地。这类纠纷主要表现为因农村集体经济组织违法收回承包地而发生的农村土地承包纠纷。

(四) 因确认农村土地承包经营权发生的纠纷

农村土地承包经营权是设立在集体土地所有权上的用益物权。承包方对农民集体所有的农村土地依法享有占有、使用和收益的权利。确定土地承包经营权归属,就是确定承包地财产权的归属。

(五) 因侵害农村土地承包经营权发生的纠纷

因侵害农村土地承包经营权的行为,并由此产生侵权纠纷的有:①干涉承包方依法享有的生产经营权。②违反法律规定收回调整承包地。③强迫或者阻碍承包方进行土地承包经营权流转。④假借少数服从多数强迫承包方放弃或者变更土地承包经营权。⑤以流转、划分“口粮田”和“责任田”等为由收回承包地搞招标承包。⑥将承包地收回抵顶欠款。⑦剥夺和侵害妇女依法享有的土地承包经营权。⑧其他侵害土地承包经营权的行为。

(六) 法律、法规规定的其他农村土地承包经营纠纷

以妇女未婚、结婚、离婚、丧偶等为由,侵害妇女在农村集体经济组织中的各项权益,或者因结婚男方到女方住所落户,侵害男方和子女享有与所在地农村集体经济组织成员平等权益的纠纷。

因征收集体所有的土地及其补偿发生的纠纷,不属于农村土地承包仲裁委员会的受理范围,可以通过行政复议或者诉讼等方式解决。国家与农民集体、承包农户间的行政法律关系,不属于《农村土地承包经营纠纷调解仲裁法》的调整范围,依法应当由行政协调、行政裁决解决,不服行政裁决的,可以通过行政复议或者诉讼等方式解决。

三、农村土地承包经营纠纷解决方式

（一）和解和调解

和解和调解在解决农村土地承包经营纠纷中具有十分重要的地位，大多数农村土地承包经营纠纷是通过这两种途径解决的。发生农村土地承包经营纠纷的，当事人可以自行和解，也可以请求村民委员会、乡（镇）人民政府等调解。

1. 和解

和解是指当事人之间就农村土地承包经营纠纷，自行协商，达成解决方案，从而解决争议的活动。和解具有体现当事人合意、尊重当事人处分权、解决纠纷较为彻底、节约仲裁和司法资源、有利于社会和谐等优点。

2. 调解

调解是指纠纷当事人以外的第三方，以国家法律、法规、政策和社会公德为依据，对纠纷双方进行疏导、劝说，促使他们互谅互让、自愿达成协议，使农村土地承包经营纠纷及时得到解决的一种活动。调解是解决我国农村土地承包经营纠纷最重要的途径。调解人可以是公民个人，也可以是人民政府及其有关部门，还可以是其他社会团体等。可以通过村民委员会、乡（镇）人民政府调解解决纠纷。村民委员会作为农民的自治组织的重要地位、在农村土地承包经营纠纷解决机制中的法律地位，与县市仲裁共同构成乡村调解、县市仲裁、司法保障的农村土地承包经营纠纷调解仲裁体系。

（二）仲裁和诉讼

当事人和解、调解不成或者不愿和解、调解的，可以向农村土地承包仲裁委员会申请仲裁，也可以直接向人民法院起诉。

1. 仲裁

仲裁是农村土地承包经营纠纷仲裁机构根据当事人的申请，由仲裁庭根据事实和法律对纠纷进行居中裁决的解决纠纷的制度。仲裁目前主要有一般民事纠纷仲裁和农村土地承包经营纠纷仲裁，这两种仲裁在基本制度等方面有所不同。

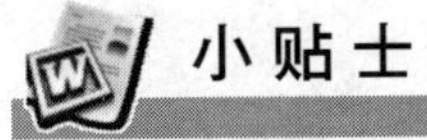

小贴士

一般民事纠纷仲裁

一般民事纠纷仲裁依据《中华人民共和国仲裁法》（简称《仲裁法》）规定，遵循协议仲裁、或裁或审、一裁终局的制度。协议仲裁是指当事人采用仲裁方式解决纠纷，应当双方自愿，达成仲裁协议；没有仲裁协议，一方申请仲裁的，仲裁委员会不予受理。仲裁机构受理案件也必须基于双方当事人的共同选择，对没有仲裁协议的仲裁申请，仲裁机构不能受理。或裁或审是指当事人达成仲裁协议，除仲裁协议无效的外，一方向人民法院起诉的，人民法院不予受理。简而言之，或裁或审就是“要么仲裁、要么诉讼”。

仲裁是双方当事人自愿选择的纠纷解决方式，既不能在未达成仲裁协议的情况下由一方当事人强制对方一同去接受仲裁，也不能在双方已达成仲裁协议的情况下单方面再选择诉讼途径解决他们之间的争议。仲裁协议一经达成，双方都应受到协议的约束，任何一方都应当信守协议，不能背弃另一方寻求诉讼途径解决争议。人民法院也应当根据当事人选择的争议解决方式，不受理有仲裁协议的起诉。

END

农村土地承包经营纠纷仲裁是一种特殊的财产权益纠纷仲裁。一是申请程序不同。采取非协议仲裁制度。非协议仲裁是指向仲裁委员会提请仲裁，不要求双方当事人达成仲裁协议，一方当事人向仲裁委员会提出仲裁申请即可启动仲裁程序。二是仲裁机构管辖权设置不同。设置主要是在县级，实行属地管辖，受理纠纷土地所在地的仲裁申请。三是适用范围不同。农村土地承包经营纠纷是我国民事纠纷的特殊类型，具有政策性强、地域性强等特点。适用专门法律调整。四是裁决效力不同。采取可裁可审、裁后可审的制度。可裁可审是指在纠纷发生后，当事人为了解决纠纷，既可以向仲裁机构申请仲裁，也可以直接向法院起诉。裁后可审制度规定，当事人对裁决不服的，可以在收到裁决书之日起 30 日内向人民法院起诉，逾期不起诉的，裁决书即发生法律效力。

2. 诉讼

诉讼是指公民、法人和其他组织在其民事权益受到侵害或与他人发生争议时，向人民法院提起诉讼，请求法院通过审批予以司法保护的行为。它体现法院对农村土地承包仲裁工作的监督和保障。

诉讼的主要方式有 2 个：一是直接向基层人民法院起诉；二是仲裁裁决后向法院起诉。

诉讼方式存在成本高、周期长、程序复杂等不足之处。仲裁相比较省时、省钱，程序简便，解决方式灵活。

3. 调解和仲裁遵循的基本原则

调解和仲裁应当公开、公平、公正，便民高效，根据事实，符合法律，尊重社会公德。

(1) 公开、公平、公正原则

公开是指仲裁程序公开。农村土地承包经营纠纷仲裁规则和仲裁员名册公开。公开开庭审理。公民可以旁听，经仲裁庭许可，新闻记者可以记录、录音、录像、摄影、转播庭审实况。证据公开质证。公平是指平等对待双方当事人，给予当事人平等地参与调解、仲裁程序的机会。仲裁实行可裁、可审、裁后再审制度。申请仲裁和开庭审理保障当事人平等行使权利和履行义务等。农村土地承包仲裁委员会应当为不通晓当地通用语言文字的当事人提供翻译。仲裁庭应当依照仲裁规则的规定开庭，给予双方当事人平等陈述、辩论的机会，并组织当事人进行质证。公正是指以程序公正保障实体公正。

仲裁庭依法独立履行职责，不受行政机关、社会团体和个人的干涉。仲裁机构应聘任公道正派的人员为仲裁员，仲裁员实行回避制度，最大限度地避免仲裁员与案件本身或者当事人、代理人有利害关系，以保持仲裁员的独立地位，增强裁决书的公信力，维护农村土地承包经营纠纷仲裁制度的严肃性。

(2) 便民高效原则

这是指农村土地承包经营纠纷的调解和仲裁，既要考虑到如何方便群众，又要考虑到如何尽快解决纠纷，主要体现在以下 3 个方面。一是可以由当事人选择纠纷的解决途径。发生农村土地承包经营纠纷的，当事人可以选择多种途径解决，可以自行和解，可以请求有关组织等调解，可以向农村土地承包仲裁委员会申请仲裁，也可以直接向人民法院起诉。二是申请。申请仲裁可以直接或者通过邮寄的方式向农村土地承包仲裁委员会递交申请书，也可以委托他人代交，申请仲裁原则上需要书面申请，确有困难的，也可以口头申请。三是答辩。被申请人书面答辩确有困难的，可以口头答辩。同时，为了不因被申请人未答辩或者迟延答辩影响仲裁程序的进行。这一条还规定，被申请人未答辩的，不影响仲裁程序的进行。

(3) 根据事实，符合法律，尊重社会公德原则

坚持以事实为依据，以法律为准绳的法治精神。一切从实际出发，注重证据和调查研究。农村土地承包经营纠纷调解仲裁程序、方法和内容都不得违反法律的强制性规定。

4. 指导机构

县级以上人民政府应当加强对农村土地承包经营纠纷调解和仲裁工作的指导。

县级以上人民政府农村土地承包管理部门及其他有关部门应当依照职责分工，支持有关调解组织和农村土地承包仲裁委员会依法开展工作。

5. 农村土地承包经营纠纷仲裁不收费制度

农村土地承包经营纠纷仲裁不得向当事人收取费用，仲裁工作经费纳入财政预算予以保障。

仲裁工作经费主要由三部分组成：农村土地承包仲裁委员会的案件受理费、案件处理费和各级人民政府农村土地承包管理部门指导、支持相关调解组织和农村土地承包仲裁委员会依法开展工作的费用。法律明文规定，设立农村土地承包仲裁委员会的，其日常工作由当地农村土地承包管理部门承担，仲裁工作经费由农村土地承包管理部门编制预算，报同级人民政府财政主管部门批准列入年度预算予以保障。

四、调解解决农村土地承包经营纠纷

（一）村民委员会、乡（镇）人民政府的调解职责

村民委员会、乡（镇）人民政府应当加强农村土地承包经营纠纷的调解工作，帮助当事人达成协议解决纠纷。调解农村土地承包经营纠纷，是它们的法定职责。村民委员会、乡（镇）人民政府应当加强农村土地承包经营纠纷的调解工作。

（二）调解申请

当事人申请农村土地承包经营纠纷调解可以书面申请，也可以口头申请。口头申请的，由村民委员会或者乡（镇）人民政府当场记录申请人的基本情况、申请调解的纠纷事项、理由和时间。

（三）调解采取自愿的方式

调解农村土地承包经营纠纷，村民委员会或者乡（镇）人民政府应当充分听取当事人对事实和理由的陈述，讲解有关法律以及国家政策，耐心疏导，帮助当事人达成协议。

调解是一种自愿性的纠纷解决方式。村民委员、乡（镇）人民政府在调解中应当重点做好以下工作：①充分听取当事人对事实和理由的陈述。②讲解有关法律以及国家政策。③耐心疏导。

（四）调解协议书

经调解达成协议的，村民委员会或者乡（镇）人民政府应当制作调解协议书。

调解协议书是农村土地承包经营纠纷双方当事人在村民委员会或者乡（镇）人民政府的调解下，就双方的权利义务关系达成合意的书面证明，符合最高人民法院发布的《关于审理涉及人民调解协议的民事案件的若干规定》界定的调解协议的基本特征，同样具有民事合同性质。

调解书的效力。调解协议书由双方当事人签名、盖章或者按指印，经调解人员签名并加盖调解组织印章后生效。

（五）仲裁庭对农村土地承包经营纠纷进行调解

（1）调解是仲裁庭的法定义务。仲裁庭对农村土地承包经营纠纷应当进行调解。调解达成协议的，仲裁庭应当制作调解书；调解不成的，应当及时做出裁决。

（2）仲裁调解程序。一是查明事实、分清是非。二是确定适当的调解方式。三是提出解决纠纷的建议方案。四是制作调解书或者恢复仲裁。

（3）仲裁调解书的制作和法律效力。调解书应当写明仲裁请求和当事人协议的结果。调解书由仲裁员签名，加盖农村土地承包仲裁委员会印章，送达双方当事人。

调解书经双方当事人签收后，即发生法律效力。在调解书签收前当事人反悔的，仲

裁庭应当及时做出裁决。

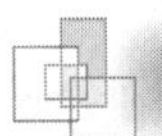

案例 3-3

王某是吉林省白城市A区A村人，1985年3月结婚，由于其丈夫是军人，故户口仍在王某学家。1992年，A村发包土地时，王某与王某学系一家，属于同一家庭成员，6口人承包6.4亩地，人均1.07亩，承包户户主为王某学。王某的户口于2002年1月迁入白城市并转为非农业户口。

2007年第二轮土地承包时，王某学家继续承包原发包的地块，并于2015年取得《农村土地承包经营权证》，但是共有人没有记载王某。

2015年8月，王某向吉林省白城市A区农村土地承包仲裁委员会提出申请，要求确认其为承包土地共有人。同年10月30日，仲裁委员会做出裁决：王某对王某学所种土地享有承包经营权。王某学收到仲裁裁决后，于11月10日向A区人民法院提起诉讼，请求确认A村村委会与其签订的土地承包经营合同有效，同时确认王某对王某学承包的土地无承包经营权。

请问：王某作为城市居民，在二轮土地承包中是否享有土地承包经营权？

【解析】

王某作为城市居民，在二轮土地承包中不享有土地承包经营权。A区人民法院做出判决：王某学与村委会签订的土地承包合同有效；王某对王某学承包的土地不享有1.07亩承包经营权。

王某于2002年1月将户口从王某学家迁至白城市B派出所辖区内落户。《农村土地承包法》第26条第3款规定："承包期内，全家迁入设区的市，转为非农业户口的，应当将承包的耕地和草地交回发包方。承包方不交回的，发包方可以收回承包的耕地和草地。"可见迁入设区的市、转为非农业户口，是丧失农村土地承包经营权的条件。此时王某的户口已经迁入设区的市，成为城市居民，因此不应再享有农村土地承包经营权。依据《农村土地承包经营纠纷调解仲裁法》，A区农村土地承包仲裁委员会做出了裁决，确认王某在其家庭承包的土地中享有1.07亩土地承包经营权。王某学依据法律规定，不服仲裁裁决，自收到裁决书之日起30日内向人民法院起诉。因此，A区人民法院受理此案并做出判决。

END

五、仲裁解决农村土地承包经营纠纷

(一) 仲裁委员会和仲裁员

1. 设立农村土地承包仲裁委员会及其日常工作机构

农村土地承包仲裁委员会根据解决农村土地承包经营纠纷的实际需要设立。农村土地承包仲裁委员会可以在县和不设区的市设立，也可以在设区的市或者其市辖区设立。

农村土地承包仲裁委员会在当地人民政府指导下设立。设立农村土地承包仲裁委员会的，其日常工作由当地农村土地承包管理部门承担。

2. 仲裁委员会组成人员

农村土地承包仲裁委员会由当地人民政府及其有关部门代表、有关人民团体代表、农村集体经济组织代表、农民代表和法律、经济等相关专业人员兼任组成，其中农民代表和法律、经济等相关专业人员不得少于组成人员的1/2。

农村土地承包仲裁委员会设主任1人、副主任1～2人和委员若干人。主任、副主任由全体组成人员选举产生。

3. 农村土地承包仲裁委员会职责

农村土地承包仲裁委员会依法履行下列职责：①聘任、解聘仲裁员；②受理仲裁申请；③监督仲裁活动。

农村土地承包仲裁委员会应当依照《农村土地承包经营纠纷调解仲裁法》制定章程，对其组成人员的产生方式及任期、议事规则等做出规定。

4. 仲裁员的条件

农村土地承包仲裁委员会应当从公道正派的人员中聘任仲裁员。

仲裁员应当符合下列条件之一：①从事农村土地承包管理工作满5年；②从事法律工作或者人民调解工作满5年；③在当地威信较高，并熟悉农村土地承包法律以及国家政策的居民。

（二）申请和受理

1. 申请仲裁的时效

农村土地承包经营纠纷申请仲裁的时效期间为2年，自当事人知道或者应当知道其权利被侵害之日起计算。

2. 仲裁参与人

农村土地承包经营纠纷仲裁的申请人、被申请人为当事人。家庭承包的，可以由农户代表人参加仲裁。当事人一方人数众多的，可以推选代表人参加仲裁。

与案件处理结果有利害关系的，可以申请作为第三人参加仲裁，或者由农村土地承包仲裁委员会通知其参加仲裁。

当事人、第三人可以委托代理人参加仲裁。

3. 申请仲裁应当具备的条件

申请农村土地承包经营纠纷仲裁应当符合下列条件：①申请人与纠纷有直接的利害关系；②有明确的被申请人；③有具体的仲裁请求和事实、理由；④属于农村土地承包仲裁委员会的受理范围。

4. 仲裁申请程序

当事人申请仲裁，应当向纠纷涉及的土地所在地的农村土地承包仲裁委员会递交仲裁申请书。仲裁申请书可以邮寄或者委托他人代交。仲裁申请书应当载明申请人和被申请人的基本情况，仲裁请求和所根据的事实、理由，并提供相应的证据和证据来源。

书面申请确有困难的，可以口头申请，由农村土地承包仲裁委员会记入笔录，经申请人核实后由其签名、盖章或者按指印。

5. 仲裁申请审查受理内容

农村土地承包仲裁委员会应当对仲裁申请予以审查，认为符合本法规定的，应当受理。有下列情形之一的，不予受理；已受理的，终止仲裁程序：①不符合申请条件；②人民法院已受理该纠纷；③法律规定该纠纷应当由其他机构处理；④对该纠纷已有生效的判决、裁定、仲裁裁决、行政处理决定等。

6. 仲裁申请处理程序

农村土地承包仲裁委员会决定受理的，应当自收到仲裁申请之日起5个工作日内，将受理通知书、仲裁规则和仲裁员名册送达申请人；决定不予受理或者终止仲裁程序的，应当自收到仲裁申请或者发现终止仲裁程序情形之日起5个工作日内书面通知申请人，并说明理由。

7. 仲裁机构在受理后向被申请人送达仲裁文书

农村土地承包仲裁委员会应当自受理仲裁申请之日起5个工作日内，将受理通知书、仲裁申请书副本、仲裁规则和仲裁员名册送达被申请人。

8. 仲裁答辩

被申请人应当自收到仲裁申请书副本之日起10日内向农村土地承包仲裁委员会提交答辩书；书面答辩确有困难的，可以口头答辩，由农村土地承包仲裁委员会记入笔录，经被申请人核实后由其签名、盖章或者按指印。

（三）仲裁庭的组成

1. 仲裁庭组成和仲裁员选任

仲裁庭由3名仲裁员组成，首席仲裁员由当事人共同选定，其他2名仲裁员由当事人各自选定；当事人不能选定的，由农村土地承包仲裁委员会主任指定。

事实清楚、权利义务关系明确、争议不大的农村土地承包经营纠纷，经双方当事人同意，可以由1名仲裁员仲裁。仲裁员由当事人共同选定或者由农村土地承包仲裁委员会主任指定。

农村土地承包仲裁委员会应当自仲裁庭组成之日起2个工作日内将仲裁庭组成情况通知当事人。

2. 仲裁员应当回避的情形

仲裁员有下列情形之一的必须回避，当事人也有权以口头或者书面方式申请其回避：①是本案当事人或者当事人、代理人的近亲属；②与本案有利害关系；③与本案当事人、代理人有其他关系，可能影响公正仲裁；④私自会见当事人、代理人，或者接受当事人、代理人的请客送礼。

当事人提出回避申请，应当说明理由，在首次开庭前提出。回避事由在首次开庭后知道的，可以在最后一次开庭终结前提出。

3. 仲裁员回避的决定权

农村土地承包仲裁委员会对回避申请应当及时做出决定，以口头或者书面方式通知当事人，并说明理由。

仲裁员是否回避，由农村土地承包仲裁委员会主任决定；农村土地承包仲裁委员会主任担任仲裁员时，由农村土地承包仲裁委员会集体决定。仲裁员因回避或者其他原因不能履行职责的，应当依照本法规定重新选定或者指定仲裁员。

4. 开庭和裁决

(1) 仲裁的审理方式、地点以及是否公开。农村土地承包经营纠纷仲裁应当开庭进行。开庭可以在纠纷涉及的土地所在地的乡(镇)或者村进行，也可以在农村土地承包仲裁委员会所在地进行。当事人双方要求在乡(镇)或者村开庭的，应当在该乡(镇)或者村开庭。开庭应当公开，但涉及国家秘密、商业秘密和个人隐私以及当事人约定不公开的除外。

(2) 仲裁开庭时间、地点的通知要求，以及当事人申请变更开庭时间、地点。仲裁庭应当在开庭前5个工作日将开庭的时间、地点通知当事人和其他仲裁参与人。当事人有正当理由的，可以向仲裁庭请求变更开庭的时间、地点。是否变更，由仲裁庭决定。

(3) 仲裁和解制度。在我国农村土地承包经营纠纷仲裁过程中，当事人和解具有重要意义，既有利于争议解决，也有利于农村和谐社会的构建。当事人申请仲裁后，可以自行和解。达成和解协议的，可以请求仲裁庭根据和解协议做出裁决书，也可以撤回仲裁申请。

(4) 审限。考虑到农村土地承包季节性强的特点，必须规定恰当的审理期限，有利于纠纷的解决，便于尽快恢复农业生产活动。仲裁农村土地承包经营纠纷，应当自受理仲裁申请之日起60日内结束；案情复杂需要延长的，经农村土地承包仲裁委员会主任批准可以延长，并书面通知当事人，但延长期限不得超过30日。

(5) 仲裁裁决效力及裁审关系、调解书和裁决书的履行。当事人不服仲裁裁决的，可以自收到裁决书之日起30日内向人民法院起诉。逾期不起诉的，裁决书即发生法律效力。为了使生效的调解书、裁决书得到落实，需要由人民法院的执行力作为保证。当事人对发生法律效力的调解书、裁决书，应当依照规定的期限履行。一方当事人逾期不履行的，另一方当事人可以向被申请人住所地或者财产所在地的基层人民法院申请执行。受理申请的人民法院应当依法执行。

导学案例解析

依照《农村土地承包法》的相关规定，农村承包经营户可以对自己享有的土地承包经营权依法流转。陈某昌主张陈某香将陈某福的承包的土地转让给自己，该土地现在的承包经营户系陈某友，陈某香无权对陈某友承包的土地转让给陈某昌，陈某昌与陈某香签订的转让协议是无效的。《合同法》规定，无效合同自签订之日起不具有法律效力。

因此，陈某昌主张继续履行与陈某香签订的转让合同书，并要求陈某友将合同书载明的耕种土地的补偿款返还给陈某昌原告的证据不充分，理由不成立。人民法院应当驳回陈某昌的诉讼请求，由陈某昌承担本案的诉讼费用。

END

练习题

一、简答题

1. 土地承包合同的主要条款。
2. 其他方式承包的土地承包经营权流转与农村土地承包经营权流转的区别。
3. 土地承包经营权流转的方式有哪些？
4. 申请仲裁应当具备的条件。
5. 仲裁员应当回避的情形。

二、不定项选择题

1. 农村土地是指农民集体所有和国家所有依法由农民集体使用的（　　）以及其他依法用于农业的土地。

A. 耕地　　B. 林地　　C. 草地　　D. 荒地

2.《农村土地承包法》规定，农民集体所有的土地依法属于村农民集体所有的，由村集体经济组织或者（　　）发包。

A. 村民小组　　B. 村民委员会

C. 乡镇政府　　D. 县政府

3. 农村土地承包经营权流转的主体是（　　）。

A. 承包方　　B. 发包方　　C. 第三方　　D. 上级机关

4. 承包期内，承包方可以自愿将承包地交回发包方。承包方自愿交回承包地的，应当提前（　　）以书面形式通知发包方。

A. 1 年　　B. 半年　　C. 3 个月　　D. 1 个月

5.《农村土地承包法》规定，家庭承包的承包方享有的权利是(　　)。

A. 依法享有承包地使用、收益和土地承包经营权流转的权利，有权自主组织生产经营和处置产品

B. 承包地被依法征用、占有的，有权依法获得相应的补偿

C. 按照自己的意愿处分承包土地的权利

D. 法律、行政法规规定的其他权利

6.《农村土地承包法》规定，家庭承包的承包方应承担的义务是(　　)。

A. 维持土地的农业用途，不得用于非农建设

B. 依法保护和合理利用土地，不得给土地造成永久性损害

C. 按照集体的统一要求种植作物

D. 法律、行政法规规定的其他义务

7. 通过家庭承包取得的土地承包经营权可以依法采取(　　)或者其他方式流转。

A. 转包　B. 出租　C. 互换　D. 转让

8. 不宜采取家庭承包方式的(　　)等农村土地，通过招标、拍卖、公开协商等方式承包的，适用《农村土地承包法》第三章的规定。

A. 荒山　B. 荒沟　C. 荒丘　D. 荒滩

三、案例分析题

2015 年 12 月，河北省某县番字牌乡马家村李某与当时的村委会签订了一份土地承包合同。签订的土地承包合同经过召开村民大会表决通过，合同约定，村委会将村属的 15 亩承包地承包给李某经营，承包期限为 30 年。合同签订后，李某对所承包的土地进行了重新规范和整理，并在投资近 3 000 元的承包土地上新打了一眼深井。2016 年 10 月，李某所在的马家村进行了换届选举。换届后的村委会认为该土地承包合同无效，将李某所承包的土地强行收回。李某向番字牌乡人民政府申请调解解决纠纷，要求确认合同有效，被告继续履行合同。

试分析：土地承包合同是否有效？李某是否可以要求乡(镇)政府解决纠纷？

第四章 农业生产经营管理

学习目标

- 掌握新型农业经营主体、农业转基因生物、农业转基因生物安全的概念。
- 理解农产品质量安全标准、包装标识、农产品安全追溯体系建设、生产经营。
- 了解农产品产地、生产与加工、农业转基因、研究试验与监管工作要求。

案例导学

2016 年 3 月 10 日，江苏省盐城市荣获 2015 年度全省农产品质量安全绩效评价一等奖。盐城市的建湖县、大丰区、射阳县获全省县(市、区)评价一等奖；建湖县和大丰区分别创成国家级、省级农产品质量安全示范县。蔬菜质量监测合格率高于全国平均水平，省级蔬菜例行监测合格率达到 99%以上。畜禽产品和生鲜乳产品合格率连续 3 年均为 100%。全市未发生重大农产品质量安全事故。

END

第一节　新型农业经营主体

一、创新农业经营体制，需要培育新型生产经营主体

2013 年“中央一号文件”《中共中央国务院关于加快发展现代农业进一步增强农村发展活力的若干意见》，明确了要创新农业经营体制，培育新型农业经营主体。

(一) 稳定农村土地承包关系

引导农村土地承包经营权有序流转，鼓励和支持承包土地向专业大户、家庭农场、农

民合作社流转，发展多种形式的适度规模经营。结合农田基本建设，鼓励农民采取互利互换方式，解决承包地块细碎化问题。土地流转不得搞强迫命令，确保不损害农民权益、不改变土地用途、不破坏农业综合生产能力。探索建立严格的工商企业租赁农户承包耕地（林地、草原）准入和监管制度。规范土地流转程序。加强农村土地承包经营纠纷调解仲裁体系建设。

（二）努力提高农户集约经营水平

按照规模化、专业化、标准化发展要求，引导农户采用先进适用技术和现代生产要素，加快转变农业生产经营方式。创造良好的政策和法律环境，采取奖励补助等多种办法，扶持联户经营、专业大户、家庭农场。大力培育新型农民和农村实用人才，着力加强农业职业教育和职业培训。充分利用各类培训资源，加大专业大户、家庭农场经营者培训力度，提高他们的生产技能和经营管理水平。制订专门计划，对符合条件的中高等学校毕业生、退役军人、返乡农民工务农创业给予补助和贷款支持。

（三）大力支持发展多种形式的新型农民合作组织

农民合作社是带动农户进入市场的基本主体，是发展农村集体经济的新型实体，是创新农村社会管理的有效载体。按照积极发展、逐步规范、强化扶持、提升素质的要求，加大力度、加快步伐发展农民合作社，切实提高引领带动能力和市场竞争能力。鼓励农民兴办专业合作和股份合作等多元化、多类型合作社。

增加农民合作社发展资金，支持合作社改善生产经营条件、增强发展能力。逐步扩大农村土地整理、农业综合开发、农田水利建设、农技推广等涉农项目由合作社承担的规模。引导农民合作社以产品和产业为纽带开展合作与联合，积极探索合作社联社登记管理办法。抓紧研究修订农民专业合作社法。

（四）培育壮大龙头企业

支持龙头企业通过兼并、重组、收购、控股等方式组建大型企业集团。鼓励和引导城市工商资本到农村发展适合企业化经营的种养业。

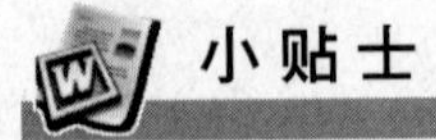

小贴士

家庭农场的历史

早期家庭农场是独立的个体生产，在农业中占有重要地位。中国农村实行家庭承包经营后，有的农户向集体承包较多土地，实行规模经营，也被称为家庭农场。

随着工业化、城镇化快速推进和农村劳动力大量转移，农村土地流转速度加快。农业经营规模和组织化程度也相应提高，由种植大户、家庭农场、专业合作组织和农业龙头企业等组成的新型农业经营体系逐渐显现。但是，从中国国情以及国内外实践来看，在生产领域，适合土地经营的主体还是以农户为主。

2013年“中央一号文件”首次提出要发展“家庭农场”。

END

二、家庭农场

（一）家庭农场的概念

家庭农场是指以家庭成员为主要劳动力，从事农业规模化、集约化、商品化生产经营，并以农业收入为家庭主要收入来源的新型农业经营主体。

（二）家庭农场的优势特点

(1) 家庭农场的出现促进了农业经济的发展，推动了农业商品化的进程，有效地缩小了城乡贫富差距。

(2) 家庭农场以追求效益最大化为目标，使农业由保障功能向盈利功能转变，克服了自给自足的小农经济弊端，商品化程度高，能为社会提供更多、更丰富的农产品。

(3) 家庭农场比一般的农户更注重农产品质量安全，更易于政府监管。

（三）国际上家庭农场的模式

1. 大中型家庭农场

美国的农业以家庭农场为主，由于许多合伙农场和公司农场也以家庭农场为依托，因此美国的农场几乎都是家庭农场。可以说，美国的农业是在农户家庭经营基础上进行的，具有如下特点。

(1) 经营规模化和组织方式多样化。从经营规模来看，其发展与趋势表现为农场数目的减少和经营规模的扩大。20世纪以来，美国家庭农场在数量上上升至89%，拥有81%的耕地面积、83%的谷物收获量、77%的农场销售额。

(2) 生产经营专业化。美国把全国分为10个“农业生产区域”，每个区域都主要生产一两种农产品。北部平原是小麦带，中部平原是玉米带，南部平原和西北部山区主要饲养牛、羊，大湖地区主要生产乳制品，太平洋沿岸地区盛产水果和蔬菜。在这种区域化布局的基础上，建立和发展了生产经营的专业化。

(3) 土地所有权私有化。美国经过几十年的探索，于1820年建立了将共有土地以低价出售给农户、建立家庭农场的农业经济制度。正是这种制度的建立，促进了美国开发西部的热潮。

2. 中型家庭农场

法国作为欧盟第一农业生产国，世界第二大农业和食品出口国，世界食品加工产品第一大出口国，其家庭农场的发展功不可没。

法国有各类家庭农场66万个，平均经营耕地42公顷，其中60%的农场经营蔬菜、11%的农场经营花卉、8%的农场经营蔬菜、5%的农场经营养殖业和水果，其余为多种经营。75%以上的家庭农场劳力由经营者家庭自行承担，仅11%的农场需雇用劳动力进行生产。由于农产品市场竞争日趋激烈，加上用工成本的不断提高，法国的家庭农场出现了以兼并的形式不断扩大规模和发展农工商综合经营的产业化趋势。法国农场专业化程度很高，按照经营内容大体可以分为畜牧农场、谷物农场、葡萄农场、水果农场、蔬菜农场等，专业农场大部分经营一种产品，以突出各自产品的特点为主。

3. 小型家庭农场

1946—1950年，日本政府采取强硬措施购买地主的土地转卖给无地、少地的农户，自耕农在总农户中的比重占到了88%，耕地占到了90%，并且把农户土地规模限制在3公顷以内。日本于1952年制定了《土地法》，把以上规定用法律形式固定下来，从此形成了以小规模家庭经营为特征的农业经营方式。20世纪70年代开始，日本政府连续出台了几个有关农地改革与调整的法律法规，鼓励农田以租赁和作业委托等形式协作生产，以避开土地集中的困难和分散的土地占有给农业发展带来的障碍因素。以土地租佃为中心，促进土地经营权流动，促进农地的集中连片经营和共同基础设施的建设。以农协为主，帮助核心农户和生产合作组织妥善经营农户出租或委托作业的耕地。这种以租赁为主要方式的规模经营战略获得了成功。

4. 中国的家庭农场

从21世纪初以来，中国上海市松江县(现松江区)、湖北省武汉市、吉林省柳河县、吉林省延边朝鲜族自治州、浙江省宁波市、安徽省郎溪县等地积极培育家庭农场，在促进现代农业发展方面发挥了积极作用。

以北京市周末农场的家庭农场为例，其规模大多为20～200亩，其生产的农产品有以其名字命名的生产者自有品牌，并且建立了完整的食品安全追溯体系，食品安全更有保障。农庄以“生态，环保，可持续发展”为经营理念，以绿色、生态、环保为目标，以资源有效利用为载体，以绿色蔬菜、农产品为支撑，依据生物链原理，把农庄中的种植、养殖、农产品加工、销售、餐饮、乡村游、农家乐、蔬菜配送等产业构建成为相互依存，相互转化，互为资源的循环封闭系统。实现了生态平衡，建立了一个比较完善的循环农业产业模式，成为一个生态、高效、和谐、观光旅游的绿色农业生态园。

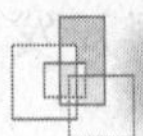

案例 4-1

斯诺农场位于美国康涅狄格州中部的费尔菲德县。农场主人菲尔·斯诺从祖辈手中继承下这座占地60英亩的农场，并和家人一起经营。如果不是红白两色的畜棚和散于各处的农业机械，人们很难想象在这个花园成荫、庭院成片、寸土寸金的地方有一座94

年历史的家庭农场。

请问：这是一家典型的美国家庭农场吗？

【解析】

按照全美家庭农场联盟的定义，这是一家典型的家庭农场：家庭拥有农场的产权，家庭成员是农场的主要劳动力，并在运营管理方面负主要责任。家庭农场的规模不等，从占地数千英亩到几英亩。斯诺农场属中等规模农场。

END

(四) 推广家庭农场的实施建议

我国的家庭农场作为2012年前后才兴起的新型土地规模经营主体，一直以地方实践为主。尽管其具备较强技术能力和生产实践经验，但存在以下缺陷：对家庭农场缺乏清晰的定义；农场缺少资金，对基础设施和生产资料长期性投入能力不足；融资难；土地流转不规范，难以获得相对稳定的租地规模。这使得家庭农场主扩大生产的积极性受到很大的影响和制约。

推广家庭农场，应该首先明确家庭农场的定义，加大扶持力度，制定财政、税收、用地、金融、保险等优惠政策，为家庭农场的发展创造良好的政策环境。

1. 探索建立注册登记制度，扶持专业大户、家庭农场逐步成为具有法人资格的市场主体

明确认定标准、登记办法，扶持专业大户、家庭农场逐步成为具有法人资格的市场主体。在制定家庭农场认定标准时不可一刀切，而应根据当地农业生产实际，把经营规模控制在“适度”的范围内。

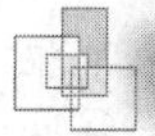

案例 4-2

在山西省晋城市泽州县，有一位绰号“蜂王”的陈晋元，名声赫赫。“蜂王”20岁的时候就开始养蜂，至今已干20多年，在业内不仅是老资格，而且由于技术上的拔尖，堪称是养蜂界的权威。“蜂王”养蜂的规模很大，有蜜蜂140多箱，150多万只。“蜂王”开办了用自己名字命名的家庭农场。现在，农场1年能生产槐花蜜、梨花蜜、荆花蜜总计1万多斤，1年的纯收入在10万元以上。为了提升农场蜂蜜的市场知名度，他注册了“锦源花儿”商标。为了使蜂蜜产品多元化、系列化，进一步满足市场的需求，同时提高产品的附加值，他正在建设加工生产线。他要把这份甜蜜的事业进行到底。

请问：山西省认定家庭农场的具体标准是什么？

【解析】

山西省农业厅出台了关于认定家庭农场的暂行意见，可以有效地界定家庭农场，解决登记、管理、培育和扶持过程中的基础性问题。①家庭农场经营者应当是依法享有农村土地承包经营权的农户，以家庭承包和流转土地为主要经营载体，以家庭成员为主要劳动力，常年雇工数量不超过家庭务农人员数量，农业净收入占家庭农场总收益的比例要达到80%以上。同时应接受过农业技能培训，其经营活动有比较完整的财务收支记录，并对其他农户开展农业生产有示范带动作用。②家庭农场的经营规模要达到一定标准并相对稳定。③各级农经部门对家庭农场实行动态管理。省级农经部门每年年底发布全省家庭农场名录，进入名录者可享受国家各项扶持政策。④家庭农场还需要每3年进行1次资格审核，不符合标准的将予以注销。

END

2. 对符合家庭农场认定标准的规模经营主体，给予政策扶持

落实中央关于各类补贴向种养大户倾斜的要求，将家庭农场与农民专业合作社、农业龙头企业有机统一，制定专门的财政、税收、用地、金融、保险等优惠政策，明确家庭农场可以优先承担涉农建设项目。同时，可通过项目倾斜、以奖代补等手段引导流转方的生产经营活动。

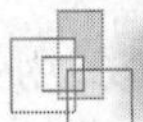

案例 4-3

上海市松江区自2007年开始推出家庭农场，发展到2016年年底，已有966户家庭农场主，粮食种植面积占全区粮食种植面积的95%，户均经营面积143.3亩。作为全国最早开展家庭农场试点的地区，松江区涌现了一批“能种地、会开机、懂经营”的家庭农场主，户均收入超过11万元，让农业成了有奔头的产业，让农民成为体面的职业。

请问：松江区发展家庭农场有什么特点？

【解析】

家庭农场是以同一行政村或同一村级集体经济组织的农民家庭为生产单位，从事粮食、蔬菜种植或生猪养殖等生产活动的农业生产经营形式。松江区的家庭农场试点被称为松江模式。发展家庭农场必须坚持五大原则：农民自愿有偿原则、经营者自耕原则、适度规模经营原则、土地流转费合理适度原则、经营者择优原则。根据松江几年的试点经验，延长家庭农场承包期，建立家庭农场准入和退出机制，加快发展种养结合、机农一体化等，是实现家庭农场长期稳定发展的关键。松江区规范家庭农场发展采取的主要政策措施有：规范土地流转；调整补贴政策；严格经营管理。

END

三、农民专业合作社

（一）农民专业合作社的概念

农民专业合作社是在农村家庭承包经营基础上，同类农产品的生产经营者或者同类农业生产经营服务的提供者、利用者，自愿联合、民主管理的一种互助性经济组织。它充分体现了农民自愿联合、共同所有和民主管理的中国特色。我国法律中所指专业合作社不包括各类协会。

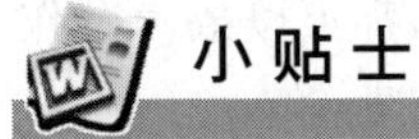

小贴士

合作社的定义

国际合作社联盟(ICA)对合作社的定义：合作社是人们自愿联合，通过其联合拥有和民主控制的企业，满足他们共同的经济、社会和文化需要及理想的自治组织。

END

(二) 农民专业合作社的法律地位

1. 农民专业合作社是一种经济组织

农民专业合作社是依法设立并能够参与市场经济活动的市场主体。根据《农民专业合作社法》的规定，我国农民专业合作社是合作制企业，是一种新型的企业形态。合作社不是企业法人，而是一种独立的合作社法人。只有从事经营活动的实体型农民合作经济组织才是农民专业合作社。

2. 农民专业合作社具有独立的企业法人地位，对外承担有限责任

《农民专业合作社法》第4条规定：“农民专业合作社依照本法登记，取得法人资格。”农民专业合作社与以公司为代表的企业法人一样，是独立的市场经济主体，具有法人资格，享有生产经营自主权，受法律保护，任何单位和个人都不得侵犯其合法权益。

法律规定：“农民专业合作社对由成员出资、公积金、国家财政直接补助、他人捐赠以及合法取得的其他资产所形成的财产，享有占有、使用和处分的权利，并以上述财产对债务承担责任。”

3. 社员对农民专业合作社承担有限责任

农民专业合作社成员以其账户内记载的出资额和公积金份额为限对农民专业合作社承担责任。

4. 农民专业合作社是建立在家庭承包经营基础上的，具有互助性质的经济组织

农民专业合作社区别于农村集体经济组织，它是由依法享有农村土地承包经营权的农村集体经济组织成员，即农民自愿组织起来的新型合作社。

(三) 农民专业合作社应当遵循的原则

(1) 成员以农民为主体。

(2) 以服务成员为宗旨，谋求全体成员的共同利益。农民专业合作社是以成员自我服务为目的而成立的。参加农民专业合作社的成员，都是从事同类农产品生产、经营或提供同类服务的农业生产经营者，成员之间的互助性决定了合作社必须服务成员，不以

盈利为目的。

(3) 入社自愿、退社自由。具有民事行为能力的公民,能够利用农民专业合作社提供的服务,承认并遵守农民专业合作社的章程,履行章程规定的入社手续,都可以成为合作社的成员。农民可以自愿加入一个或者多个合作社,可以自愿退出合作社。

(4) 成员地位平等,实行民主管理。

(5) 盈余主要按照成员与农民专业合作社的交易量(额)比例返还。保护一般成员和出资较多成员的积极性,可分配盈余中按成员与本社的交易量(额)比例返还的总额不得低于可分配盈余的60%,其余部分可以依法以分红的方式按成员在合作社财产中相应的比例分配给成员。

(6) 因地制宜、讲求实效。

(四) 农民专业合作社设立的条件

1. 有符合法定要求的成员人数

《农民专业合作社法》规定,设立农民专业合作社,其成员必须在5人以上。成员是农民专业合作社的出资来源和服务对象,如果人数太少,则不利于开展互助性的生产经营活动。农民专业合作社的成员中,农民至少应当占成员总数的80%。成员总数20人以下的,可以有1个企业、事业单位或者社会团体成员;成员总数超过20人的,企业、事业单位和社会团体成员不得超过成员总数的5%。

2. 有符合法定要求的章程

农民专业合作社的章程是明确其成员法律地位、权利义务、经营准则、内部机构设置、议事规则等内容的法定文件。所以,设立农民专业合作社,必须制定章程。章程由全体设立人一致通过。

3. 有符合法定要求的组织机构

组织机构是依法设立的农民专业合作社开展经营活动并进行内部管理的组织保证,它包括权力机构即成员大会或者成员代表大会、执行机构即理事长或者理事会、监督机构即执行监事或者监事会。

4. 有符合法律、行政法规规定的名称

设立农民专业合作社,应当有确定的名称。农民专业合作社的名称是本合作社与其他农民专业合作社以及企业等其他经济组织相互区别的标志。农民专业合作社营业执照上载明的名称是农民专业合作社的法定名称,其他任何单位和个人均不得冒用。

5. 有符合章程确定的住所

农民专业合作社的住所是指法律上确认的农民专业合作社的主要经营场所。住所是农民专业合作社注册登记的事项之一,合作社变更住所,也必须办理变更登记。住所经依法登记后,即具有法律效力,是法律文书的送达地,是向社会公示的内容之一。

农民专业合作社的住所可以是专门的场所，也可以是某个成员的家庭住址，这是由农民专业合作社的组织特征、交易特点、服务内容决定的。但依法登记的农民专业合作社的住所只能有1个，且应当是农民专业合作社的主要办事机构所在地。

6. 有符合章程规定的成员出资

《农民专业合作社法》规定，成员的出资方式和出资额，载明于农民专业合作社章程。

（五）农民专业合作社章程

章程主要明确：农民专业合作社名称和住所；业务范围；成员资格及入社、退社和除名；成员的权利和义务；组织机构及其产生办法、职权、任期、议事规则；成员的出资方式、出资额；财务管理和盈余分配、亏损处理；章程修改程序；解散事由和清算办法；公告事项及发布方式；需要规定的其他事项。

农民专业合作社还可以根据本社的具体情况，在上述事项以外做出其他规定。

（六）农民专业合作社成员

1. 农民专业合作社的成员

具有民事行为能力的公民，以及从事与农民专业合作社业务直接有关的生产经营活动的企业、事业单位或者社会团体，能够利用农民专业合作社提供的服务，承认并遵守农民专业合作社章程，履行章程规定的入社手续的，可以成为农民专业合作社的成员。

2. 农民专业合作社的成员总体构成

农民专业合作社的成员总体构成应当符合《农民专业合作社法》的规定，即农民专业合作社的成员中，农民至少应当占成员总数的80%。成员总数20人以下的，可以有1个企业、事业单位或者社会团体成员；成员总数超过20人的，企业、事业单位和社会团体成员不得超过成员总数的5%。

3. 成员的权利

参加成员大会并享有表决权、选举权和被选举权；按照章程规定对本社实行民主管理。根据《农民专业合作社》法的规定，农民专业合作社成员大会选举和表决，实行一人一票制，成员各享有1票的基本表决权。

小贴士

基本表决权

基本表决权是指法律对农民专业合作社召开成员大会会议选举高级管理人员或进行重大事项决策时确定的基本表决权利，基本表决权利每位成员只有1票。

END

4. 成员的义务

执行成员大会、成员代表大会和理事会的决议；按照章程规定向本社出资；按照章程规定与本社进行交易；按照章程规定承担亏损；章程规定的其他义务。成员除应当履行上述法定义务外，还应当履行章程结合本社实际情况规定的其他义务。

（七）农民专业合作社的组织机构

1. 农民专业合作社的权力机构

成员大会或成员代表大会。农民专业合作社的成员大会由农民专业合作社的全体成员组成，成员大会是农民专业合作社的权力机构，负责就合作社的重大事项做出决议，集体行使权力。

（1）农民专业合作社成员大会的职权。①修改章程。②选举和罢免理事长、理事、执行监事或者监事会成员。③决定重大财产处置、对外投资、对外担保和生产经营中的其他重大事项。④批准年度业务报告、盈余分配方案、亏损处理方案。⑤对合并、分立、解散、清算做出决议。⑥决定聘用经营管理人员和专业技术人员的数量、资格和任期。⑦听取理事长或者理事会关于成员变动情况的报告。⑧章程规定的其他职权。除上述8项职权，农民专业合作社章程可以结合本社的实际情况做出其他规定。

（2）农民专业合作社成员大会的决议。

（3）召开成员大会。农民专业合作社成员大会是通过召开会议的形式来行使自己的权力的。法律规定成员大会至少每年召开1次。

（4）设立成员代表大会。法律规定，成员超过150人的农民专业合作社可以设立成员代表大会。成员总数达到这一规模的合作社可以根据自身发展的实际情况决定是否设立成员代表大会，《农民专业合作社法》并不作强制性规定。

2. 农民专业合作社的执行机构

《农民专业合作社法》规定，农民专业合作社设理事长1名，可以设理事会。理事长为本社的法定代表人。由此，法律规定合作社都要设理事长，理事会可以设立，也可以不设立。

3. 农民专业合作社的监督机构

执行监事或者监事会是农民专业合作社的监督机关，对合作社的财务和业务执行情况进行监督。

依照《农民专业合作社法》的规定，农民专业合作社可以设执行监事或者监事会。执行监事或者监事会的职权由合作社的章程具体规定。执行监事或监事会通常具有下列职权：监督、检查合作社的财务状况和业务执行情况，包括对本社的财务进行内部审计；对理事长或者理事会、经理等管理人员的职务行为进行监督；提议召开临时成员大会。

4. 农民专业合作社的经理

《农民专业合作社法》规定，农民专业合作社的理事长或者理事会可以按照成员大会的决定聘任经理。经理应当按照章程规定和理事长或者理事会授权，负责农民专业合作社的具体生产经营活动。

（八）农民专业合作社的变更、解散

1. 农民专业合作社的合并

农民专业合作社的合并是指 2 个或者 2 个以上的农民专业合作社通过订立合并协议，依照农民专业合作社法等有关法律、法规的规定，组成 1 个新的农民专业合作社的法律行为。

2. 农民专业合作社的分立

农民专业合作社的分立是指一个农民专业合作社依据法律、行政法规的规定，分为 2 个或者 2 个以上的农民专业合作社的法律行为。

3. 农民专业合作社的解散

农民专业合作社的解散是指由于出现法定事由，农民专业合作社不再对外从事生产经营服务活动，除处理法人未了结的事务的合作社法人资格依然存续外，农民专业合作社的法人资格消灭。解散是一种法律行为，必须符合法律、行政法规和合作社章程的规定，否则解散行为无效。

解散原因：①章程规定的解散事由出现；②成员大会决议解散；③因合并或者分立需要解散；④依法被吊销营业执照或者被撤销。

因第①、②、④原因解散的，应当在解散事由出现之日起 15 日内由成员大会推举成员组成清算组，开始解散清算。逾期不能组成清算组的，成员、债权人可以向人民法院申请指定成员组成清算组进行清算，人民法院应当受理该申请，并及时指定成员组成清算组进行清算。

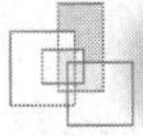

案例 4-4

北京市延庆县某乡农民甲、乙、丙、丁准备成立一家农民专业合作社，名称拟叫“北京市延庆县柴鸡蛋专业合作社”。甲拟用实物养鸡场出资，乙拟用蛋鸡养殖技术出资，丙和丁拟各出资人民币 5 万元，并拟定了合作社章程。有 1 家企业北京龙鑫禽类养殖有限公司也作为合作社成员加入。

请问：该合作社是否符合法律规定的条件？

【解析】

该合作社符合《农民专业合作社法》的规定的条件，农民专业合作社的名称应当含有“专业合作社”字样，并符合国家有关企业名称登记管理的规定。

农民专业合作社成员可以用货币出资，也可以用实物、知识产权等能够用货币估价并可以依法转让的非货币财产作价出资。成员以非货币财产出资的，由全体成员评估作

价。成员不得以劳务、信用、自然人姓名、商誉、特许经营权或者设定担保的财产等作价出资。

成员的出资额以及出资总额应当以人民币表示。农民专业合作社的业务范围由其章程规定。农民专业合作社应当有5名以上的成员,其中农民至少应当占成员总数的80%。成员总数20人以下的,企业单位可以成为成员。

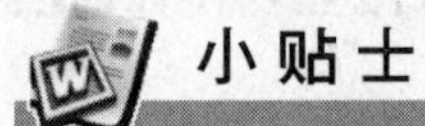

小贴士

《农民专业合作社法》(修订草案)(征求意见稿)的主要内容

全国人大农业与农村委员会于2015年着手牵头《农民专业合作社法》的修改工作。在深入调查研究、反复论证的基础上,形成了《农民专业合作社法》修订草案(以下简称草案)。于2017年7月向社会公布。

1. 关于法律调整范围

草案取消有关“同类”农产品或者“同类”农业生产经营服务中“同类”限制,扩大法律调整范围。同时以列举方式扩大农民专业合作社的服务类型,将农村民间工艺及制品、休闲农业和乡村旅游资源的开发经营等新型农民专业合作社,以及农机、植保、水利等专业合作社纳入调整范围。

2. 关于成员资格和构成

法律首先应当支持拥有承包经营权、经营农业、收入主要来源于农业的农户。此外,在国有农场等参照适用方面,明确国有农场、林场、牧场、渔场等企业中实行承包租赁经营、从事农业生产经营或者服务的职工兴办农民专业合作社参照本法执行。

3. 关于土地经营权作价出资

草案规定,农民专业合作社成员可以用货币出资,也可以用实物、知识产权、土地经营权、林权等可以用货币估价并可以依法转让的非货币财产向农民专业合作社作价出资;但是,法律、行政法规规定不得作为出资的财产除外。

4. 关于联合社

草案增加一章,明确联合社的成员资格、注册登记、组织机构、治理结构、盈余分配及其他相关问题。草案规定,三个以上的农民专业合作社可以设立农民专业合作社联合社,依照本法登记,取得法人资格,领取营业执照,登记类型为农民专业合作社联合社;联合社以其全部财产对该社的债务承担责任,联合社成员以其出资为限对联合社承担责任;联合社应当设立由全体成员参加的成员大会,不设成员代表大会;联合社的成员大会选举和表决,一般实行一社一票;联合社设置附加表决权和可分配盈余的分配办法,由农民专业合作社联合社章程规定;联合社成员退社,应当在会计年度终了的前六个月书面提出。此外，草案还明确，本章对农民专业合作社联合社没有规定的，适用本法关于农民专业合作社的规定。

5. 关于成员内部信用合作

草案规定，农民专业合作社按照国家有关规定，可以在生产经营合作基础上，依法开展内部信用合作，进行成员之间的资金互助等活动。农民专业合作社开展内部信用合作不得改变信用合作资金的农业生产经营用途。应当建立公开透明、民主决策的管理制度，坚持资金在成员内部封闭使用原则，不得对外吸储放贷，不得支付固定回报，非个人成员不得使用信用合作资金。农民专业合作社开展内部信用合作，由县级以上人民政府金融监督管理部门负责监管，具体规定由国务院金融监督管理部门会同有关部门制定。

此外，草案还就农民专业合作社的营业执照吊销、成员新入社和除名、盈余分配，以及法律责任等内容的有关条款和文字作了修改完善。

END

四、农业龙头企业

（一）概念

农业龙头企业是指以农产品加工或流通为主，通过各种利益联结机制与农户相联系，带动农户进入市场，使农产品生产、加工、销售有机结合、相互促进，在规模和经营指标上达到规定标准并经政府有关部门认定的企业。

（二）国家重点龙头企业标准

1. 企业组织形式

依法设立的以农产品加工或流通为主业、具有独立注册资格的企业包括依照《公司法》设立的公司，其他形式的国有、集体、私营企业以及中外合资经营、中外合作经营、外商独资企业，直接在工商行政管理部门登记开办的农产品专业批发市场等。

2. 企业经营的产品

企业中农产品加工、流通的增加值占总增加值的70%以上。

3. 加工、流通企业规模

总资产规模：东部地区1亿元以上，中部地区7 000万元以上，西部地区4 000万元以上；固定资产规模：东部地区5 000万元以上，中部地区3 000万元以上，西部地区2 000万元以上；年销售收入东部地区1.5亿元以上，中部地区1亿元以上，西部地区5 000万元以上。农产品专业批发市场年交易规模：东部地区10亿元以上，中部地区8亿元以上，西部地区6亿元以上。

4. 企业效益

企业的总资产报酬率应高于同期银行贷款利率；企业应不欠税、不欠工资、不欠社会保险金、不欠折旧，不亏损。

5. 企业负债与信用

企业资产负债率一般应低于60%；企业银行信用等级在A级以上(含A级)。

6. 企业带动能力

通过建立可靠、稳定的利益联结机制带动农户(特种养殖业和农垦企业除外)的数量一般应达到：中东部地区3 000户以上，西部地区1 000户以上；企业从事农产品加工、流通过程中，通过订立合同、入股和合作方式采购的原料或购进的货物占所需原料量或所销售货物量的70%以上。

7. 企业产品竞争力

在同行业中企业的产品质量、产品科技含量、新产品开发能力居领先水平，主营产品符合国家产业政策、环保政策和质量管理标准体系，产销率达93%以上。

小贴士

农业产业化国家重点龙头企业

根据《农业产业化国家重点龙头企业认定和运行监测管理办法》(农经发〔2010〕11号)和《农业部关于开展农业产业化国家重点龙头企业监测工作的通知》(农经发〔2016〕7号)的规定，在有关省、自治区、直辖市和新疆生产建设兵团推荐的基础上，经专家评审，全国农业产业化联席会议审定，2016年递补农业产业化国家重点龙头企业有北京大伟嘉生物技术股份有限公司、天津嘉立荷牧业集团有限公司、河北飞龙家禽育种有限公司、山西天之润枣业有限公司、内蒙古科沁万佳食品有限公司、山东巧媳妇食品集团有限公司、新乡市大北农农牧有限责任公司、湖北天星粮油股份有限公司、白水县兴华果蔬有限责任公司和新疆如意纺织服装有限公司等，共111家。

END

(三) 扶持政策

1. 金融政策

(1) 灵活运用货币政策工具，安排贷款计划，及时增加再贷款，支持金融机构支农资金需要。

(2) 进一步明确金融机构支农重点，完善支持农业产业化的金融服务体系。

(3) 以龙头企业和高科技农业、特色农业为重点，加强支持农业产业化的金融服务。

(4) 支持农村基础设施和生态环境建设，为农业产业化创造条件。

(5) 支持西部地区发展特色农业，促进西部农业产业化发展。

2. 财政政策

为了引导龙头企业大范围地带动生产基地和农户，形成龙头企业加生产基地和农户的产业化经营新格局，对于重点龙头企业带动的生产基地建设等，中央财政要继续给予支持，地方财政也要做出具体安排。

3. 税收政策

(1) 内资企业企业所得税的减免：对国有农口企事业单位从事种植业、养殖业和农林产品初加工业的所得暂免征收企业所得税。

(2) 外资企业企业所得税减免：对生产性外商投资企业，经营期在10年以上的，从开始获利的年度起，第1年和第2年免征企业所得税，第3年至第5年减半征收企业所得税。对从事农业、林业、牧业和设在经济不发达的边远地区的外商投资企业，经批准可在以后10年内继续按应纳税额减征15%～30%的企业所得税。

(3) 按照中央外贸发展基金的有关规定，对符合中央外贸发展基金使用方向和使用条件的农产品及其加工品出口项目融资予以贴息。参照国际通行的做法，继续加大对重点龙头企业出口创汇的支持。对于符合国家高新技术目录和国家有关部门批准引进项目的农产品加工设备，免征进口关税和进口环节增值税。

(4) 投融资。鼓励重点龙头企业多渠道筹集资金，积极借鉴国内外投资融资经验，利用资产重组、控股、参股、兼并、租赁等多种方式扩大企业规模，增强企业实力。符合条件的重点龙头企业，实行规范的公司制后，可申请发行股票上市。已经上市的重点龙头企业，利用好农业类上市公司在配股方面的倾斜政策。创造条件鼓励重点龙头企业利用外资开展合资、合作。积极探索建立以重点龙头企业为主体的农业产业化发展投资基金。

五、农业产业化经营

(一) 农业产业化经营概述

农业产业化经营是指以市场为导向，以家庭承包经营为基础，依靠龙头企业及各种中介组织的举动，将农业的产前、产中和产后诸环节联结为完整的产业链条，实行多种形式的一体化经营，形成系统内部有机结合、相互促进和利益互补机制，实现资源优化配置的一种新型农业经营方式。

发展农业产业化经营，可以促进农业和农村经济结构战略性调整向广度和深度进军，有效拉长农业产业链条，增加农业附加值，使农业的整体效益得到显著提高，可以促进小城镇的发展，创造更多的就业岗位，转移农村剩余劳力，增加农民的非农业收入；可以通过农业产业化经营组织与农民建立利益联结机制，使参与产业化经营的农民不但从种、养业中获利，还可分享加工、销售环节的利润，以增加收入。

(二) 农业产业化经营的发展方向

农业产业化经营是提高农业竞争力的重要举措。我国加入世贸组织后，国际农业竞争已经不是单项产品、单个生产者之间的竞争，而是包括农产品质量、品牌、价值和农业经营主体、经营方式在内的整个产业体系的综合性竞争。积极推进农业产业化经营的发展,有利于把农业生产、加工、销售环节联结起来,把分散经营的农户联合起来,有效地提高农业生产的组织化程度;有利于应对加入世贸组织的挑战,按照国际规则,把农业标准和农产品质量标准全面引入农业生产加工、流通的全过程,创出自己的品牌;有利于扩大农业对外开放,实施"引进来,走出去"的战略,全面增强农业的市场竞争力。

(三) 农业综合开发产业化经营项目

通过对农业产业化龙头企业等经营主体的扶持,延长农业产业化链条,推进农业和农村经济结构的战略性调整,提高农业综合效益,增加农民收入。

1. 产业化经营项目管理和资金安排的原则

(1) 因地制宜,统筹规划的原则。以国家宏观产业政策和优势农产品区域布局为指导,突出地方主导产业和特色产品,按"五个统筹"的要求,科学规划,精心布局。

(2) 规模开发,产业化经营的原则。以"龙头企业+农户""龙头企业+专业合作经济组织+农户"等组织形式,提高农业生产和农民进入市场的组织化程度,促进连片开发、规模经营,优化农业产业结构,推进农业产业化经营。

(3) 依靠科技,注重效益的原则。以科技为支撑,加大科技成果推广转化力度,增强我国农业的市场竞争力,促进传统农业向现代农业转变,实现经济效益、生态效益和社会效益的有机统一。

(4) 公平竞争,择优立项的原则。以市场为导向,以经济效益为中心,按照"公开、公平、公正"的要求,完善竞争立项等市场机制,实现择优选项,提高产业化经营项目质量。

(5) 效益优先,兼顾公平的原则。以各地经济发展水平和农业综合开发的重点任务为依据,优化资源配置,适当提高沿海经济较发达、农业产业化经营发展较快等地区的产业化经营项目财政资金比例,发挥示范带动作用。同时,保证其他地区必要的投入力度,实现共同发展。

(6) 突出重点,兼顾一般的原则。以农业主产区和粮食主产区为重点,突出扶持优势主导产业。同时,按照扶优扶大扶强的要求,突出重点农业产业化龙头企业,兼顾对农民增收致富带动作用较大的中小龙头企业和农民专业合作经济组织。

2. 产业化经营项目的分类设置

(1) 种植养殖基地项目。主要扶持建设经济林及设施农业种植、发展畜牧水产养殖等。

(2) 农产品加工项目。主要扶持产业化龙头企业扩大生产规模,提高粮油、果蔬、畜禽等主要农副产品加工能力。

(3) 流通设施项目。主要扶持建设储藏保鲜、产地批发市场等市场流通设施。

3. 扶持对象

重点扶持国家级和省级农业产业化龙头企业(含省级农发办事机构审定的龙头企

业),同时适当扶持正在成长上升、确能带动农民致富、较小规模的龙头企业及农民专业合作经济组织等。

4. 扶持方式

(1) 有偿无偿相结合。原则上对具有一定规模和条件、资金需求量适中、经济效益较好、能够按期归还财政有偿资金的项目单位,采取有偿无偿相结合的扶持方式。这是目前中央财政扶持产业化经营项目的主要方式。

(2) 投资参股经营。原则上对投资规模较大、企业基础较好、带动能力强、资金需求量大、愿意国有资本参股的项目单位,采取投资参股经营的扶持方式。

(3) 贷款贴息。对融资能力较强、能够从金融机构取得一定规模的固定资产贷款、符合农业综合开发产业化经营项目立项要求的项目单位,一般采取贷款贴息的扶持方式。

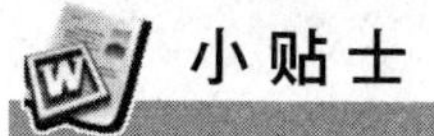

小贴士

农业生产的新生力量

截至2016年年底,全国有87.7万户家庭农场,其中纳入各级农业部门名录管理的家庭农场达到44.5万户,平均经营规模170亩左右;全国共有179.4万家农民专业合作社;13万家农业产业化龙头企业;从事农业生产性社会化服务组织达到15.3万家,生产托管服务总面积近2亿亩。

END

第二节 农产品质量安全

一、农产品质量安全法概述

2006年4月29日,第十届全国人民代表大会常务委员会第二十一次会议通过《农产品质量安全法》,并自2006年11月1日起施行。该法明确规定要建立农产品质量安全标准体系,并引入农产品质量安全追溯制度,将有效解决农产品安全问题,对农产品实现从农田到餐桌的全程管理。

1. 调整范围

为避免与产品质量法所调整的“经过加工、制作的产品交叉重复”,《农产品质量安全法》调整的农产品不包括工业生产活动中以农产品为原料加工、制作的产品,并明确规定,农产品是指来源于农业的初级产品,即在农业活动中获得的植物、动物、微生物及其产品。

农产品质量既包括涉及人的健康、安全的质量要求,也包括涉及产品的营养成分、口感、色香味等非安全性质量指标。需要由法律规范、监管、保障的,应是农产品质量中的安全性要求。法律明确了农产品的范围,规定了农产品质量安全的要求。农产品质量安全是指农产品质量符合保障人的健康、安全的要求。

2. 农产品质量安全风险评估制度

设立农产品质量安全风险分析和评估的部门是国务院农业行政主管部门。农业行政主管部门将风险评估结果及时通报有关部门。

3. 农产品质量安全信息发布制度

发布信息的部门是国务院农业行政主管部门和省、自治区、直辖市人民政府农业行政主管部门。所发布的信息要有代表性,能够指导农产品有关生产销售等部门防范和预防,避免出现重大损失。

二、农产品质量安全标准

农产品质量安全标准是农产品质量安全评价的重要依据,也是农产品质量安全管理的重要手段。国家要建立健全农产品质量安全标准体系。农产品质量安全标准的性质是国家强制性的技术规范。

农产品质量安全标准的制定和发布要依照有关法律、法规的规定执行。制定时还要充分考虑农产品质量安全风险评估结果,并听取农产品生产者、销售者和消费者的意见,保障消费安全。标准要根据需要及时修订。标准的组织实施由农业行政主管部门联合有关部门进行。

三、农产品产地

1. 农产品禁止生产区域

县级以上地方人民政府农业行政主管部门按照保障农产品质量安全的要求,根据农产品品种特性和生产区域大气、土壤、水体中有毒有害物质状况等因素,认为不适宜特定农产品生产的,提出禁止生产的区域,报本级人民政府批准后公布。具体办法由国务院农业行政主管部门商国务院环境保护行政主管部门制定。

2. 禁止性规定

(1) 禁止在有毒有害物质超标区域生产、捕捞、采集食用农产品和建立农产品生产基地。

(2) 禁止违法向农产品产地排放或倾倒有毒有害物质以及农业生产用水和用作肥料的固体废物必须达标。农业生产用水和用作肥料的固体废物应当符合国家规定的标准。

3. 合理使用农业投入品

农产品生产者应当合理使用化肥、农药、兽药、农用薄膜等化工产品,防止对农产品产地造成污染。

四、农产品生产

国务院农业行政主管部门和省、自治区、直辖市人民政府农业行政主管部门应当制定保障农产品质量安全的生产技术要求和操作规程。县级以上人民政府农业行政主管部门应当加强对农产品生产的指导。

1. 实行许可证制度

对可能影响农产品质量安全的农药、兽药、饲料和饲料添加剂、肥料、兽医器械，依照有关法律、行政法规的规定实行许可制度。

国务院农业行政主管部门和省、自治区、直辖市人民政府农业行政主管部门应当定期对可能危及农产品质量安全的农药、兽药、饲料和饲料添加剂、肥料等农业投入品进行监督抽查，并公布抽查结果。

2. 知识技能培训

农业科研教育机构和农业技术推广机构应当加强对农产品生产者质量安全知识和技能的培训。

3. 农产品生产记录制度

农产品生产企业和农民专业合作经济组织应当建立农产品生产记录，如实记载下列事项。

(1) 使用农业投入品的名称、来源、用法、用量和使用、停用的日期。

(2) 动物疫病、植物病虫草害的发生和防治情况。

(3) 收获、屠宰或者捕捞的日期。

农产品生产记录应当保存 2 年。禁止伪造农产品生产记录。国家鼓励其他农产品生产者建立农产品生产记录。

4. 农业投入品使用上的有关规定

农产品生产者应当按照法律、行政法规和国务院农业行政主管部门的规定，合理使用农业投入品，严格执行农业投入品使用安全间隔期或者休药期的规定，防止危及农产品质量安全。禁止在农产品生产过程中使用国家明令禁止使用的农业投入品。生产中要明确如何使用、允许使用、限制使用、禁止使用及有关安全间隔期或休药期的规定。

5. 农产品生产企业和农民合作经济组织加强自律管理

(1) 自检的规定。农产品生产企业和农民专业合作经济组织，应当自行或者委托检测机构对农产品质量安全状况进行检测；经检测不符合农产品质量安全标准的农产品不得销售。

(2) 加强自律的要求。农民专业合作经济组织和农产品行业协会对其成员应当及时提供生产技术服务，建立农产品质量安全管理制度，健全农产品质量安全控制体系，加强自律管理。

五、农产品包装和标识

农产品包装和标识对方便消费者识别农产品质量安全状况、对逐步建立农产品质量安全追溯制度，都具有重要作用。

(1) 一般农产品销售以及包装要求。农产品生产企业、农民专业合作经济组织以及从事农产品收购的单位或者个人销售的农产品，按照规定应当包装或者附加标识的，需经包装或者附加标识后方可销售。包装物或者标识上应当按照规定标明产品的品名、产地、生产者、生产日期、保质期、产品质量等级等内容；使用添加剂的，还应当按照规定标明添加剂的名称。具体办法由国务院农业行政主管部门制定。

(2) 在包装、保鲜、储存、运输中使用的“三剂”等材料。农产品在包装、保鲜、储存、运输中所使用的保鲜剂、防腐剂、添加剂等材料，应当符合国家有关强制性的技术规范。

(3) 农业转基因农产品应当标明。属于农业转基因生物的农产品，应当按照农业转基因生物安全管理的有关规定进行标识。

(4) 依法需要实施检疫的动植物及其产品，应当附具检疫合格标志、检疫合格证明。

(5) 无公害农产品、绿色食品、有机农产品标志的使用规定及禁止假冒的规定。销售的农产品必须符合农产品质量安全标准，生产者可以申请使用无公害农产品标志。农产品质量符合国家规定的有关优质农产品标准的，生产者可以申请使用相应的农产品质量标志。

(6) 禁止冒用无公害农产品、绿色食品、有机农产品标志等农产品质量标志。

六、监督检查

(一) 禁止销售的农产品

有下列情形之一的农产品，不得销售。

(1) 含有国家禁止使用的农药、兽药或者其他化学物质的。

(2) 农药、兽药等化学物质残留或者含有的重金属等有毒有害物质不符合农产品质量安全标准的。

(3) 含有的致病性寄生虫、微生物或者生物毒素不符合农产品质量安全标准的。

(4) 使用的保鲜剂、防腐剂、添加剂等材料不符合国家有关强制性的技术规范的。

(5) 其他不符合农产品质量安全标准的。

(二) 农产品质量安全监测制度

1. 农产品质量安全监测制度的建立和实施

国家建立农产品质量安全监测制度。县级以上人民政府农业行政主管部门应当按照保障农产品质量安全的要求，制订并组织实施农产品质量安全监测计划，对生产中或者市场上销售的农产品进行监督抽查。监督抽查结果由国务院农业行政主管部门或者省、自治区、直辖市人民政府农业行政主管部门按照权限予以公布。

监督抽查检测应当委托符合《农产品质量安全法》规定条件的农产品质量安全检测机构进行，不得向被抽查人收取费用，抽取的样品不得超过国务院农业行政主管部门规定的数量。上级农业行政主管部门监督抽查的农产品，下级农业行政主管部门不得另行重复抽查。

2. 检测机构

农产品质量安全检测应当充分利用现有的符合条件的检测机构。从事农产品质量安全检测的机构，必须具备相应的检测条件和能力，由省级以上人民政府农业行政主管部门或者其授权的部门考核合格。农产品质量安全检测机构应当依法经计量认证合格。

3. 监督抽查检测结果异议审查制度

农产品生产者、销售者对监督抽查检测结果有异议的，可以自收到检测结果之日起5日内，向组织实施农产品质量安全监督抽查的农业行政主管部门或者其上级农业行政主管部门申请复检。

采用国务院农业行政主管部门会同有关部门认定的快速检测方法进行农产品质量安全监督抽查检测，被抽查人对检测结果有异议的，可以自收到检测结果时起4小时内申请复检。复检不得采用快速检测方法。

因检测结果错误给当事人造成损害的，依法承担赔偿责任。

4. 农产品批发市场和销售企业的检测

农产品批发市场应当设立或者委托农产品质量安全检测机构，对进场销售的农产品质量安全状况进行抽查检测；发现不符合农产品质量安全标准的，应当要求销售者立即停止销售，并向农业行政主管部门报告。

农产品销售企业对其销售的农产品，应当建立健全进货检查验收制度；经查验不符合农产品质量安全标准的，不得销售。

5. 建立社会监督制度

国家鼓励单位和个人对农产品质量安全进行社会监督。任何单位和个人都有权对违反本法的行为进行检举、揭发和控告。有关部门收到相关的检举、揭发和控告后，应当及时处理。

6. 农产品质量安全事故处理程序

发生农产品质量安全事故时，有关单位和个人应当采取控制措施，及时向所在地乡级人民政府和县级人民政府农业行政主管部门报告；收到报告的机关应当及时处理并报上一级人民政府和有关部门。发生重大农产品质量安全事故时，农业行政主管部门应当及时通报同级食品药品监督管理部门。

7. 农产品质量安全责任追究制度

县级以上人民政府农业行政主管部门在农产品质量安全监督管理中，发现有《农产品质量安全法》列举的不得销售的5种农产品之一的，应当按照农产品质量安全责任追究制度的要求，查明责任人，依法予以处理或者提出处理建议。

8. 进口农产品检验

进口的农产品必须按照国家规定的农产品质量安全标准进行检验；尚未制定有关农产品质量安全标准的，应当依法及时制定；未制定之前，可以参照国家有关部门指定的国外有关标准进行检验。

七、农产品质量安全追溯体系建设

农业部《关于加快推进农产品质量安全追溯体系建设的意见》(农质发〔2016〕8号)明确规定，建立国家农产品质量安全追溯管理信息平台(简称国家平台)，加快构建统一权威、职责明确、协调联动、运转高效的农产品质量安全追溯体系，实现农产品源头可追溯、流向可跟踪、信息可查询、责任可追究，保障公众消费安全。

(一) 建立追溯管理运行制度

出台国家农产品质量安全追溯管理办法，明确追溯要求，统一追溯标识，规范追溯流程，健全管理规则。加强农业与有关部门的协调配合，健全完善追溯管理与市场准入的衔接机制，以责任主体和流向管理为核心，以扫码入市或索取追溯凭证为市场准入条件，构建从产地到市场到餐桌的全程可追溯体系。鼓励各地会同有关部门制定农产品追溯管理地方性法规，建立主体管理、包装标识、追溯赋码、信息采集、索证索票、市场准入等追溯管理基本制度，促进和规范生产经营主体实施追溯行为。

(二) 搭建信息化追溯平台

建立“高度开放、覆盖全国、共享共用、通查通识”的国家平台，赋予监管机构、检测机构、执法机构和生产经营主体使用权限，采集主体管理、产品流向、监管检测和公众评价投诉等相关信息，逐步实现农产品可追溯管理。

(三) 制定追溯管理技术标准

实现全国农产品质量安全追溯管理“统一追溯模式、统一业务流程、统一编码规则、统一信息采集”。

(四) 开展追溯管理试点应用

国家平台于2017年上线，优先选择苹果、茶叶、猪肉、生鲜乳、大菱鲆等几类农产品统一开展试点，逐步健全农产品质量安全追溯管理运行机制，进一步加大推广力度，扩大实施范围。

(五) 强化农业部门追溯管理职责

要按照属地管理原则，建立生产经营主体管理制度，将辖区内农产品生产经营主体逐步纳入国家平台管理，组织生产经营主体实施追溯，并对落实情况进行监督。

(六) 落实生产经营主体责任

农产品生产经营主体应按照国家平台实施要求，配备必要的追溯装备，积极采用移动互联等便捷化的技术手段，实施农产品扫码(或验卡)交易，如实采集追溯信息，实现信息流和实物流同步运转。

第三节 农业转基因生物安全管理

为了加强农业转基因生物安全管理，保障人体健康和动植物、微生物安全，保护生态环境，促进农业转基因生物技术研究，国务院于 2001 年 5 月 9 日通过《农业转基因生物安全管理条例》(以下简称《条例》)，并自公布之日起施行。

一、农业转基因生物安全管理概述

1. 《条例》的适用范围

在中华人民共和国境内从事农业转基因生物的研究、试验、生产、加工、经营和进口、出口活动，必须遵守本条例。

农业转基因生物是指利用基因工程技术改变基因组构成，用于农业生产或者农产品加工的动植物、微生物及其产品，主要包括以下几种。

(1) 转基因动植物(含种子、种畜禽、水产苗种)和微生物。

(2) 转基因动植物、微生物产品。

(3) 转基因农产品的直接加工品。

(4) 含有转基因动植物、微生物或者其产品成分的种子、种畜禽、水产苗种、农药、兽药、肥料和添加剂等产品。

农业转基因生物安全是指防范农业转基因生物对人类、动植物、微生物和生态环境构成的危险或者潜在风险。

2. 农业转基因生物安全的主管部门

国务院农业行政主管部门负责全国农业转基因生物安全的监督管理工作。县级以上地方各级人民政府农业行政主管部门负责本行政区域内的农业转基因生物安全的监督管理工作。

3. 农业转基因生物安全管理制度

(1) 国务院建立农业转基因生物安全管理部际联席会议制度。农业转基因生物安全管理部际联席会议由农业、科技、环境保护、卫生、外经贸、检验检疫等有关部门的负责人组成,负责研究、协调农业转基因生物安全管理工作中的重大问题。

(2) 国家对农业转基因生物安全实行分级管理评价制度。农业转基因生物按照其对人类、动植物、微生物和生态环境的危险程度,分为Ⅰ、Ⅱ、Ⅲ、Ⅳ4个等级。具体划分标准由国务院农业行政主管部门制定。

(3) 国家建立农业转基因生物安全评价制度。农业转基因生物安全评价的标准和技术规范,由国务院农业行政主管部门制定。

(4) 国家对农业转基因生物实行标识制度。实施标识管理的农业转基因生物目录,由国务院农业行政主管部门商国务院有关部门制定、调整并公布。

二、研究与试验

国务院农业行政主管部门应当加强农业转基因生物研究与试验的安全评价管理工作,并设立农业转基因生物安全委员会,负责农业转基因生物的安全评价工作。农业转基因生物安全委员会由从事农业转基因生物研究、生产、加工、检验检疫以及卫生、环境保护等方面的专家组成。

1. 从事农业转基因生物研究与试验的单位应当具备的条件

从事农业转基因生物研究与试验的单位应当具备与安全等级相适应的安全设施和措施,确保农业转基因生物研究与试验的安全,并成立农业转基因生物安全小组,负责本单位农业转基因生物研究与试验的安全工作。从事Ⅲ、Ⅳ级农业转基因生物研究的,应当在研究开始前向国务院农业行政主管部门报告。

2. 农业转基因生物试验

农业转基因生物试验一般应当经过中间试验、环境释放和生产性试验3个阶段。

(1) 中间试验是指在控制系统内或者控制条件下进行的小规模试验。

(2) 环境释放是指在自然条件下采取相应安全措施所进行的中规模的试验。

(3) 生产性试验是指在生产和应用前进行的较大规模的试验。

农业转基因生物在实验室研究结束后,需要转入中间试验的,试验单位应当向国务院农业行政主管部门报告。

3. 试验单位试验申请

农业转基因生物试验需要从上一试验阶段转入下一试验阶段的,试验单位应当向国务院农业行政主管部门提出申请;经农业转基因生物安全委员会进行安全评价合格的,由国务院农业行政主管部门批准转入下一试验阶段。

小贴士

试验单位应当提供的材料

试验单位提出试验申请，应当提供下列材料：①农业转基因生物的安全等级和确定安全等级的依据；②农业转基因生物技术检测机构出具的检测报告；③相应的安全管理、防范措施；④上一试验阶段的试验报告。

END

4. 农业转基因生物安全证书

从事农业转基因生物试验的单位在生产性试验结束后，可以向国务院农业行政主管部门申请领取农业转基因生物安全证书。

试验单位提出上述申请，应当提供下列材料：①农业转基因生物的安全等级和确定安全等级的依据；②农业转基因生物技术检测机构出具的检测报告；③生产性试验的总结报告；④国务院农业行政主管部门规定的其他材料。

国务院农业行政主管部门收到申请后，应当组织农业转基因生物安全委员会进行安全评价；安全评价合格的，方可颁发农业转基因生物安全证书。

转基因植物种子、种畜禽、水产苗种，利用农业转基因生物生产的或者含有农业转基因生物成分的种子、种畜禽、水产苗种、农药、兽药、肥料和添加剂等，在依照有关法律、行政法规的规定进行审定、登记或者评价、审批前，应当依照《条例》第16条的规定取得农业转基因生物安全证书。

中外合作、合资或者外方独资在中华人民共和国境内从事农业转基因生物研究与试验的，应当经国务院农业行政主管部门批准。

三、生产与加工

1. 生产许可证

生产转基因植物种子、种畜禽、水产苗种，应当取得国务院农业行政主管部门颁发的种子、种畜禽、水产苗种生产许可证。

生产单位和个人申请转基因植物种子、种畜禽、水产苗种生产许可证，除应当符合有关法律、行政法规规定的条件外，还应当符合下列条件：①取得农业转基因生物安全证书并通过品种审定；②在指定的区域种植或者养殖；③有相应的安全管理、防范措施；④国务院农业行政主管部门规定的其他条件。

2. 生产档案

生产转基因植物种子、种畜禽、水产苗种的单位和个人应当建立生产档案，载明生产地点、基因及其来源、转基因的方法，以及种子、种畜禽、水产苗种流向等内容。

单位和个人从事农业转基因生物生产、加工的，应当由国务院农业行政主管部门或者省、自治区、直辖市人民政府农业行政主管部门批准，具体办法由国务院农业行政主管部门制定。农民养殖、种植转基因动植物的，由种子、种畜禽、水产苗种销售单位代办审批手续。

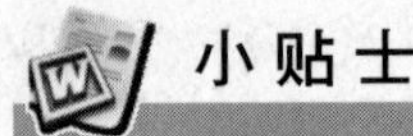

小贴士

罚 则

如果违反《条例》的规定，转基因植物种子、种畜禽、水产苗种的生产、经营单位和个人未按照规定制作、保存生产、经营档案的，由县级以上人民政府农业行政主管部门依据职权，责令改正，处1 000元以上1万元以下的罚款。

END

3. 生产、加工、安全管理情况和产品流向以及事故报告制度

从事农业转基因生物生产、加工的单位和个人应当按照批准的品种、范围、安全管理要求和相应的技术标准组织生产、加工，并定期向所在地县级人民政府农业行政主管部门提供生产、加工、安全管理情况和产品流向的报告。

农业转基因生物在生产、加工过程中发生基因安全事故时，生产、加工单位和个人应当立即采取安全补救措施，并向所在地县级人民政府农业行政主管部门报告。

4. 转基因生物运输、储存

从事农业转基因生物运输、储存的单位和个人应当采取与农业转基因生物安全等级相适应的安全控制措施，确保农业转基因生物运输、储存的安全。

四、经营

1. 经营许可证

经营转基因植物种子、种畜禽、水产苗种的单位和个人应当取得国务院农业行政主管部门颁发的种子、种畜禽、水产苗种经营许可证。经营单位和个人申请转基因植物种子、种畜禽、水产苗种经营许可证，除应当符合有关法律、行政法规规定的条件外，还应当符合下列条件：①有专门的管理人员和经营档案；②有相应的安全管理、防范措施；③国务院农业行政主管部门规定的其他条件。

2. 经营档案

经营转基因植物种子、种畜禽、水产苗种的单位和个人应当建立经营档案，载明种子、种畜禽、水产苗种的来源、储存、运输和销售去向等内容。

3. 销售条件

在中华人民共和国境内销售列入农业转基因生物目录的农业转基因生物，应当有明显的标识。列入农业转基因生物目录的农业转基因生物，由生产、分装单位和个人负责标识；未标识的，不得销售。经营单位和个人在进货时，应当对货物和标识进行核对。经营单位和个人拆开原包装进行销售的，应当重新标识。

4. 农业转基因生物标识

农业转基因生物标识应当载明产品中含有转基因成分的主要原料名称；有特殊销售范围要求的，还应当载明销售范围，并在指定范围内销售。

5. 农业转基因生物的广告

农业转基因生物的广告应当经国务院农业行政主管部门审查批准后，方可刊登、播放、设置和张贴。

五、进口与出口

1. 引进农业转基因生物的条件

从中华人民共和国境外引进农业转基因生物用于研究、试验的，引进单位应当向国务院农业行政主管部门提出申请。符合下列条件的，国务院农业行政主管部门方可批准：①具有国务院农业行政主管部门规定的申请资格；②引进的农业转基因生物在国(境)外已经进行相应的研究、试验；③有相应的安全管理、防范措施。

2. 试验材料入境、试验条件

境外公司向中华人民共和国出口转基因植物种子、种畜禽、水产苗种和利用农业转基因生物生产的或者含有农业转基因生物成分的植物种子、种畜禽、水产苗种、农药、兽药、肥料和添加剂的，应当向国务院农业行政主管部门提出申请。符合下列条件的，国务院农业行政主管部门方可批准试验材料入境并依照《条例》的规定进行中间试验、环境释放和生产性试验：①输出国家或者地区已经允许作为相应用途并投放市场；②输出国家或者地区经过科学试验证明对人类、动植物、微生物和生态环境无害；③有相应的安全管理、防范措施。

生产性试验结束后经安全评价合格并取得农业转基因生物安全证书后，方可依照有关法律、行政法规的规定办理审定、登记或者评价、审批手续。

3. 境外公司向我国出口农业转基因生物的条件

境外公司向中华人民共和国出口农业转基因生物用作加工原料的，应当向国务院农业行政主管部门提出申请。符合下列条件，并经安全评价合格的，由国务院农业行政主管部门颁发农业转基因生物安全证书：①输出国家或者地区已经允许作为相应用途并投放市场；②输出国家或者地区经过科学试验证明对人类、动植物、微生物和生态环境无害；③经农业转基因生物技术检测机构检测，确认对人类、动植物、微生物和生态环境不存在危险；④有相应的安全管理、防范措施。

4. 引进、向中国出口农业转基因生物的要求

从中华人民共和国境外引进农业转基因生物的，或者向中华人民共和国出口农业转基因生物的，引进单位或者境外公司应当凭国务院农业行政主管部门颁发的农业转基因生物安全证书和相关批准文件，向口岸出入境检验检疫机构报检；经检疫合格后方可向海关申请办理有关手续。

5. 农业转基因生物在中国过境转移的要求

(1) 农业转基因生物在中华人民共和国过境转移的，货主应当事先向国家出入境检验检疫部门提出申请；经批准后方可过境转移，并遵守中华人民共和国有关法律、行政法规的规定。

国务院农业行政主管部门、国家出入境检验检疫部门应当自收到申请人申请之日起270日内做出批准或者不批准的决定，并通知申请人。

(2) 进口农业转基因生物，没有国务院农业行政主管部门颁发的农业转基因生物安全证书和相关批准文件的，或者与证书、批准文件不符的，作退货或者销毁处理。进口农业转基因生物不按照规定标识的，重新标识后方可入境。

6. 出口农产品的证明

向中华人民共和国境外出口农产品，外方要求提供非转基因农产品证明的，由口岸出入境检验检疫机构根据国务院农业行政主管部门发布的转基因农产品信息，进行检测并出具非转基因农产品证明。

六、监督检查

农业行政主管部门履行监督检查职责时，有权采取下列措施。

(1) 询问被检查的研究、试验、生产、加工、经营或者进口、出口的单位和个人、利害关系人、证明人，并要求其提供与农业转基因生物安全有关的证明材料或者其他资料。

(2) 查阅或者复制农业转基因生物研究、试验、生产、加工、经营或者进口、出口的有关档案、账册和资料等。

(3) 要求有关单位和个人就有关农业转基因生物安全的问题做出说明。

(4) 责令违反农业转基因生物安全管理的单位和个人停止违法行为。

(5) 在紧急情况下，对非法研究、试验、生产、加工、经营或者进口、出口的农业转基因生物实施封存或者扣押。有关单位和个人对农业行政主管部门的监督检查，应当予以支持、配合，不得拒绝、阻碍监督检查人员依法执行职务。

(6) 农业转基因生物安全证书的收回。发现农业转基因生物对人类、动植物和生态环境存在危险时，国务院农业行政主管部门有权宣布禁止生产、加工、经营和进口，收回农业转基因生物安全证书，销毁有关存在危险的农业转基因生物。

小贴士

国家海南南繁基地规划出台,甘肃制种基地建设项目启动

2015年10月28日,农业部、国家发改委、财政部、国土资源部、海南省政府联合印发《国家南繁科研育种基地(海南)建设规划(2015—2025年)》,明确划定了26.8万亩科研育种保护区。5月18日,国家发改委批复国家玉米制种基地(甘肃)建设项目,项目批复总投资5.7亿元。

南繁加代几乎是现代种业科研育种的必备程序,南繁基地是国家稀缺的、不可替代的战略资源。规划是南繁发展史上的一个里程碑,加快推进南繁基地建设,力争用5～10年把南繁基地打造成为服务全国的用地稳定、运行顺畅、监管有力、服务高效的科研育种平台。

甘肃作为我国重要的玉米制种基地,国家玉米制种基地(甘肃)建设项目的启动,为提高我国玉米制种水平,保障国家粮食安全起到重要作用。

END

第四节 促进农村电子商务发展

2015年11月,国务院办公厅发布了《关于促进农村电子商务加快发展的指导意见》(简称《意见》)(国办发〔2015〕78号),全面部署指导农村电子商务健康快速发展。《意见》提出,到2020年,初步建成统一开放、竞争有序、诚信守法、安全可靠、绿色环保的农村电子商务市场体系。同时明确了3方面的重点任务。

(1) 培育农村电子商务市场主体。鼓励电商、物流、商贸、金融、供销、邮政、快递等各类社会资源加强合作,参与农村电子商务发展。

(2) 扩大电子商务在农业农村的应用。在农业生产、加工、流通等环节,加强互联网技术应用和推广。拓宽农产品、民俗产品、乡村旅游等市场,为农产品进城拓展更大空间。

(3) 改善农村电子商务发展环境。加强农村流通基础设施建设,加强政策扶持和人才培养,营造良好市场环境。截至2016年年底,全国各类专业村达到6万个,涌现出一批以发展特色种养业、民俗产业、休闲农业和农村电商为主导产业的专业村镇。

导学案例解析

江苏省盐城市是农业大市,"四级网格化"监管显威力。重点建设市县监管机构,落实乡镇监管机构、人员，全面建立乡镇农产品质量安全监管机构，建立村级协管制度，进一步完善建立了“农业投入品、标准化生产、监督管理、质量检测、质量追溯、安全诚信”的农产品质量安全监管“六大体系”。

(1) 产品有标准质量可追溯。

(2) 构建全覆盖监管体系。推进农产品质量安全监管体系建设。实现重点监管对象全覆盖，全面落实农产品质量安全精准监管措施。

(3) 畅通农产品质量安全投诉、举报渠道，完善突发事件应急处置方案，提高快速反应和处置能力，全方位保障农产品质量安全。

END

练习题

一、简答题

1. 新型农业经营主体都有哪些？
2. 家庭农场有哪些优势特点？
3. 农民专业合作社的法律地位是什么？
4.《农产品质量安全法》的调整范围是什么？
5. 农产品产地的禁止性规定有哪些？

二、不定项选择题

1. 家庭农场是指以家庭成员为主要劳动力，从事农业(　　)生产经营，并以农业收入为家庭主要收入来源的新型农业经营主体。

A. 规模化　　B. 集约化　　C. 商品化　　D. 分散化

2. 农民专业合作社的权力机构是(　　)。

A. 成员大会或成员代表大会　　B. 理事会

C. 执行监事　　D. 监事会

3. 按照国家重点龙头企业的标准，企业组织形式是依法设立的以农产品(　　)或(　　)为主业、具有独立注册资格的企业。

A. 加工　　B. 生产　　C. 经营　　D. 流通

4. 设立农产品质量安全风险分析和评估的部门是国务院的农业行政主管部门，即(　　)。

A. 农业部　　B. 商务部

C. 国家工商行政管理总局　　D. 国家食品药品监督管理总局

5. 禁止销售的农产品包括(　　)。

A. 含有国家禁止使用的农药、兽药或者其他化学物质的

B. 农药、兽药等化学物质残留或者含有的重金属等有毒有害物质不符合农产品

质量安全标准的

C. 含有的致病性寄生虫、微生物或者生物毒素不符合农产品质量安全标准的

D. 使用的保鲜剂、防腐剂、添加剂等材料不符合国家有关强制性的技术规范的

6. 生产转基因植物(　　),应当取得国务院农业行政主管部门颁发的种子、种畜禽、水产苗种生产许可证。

A. 种子　　B. 种畜禽

C. 水产苗种　　D. 马铃薯

7. 国务院农业行政主管部门、国家出入境检验检疫部门应当自收到申请人申请之日起(　　)日内做出批准或者不批准的决定,并通知申请人。

A. 60　　B. 30　　C. 180　　D. 270

8.《关于促进农村电子商务加快发展的指导意见》提出,到 2020 年,初步建成(　　)、绿色环保的农村电子商务市场体系。

A. 统一开放　　B. 竞争有序

C. 诚信守法　　D. 安全可靠

三、案例分析题

河南省 A 公司生产转基因大豆油产品,是依法成立、合法经营的公司法人。2017 年 3 月,河南省农业厅在对该公司进行现场检查时发现,该公司 2016 年 6—8 月载明生产地点、基因及其来源、转基因的方法等内容的生产档案丢失。

试分析:河南省农业厅是否有权对 A 公司进行处罚?如果有权力处罚,应当如何处罚?

第五章 农业生产资料管理

学习目标

- 掌握种子生产经营许可证制度、开办农药生产条件及兽药管理条例适用范围。
- 理解种质资源管理，种子进出口管理，农药使用及饲料和饲料添加剂管理。
- 了解品种选育、审定与登记，肥料的登记管理，兽药生产，农业机械管理。

案例导学

2017 年 5 月 29 日，辽宁省 A 市农业行政执法支队在甲兽药店进行兽药监督检查时，在其店地下一层仓库发现封口机、饲料用天然螺旋藻等物品，随即立案调查。经检查，执法人员在现场发现了封口机 1 台，电子秤 1 台，饲料用纯天然螺旋藻粉 5 桶 125 公斤，成品纯天然螺旋藻粉 17 件 170 公斤。法定代表人王某承认了私自购买原料生产销售饲料的事实，且不能提供许可文件。

第一节　种子管理

一、种子管理概述

(一)《种子法》概述

为了保护和合理利用种质资源，规范品种选育、种子生产经营和管理行为，保护植物新品种权，维护种子生产经营者、使用者的合法权益，提高种子质量，推动种子产业化，发展现代种业，保障国家粮食安全，促进农业和林业的发展，我国于2000年颁布了《种子法》。该法规定，在中华人民共和国境内从事品种选育、种子生产经营和管理等活动，适用《种子法》。草种、烟草种、中药材种、食用菌菌种的种质资源管理和选育、生产经营、管理等活动参照《种子法》执行。

(二) 种子的概念

《种子法》第2条明确规定，种子是指农作物和林木的种植材料或者繁殖材料，包括籽粒、果实和根、茎、苗、芽、叶等。《种子法》所称的种子不仅是常见的用于播种的籽粒，还包括育苗移栽、扦插、嫁接、压条等所用的繁殖材料，如大蒜、土豆、白薯秧、番茄苗等。玉米、小麦、大豆是种子，葡萄枝、白薯块根、土豆块茎、大蒜头、辣椒秧、番茄苗……也都是种子。

种子是最基本的农业生产资料，被列入《种子法》范畴的只是商品种子，即用来作为商品与他人进行交换的种子，不与他人发生社会关系的自用种子，不属于《种子法》所指的种子范围；不是作为商品种子出售，而是作为商品粮食、饮料等出售，但被购买者作为种子使用的，也不属于《种子法》界定的范畴。

(三) 种子管理机构

国务院农业、林业主管部门分别主管全国农作物种子和林木种子工作；县级以上地方人民政府农业、林业主管部门分别主管本行政区域内农作物种子和林木种子工作。

种子管理是农业行政主管部门的重要职责，各级农业行政主管部门要进一步健全种子管理机构，特别是要强化省、县级种子管理机构建设。要加强种子管理技术支持和服务体系建设，不断完善种子质量检验体系、品种区域试验体系和信息服务体系。各级种子管理机构要依法履行种子行政许可、行政处罚、行政管理等职责，加强对本行政区域内种子市场和种子质量的监管。上级种子管理机构对下级种子管理机构负有指导和监督职责。

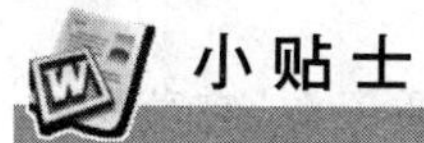
小贴士

育种创新上存在“四多四少”

选育的品种多，但突破性的品种少；通过审定的品种多，但较大面积种植的品种少；高产品种多，但综合性状好、品质高、抗逆性和适应性强的品种少；适合人工劳动的品种多，但适合机械收割的品种少。

END

《种子法》规定，省级以上人民政府建立种子储备制度，主要用于发生灾害时的生产需要及余缺调剂，保障农业和林业生产安全。对储备的种子应当定期检验和更新。

转基因植物品种的选育、试验、审定和推广应当进行安全性评价，并采取严格的安全控制措施。国务院农业、林业主管部门应当加强跟踪监管并及时公告有关转基因植物品种审定和推广的信息。对生产经营未经批准转基因种子的违法行为坚决打击。对批准的转基因作物种子，通过生产经营许可审批，品种审定、登记，标签、档案等的要求，建立可追溯制度，依法依规管理。

小贴士

国家种质库

国家种质库是我国作物种质资源长期保存与研究中心。该库在美国洛克菲勒基金会和国际植物遗传资源委员会的部分资助下，于1986年10月在中国农业科学院落成，隶属于作物品种资源研究所。国家种质库的总建筑面积为3 200平方米，由试验区、种子入库前处理操作区、保存区3部分组成。保存区建有2个长期储藏冷库，总面积为300平方米，其容量可保存种质40余万份。种质储藏条件为：温度－18℃±1℃，相对湿度<50%。国家种质库的保存对象是农作物及其近缘野生植物种质资源，这些资源是以种子作为种质的载体，其种子可耐低温和耐干燥脱水。

按植物分类学统计，库存资源种类不仅丰富，隶属35科192属712种，而且80%的种质是从国内收集的，不少属于我国特有的，其中国内地方品种资源占60%，稀有、珍稀和野生近缘植物约占10%。这些资源是在不同生态条件下经过上千年的自然演变形成的，蕴藏着各种潜在可利用基因，是国家的宝贵财富，是人类繁衍生存的基础。

END

二、种质资源保护

(一) 种质资源概述

1. 种质资源的概念

亲代传给子代的遗传物质称作种质，携带各种种质的材料称作种质资源，它蕴藏在作物各类品种、品系、类型、野生种和近缘植物中。种质资源是指选育植物新品种的基础材料，包括各种植物的栽培种、野生种的繁殖材料以及利用上述繁殖材料人工创造的各种植物的遗传材料。

2. 种质资源的特点

(1) 有限性。地球上的生态环境和耕作方式千差万别，千万年来在各种环境中形成的种质资源的数量很多，但并非无止境而是有限的，并且随着时间的推进正逐渐减少。

(2) 潜在性。作物的基因数量繁多，但目前认识的还十分有限，特别是一些目前认为还没有用的作物种质材料，可能随着科学研究的发展，会成为十分有用的资源。通过数十年的研究，人类的染色体基因则比较清楚，大量植物种类的基因研究还处于空白，对其作用的认识更谈不上。

(3) 易灭性。地球上的生物资源丰富，同时也不断产生，但是产生的速度远不如灭失的速度。随着大规模农业生产和城乡建设，加上环境污染、生态平衡的破坏，大量的野生资源失去栖息地，已经或正在灭绝。

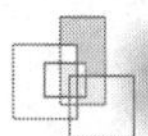

案例 5-1

大连米可多国际种苗有限公司、沈阳国丰种苗有限公司、潍坊优立安种子有限公司、东方正大种子有限公司、瑞克斯旺(青岛)有限公司等5家种子公司未经农业部批准，擅自向日本、韩国、巴基斯坦、印度、法国、美国、以色列、土耳其、泰国和荷兰等数十个国家出口了种质资源。

请问：未经批准出口种质资源是否要受到处罚？

【解析】

应当受到处罚。国家对农作物种质资源享有主权，任何单位和个人向境外提供种质资源，必须经所在地省、自治区、直辖市农业行政主管部门审核，再报农业部审批。本案5家公司均违反《种子法》第11条和《农作物种质资源管理办法》第27条的规定。未经农业部批准，擅自出口种质资源，5家种子公司应各自受到5万元的处罚。

END

(二) 种质资源管理的内容

1. 国家享有种质资源的主权

种质资源是人类共同的财富，但种质资源并非是不分国界的，各国对其境内的种质资源享有主权已为越来越多的国家达成共识。

国家对种质资源享有主权，对外而言，不受任何外国干预，任何外国及其机构或人员未经主权国家的准许，不得采集主权国家的种质资源。《种子法》第11条规定，国家对种质资源享有主权，任何单位和个人向境外提供种质资源，或者与境外机构、个人开展合作研究利用种质资源的，应当向省、自治区、直辖市人民政府农业、林业主管部门提出申请，并提交国家共享惠益的方案；受理申请的农业、林业主管部门经审核，报国务院农业、林业主管部门批准。

从境外引进种质资源的，依照国务院农业、林业主管部门的有关规定办理。对国内而言，国家对种质资源享有主权，并不妨碍国内任何单位和个人按照有关法律法规的规定，依法收集和利用种质资源。

2. 任何单位和个人不得侵占和破坏种质资源

种质资源是社会共有财富，为全社会共享。侵占，就是把本来就有限的种质资源占为己有，妨碍他人的使用。破坏不仅对他人不利，对自己也没有什么好处，更是法律所不容忍的。

3. 禁止采集或者采伐国家重点保护的天然种质资源

国家根据种质资源的重要性和稀有程度进行分级，对于列入重点保护目录的，禁止采集和采伐。如果为了科研需要必须采集、采伐的，必须有国务院或者省、自治区、直辖市人民政府的农业行政主管部门批准。

4. 有专门的机构对种质资源加以研究和利用

《种子法》第 9 条规定，国家有计划地普查、收集、整理、鉴定、登记、保存、交流和利用种质资源，定期公布可供利用的种质资源目录。国家设立了相应的机构保护、研究和利用种质资源，如中国农业科学院作物品种资源研究所、国家农作物种质保存中心、国家种质资源中期库、小麦野生近缘植物圃等。种质资源库、种质资源保护区、种质资源保护地的种质资源属公共资源，依法开放利用。种质资源保护属于公益事业。

《种子法》规定，国家支持科研院所及高等院校重点开展育种的基础性、前沿性和应用技术研究，以及常规作物、主要造林树种育种和无性繁殖材料选育等公益性研究。

国家鼓励种子企业充分利用公益性研究成果，培育具有自主知识产权的优良品种；鼓励种子企业与科研院所及高等院校构建技术研发平台，建立以市场为导向、资本为纽带、利益共享、风险共担的产学研相结合的种业技术创新体系。国家加强种业科技创新能力建设，促进种业科技成果转化，维护种业科技人员的合法权益。

法律的规定明确了国家在品种选育方面支持科研教学单位向基础性、公益性研究方面发展，商业化育种主要由企业承担。《种子法》第 13 条明确规定，由财政资金支持形成的育种发明专利权和植物新品种权，除涉及国家安全、国家利益和重大社会公共利益外，授权项目承担者必须依法取得。由财政资金支持为主形成的育种成果的转让、许可等应当依法公开进行，禁止私自交易。

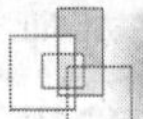

案例 5-2

A 国孟山都公司利用中国野生大豆申请专利。A 国有目的地组织人员将原产于我国的 1 株野生大豆偷带出境后，进入 A 国种质资源库，被 A 国孟山都公司发现并提取特有的高产基因，申请专利培育新品种，进而出口我国。原产于我国的 1 种特种小麦资源也已经流失到国外，并被国外有关机构使用选育小麦品种。

请问：这些案例与我国品种保护有什么关系？目前种质资源外流的途径有哪些？农业部有何规定？

【解析】

由于缺乏品种保护意识以及相关保护措施力度不够，我国杂交水稻种质资源外流较为严重。国内花费巨资和人才技术力量筛选出的一些优异杂交稻种质资源，由于缺乏保护意识和保护力度频频流失到东南亚一些国家。

目前种质资源外流主要有3种途径：一是在科研活动和学术交流中，由我国科研人员泄露出去，或者由国外学者来访时顺手牵羊携带出境的；二是通过种子企业对外贸易带出去的；三是一些国家有目的地组织人员在我国搜集珍贵种质资源偷运出境的。

农业部规定，向国外或境外提供种质资源，按照作物种质资源分类目录管理。属于“有条件对外交换的”和“可以对外交换的”种质资源由省级农业行政主管部门审核，送交中国农业科学院作物品种资源研究所，后者征得农业部同意后办理审批手续；属于“不能对外交换的”和未进行国家统一编号的种质资源不准向国外或境外提供，特殊情况需要提供的，由品资所审核，报农业部审批。

END

三、品种选育、审定与登记

(一) 品种的概念

品种是指经过人工选育或者发现并经过改良，形态特征和生物学特性一致，遗传性状相对稳定的植物群体。品种是一个植物群体的总称，一株或几株不称其为品种。品种是经济上的类别，而不是植物分类上的类别。

(二) 品种审定

主要农作物是指稻、小麦、玉米、棉花、大豆。主要林木由国务院林业主管部门确定并公布；省、自治区、直辖市人民政府林业主管部门可以在国务院林业主管部门确定的主要林木之外确定其他8种以下的主要林木。林木良种是指通过审定的主要林木品种，在一定的区域内，其产量、适应性、抗性等方面明显优于当前主栽材料的繁殖材料和种植材料。

品种审定是由专门的组织，对新育成和引进的品种，根据品种区域试验、生产试验结果，审查评定其推广价值和适应范围的活动。审定通过的品种，除了具有品种本身的稳定性、一致性以外，还必须具有丰产性、抗病性、适应性等其他农业生产上需要的特性。

1. 国家实行品种审定制度

《种子法》明确规定，国家对主要农作物和主要林木实行品种审定制度。主要农作物品种和主要林木品种在推广前应当通过国家级或者省级审定。由省、自治区、直辖市人民政府林业主管部门确定的主要林木品种实行省级审定。

2. 申请审定的品种要求

申请审定的品种应当符合特异性、一致性、稳定性的要求。

3. 审定原则

主要农作物品种和主要林木品种的审定办法由国务院农业、林业主管部门规定。审定办法应当体现公正、公开、科学、效率的原则，有利于产量、品质、抗性等的提高与协调，有利于适应市场和生活消费需要的品种的推广。在制定、修改审定办法时，应当充分听取育种者、种子使用者、生产经营者和相关行业代表意见。

4. 品种审定委员会

国务院和省、自治区、直辖市人民政府的农业、林业主管部门分别设立由专业人员组成的农作物品种和林木品种审定委员会。品种审定委员会承担主要农作物品种和主要林木品种的审定工作，建立包括申请文件、品种审定试验数据、种子样品、审定意见和审定结论等内容的审定档案，保证可追溯。在审定通过的品种依法公布的相关信息中应当包括审定意见情况接受监督。

5. 品种审定回避制度

品种审定实行回避制度。品种审定委员会委员、工作人员及相关测试、试验人员应当忠于职守，公正廉洁。对单位和个人举报或者监督检查发现的上述人员的违法行为，省级以上人民政府农业、林业主管部门和有关机关应当及时依法处理。

6. 试验与颁发审定证书

《种子法》规定，实行选育生产经营相结合，符合国务院农业、林业主管部门规定条件的种子企业，对其自主研发的主要农作物品种、主要林木品种可以按照审定办法自行完成试验，达到审定标准的，品种审定委员会应当颁发审定证书。种子企业对试验数据的真实性负责，保证可追溯，接受省级以上人民政府农业、林业主管部门和社会的监督。

7. 申请复审

审定未通过的农作物品种和林木品种，申请人有异议的，可以向原审定委员会或者国家级审定委员会申请复审。

8. 公告与推广

(1) 通过国家级审定的农作物品种和林木良种由国务院农业、林业主管部门公告，可以在全国适宜的生态区域推广。

(2) 通过省级审定的农作物品种和林木良种由省、自治区、直辖市人民政府农业、林业主管部门公告，可以在本行政区域内适宜的生态区域推广。

9. 撤销审定

《种子法》明确规定，审定通过的农作物品种和林木良种出现不可克服的严重缺陷等情形不宜继续推广、销售的，经原审定委员会审核确认后撤销审定，由原公告部门发布公告，停止推广、销售。

(三) 品种登记

《种子法》规定，国家对部分非主要农作物实行品种登记制度。列入非主要农作物登记目录的品种在推广前应当登记。实行品种登记的农作物范围应当严格控制，并根据保护生物多样性、保证消费安全和用种安全的原则确定。登记目录由国务院农业主管部门制定和调整。

申请者申请品种登记应当向省、自治区、直辖市人民政府农业主管部门提交申请文件和种子样品,并对其真实性负责,保证可追溯,接受监督检查。申请文件包括品种的种类、名称、来源、特性、育种过程,以及特异性、一致性、稳定性测试报告等。

省、自治区、直辖市人民政府农业主管部门自受理品种登记申请之日起20个工作日内,对申请者提交的申请文件进行书面审查,符合要求的,报国务院农业主管部门予以登记公告。

对已登记品种存在申请文件、种子样品不实的,由国务院农业主管部门撤销该品种登记,并将该申请者的违法信息记入社会诚信档案,向社会公布;给种子使用者和其他种子生产经营者造成损失的,依法承担赔偿责任。对已登记品种出现不可克服的严重缺陷等情形的,由国务院农业主管部门撤销登记,并发布公告,停止推广。

2015年修订后的《种子法》缩小了主要农作物品种的审定范围,取消了农业部及各省对主要农作物的确定权,减少了品种管理的行政许可事项,对不再实行品种审定的农作物绝大多数纳入了品种登记管理,以发挥市场机制的作用。

建立由品种登记申请者对登记品种的真实性负责,主管部门加强事中、事后的监管机制。实行品种登记,政府主要是起规范和引导作用,有利于提高登记品种的市场信誉和竞争力,发挥市场的作用。

(四) 未经审定通过的品种的禁止性规范

(1) 应当审定的农作物品种未经审定的,不得发布广告、推广、销售。

(2) 应当审定的林木品种未经审定通过的,不得作为良种推广、销售,但生产确需使用的,应当经林木品种审定委员会认定。

(3) 应当登记的农作物品种未经登记的,不得发布广告、推广,不得以登记品种的名义销售。

广告即广而告之,包括利用广播、电视、报纸、期刊、互联网等各种媒体或者自己印制发放各种宣传材料。推广不仅指销售。根据《农业技术推广法》第2条的规定,农业技术推广是指通过试验、示范、培训、指导以及咨询服务等,把农业技术普及应用于农业生产产前、产中、产后全过程的活动。一些企业以试验、示范的名义推广未经审定的品种是违法的。

四、新品种保护

详见第六章第一节。

五、种子生产经营

(一) 种子生产经营许可证制度

1. 种子生产经营许可证的核发

从事种子进出口业务的种子生产经营许可证，由省、自治区、直辖市人民政府农业、林业主管部门审核，国务院农业、林业主管部门核发。

从事主要农作物杂交种子及其亲本种子、林木良种种子的生产经营以及实行选育生产经营相结合，符合国务院农业、林业主管部门规定条件的种子企业的种子生产经营许可证，由生产经营者所在地县级人民政府农业、林业主管部门审核，省、自治区、直辖市人民政府农业、林业主管部门核发。

上述规定以外的其他种子的生产经营许可证，由生产经营者所在地县级以上地方人民政府农业、林业主管部门核发。只从事非主要农作物种子和非主要林木种子生产的，不需要办理种子生产经营许可证。

2. 申请者具备的条件

申请取得种子生产经营许可证的，应当具有与种子生产经营相适应的生产经营设施、设备及专业技术人员，以及法规和国务院农业、林业主管部门规定的其他条件。

从事种子生产的，还应当同时具有繁殖种子的隔离和培育条件，具有无检疫性有害生物的种子生产地点或者县级以上人民政府林业主管部门确定的采种林。

申请领取具有植物新品种权的种子生产经营许可证的，应当征得植物新品种权所有人的书面同意。

小贴士

种子生产经营许可证应当载明事项

种子生产经营许可证应当载明生产经营者名称、地址、法定代表人、生产种子的品种、地点和种子经营的范围、有效期限、有效区域等事项。

3. 禁止性规范

除《种子法》另有规定外，禁止任何单位和个人无种子生产经营许可证或者违反种子生产经营许可证的规定生产、经营种子。禁止伪造、变造、买卖、租借种子生产经营许可证。

(二) 种子生产经营管理

种子经营是指对生产的种子进行清选、分级、干燥、包衣等加工处理，以及包装、标识、销售的活动。种子销售只是种子经营的一小部分内容。种子经营还包括加工、包装、标识等活动。特别是加工过程对种子质量影响很大。

1. 种子生产

种子生产应当执行种子生产技术规程和种子检验、检疫规程。在林木种子生产基地内采集种子的，由种子生产基地的经营者组织进行，采集种子应当按照国家有关标准进行。禁止抢采掠青、损坏母树，禁止在劣质林内、劣质母树上采集种子。

2. 种子生产经营档案

种子生产经营者应当建立和保存包括种子来源、产地、数量、质量、销售去向、销售日期和有关责任人员等内容的生产经营档案，保证可追溯。

3. 农民个人自繁自用的常规种子管理

农民个人自繁自用的常规种子有剩余的，可以在当地集贸市场上出售、串换，不需要办理种子生产经营许可证。

种子特别是常规种子，邻里之间相互串换，是中国农民长期生产的一个习惯。这一规定符合实际需要，强调的是"当地的农贸市场"。种子监管部门做好这两方面的工作，使放有度、放而不乱。必须把农民自由串换和商品种子的销售分开，保障邻里之间，一个村的、本地的品种，可以相互串换。对钻法律空子、以串换名义实质进行商品种子销售的行为要进行制止和打击。

4. 种子生产经营许可证的有效区域

种子生产经营许可证的有效区域由发证机关在其管辖范围内确定。种子生产经营者在种子生产经营许可证载明的有效区域设立分支机构的，专门经营不再分装的包装种子的，或者受具有种子生产经营许可证的种子生产经营者以书面委托生产、代销其种子的，不需要办理种子生产经营许可证，但应当向当地农业、林业主管部门备案。

实行选育生产经营相结合，符合国务院农业、林业主管部门规定条件的种子企业的生产经营许可证的有效区域为全国。

5. 收购限制

未经省、自治区、直辖市人民政府林业主管部门批准，不得收购珍贵树木种子和本级人民政府规定限制收购的林木种子。

6. 种子的销售

(1) 销售的种子应当加工、分级、包装。但是不能加工、包装的除外。大包装或者进口种子可以分装；实行分装的，应当标注分装单位，并对种子质量负责。

(2) 销售的种子应当符合国家或者行业标准，附有标签和使用说明。标签和使用说明标注的内容应当与销售的种子相符。种子生产经营者对标注内容的真实性和种子质量负责。标签应当标注种子类别、品种名称、品种审定或者登记编号、品种适宜种植区域及季节、生产经营者及注册地、质量指标、检疫证明编号、种子生产经营许可证编号和信息代码，以及国务院农业、林业主管部门规定的其他事项。

标签是指印制、粘贴、固定或者附着在种子、种子包装物表面的特定图案及文字说明。

(3) 销售授权品种种子的，应当标注品种权号。

(4) 销售进口种子的，应当附有进口审批文号和中文标签。

(5) 销售转基因植物品种种子的，必须用明显的文字标注，并应当提示使用时的安全控制措施。

7. 种子生产经营的禁止性规范

(1) 种子生产经营者应当遵守有关法律、法规的规定，诚实守信，向种子使用者提供种子生产者信息、种子的主要性状、主要栽培措施、适应性等使用条件的说明、风险提示与有关咨询服务，不得作虚假或者引人误解的宣传。

(2) 任何单位和个人不得非法干预种子生产经营者的生产经营自主权。

(3) 种子使用者有权按照自己的意愿购买种子，任何单位和个人不得非法干预。

8. 种子广告以及运输或者邮寄种子

种子广告的内容应当符合本法和有关广告的法律、法规的规定，主要性状描述等应当与审定、登记公告一致。

运输或者邮寄种子应当依照有关法律、行政法规的规定进行检疫。

小贴士

责任者应当承担的民事责任

种子使用者因种子质量问题或者因种子的标签和使用说明标注的内容不真实遭受损失的，种子使用者可以向出售种子的经营者要求赔偿，也可以向种子生产者或者其他经营者要求赔偿。

赔偿额包括购种价款、可得利益损失和其他损失。

属于种子生产者或者其他经营者责任的，出售种子的经营者赔偿后，有权向种子生产者或者其他经营者追偿；属于出售种子的经营者责任的，种子生产者或者其他经营者赔偿后，有权向出售种子的经营者追偿。

END

六、种子监督管理

农业、林业主管部门应当加强对种子质量的监督检查。农业、林业主管部门可以委托种子质量检验机构对种子质量进行检验。禁止生产经营假、劣种子。农业、林业主管部门和有关部门依法打击生产经营假、劣种子的违法行为，保护农民合法权益，维护公平竞争的市场秩序。

(一) 假种子的确定

下列种子为假种子。

(1) 以非种子冒充种子或者以此种品种种子冒充其他品种种子的。

(2) 种子种类、品种与标签标注的内容不符或者没有标签的。

(二) 劣种子的确定

下列种子为劣种子。

(1) 质量低于国家规定标准的。

(2) 质量低于标签标注指标的。

(3) 带有国家规定的检疫性有害生物的。

(三) 种子监督检查措施

农业、林业主管部门是种子行政执法机关。种子执法人员依法执行公务时应当出示行政执法证件。农业、林业主管部门依法履行种子监督检查职责时，有权采取下列措施。

(1) 进入生产经营场所进行现场检查；

(2) 对种子进行取样测试、试验或者检验；

(3) 查阅、复制有关合同、票据、账簿、生产经营档案及其他有关资料；

(4) 查封、扣押有证据证明违法生产经营的种子，以及用于违法生产经营的工具、设备及运输工具等；

(5) 查封违法从事种子生产经营活动的场所。

农业、林业主管部门依照种子法规定行使职权，当事人应当协助、配合，不得拒绝、阻挠。农业、林业主管部门所属的综合执法机构或者受其委托的种子管理机构，可以开展种子执法相关工作。

(四) 种子行业协会

种子生产经营者依法自愿成立种子行业协会，加强行业自律管理，维护成员合法权益，为成员和行业发展提供信息交流、技术培训、信用建设、市场营销和咨询等服务。

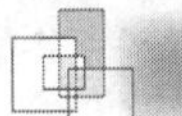

案例 5-3

2017 年 2 月，河南出入境检验检疫局在对入境货物进行检验监管时，发现两批植物种子，总重 56.8 千克。这是由河南某公司进口的来自日本的 2 批植物种子。报检产品仅仅是菜豆种子、花卉种子，而实际进口种子包括青菜、茼蒿菜、香菜、香瓜种子等多达 37 种。包装箱内夹带报检产品之外的其他种子，报检信息与真实情况严重不符。

请问：非法入境的种子会给我国农业生产带来什么危害？

【解析】

各地海关经常查获有未经批准的种子进口。非法入境的种子可能传带严重的病虫害，或本身就是外来有害生物的种子，一旦传入，会危害国内农业生产安全，给我国农业生产造成巨大损失。

END

七、进出口种子管理

1. 进出口种子的检疫

进口种子和出口种子必须实施检疫，防止植物危险性病、虫、杂草及其他有害生物传入境内和传出境外，具体检疫工作按照有关植物进出境检疫法律、行政法规的规定执行。

2. 种子进出口许可制度

从事种子进出口业务的，除具备种子生产经营许可证外，还应当依照国家有关规定取得种子进出口许可。

3. 进口种子的质量要求

进口种子的质量应当达到国家标准或者行业标准。没有国家标准或者行业标准的，可以按照合同约定的标准执行。

从境外引进农作物或者林木试验用种，应当隔离栽培，收获物也不得作为种子销售。

4. 禁止进出口的种子

禁止进出口假、劣种子以及属于国家规定不得进出口的种子。

小贴士

农业生物多样性得到有效保护

国家建立种质资源(基因)库、保护区和保护地(保种场)相结合的种质资源保护体系，发布159个国家级畜禽保护品种，有效保护农作物种质资源48万多份。建立国家级畜禽种质资源基因库7个、保护区22个、保种场154个，居世界首位。

END

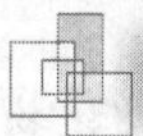

案例 5-4

2017年5月中旬，数十位在广东省惠州市租地种植甜玉米的农民，以6 000元1袋(10公斤)的价格，从A企业手中买回27袋进口甜玉米种子，随后发现，这些种子的发芽率3成到1成不等。

请问：销售违规进口的种子会造成怎样的危害？本案应当如何处理？

【解析】

进口蔬菜种子高产、抗逆，很受农民欢迎，于是部分企业直接用国产种子冒充进口种子，给农民造成损害。国家从未批准甜玉米种进口，这些种子来源涉嫌走私。除甜玉米外，还涉及豌豆、蔬菜等种子，未经过任何审批和检疫，危害极大，会给农民造成巨大损失。

在深圳市消费者协会和工商部门的协调下，这些农民获得了每包种子 4 500 元的赔偿。广东省惠州市农业局根据《种子法》第 77 条规定，“未取得种子生产经营许可证生产经营种子的”和第 79 条规定，“为境外制种的种子在境内销售的”，对违法的 A 企业进行了责令改正，没收违法所得和种子；并处 3 万元罚款的处罚。

A 企业通过非正常手续将甜玉米种带入境的，还违反了《进出境动植物检疫法》。根据该法第 39 条的规定，“未报检或者未依法办理检疫审批手续的”，由口岸检疫机关处 5 000 元罚款。

END

第二节 农药管理

一、农药管理概述

(一) 农药的概念

农药是指用于预防、控制危害农业、林业的病、虫、草、鼠和其他有害生物以及有目的地调节植物、昆虫生长的化学合成或者来源于生物、其他天然物质的一种物质或者几种物质的混合物及其制剂，包括用于不同目的、场所的下列各类。

(1) 预防、控制危害农业、林业的病、虫(包括昆虫、蜱、螨)、草、鼠、软体动物和其他有害生物。

(2) 预防、控制仓储以及加工场所的病、虫、鼠和其他有害生物。

(3) 调节植物、昆虫生长。

(4) 农业、林业产品防腐或者保鲜。

(5) 预防、控制蚊、蝇、蜚蠊、鼠和其他有害生物。

(6) 预防、控制危害河流堤坝、铁路、码头、机场、建筑物和其他场所的有害生物。

(二) 适用范围

在中国境内生产、经营和使用农药的，应当遵守《农药管理条例》。新修订的《农药管理条例》于 2017 年 2 月 8 日经国务院第 164 次常务会议修订通过，于 2017 年 6 月 1 日开始施行。

（三）主管机关

国务院农业主管部门负责全国的农药监督管理工作。县级以上地方人民政府农业主管部门负责本行政区域的农药监督管理工作。县级以上人民政府其他有关部门在各自职责范围内负责有关的农药监督管理工作。

（四）生产经营者主体责任

农药生产企业、农药经营者应当对其生产、经营的农药的安全性、有效性负责，自觉接受政府监管和社会监督。

农药生产企业、农药经营者应当加强行业自律，规范生产、经营行为。

二、农药登记

（一）农药登记制度

国家实行农药登记制度。农药生产企业、向中国出口农药的企业应当依照《农药登记条例》的规定申请农药登记，新农药研制者可以依照《农药登记条例》的规定申请农药登记。国务院农业主管部门所属的负责农药检定工作的机构负责农药登记具体工作。省、自治区、直辖市人民政府农业主管部门所属的负责农药检定工作的机构协助做好本行政区域的农药登记具体工作。

（二）登记试验

申请农药登记的，应当进行登记试验。农药的登记试验应当报所在地省、自治区、直辖市人民政府农业主管部门备案。新农药的登记试验应当向国务院农业主管部门提出申请。国务院农业主管部门应当自受理申请之日起 40 个工作日内对试验的安全风险及其防范措施进行审查，符合条件的，准予登记试验；不符合条件的，书面通知申请人并说明理由。

登记试验单位应当对登记试验报告的真实性负责。

（三）农药登记申请

登记试验结束后，申请人应当向所在地省、自治区、直辖市人民政府农业主管部门提出农药登记申请，并提交登记试验报告、标签样张和农药产品质量标准及其检验方法等申请资料；申请新农药登记的，还应当提供农药标准品。

省、自治区、直辖市人民政府农业主管部门应当自受理申请之日起 20 个工作日内提出初审意见，并报送国务院农业主管部门。

（四）农药登记证

农药登记证应当载明农药名称、剂型、有效成分及其含量、毒性、使用范围、使用方法和剂量、登记证持有人、登记证号以及有效期等事项。

农药登记证有效期为5年。有效期届满，需要继续生产农药或者向中国出口农药的，农药登记证持有人应当在有效期届满90日前向国务院农业主管部门申请延续。

新农药研制者可以转让其已取得登记的新农药的登记资料；农药生产企业可以向具有相应生产能力的农药生产企业转让其已取得登记的农药的登记资料。

国家对取得首次登记的、含有新化合物农药的申请人提交的自己所取得且未披露的试验数据和其他数据实施保护。

三、农药生产

对农药生产企业的规范性要求有以下几个。

(1) 农药生产企业采购原材料，应当查验产品质量检验合格证和有关许可证明文件，不得采购、使用未依法附具产品质量检验合格证、未依法取得有关许可证明文件的原材料。农药生产企业应当建立原材料进货记录制度，如实记录原材料的名称、有关许可证明文件编号、规格、数量、供货人名称及其联系方式、进货日期等内容。原材料进货记录应当保存2年以上。

(2) 农药生产企业应当严格按照产品质量标准进行生产，确保农药产品与登记农药一致。农药出厂销售，应当经质量检验合格并附具产品质量检验合格证。农药生产企业应当建立农药出厂销售记录制度，如实记录农药的名称、规格、数量、生产日期和批号、产品质量检验信息、购货人名称及其联系方式、销售日期等内容。农药出厂销售记录应当保存2年以上。

(3) 农药包装应当符合国家有关规定，并印制或者贴有标签。国家鼓励农药生产企业使用可回收的农药包装材料。农药标签应当按照国务院农业主管部门的规定，以中文标注农药的名称、剂型、有效成分及其含量、毒性及其标识、使用范围、使用方法和剂量、使用技术要求和注意事项、生产日期、可追溯电子信息码等内容。

剧毒、高毒农药以及使用技术要求严格的其他农药等限制使用农药的标签还应当标注“限制使用”字样，并注明使用的特别限制和特殊要求。食用农产品的农药的标签还应当标注安全间隔期。

(4) 农药生产企业不得擅自改变经核准的农药的标签内容，不得在农药的标签中标注虚假、误导使用者的内容。农药包装过小，标签不能标注全部内容的，应当同时附具说明书，说明书的内容应当与经核准的标签内容一致。

四、农药经营

(一) 农药经营许可制度

国家实行农药经营许可制度，但经营卫生用农药的除外。农药经营者应当具备下列条件，并按照国务院农业主管部门的规定向县级以上地方人民政府农业主管部门申请农药经营许可证。

(1) 有具备农药和病虫害防治专业知识，熟悉农药管理规定，能够指导安全合理使用农药的经营人员。

(2) 有与其他商品以及饮用水水源、生活区域等有效隔离的营业场所和仓储场所，并配备与所申请经营农药相适应的防护设施。

(3) 有与所申请经营农药相适应的质量管理、台账记录、安全防护、应急处置、仓储管理等制度。

经营限制使用农药的，还应当配备相应的用药指导和病虫害防治专业技术人员，并按照所在地省、自治区、直辖市人民政府农业主管部门的规定实行定点经营。县级以上地方人民政府农业主管部门应当自受理申请之日起20个工作日内做出审批决定。符合条件的，核发农药经营许可证；不符合条件的，书面通知申请人并说明理由。

小贴士

农药经营许可证

农药经营许可证应当载明农药经营者名称、住所、负责人、经营范围以及有效期等事项。农药经营许可证有效期为5年。有效期届满，需要继续经营农药的，农药经营者应当在有效期届满90日前向发证机关申请延续。

农药经营许可证载明事项发生变化的，农药经营者应当按照国务院农业主管部门的规定申请变更农药经营许可证。

END

(二) 农药经营者的义务

1. 采购农药的查验义务

农药经营者采购农药应当查验产品包装、标签、产品质量检验合格证以及有关许可证明文件，不得向未取得农药生产许可证的农药生产企业或者未取得农药经营许可证的其他农药经营者采购农药。

2. 建立台账的义务

农药经营者应当建立采购台账，如实记录农药的名称、有关许可证明文件编号、规格、数量、生产企业和供货人名称及其联系方式、进货日期等内容。采购台账应当保存2年以上。

农药经营者应当建立销售台账，如实记录销售农药的名称、规格、数量、生产企业、购买人、销售日期等内容。销售台账应当保存2年以上。农药经营者应当向购买人询问病虫害发生情况并科学推荐农药，必要时应当实地查看病虫害发生情况，并正确说明农药的使用范围、使用方法和剂量、使用技术要求和注意事项，不得误导购买人。

3. 对农药经营者的禁止性规定

农药经营者不得加工、分装农药，不得在农药中添加任何物质，不得采购、销售包装和标签不符合规定，未附具产品质量检验合格证，未取得有关许可证明文件的农药。

经营卫生用农药的，应当将卫生用农药与其他商品分柜销售；经营其他农药的，不得在农药经营场所内经营食品、食用农产品、饲料等。境外企业不得直接在中国销售农药。境外企业在中国销售农药的，应当依法在中国设立销售机构或者委托符合条件的中国代理机构销售。

五、农药使用

(一) 使用农药的注意事项

(1) 农药使用者应当严格按照农药的标签标注的使用范围、使用方法和剂量、使用技术要求和注意事项使用农药，不得扩大使用范围、加大用药剂量或者改变使用方法。

(2) 农药使用者不得使用禁用的农药。标签标注安全间隔期的农药，在农产品收获前应当按照安全间隔期的要求停止使用。剧毒、高毒农药不得用于防治卫生害虫，不得用于蔬菜、瓜果、茶叶、菌类、中草药材的生产，不得用于水生植物的病虫害防治。

(3) 农药使用者应当保护环境，保护有益生物和珍稀物种，不得在饮用水水源保护区、河道内丢弃农药、农药包装物或者清洗施药器械。

严禁在饮用水水源保护区内使用农药，严禁使用农药毒鱼、虾、鸟、兽等。

(二) 假农药的界定

(1) 以非农药冒充农药。

(2) 以此种农药冒充他种农药。

(3) 农药所含有效成分种类与农药的标签、说明书标注的有效成分不符。

(4) 禁用的农药、未依法取得农药登记证而生产、进口的农药，以及未附具标签的农药，按照假农药处理。

(三) 劣质农药的界定

(1) 不符合农药产品质量标准。

(2) 混有导致药害等有害成分。

(3) 超过农药质量保证期的农药，按照劣质农药处理。

六、监督管理

县级以上人民政府农业主管部门履行农药监督管理职责，可以依法采取下列措施。

(1) 进入农药生产、经营、使用场所实施现场检查。

(2) 对生产、经营、使用的农药实施抽查检测。

(3) 向有关人员调查了解有关情况。

(4) 查阅、复制合同、票据、账簿以及其他有关资料。

(5) 查封、扣押违法生产、经营、使用的农药,以及用于违法生产、经营、使用农药的工具、设备、原材料等。

(6) 查封违法生产、经营、使用农药的场所。

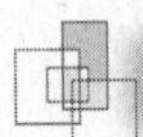

案例 5-5

2016 年 2 月,肖某被聘为重庆市恒源化工有限公司(简称恒源公司)销售员。3 月 4 日,肖某明知恒源公司生产的 20%三氯杀螨醇是冒用河南开封克灵丰药业有限公司生产"三氯克螨醇"的登记证、标准号、批准件号生产的农药,而以每件 65~70 元的价格将 19 件(20 瓶×300ml\件)20%"三氯杀螨醇"销售给襄樊市 A 区东津、黄龙、峪山、古驿和襄城区欧庙等镇的零售商;零售商又以每瓶 4~5 元的价格销售给当地农户。当地 93 户农民将购买的 20%三氯杀螨醇喷施到棉花上后,棉花出现了叶片皱缩、叶片变窄、叶色变淡、叶形成鸡爪状等症状。经济损失 22 万余元。A 区受害农民刘某、汪某和孟某等人向 A 区农业执法大队投诉。

请问:本案如何解决?

【解析】

A 区农业执法大队接报后,查实棉花受损面积达 389.5 亩。后经种植、种子、植保业专家鉴定,经济损失达 22.54 万余元。6 月 19 日,经湖北省 B 市农药化肥质量检验站检测,该农药三氯杀螨醇的含量为 0,为不合格产品。6 月 28 日,A 区农业执法大队将该案移交 A 区公安分局,公安机关将明知是不合格的农药而冒充合格农药予以销售的肖某抓获。

肖某明知是不合格的农药,仍将其冒充合格的农药予以销售,造成农户的巨大经济损失,11 月 8 日,湖北省襄樊市 A 区人民法院以非法经营罪依法判处肖某有期徒刑 3 年,缓刑 3 年,并处罚金 1 500 元。

END

第三节 肥料登记管理

一、肥料登记管理概述

(一)《肥料登记管理办法》的适用范围

国家制定的《肥料登记管理办法》是为了加强肥料管理,保护生态环境,保障人畜安全，促进农业生产。在我国境内生产、经营、使用和宣传肥料产品，应当遵守《肥料登记管理办法》。

（二）肥料的概念

根据农业部《肥料登记管理办法》的规定，肥料作为重要的农业生产资料，与农业生产、农民增收以及农产品品质、农业生态环境密切相关。肥料是指用于提供、保持或改善植物营养和土壤物理、化学性能以及生物活性，能提高农产品产量，或改善农产品品质，或增强植物抗逆性的有机、无机、微生物及其混合物料。

（三）肥料产品登记管理制度

实行肥料产品登记管理制度，未经登记的肥料产品不得进口、生产、销售和使用，不得进行广告宣传。

（四）肥料登记的阶段

分为临时登记和正式登记两个阶段。

1. 临时登记

经田间试验后，需要进行田间示范试验、试销的肥料产品，生产者应当申请临时登记。

2. 正式登记

经田间示范试验、试销可以作为正式商品流通的肥料产品，生产者应当申请正式登记。

（五）管理机关

农业部负责全国肥料登记和监督管理工作。省、自治区、直辖市人民政府农业行政主管部门协助农业部做好本行政区域内的肥料登记工作。县级以上地方人民政府农业行政主管部门负责本行政区域内的肥料监督管理工作。

二、登记申请

（一）肥料登记申请人

凡经工商注册，具有独立法人资格的肥料生产者均可提出肥料登记申请。肥料生产者申请肥料登记，应按照《肥料登记资料要求》提供产品化学、肥效、安全性、标签等方面资料和有代表性的肥料样品。

（二）规范的田间试验

生产者申请肥料临时登记前，须在中国境内进行规范的田间试验。生产者申请肥料正式登记前，须在中国境内进行规范的田间示范试验。

对有国家标准或行业标准，或肥料登记评审委员会建议经农业部认定的产品类型，可相应减免田间试验和/或田间示范试验。

境内生产者生产的除微生物肥料以外的肥料产品田间试验，由省级以上农业行政主管部门认定的试验单位承担，并出具试验报告；微生物肥料、国外以及中国港、澳、台地区生产者生产的肥料产品田间试验，由农业部认定的试验单位承担，并出具试验报告。

肥料产品田间示范试验，由农业部认定的试验单位承担，并出具试验报告。

省级以上农业行政主管部门在认定试验单位时，应坚持公正的原则，综合考虑农业技术推广、科研、教学试验单位。经认定的试验单位应接受省级以上农业行政主管部门的监督管理。试验单位对所出具的试验报告的真实性承担法律责任。

(三) 不予受理的产品

有下列情形的肥料产品，登记申请不予受理。

(1) 没有生产国使用证明(登记注册)的国外产品。

(2) 不符合国家产业政策的产品。

(3) 知识产权有争议的产品。

(4) 不符合国家有关安全、卫生、环保等国家或行业标准要求的产品。

(四) 免予登记的产品

对经农田长期使用，有国家或行业标准的下列产品免予登记：硫酸铵、尿素、硝酸铵、氰氨化钙、磷酸铵(磷酸一铵、二铵)、硝酸磷肥、过磷酸钙、氯化钾、硫酸钾、硝酸钾、氯化铵、碳酸氢铵、钙镁磷肥、磷酸二氢钾、单一微量元素肥、高浓度复合肥。

小贴士

肥料登记资料要求

申请正式登记，申请者应填写《肥料临时/正式登记申请表》，并补充提交下列中文资料(临时登记已提供了详细资料的，在正式登记时重复资料可不再要求提交)及肥料样品：①生产者基本资料；②产品执行标准；③产品标签样式(包括标识、使用说明书)；④肥料效应示范试验资料；⑤毒性报告；⑥残留试验及残留检测方法资料；⑦肥料样品。

三、登记审批

(一) 肥料的登记审批管理机关

农业部负责全国肥料的登记审批、登记证发放和公告工作。农业部聘请技术专家和管理专家组织成立肥料登记评审委员会，负责对申请登记肥料产品的产品化学、肥效和安全性等资料进行综合评审。农业部根据肥料登记评审委员会的综合评审意见,审批、发放肥料临时登记证或正式登记证。肥料登记证使用《中华人民共和国农业部肥料审批专用章》。

(二) 直接审批、发放肥料临时登记证的条件

农业部对符合下列条件的产品直接审批、发放肥料临时登记证。

(1) 有国家或行业标准,经检验质量合格的产品。

(2) 经肥料登记评审委员会建议并由农业部认定的产品类型,申请登记资料齐全,经检验质量合格的产品。

(三) 肥料登记证有效期限

肥料临时登记证有效期为1年。肥料临时登记证有效期满,需要继续生产、销售该产品的,应当在有效期满前2个月提出续展登记申请,符合条件的经农业部批准续展登记。续展有效期为1年。续展临时登记最多不能超过2次。

肥料正式登记证有效期为5年。肥料正式登记证有效期满,需要继续生产、销售该产品的,应当在有效期满前6个月提出续展登记申请,符合条件的经农业部批准续展登记。续展有效期为5年。

登记证有效期满没有提出续展登记申请的,视为自动撤销登记。登记证有效期满后提出续展登记申请的,应重新办理登记。经登记的肥料产品,在登记有效期内改变使用范围、商品名称、企业名称的,应申请变更登记;改变成分、剂型的,应重新申请登记。

四、登记管理

(一) 肥料产品包装要求

肥料产品包装应有标签、说明书和产品质量检验合格证。标签和使用说明书应当使用中文,并符合下列要求。

(1) 标明产品名称、生产企业名称和地址。

(2) 标明肥料登记证号、产品标准号、有效成分名称和含量、净重、生产日期及质量保证期。

(3) 标明产品适用作物、适用区域、使用方法和注意事项。

(4) 产品名称和推荐适用作物、区域应与登记批准的一致。

(5) 禁止擅自修改经过登记批准的标签内容。

(二) 登记管理机关的职责

取得登记证的肥料产品,在登记有效期内证实对人、畜、作物有害,经肥料登记评审员会审议,由农业部宣布限制使用或禁止使用。

农业行政主管部门应当按照规定对辖区内的肥料生产、经营和使用单位的肥料进行

定期或不定期监督、检查,必要时按照规定抽取样品和索取有关资料,有关单位不得拒绝和隐瞒。对质量不合格的产品要限期改进。对质量连续不合格的产品,肥料登记证有效期满后不予续展。肥料登记受理和审批单位及有关人员应为生产者提供的资料和样品保守技术秘密。

第四节 兽药管理

一、兽药管理概述

(一) 立法目的

为了加强兽药管理,保证兽药质量,防治动物疾病,促进养殖业的发展,维护人体健康,国家制定了《兽药管理条例》。

(二) 适用范围

在中华人民共和国境内从事兽药的研制、生产、经营、进出口、使用和监督管理,应当遵守《兽药管理条例》。

(三) 主管机关

国务院兽医行政管理部门负责全国的兽药监督管理工作。县级以上地方人民政府兽医行政管理部门负责本行政区域内的兽药监督管理工作。

(四) 国家实行的管理制度

国家实行兽用处方药和非处方药分类管理制度。国家实行兽药储备制度。发生重大动物疫情、灾情或者其他突发事件时,国务院兽医行政管理部门可以紧急调用国家储备的兽药;必要时,也可以调用国家储备以外的兽药。

二、新兽药研制

(一) 研制新兽药规范

国家鼓励研制新兽药,依法保护研制者的合法权益。研制新兽药,应当具有与研制相适应的场所、仪器设备、专业技术人员、安全管理规范和措施。研制新兽药应当进行安全性评价。从事兽药安全性评价的单位应当经国务院兽医行政管理部门认定,并遵守兽药非临床研究质量管理规范和兽药临床试验质量管理规范。

研制新兽药应当在临床试验前向省、自治区、直辖市人民政府兽医行政管理部门提出申请,并附具该新兽药实验室阶段安全性评价报告及其他临床前研究资料;省、自治区、直辖市人民政府兽医行政管理部门应当自收到申请之日起 60 个工作日内将审查结果书面通知申请人。

研制的新兽药属于生物制品的，应当在临床试验前向国务院兽医行政管理部门提出申请，国务院兽医行政管理部门应当自收到申请之日起 60 个工作日内将审查结果书面通知申请人。研制新兽药需要使用一类病原微生物的，还应当具备国务院兽医行政管理部门规定的条件，并在实验室阶段前报国务院兽医行政管理部门批准。

(二) 新兽药注册申请提交资料

临床试验完成后，新兽药研制者向国务院兽医行政管理部门提出新兽药注册申请时，应当提交该新兽药的样品和下列资料。

(1) 名称、主要成分、理化性质。

(2) 研制方法、生产工艺、质量标准和检测方法。

(3) 药理和毒理试验结果、临床试验报告和稳定性试验报告。

(4) 环境影响报告和污染防治措施。

研制的新兽药属于生物制品的，还应当提供菌(毒、虫)种、细胞等有关材料和资料。菌(毒、虫)种、细胞由国务院兽医行政管理部门指定的机构保藏。

研制食用动物的新兽药，还应当按照国务院兽医行政管理部门的规定进行兽药残留试验并提供休药期、最高残留限量标准、残留检测方法及其制定依据等资料。

(三) 新兽药审批程序

国务院兽医行政管理部门应当自收到申请之日起 10 个工作日内。将决定受理的新兽药资料送其设立的兽药评审机构进行评审，将新兽药样品送其指定的检验机构复核检验，并自收到评审和复核检验结论之日起 60 个工作日内完成审查。审查合格的，发给新兽药注册证书，并发布该兽药的质量标准；不合格的，应当书面通知申请人。

国家对依法获得注册的、含有新化合物的兽药的申请人提交的其自己所取得且未披露的试验数据和其他数据实施保护。自注册之日起 6 年内，对其他申请人未经已获得注册兽药的申请人同意，使用前款规定的数据申请兽药注册的，兽药注册机关不予注册；但是，其他申请人提交其自己所取得的数据的除外。

除下列情况外，兽药注册机关不得披露本条第一款规定的数据。

(1) 公共利益需要。

(2) 已采取措施确保该类信息不会被不正当地进行商业使用。

三、兽药生产

(一) 设立兽药生产企业应当具备的条件

设立兽药生产企业，应当符合国家兽药行业发展规划和产业政策，并具备下列条件。

(1) 与所生产的兽药相适应的兽医学、药学或者相关专业的技术人员。

(2) 与所生产的兽药相适应的厂房、设施。

(3) 与所生产的兽药相适应的兽药质量管理和质量检验的机构、人员、仪器设备。

(4) 符合安全、卫生要求的生产环境。

(5) 兽药生产质量管理规范规定的其他生产条件。

(二) 审查

国务院兽医行政管理部门,应当自收到审核意见和有关材料之日起40个工作日内完成审查。经审查合格的,发给兽药生产许可证;不合格的,应当书面通知申请人。申请人凭兽药生产许可证办理工商登记手续。

兽药生产许可证应当载明生产范围、生产地点、有效期和法定代表人姓名、住址等事项。兽药生产许可证有效期为5年。有效期届满,需要继续生产兽药的,应当在许可证有效期届满前6个月到原发证机关申请换发兽药生产许可证。

(三) 批准文号的有效期

兽药生产企业生产兽药,应当取得国务院兽医行政管理部门核发的产品批准文号,产品批准文号的有效期为5年。兽药产品批准文号的核发办法由国务院兽医行政管理部门制定。

(四) 兽药生产企业的义务

(1) 兽药生产企业应当按照兽药国家标准和国务院兽医行政管理部门批准的生产工艺进行生产。兽药生产企业改变影响兽药质量的生产工艺的,应当报原批准部门审核批准。兽药生产企业应当建立生产记录,生产记录应当完整、准确。

(2) 生产兽药所需的原料、辅料应当符合国家标准或者所生产兽药的质量要求。

直接接触兽药的包装材料和容器应当符合药用要求。

(3) 兽药出厂前应当经过质量检验,不符合质量标准的不得出厂。兽药出厂应当附有产品质量合格证。

(4) 禁止生产假、劣兽药。

(5) 兽药生产企业生产的每批兽用生物制品,在出厂前应当由国务院兽医行政管理部门指定的检验机构审查核对,并在必要时进行抽查检验;未经审查核对或者抽查检验不合格的,不得销售。强制免疫所需兽用生物制品,由国务院兽医行政管理部门指定的企业生产。

(6) 兽药包装应当按照规定印有或者贴有标签,附具说明书,并在显著位置注明"兽用"字样。兽药的标签和说明书经国务院兽医行政管理部门批准并公布后方可使用。

兽药的标签或者说明书,应当以中文注明兽药的通用名称、成分及其含量、规格、生产企业、产品批准文号(进口兽药注册证号)、产品批号、生产日期、有效期、适应症或者功能主治、用法、用量、休药期、禁忌、不良反应、注意事项、运输贮存保管条件及其他应当说明的内容。有商品名称的,还应当注明商品名称。

兽用处方药的标签或者说明书还应当印有国务院兽医行政管理部门规定的警示内容，其中兽用麻醉药品、精神药品、毒性药品和放射性药品还应当印有国务院兽医行政管理部门规定的特殊标志；兽用非处方药的标签或者说明书还应当印有国务院兽医行政管理部门规定的非处方药标志。

四、兽药经营

（一）经营兽药的企业应当具备的条件

（1）与所经营的兽药相适应的兽药技术人员。

（2）与所经营的兽药相适应的营业场所、设备、仓库设施。

（3）与所经营的兽药相适应的质量管理机构或者人员。

（4）兽药经营质量管理规范规定的其他经营条件。

（二）兽药经营许可证

兽药经营许可证应当载明经营范围、经营地点、有效期和法定代表人姓名、住址等事项。兽药经营许可证有效期为5年。有效期届满，需要继续经营兽药的，应当在许可证有效期届满前6个月到原发证机关申请换发兽药经营许可证。

（三）兽药经营企业的义务

（1）兽药经营企业应当遵守国务院兽医行政管理部门制定的兽药经营质量管理规范。县级以上地方人民政府兽医行政管理部门，应当对兽药经营企业是否符合兽药经营质量管理规范的要求进行监督检查，并公布检查结果。

（2）兽药经营企业购进兽药，应当将兽药产品与产品标签或者说明书、产品质量合格证核对无误。

（3）兽药经营企业应当向购买者说明兽药的功能主治、用法、用量和注意事项。销售兽用处方药的，应当遵守兽用处方药管理办法。兽药经营企业销售兽用中药材的，应当注明产地。

（4）禁止兽药经营企业经营人用药品和假、劣兽药。

（5）兽药经营企业购销兽药，应当建立购销记录。购销记录应当载明兽药的商品名称、通用名称、剂型、规格、批号、有效期、生产厂商、购销单位、购销数量、购销日期和国务院兽医行政管理部门规定的其他事项。

（6）兽药经营企业应当建立兽药保管制度，采取必要的冷藏、防冻、防潮、防虫、防鼠等措施，保持所经营兽药的质量。兽药入库、出库，应当执行检查验收制度，并有准确记录。

（7）强制免疫所需兽用生物制品的经营应当符合国务院兽医行政管理部门的规定。

（8）兽药广告的内容应当与兽药说明书内容相一致，在全国重点媒体发布兽药广告的，应当经国务院兽医行政管理部门审查批准，取得兽药广告审查批准文号。在地方媒体发布兽药广告的，应当经省、自治区、直辖市人民政府兽医行政管理部门审查批准，取得兽药广告审查批准文号；未经批准的，不得发布。

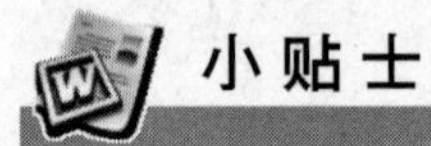
小贴士

禁止进口的兽药

① 药效不确定、不良反应大以及可能对养殖业、人体健康造成危害或者存在潜在风险的。②来自疫区可能造成疫病在中国境内传播的兽用生物制品。③经考查生产条件不符合规定的。④国务院兽医行政管理部门禁止生产、经营和使用的。

五、兽药使用

兽药使用单位的义务如下。

(1) 兽药使用单位应当遵守国务院兽医行政管理部门制定的兽药安全使用规定，并建立用药记录。

(2) 禁止使用假、劣兽药以及国务院兽医行政管理部门规定禁止使用的药品和其他化合物。

(3) 有休药期规定的兽药用于食用动物时，饲养者应当向购买者或者屠宰者提供准确、真实的用药记录；购买者或者屠宰者应当确保动物及其产品在用药期、休药期内不被用于食品消费。

(4) 禁止在饲料和动物饮用水中添加激素类药品和国务院兽医行政管理部门规定的其他禁用药品。经批准可以在饲料中添加的兽药，应当由兽药生产企业制成药物饲料添加剂后方可添加。禁止将原料药直接添加到饲料及动物饮用水中或者直接饲喂动物。

(5) 禁止将人用药品用于动物。

(6) 禁止销售含有违禁药物或者兽药残留量超过标准的食用动物产品。

六、兽药监督管理

(一) 兽药监督管理权

县级以上人民政府兽医行政管理部门行使兽药监督管理权。兽药检验工作由国务院兽医行政管理部门和省、自治区、直辖市人民政府兽医行政管理部门设立的兽药检验机构承担。国务院兽医行政管理部门，可以根据需要认定其他检验机构承担兽药检验工作。

(二) 假兽药的界定

有下列情形之一的,为假兽药。

(1) 以非兽药冒充兽药或者以他种兽药冒充此种兽药的。

(2) 兽药所含成分的种类、名称与兽药国家标准不符合的。

有下列情形之一的,按照假兽药处理。

(1) 国务院兽医行政管理部门规定禁止使用的。

(2) 依照本条例规定应当经审查批准而未经审查批准即生产、进口的,或者依照本条例规定应当经抽查检验、审查核对而未经抽查检验、审查核对即销售、进口的。

(3) 变质的。

(4) 被污染的。

(5) 所标明的适应症或者功能主治超出规定范围的。

(三) 劣兽药的界定

有下列情形之一的,为劣兽药。

(1) 成分含量不符合兽药国家标准或者不标明有效成分的。

(2) 不标明或者更改有效期或者超过有效期的。

(3) 不标明或者更改产品批号的。

(4) 其他不符合兽药国家标准,但不属于假兽药的。

我国禁止买卖、出租、出借兽药生产许可证、兽药经营许可证和兽药批准证明文件。

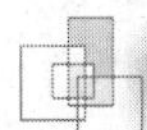

案例 5-6

2017 年 3 月 11 日,A 市农委在 2017 年第一季度畜产品质量安全例行检测中,在甲食品加工有限公司(简称甲食品公司)的 1 批次羊肉中检出克伦特罗(俗称"瘦肉精")。4 月 10 日,执法人员送达了检测报告,对公司负责人进行了询问,对甲公司仓库进行了现场检查,并对 2 个仓库的产品进行监督抽样和登记保存。经认定,抽检的 130 公斤羊肉为含有违禁药物动物产品,违法所得 5 200 元。

请问:甲公司的行为是否违法?

【解析】

甲公司行为违反了《兽药管理条例》第 41 条"禁止在饲料和动物饮用水中添加激素类药品和国务院兽医行政管理部门规定的其他禁用药品"的规定。根据《兽药管理条例》第 63 条"销售含有违禁药物和兽药残留超标的动物产品用于食品消费的,责令其对含有违禁药物和兽药残留超标的动物产品进行无害化处理,没收违法所得,并处 3 万元以上 10 万元以下罚款"的规定,执法人员对甲公司做出了没收违法所得 5 200 元并处 3 万元罚款的行政处罚。

END

第五节　饲料和饲料添加剂管理

一、饲料和饲料添加剂管理概述

为了加强对饲料、饲料添加剂的管理，提高饲料、饲料添加剂的质量，保障动物产品质量安全，维护公众健康，国务院制定了《饲料和饲料添加剂管理条例》。

(一) 饲料、饲料添加剂的概念

根据国务院《饲料和饲料添加剂管理条例》的规定，饲料是指经工业化加工、制作的供动物食用的产品，包括单一饲料、添加剂预混合饲料、浓缩饲料、配合饲料和精料补充料。饲料添加剂是指在饲料加工、制作、使用过程中添加的少量或者微量物质，包括营养性饲料添加剂和一般饲料添加剂。

饲料原料目录和饲料添加剂品种目录由国务院农业行政主管部门制定并公布。

(二) 饲料、饲料添加剂的管理机关

国务院农业行政主管部门负责全国饲料、饲料添加剂的监督管理工作。县级以上地方人民政府负责饲料、饲料添加剂管理的部门(简称饲料管理部门)，负责本行政区域饲料、饲料添加剂的监督管理工作。县级以上地方人民政府统一领导本行政区域饲料、饲料添加剂的监督管理工作，建立健全监督管理机制，保障监督管理工作的开展。

(三) 企业、社会责任

饲料、饲料添加剂生产企业、经营者应当建立健全质量安全制度，对其生产、经营的饲料、饲料添加剂的质量安全负责。任何组织或者个人有权举报在饲料、饲料添加剂生产、经营、使用过程中违反《饲料和饲料添加剂管理条例》的行为，有权对饲料、饲料添加剂监督管理工作提出意见和建议。

二、审定和登记

(一) 研制新饲料、新饲料添加剂

国家鼓励研制新饲料、新饲料添加剂。研制新饲料、新饲料添加剂，应当遵循科学、安全、有效、环保的原则，保证新饲料、新饲料添加剂的质量安全。

(二) 审定申请需要提交的资料

研制的新饲料、新饲料添加剂投入生产前，研制者或者生产企业应当向国务院农业行政主管部门提出审定申请，并提供该新饲料、新饲料添加剂的样品和下列资料。

(1) 名称、主要成分、理化性质、研制方法、生产工艺、质量标准、检测方法、检验报告、

稳定性试验报告、环境影响报告和污染防治措施。

(2) 国务院农业行政主管部门指定的试验机构出具的该新饲料、新饲料添加剂的饲喂效果、残留消解动态以及毒理学安全性评价报告。

申请新饲料添加剂审定的,还应当说明该新饲料添加剂的添加目的、使用方法,并提供该饲料添加剂残留可能对人体健康造成影响的分析评价报告。

(三) 评审

国务院农业行政主管部门应当自受理申请之日起5个工作日内,将新饲料、新饲料添加剂的样品和申请资料交全国饲料评审委员会,对该新饲料、新饲料添加剂的安全性、有效性及其对环境的影响进行评审。

全国饲料评审委员会应当自收到新饲料、新饲料添加剂的样品和申请资料之日起9个月内出具评审结果并提交国务院农业行政主管部门。但是,全国饲料评审委员会决定由申请人进行相关试验的,经国务院农业行政主管部门同意,评审时间可以延长3个月。

国务院农业行政主管部门应当自收到评审结果之日起10个工作日内做出是否核发新饲料、新饲料添加剂证书的决定;决定不予核发的,应当书面通知申请人并说明理由。

新饲料、新饲料添加剂的监测期为5年。

(四) 饲料、饲料添加剂进口登记证

国务院农业行政主管部门应当依照《饲料和饲料添加剂管理条例》规定的新饲料、新饲料添加剂的评审程序组织评审,并决定是否核发饲料、饲料添加剂进口登记证。

饲料、饲料添加剂进口登记证有效期为5年。进口登记证有效期满需要继续向中国出口饲料、饲料添加剂的,应当在有效期届满6个月前申请续展。

禁止进口未取得饲料、饲料添加剂进口登记证的饲料、饲料添加剂。

三、生产、经营和使用

(一) 设立饲料、饲料添加剂生产企业应当具备的条件

设立饲料、饲料添加剂生产企业应当符合饲料工业发展规划和产业政策,并具备下列条件。

(1) 有与生产饲料、饲料添加剂相适应的厂房、设备和仓储设施。

(2) 有与生产饲料、饲料添加剂相适应的专职技术人员。

(3) 有必要的产品质量检验机构、人员、设施和质量管理制度。

(4) 有符合国家规定的安全、卫生要求的生产环境。

(5) 有符合国家环境保护要求的污染防治措施。

(6) 国务院农业行政主管部门制定的饲料、饲料添加剂质量安全管理规范规定的其他条件。

(二) 申请设立程序

申请设立饲料添加剂、添加剂预混合饲料生产企业，申请人应当向省、自治区、直辖市人民政府饲料管理部门提出申请。省、自治区、直辖市人民政府饲料管理部门应当自受理申请之日起20个工作日内进行书面审查和现场审核，并将相关资料和审查、审核意见上报国务院农业行政主管部门。国务院农业行政主管部门收到资料和审查、审核意见后应当组织评审，根据评审结果在10个工作日内做出是否核发生产许可证的决定，并将决定抄送省、自治区、直辖市人民政府饲料管理部门。

申请设立其他饲料生产企业，申请人应当向省、自治区、直辖市人民政府饲料管理部门提出申请。省、自治区、直辖市人民政府饲料管理部门应当自受理申请之日起10个工作日内进行书面审查；审查合格的，组织进行现场审核，并根据审核结果在10个工作日内做出是否核发生产许可证的决定。

申请人凭生产许可证办理工商登记手续。生产许可证有效期为5年。生产许可证有效期满需要继续生产饲料、饲料添加剂的，应当在有效期届满前6个月申请续展。

饲料添加剂、添加剂预混合饲料生产企业取得国务院农业行政主管部门核发的生产许可证后，由省、自治区、直辖市人民政府饲料管理部门按照国务院农业行政主管部门的规定，核发相应的产品批准文号。

(三) 饲料、饲料添加剂经营者应当符合的条件

(1) 有与经营饲料、饲料添加剂相适应的经营场所和仓储设施。

(2) 有具备饲料、饲料添加剂使用、储存等知识的技术人员。

(3) 有必要的产品质量管理和安全管理制度。

(四) 饲料、饲料添加剂生产者、经营者不得从事的行为

(1) 饲料、饲料添加剂经营者进货时应当查验产品标签、产品质量检验合格证和相应的许可证明文件。饲料、饲料添加剂经营者不得对饲料、饲料添加剂进行拆包、分装，不得对饲料、饲料添加剂进行再加工或者添加任何物质。

(2) 禁止经营用国务院农业行政主管部门公布的饲料原料目录、饲料添加剂品种目录和药物饲料添加剂品种目录以外的任何物质生产的饲料。

(3) 向中国出口的饲料、饲料添加剂应当符合中国有关检验检疫的要求，由出入境检验检疫机构依法实施检验检疫，并对其包装和标签进行核查。包装和标签不符合要求的不得入境。境外企业不得直接在中国销售饲料、饲料添加剂。

(4) 禁止在饲料、动物饮用水中添加国务院农业行政主管部门公布禁用的物质以及对人体具有直接或者潜在危害的其他物质，或者直接使用上述物质养殖动物。禁止在反刍动物饲料中添加乳和乳制品以外的动物源性成分。

(5) 饲料、饲料添加剂生产企业发现其生产的饲料、饲料添加剂对养殖动物、人体健

康有害或者存在其他安全隐患的，应当立即停止生产，通知经营者、使用者，向饲料管理部门报告，主动召回产品，并记录召回和通知情况。召回的产品应当在饲料管理部门监督下予以无害化处理或者销毁。

饲料、饲料添加剂经营者发现其销售的饲料、饲料添加剂具有上述规定情形的，应当立即停止销售，通知生产企业、供货者和使用者，向饲料管理部门报告，并记录通知情况。

(6) 禁止生产、经营、使用未取得新饲料、新饲料添加剂证书的新饲料、新饲料添加剂以及禁用的饲料、饲料添加剂。

(7) 禁止经营、使用无产品标签、无生产许可证、无产品质量标准、无产品质量检验合格证的饲料、饲料添加剂；禁止经营、使用无产品批准文号的饲料添加剂、添加剂预混合饲料；禁止经营、使用未取得饲料、饲料添加剂进口登记证的进口饲料、进口饲料添加剂。

(8) 禁止对饲料、饲料添加剂作具有预防或者治疗动物疾病作用的说明或者宣传。但是，饲料中添加药物饲料添加剂的，可以对所添加的药物饲料添加剂的作用加以说明。

第六节　农业机械管理

一、农业机械管理概述

(一) 立法目的

我国为了加强农业机械安全监督管理，预防和减少农业机械事故，保障人民生命和财产安全，制定了《农业机械安全监督管理条例》。

(二) 适用范围

在中华人民共和国境内从事农业机械的生产、销售、维修、使用操作以及安全监督管理等活动，应当遵守《农业机械安全监督管理条例》。

农业机械是指用于农业生产及其产品初加工等相关农事活动的机械、设备。

(三) 农业机械安全监督管理的原则和主管机关

农业机械安全监督管理应当遵循以人为本、预防事故、保障安全、促进发展的原则。

国家建立落后农业机械淘汰制度和危及人身财产安全的农业机械报废制度，并对淘汰和报废的农业机械依法实行回收。

国务院农业机械化主管部门、工业主管部门、质量监督部门和工商行政管理部门等有关部门依照本条例和国务院规定的职责，负责农业机械安全监督管理工作。

县级以上地方人民政府农业机械化主管部门、工业主管部门和县级以上地方质量监督部门、工商行政管理部门等有关部门按照各自职责，负责本行政区域的农业机械安全监督管理工作。

二、生产、销售和维修

(一) 农业机械生产者规范

农业机械生产者应当依据农业机械工业产业政策和有关规划，按照农业机械安全技术标准组织生产，并建立健全质量保障控制体系。对依法实行工业产品生产许可证管理的农业机械，其生产者应当取得相应资质，并按照许可的范围和条件组织生产。

农业机械生产者应当按照农业机械安全技术标准对生产的农业机械进行检验；农业机械经检验合格并附具详尽的安全操作说明书和标注安全警示标志后，方可出厂销售；依法必须进行认证的农业机械，在出厂前应当标注认证标志。上道路行驶的拖拉机依法必须经过认证的，在出厂前应当标注认证标志，并符合机动车国家安全技术标准。

农业机械生产者应当建立产品出厂记录制度，如实记录农业机械的名称、规格、数量、生产日期、生产批号、检验合格证号、购货者名称及联系方式、销售日期等内容。出厂记录保存期限不得少于 3 年。

(二) 农业机械销售者规范

农业机械销售者对购进的农业机械应当查验产品合格证明。对依法实行工业产品生产许可证管理、依法必须进行认证的农业机械，还应当验明相应的证明文件或者标志。

农业机械销售者应当建立销售记录制度，如实记录农业机械的名称、规格、生产批号、供货者名称及联系方式、销售流向等内容。销售记录保存期限不得少于 3 年。

农业机械销售者应当向购买者说明农业机械操作方法和安全注意事项，并依法开具销售发票。

农业机械生产者、销售者应当建立健全农业机械销售服务体系，依法承担产品质量责任。农业机械生产者、销售者发现其生产、销售的农业机械存在设计、制造等缺陷，可能对人身财产安全造成损害的，应当立即停止生产、销售，及时报告当地质量监督部门、工商行政管理部门，通知农业机械使用者停止使用。农业机械生产者应当及时召回存在设计、制造等缺陷的农业机械。

农业机械生产者、销售者不履行规定义务的，质量监督部门、工商行政管理部门可以责令生产者召回农业机械，责令销售者停止销售农业机械。

(三) 禁止生产、销售的农业机械

(1) 不符合农业机械安全技术标准的。

(2) 依法实行工业产品生产许可证管理而未取得许可证的。

(3) 依法必须进行认证而未经认证的。

(4) 利用残次零配件或者报废农业机械的发动机、方向机、变速器、车架等部件拼装的。

（5）国家明令淘汰的。

（四）从事农业机械维修禁止性行为

农业机械维修经营者应当遵守国家有关维修质量安全技术规范和维修质量保证期的规定，确保维修质量。从事农业机械维修不得有下列行为。

（1）使用不符合农业机械安全技术标准的零配件。

（2）拼装、改装农业机械整机。

（3）承揽维修已经达到报废条件的农业机械。

（4）法律、法规和国务院农业机械化主管部门规定的其他禁止性行为。

三、使用操作

（一）证书和牌照

拖拉机、联合收割机投入使用前，其所有人应当按照国务院农业机械化主管部门的规定，持本人身份证明和机具来源证明，向所在地县级人民政府农业机械化主管部门申请登记。拖拉机、联合收割机经安全检验合格的，农业机械化主管部门应当在2个工作日内予以登记并核发相应的证书和牌照。

（二）拖拉机、联合收割机操作人员禁止行为

（1）操作与本人操作证件规定不相符的拖拉机、联合收割机。

（2）操作未按照规定登记、检验或者检验不合格、安全设施不全、机件失效的拖拉机、联合收割机。

（3）使用国家管制的精神药品、麻醉品后操作拖拉机、联合收割机。

（4）患有妨碍安全操作的疾病操作拖拉机、联合收割机。

（5）国务院农业机械化主管部门规定的其他禁止行为。

（6）禁止使用拖拉机、联合收割机违反规定载人。

四、事故处理

1. 农业机械事故责任的认定和调解机关

县级以上地方人民政府农业机械化主管部门负责农业机械事故责任的认定和调解处理。农业机械事故是指农业机械在作业或者转移等过程中造成人身伤亡、财产损失的事件。

2. 在道路上发生的交通事故的处理

农业机械在道路上发生的交通事故由公安机关交通管理部门依照道路交通安全法律、法规处理；拖拉机在道路以外通行时发生的事故，公安机关交通管理部门接到报案的，参照道路交通安全法律、法规处理。农业机械事故造成公路及其附属设施损坏的，由

交通主管部门依照公路法律、法规处理。

3. 在道路以外发生的农业机械事故的处理

在道路以外发生的农业机械事故，操作人员和现场其他人员应当立即停止作业或者停止农业机械的转移，保护现场，造成人员伤害的，应当向事故发生地农业机械化主管部门报告；造成人员死亡的，应当向事故发生地公安机关报告。造成人身伤害的，应当立即采取措施，抢救受伤人员。因抢救受伤人员变动现场的，应当标明位置。

接到报告的农业机械化主管部门和公安机关应当立即派人赶赴现场进行勘验、检查，收集证据，组织抢救受伤人员，尽快恢复正常的生产秩序。

4. 农业机械事故认定书的出具

对经过现场勘验、检查的农业机械事故，农业机械化主管部门应当在10个工作日内制作完成农业机械事故认定书；需要进行农业机械鉴定的，应当自收到农业机械鉴定机构出具的鉴定结论之日起5个工作日内制作农业机械事故认定书。

农业机械事故认定书应当载明农业机械事故的基本事实、成因和当事人的责任，并在制作完成农业机械事故认定书之日起3个工作日内送达当事人。

5. 调解

当事人对农业机械事故损害赔偿有争议，请求调解的，应当自收到事故认定书之日起10个工作日内向农业机械化主管部门书面提出调解申请。

调解达成协议的，农业机械化主管部门应当制作调解书送交各方当事人。调解书经各方当事人共同签字后生效。调解不能达成协议或者当事人向人民法院提起诉讼的，农业机械化主管部门应当终止调解并书面通知当事人。调解达成协议后当事人反悔的，可以向人民法院提起诉讼。

小贴士

加快发展农业生产性服务业

2017年7月，农业部、国家发改委、财政部印发《关于加快发展农业生产性服务业的指导意见》（以下简称《意见》），这是我国第一个定位支持农业生产性服务业发展的专门文件。

《意见》强调，要以服务农业农民为根本，以推进农业供给侧结构性改革为主线，带动更多农户进入现代农业发展轨道，全面推进现代农业建设。坚持以市场为导向、服务农业农民、创新发展方式、注重服务质量的原则，力争通过5年的发展，基本形成服务结构合理、专业水平较高、服务能力较强、服务行为规范、覆盖全产业链的农业生产性服务业。

发展农业生产性服务业要积极拓展服务领域，着眼满足普通农户和新型经营主体的生产经营需要，在七个关键服务领域发力：一是农业市场信息服务。二是农资供应服务。三是农业绿色生产技术服务。四是农业废弃物资源化利用服务。五是农机作业及维修服务。六是农产品初加工服务。七是农产品营销服务。

《意见》要求，要按照主体多元、形式多样、服务专业、竞争充分的原则，加快培育各类服务组织，充分发挥不同服务主体各自的优势和功能。同时，鼓励各类服务组织加强联合合作，推动服务链条横向拓展、纵向延伸，促进各主体多元互动、功能互补、融合发展。

《意见》指出，农业生产托管是服务型规模经营的主要形式，有广泛的适应性和发展潜力。要总结推广一些地方探索形成的"土地托管""代耕代种""联耕联种"和"农业共营制"等农业生产托管形式，把发展农业生产托管作为推进农业生产性服务业、带动普通农户发展适度规模经营的主推服务方式，采取政策扶持、典型引领、项目推动等措施，加大支持推进力度。

END

导学案例解析

王某不能提供生产许可证的行为，违反了《饲料和饲料添加剂管理条例》第 15 条第 1 款的规定，申请从事饲料、饲料添加剂生产的企业，申请人应当向省、自治区、直辖市人民政府饲料管理部门提出申请。省、自治区、直辖市人民政府饲料管理部门应当自受理申请之日起 10 个工作日内进行书面审查；审查合格的，组织进行现场审核，并根据审核结果在 10 个工作日内作出是否核发生产许可证的决定。

依据《饲料和饲料添加剂管理条例》第 38 条"未取得生产许可证生产饲料、饲料添加剂的，责令停止生产，没收违法所得、违法生产的产品和用于违法生产饲料的饲料原料，违法生产的产品货值金额不足 1 万元的，并处 1 万元以上 5 万元以下罚款"等规定，对王某处以没收全部成品及原料，罚款 2 万元的处罚。

END

练习题

一、简答题

1. 种子的概念是什么？种子生产经营许可证制度是什么？
2. 如何确定假种子和劣种子？
3. 肥料的概念是什么？
4. 开办农药生产企业的条件有哪些？《兽药管理条例》的适用范围有哪些？
5. 禁止生产、销售的农业机械有哪些？

二、不定项选择题

1. 销售的种子应当(　　)。

A. 加工　　B. 分级　　C. 包装　　D. 拣选

2. 禁止进出口(　　)以及属于国家规定(　　)。

A. 假种子　　B. 劣种子

C. 不得进出口的种子　　D. 自行研制的种子

3. 劣质农药的界定(　　)。

A. 不符合农药产品质量标准

B. 混有导致药害等有害成分

C. 超过农药质量保证期的农药

D. 以此种农药冒充他种农药

4. 肥料正式登记证有效期为(　　)。

A. 1年　　B. 2年　　C. 4年　　D. 5年

5. 兽药生产许可证有效期为(　　)。

A. 3年　　B. 5年　　C. 6年　　D. 8年

6. 兽药的(　　)和(　　)经国务院兽医行政管理部门批准并公布后方可使用。

A. 标签　　B. 说明书　　C. 处方　　D. 许可证

7. 饲料、饲料添加剂经营者应当符合(　　)条件。

A. 有与经营饲料、饲料添加剂相适应的经营场所和仓储设施

B. 有具备饲料、饲料添加剂使用、贮存等知识的技术人员

C. 有必要的产品质量管理和安全管理制度

D. 技术人员持证上岗

8. 对经过现场勘验、检查的农业机械事故,农业机械化主管部门应当在(　　)工作日内制作完成农业机械事故认定书。

A. 6个　　B. 7个　　C. 8个　　D. 10个

三、案例分析题

2017年5月6日,在广西壮族自治区区域内,廖某驾驶无号牌普通两轮摩托车由覃塘往武宣县城方向行驶,于当日12时30分许,在国道209线超车过程中,在其行驶方向左侧车道内,碰刷对面被超货车前方,正在左转弯由韦某驾驶的无号牌手扶拖拉机,造成廖某当场死亡及摩托车损坏的道路交通事故。该事故经交警部门现场勘查,认定由廖某承担全部责任,韦某不承担责任。经查,韦某驾驶的无号牌手扶拖拉机标定功率4.85千瓦,没有登记入户,也没有投保交强险。

事故发生后,廖某家人将韦某诉至法院,要求韦某在交强险无责限额内赔偿其经济损失21 000元。人民法院依照《广西壮族自治区农业机械安全监督管理条例》的规定:

“拖拉机、联合收割机和2.2千瓦以上的耕整机等自走式农业机械实行登记管理。拖拉机也属于机动车,在上牌时即要求缴交机动车交通事故责任强制保险”。被告韦某虽然在本案中不承担事故责任,但由于其未依法投保交强险,侵害了原告从交强险获得的赔偿利益,故被告韦某应该在无责任交强险责任限额范围内赔偿原告经济损失21 000元。

试分析：在道路上发生的交通事故应当如何处理？可以采取哪些救济途径？

第六章
农业知识产权法律制度

学习目标

- 掌握植物新品种特征和保护、地理标志产品、强制许可、保护和监督的概念。
- 理解植物新品种权，申请及受理，依法保护农业知识产权的对策。
- 了解独占权，标准制定及专用标志使用，《“十三五”国家知识产权保护和运用规划》关于农业知识产权保护。

案例导学

六堡茶在2011年3月16日获得国家质量监督检疫检验总局的地理标志产品保护（质检总局2011年第33号公告），六堡茶这个产品名称的所有权属于梧州市人民政府，保护范围在梧州市行政辖区范围内。即梧州市辖区以外地方所产的茶叶不能称为六堡茶或含有六堡茶3个字。

广西南山白毛茶茶业有限公司（简称南山白毛茶公司）将其生产的茶叶称为“圣种六堡茶散茶”“圣种六堡茶饼茶”，并且公开报名并送样品参加第二届亚太茶茗大奖赛，将获得金奖银奖的消息在媒体上公布。

END

第一节　植物新品种保护

一、植物新品种保护制度概述

（一）植物新品种保护的概念

植物新品种保护是指对植物新品种育种者权利的保护。其权利主体是育种者，即品种权人。其权利客体是品种权，即品种权人的品种权，又称植物育种者权利，同专利、商标、著作权一样，同属于知识产权范畴。[①] 完成育种的单位或者个人对其授权品种享有排他的独占权。任何单位或者个人未经品种权所有人许可，不得为商业目的生产或者销售该授权品种的繁殖材料，不得为商业目的将该授权品种的繁殖材料重复使用于生产另一品种的繁殖材料。

(二) 植物新品种的特征

《种子法》规定，对国家植物品种保护名录内经过人工选育或者发现的野生植物加以改良，具备新颖性、特异性、一致性、稳定性和适当命名的植物品种，由国务院农业、林业主管部门授予植物新品种权，保护植物新品种权所有人的合法权益。

(1) 新颖性是指申请植物新品种权的品种在申请日前，经申请权人自行或者同意销售、推广其种子，在中国境内未超过 1 年；在境外，木本或者藤本植物未超过 6 年，其他植物未超过 4 年。

《种子法》施行后新列入国家植物品种保护名录的植物的属或者种，从名录公布之日起 1 年内提出植物新品种权申请的，在境内销售、推广该品种种子未超过 4 年的，具备新颖性。除销售、推广行为丧失新颖性外，下列情形视为已丧失新颖性：品种经省、自治区、直辖市人民政府农业、林业主管部门依据播种面积确认已经形成事实扩散的；农作物品种已审定或者登记两年以上未申请植物新品种权的。

(2) 特异性是指一个植物品种有 1 个以上性状明显区别于已知品种。

(3) 一致性是指 1 个植物品种的特性除可预期的自然变异外，群体内个体间相关的特征或者特性表现一致。

(4) 稳定性是指 1 个植物品种经过反复繁殖后或者在特定繁殖周期结束时，其主要性状保持不变。

已知品种是指已受理申请或者已通过品种审定、品种登记、新品种保护，或者已经销售、推广的植物品种。

(三)《种子法》的保护范围

根据农业、林业两个主管两部门在植物新品种保护工作上的分工，国家林业局负责林木、竹、木质藤本、木本观赏植物（包括木本花卉）、果树（干果部分）及木本油料、饮料、调料、木本药材等植物新品种保护工作，其他植物新品种保护由农业部负责。目前，我国对植物品种权的保护还仅限于植物品种的繁殖材料。对植物育种人权利的保护，保护的对象不是植物品种本身，而是植物育种者应当享有的权利。

国家鼓励和支持种业科技创新、植物新品种培育及成果转化。取得植物新品种权的

---

① 吴春梅，王新枝．公民与法（法学版）．2010(03)：20．

品种得到推广应用的，育种者依法获得相应的经济利益。

(四) 植物新品种保护历史

植物新品种作为人类智力劳动成果，在农业增产、增效和品质改善中起着至关重要的作用；新中国成立后50年中，我国农业科技人员共培育出主要农作物新品种6 000多个，使主要粮食作物和经济作物品种更换了4～6次。对植物新品种实施知识产权保护，是当今世界的潮流和人类文明的标志。要推动农作物育种不断创新，关键是要为其提供一种内在的动力机制，创造一个保护育种成果并维护种子贸易公平竞争的外部法律、政策环境。1997年3月20日，国务院发布《植物新品种保护条例》；1999年4月23日，我国加入《国际植物新品种保护公约》。植物新品种保护制度在我国的建立和实施，标志着我国知识产权保护事业进入了一个新的发展阶段，迈上了一个新台阶。

我国先后制定了《农业植物新品种保护条例实施细则》《农业部植物新品种复审委员会审理规定》《农业植物新品种权侵权案件处理规定》《农业植物新品种权代理规定》等规章制度；组建了植物新品种保护办公室和复审委员会，绝大多数省级农、林业行政部门成立了植物新品种保护工作领导小组和办公室；农业部植物新品种繁殖材料保藏中心；在植物新品种保护办公室内部还制定了《审查指南》等，从而使品种权审批、品种权案件的查处以及品种权中介服务等工作更具可操作性。

(五) 国家实行植物新品种保护制度

我国2015年11月4日新修订的《种子法》第四章——新品种保护，明确了对植物新品种实行保护制度。植物新品种保护是维护品种权人合法权益、促进育种创新、提高创新能力的根本保障。借鉴荷兰、日本等有关国家在种子立法中的经验，新品种保护的规定，使得保护的力度、强度、范围和内容得到加强，品种创新有更好的保障，企业维权变得简单，侵权现象必将减少。

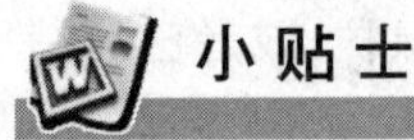

小贴士

美国《植物多样性保护法》等对种子专利提供法律保障

在美国，涉及种子保护法律法规的推动者是美国数量繁多的种子公司。早先，美国通过众多农业“协会”管理种子，但许多“协会”并不向所有人开放，大多数农民无法得到地主的种子。随后，美国通过邮政系统设立了免费种子分发项目。不过，美国私营种子行业却遭遇发展阻碍。19世纪末，私营种子公司成立美国种子贸易协会。1924年，实现了让政府停止免费种子分发项目。接下来的关键一步是为种子业争取法律保护。1930年，美国正式通过第一个旨在保护农业知识产权的《植物专利法》，随后在1970年又通过了《植物多样性保护法》，进一步完善保护种子知识产权的相关法律。

二、植物新品种权

1. 植物新品种权的概念

植物新品种权是工业产权的一种类型，它是指完成育种的单位或个人对其授权的品种依法享有的排他使用权，是一种民事权利。植物新品种是指经过人工培育的或者对发现的野生植物加以开发，具备新颖性、特异性、一致性、稳定性，并有适当的命名的植物新品种。完成育种的单位和个人对其授权的品种享有排他的独占权，即拥有植物新品种权。

2. 植物新品种权的归属

《种子法》规定，1 个植物新品种只能授予 1 项植物新品种权。2 个以上的申请人分别就同一个品种申请植物新品种权的，植物新品种权授予最先申请的人；同时申请的，植物新品种权授予最先完成该品种育种的人。

对违反法律，危害社会公共利益、生态环境的植物新品种，不授予植物新品种权。

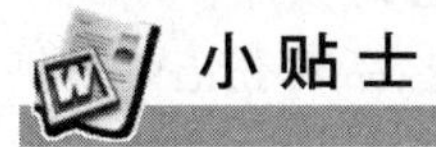

小贴士

日本：侧重保护“培育者权”

日本历来重视培育新品种作物并且注重保护种子培育者的权利，并将其作为增强农业优势以及确保粮食安全的重要措施。早在 1947 年，日本就制定过《种苗法》，1998 年 5 月 29 日，基于 1991 年修改的《国际植物新品种保护公约》，日本对旧《种苗法》进行了全部修改，制定了新的《种苗法》，原则上涵盖了日本栽培的所有植物。

新《种苗法》在法律上明文规定登记品种的培育者的权利是“培育者权”。培育者权通过品种登记而产生，享受该权利者拥有利用登记品种时产生的所有权利。根据新《种苗法》的规定，培育者权涉及的范围除了修改前有偿转让种苗的权利之外，还包括种苗的生产、调整、进出口、保管等的权利，如果在种苗阶段无法行使权利，则可扩大为收获物的生产、转让、借贷、进出口、保管的权利。

享受培育者权的期限，多年生植物从修改前的 18 年延长到 25 年，其他植物则从 15 年延长到了 20 年。与知识产权法一样，《种苗法》规定了“专用利用权”“通常利用权”等各种规定，明确了与利用登记品种有关的知识产权保护的详细内容。

新《种苗法》还建立了品种登记前的临时保护制度，将提出申请到获得登记的期间的权利也作为保护对象，规定了公布申请的效果。从公布申请到品种登记期间，对于繁殖种苗者，可以在品种登记后作为补偿金，要求其赔偿相当于利用费的金额。《种苗法》明确了农户自己繁殖种苗等可以作为培育者权的例外。

对于侵犯培育者权的行为，新《种苗法》规定了详尽的措施。由于侵犯培育者权，导致培育者权享受者和专用利用权享受者的信用受损，还可以要求侵犯者采取措施恢复信任，包括刊登谢罪广告等。新《种苗法》为了与知识产权保护制度取得平衡，大幅提高了处罚规定，非受害人也可以提出起诉。

END

三、植物新品种名称

授予植物新品种权的植物新品种名称，应当与相同或者相近的植物属或者种中已知品种的名称相区别。该名称经授权后即为该植物新品种的通用名称。

下列名称不得用于授权品种的命名。

(1) 仅以数字表示的。

(2) 违反社会公德的。

(3) 对植物新品种的特征、特性或者育种者身份等容易引起误解的。

同一植物品种在申请新品种保护、品种审定、品种登记、推广、销售时只能使用同一个名称。生产推广、销售的种子应当与申请植物新品种保护、品种审定、品种登记时提供的样品相符。

小贴士

国际上现行的植物新品种保护模式

1961 年通过了《国际植物新品种保护公约》(以下简称 UPOV 公约)，该公约规定，成员国可以选择对植物种植者提供特殊保护或给予专利保护，但两者不得并用。多数成员国均选择给予植物品种权保护。随着生物技术的发展，植物新品种保护要求用专利法取代该专门法的保护，强化培育者的权利。

1991 年，UPOV 公约进行了第 3 次修订，增加了一些条款供成员国选择适用，从而加大了对植物新品种的保护力度。该公约修订后规定，如果成员国认为有必要，可以将保护范围扩展至生殖物质以外部分，任何从受保护的品种获得的产品未经权利人同意，均不得进入生产流通。明确许可成员国对植物品种提供专利保护。

1999 年 4 月，我国加入 UPOV 公约，成为第 39 个成员国。自 2004 年以来，我国植物品种权年申请量一直位居 UPOV 公约成员国第 4 位，有效品种权量位居 UPOV 公约成员国前 10 位。

END

四、独占权

完成育种的单位或者个人对其授权品种，享有排他的独占权。任何单位或者个人未经植物新品种权所有人许可，不得生产、繁殖或者销售该授权品种的繁殖材料，不得为商业目的将该授权品种的繁殖材料重复使用于生产另一品种的繁殖材料。但是《种子法》、有关法律、行政法规另有规定的除外。

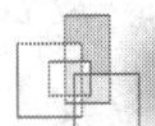

案例 6-1

内蒙古华龙种苗有限责任公司（简称华龙种苗公司）未经“郑单 958”玉米杂交种植物新品种权利人河南省农业科学院粮食作物研究所（简称粮食作物研究所）许可，委托农民周某繁育“郑单 958”植物新品种，被粮食作物研究所起诉至内蒙古呼和浩特市中级人民法院。

请问：本案如何处理？

【解析】

内蒙古呼和浩特市中级人民法院判决华龙种苗公司立即停止生产、销售“郑单 958”玉米杂交种植物新品种，并赔偿原告损失 10 万元人民币。

“郑单 958”玉米杂交种植物新品种是粮食作物研究所向农业部申请的植物新品种，该品种被第三届全国农作物品种审定委员会第四次会议审定通过，获得授权。

人民法院查明，华龙种苗公司未经许可，与内蒙古某市某区农民周某签订了生产玉米杂交种 8 亩的购销合同，并给周某提供了亲本种子和生产资料垫资款。法院在审理中，根据粮食作物研究所的申请，对公证保全的玉米杂交样品委托北京市农林科学院玉米研究中心进行了鉴定。检测报告结论为：华龙种苗公司委托周某家繁育的玉米样本与农业部植物新品种保护办公室植物新品种保藏中心提供的“郑单 958”标准样品之间无差异，两者属于同一品种。

故呼和浩特市中级人民法院判决华龙种苗公司侵权成立，做出了上述判决。

END

五、其他权利

在下列情况下使用授权品种的，可以不经植物新品种权所有人许可，不向其支付使用费，但不得侵犯植物新品种权所有人依照《种子法》、有关法律、行政法规享有的其他权利。

（1）利用授权品种进行育种及其他科研活动。

（2）农民自繁自用授权品种的繁殖材料。

小贴士

林业植物新品种权的申请程序

育种者应提交相应的申请文件。文件内容包括植物新品种权请求书、说明书和照片。文件准备齐全后,申请林业植物新品种权的申请人可以直接向国家林业局提出申请,也可委托国家林业局指定的代理机构代理申请。对于申请品种权的育种者,可以直接向国家林业局植物新品种保护办公室递交申请文件,也可通过邮局邮寄申请文件。

申请文件递交后,申请人所申请的保护品种将在国家林业局下发的书面公告或网上进行公告,如果在公告期没有任何人对该品种提出质疑,该申请人将获得新品种保护权。

END

六、强制许可

为了国家利益或者社会公共利益,国务院农业、林业主管部门可以做出实施植物新品种权强制许可的决定,并予以登记和公告。取得实施强制许可的单位或者个人不享有独占的实施权,并且无权允许他人实施。

七、法律责任

有侵犯植物新品种权行为的,由当事人协商解决,不愿协商或者协商不成的,植物新品种权所有人或者利害关系人可以请求县级以上人民政府农业、林业主管部门进行处理,也可以直接向人民法院提起诉讼。

侵犯植物新品种权的赔偿数额按照权利人因被侵权所受到的实际损失确定;实际损失难以确定的,可以按照侵权人因侵权所获得的利益确定。权利人的损失或者侵权人获得的利益难以确定的,可以参照该植物新品种权许可使用费的倍数合理确定。赔偿数额应当包括权利人为制止侵权行为所支付的合理开支。侵犯植物新品种权,情节严重的,可以在按照上述方法确定数额的1倍以上3倍以下确定赔偿数额。

权利人的损失、侵权人获得的利益和植物新品种权许可使用费均难以确定的,人民法院可以根据植物新品种权的类型、侵权行为的性质和情节等因素,确定给予300万元以下的赔偿。当事人就植物新品种的申请权和植物新品种权的权属发生争议的,可以向人民法院提起诉讼。

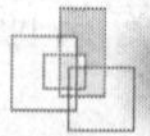

案例 6-2

农闲在家的施某望着自家空着的自留地,就想去山上挖点东西来种。施某不自觉地想到了邻村被挂牌的保护林,里面有当地人称为"根根榧"的树,知道这树不但能卖钱,还可以嫁接香榧。于是施某就带上锄头、钩刀等工具上山,当天就背了2棵被截取树冠的"根根榧"回家。回家后,施某赶紧将树种在了自留地里,这让住隔壁的吕某非常眼馋。当晚他便请求施某第二天带他上山一起挖树。连着数天,2人都结伴上山挖树,2人共挖了18棵树,有村民向当地公安部门举报。施某和吕某意识到问题的严重性,于是主动到公安部门自首。

请问：施某和吕某的行为是否构成犯罪？

【解析】

被告人施某、吕某明知“根根榧”即南方红豆杉，但为了牟取私利，施某先后3次到山上采挖国家重点保护植物南方红豆杉8棵，8棵树均为野生南方红豆杉，属国家重点保护植物，所移植的8棵南方红豆杉均已死亡。吕某先后3次到山上采挖国家重点保护植物南方红豆杉10棵，10棵树均为野生南方红豆杉，属国家重点保护植物，所移植的10棵南方红豆杉有8棵已死亡、2棵成活。

施某、吕某违反国家《森林法》第40条的规定，非法采伐、毁坏国家重点保护植物——南方红豆杉，情节严重，其行为已触犯刑律，构成非法采伐、毁坏国家重点保护植物罪。依据《中华人民共和国刑法》第344条的规定，施某被判处有期徒刑3年，缓刑3年6个月，并处罚金人民币4万元；吕某被判处有期徒刑3年，缓刑4年，并处罚金人民币4.5万元。

END

第二节 地理标志产品保护

一、地理标志产品保护概述

（一）立法概述

为了有效保护我国的地理标志产品，规范地理标志产品名称和专用标志的使用，保证地理标志产品的质量和特色，根据《中华人民共和国产品质量法》（简称《产品质量法》）、《中华人民共和国标准化法》（简称《标准化法》）、《中华人民共和国进出口商品检验法》（简称《进出口商品检验法》）等有关规定，国家制定了《地理标志产品保护规定》，2005年5月16日经国家质量监督检验检疫总局局务会议审议通过，自2005年7月15日起施行。

（二）地理标志产品的概念

地理标志产品是指产自特定地域，所具有的质量、声誉或其他特性本质上取决于该产地的自然因素和人文因素，经审核批准以地理名称进行命名的产品。地理标志产品包括以下几种产品。

（1）来自本地区的种植、养殖产品。

（2）原材料全部来自本地区或部分来自其他地区，并在本地区按照特定工艺生产和加工的产品。

地理标志和原产地名称是属于同一概念的，所有的原产地名称都是地理标志，但一些地理标志不是原产地名称。在《与贸易有关的知识产权协议》（以下简称TRIPS协定）

中，原产地名称被地理标志所代替，该协定第三节第22条规定："地理标志是指证明某一产品来源于某一成员国家或某一地区或该地区内的某一地点的标志。该产品的某些特定品质、声誉或其他特点在本质上可归因于该地理来源。"将TRIPS协定对地理标志的定义与巴黎公约、里斯本协定对原产地名称的定义进行对比可以清楚地看出，TRIPS协定是在原产地名称的基础上来界定地理标志的，两者内涵相同。地理标志与原产地域产品(标志)其特性、功用、作用都是相同的。

小贴士

地理标志商标

《商标法》第16条规定了地理标志，可以依照《商标法》和《商标法实施条例》的规定，作为证明商标或者集体商标申请注册、受到保护。农产品证明商标，一是可以证明产品的原产地；二是能证明产品的特定品质。由国家工商总局认定并授予。

国家地理标志商标是指由对某种商品或者服务具有监督能力的组织所控制，而由该组织以外的单位或者个人使用其商品或者服务，用以证明该商品或者服务的原产地、原料、制造方法、质量或者其他特定品质的标志。

END

(三) 适用范围

《地理标志产品保护规定》适用于对地理标志产品的申请受理、审核批准、地理标志专用标志注册登记和监督管理工作。

(四) 主管机关

国家质量监督检验检疫总局(简称国家质检总局)统一管理全国的地理标志产品保护工作。各地出入境检验检疫局和质量技术监督局(简称各地质检机构)依照职能开展地理标志产品保护工作。

(五) 地理标志产品保护的申请

申请地理标志产品保护，应依照本规定经审核批准。使用地理标志产品专用标志，必须依照《地理标志产品保护规定》经注册登记，并接受监督管理。

地理标志产品保护遵循申请自愿、受理及批准公开的原则。申请地理标志保护的产品应当符合安全、卫生、环保的要求，对环境、生态、资源可能产生危害的产品不予受理和保护。

二、申请及受理

地理标志产品保护申请，由当地县级以上人民政府指定的地理标志产品保护申请机构或人民政府认定的协会和企业(简称申请人)提出,并征求相关部门意见。

申请保护的产品在县域范围内的,由县级人民政府提出产地范围的建议;跨县域范围的,由地市级人民政府提出产地范围的建议;跨地市范围的,由省级人民政府提出产地范围的建议。

申请人应提交以下资料。

(1) 有关地方政府关于划定地理标志产品产地范围的建议。

(2) 有关地方政府成立申请机构或认定协会、企业作为申请人的文件。

(3) 地理标志产品的证明材料。

(4) 拟申请的地理标志产品的技术标准。

三、审核及批准

国家质检总局对收到的申请进行形式审查。审查合格的,由国家质检总局在国家质检总局公报、政府网站等媒体上向社会发布受理公告;审查不合格的,应书面告知申请人。

有关单位和个人对申请有异议的,可在公告后的两个月内向国家质检总局提出。

国家质检总局按照地理标志产品的特点设立相应的专家审查委员会,负责地理标志产品保护申请的技术审查工作。国家质检总局组织专家审查委员会对没有异议或者有异议但被驳回的申请进行技术审查,审查合格的,由国家质检总局发布批准该产品获得地理标志产品保护的公告。

四、标准制定及专用标志使用

拟保护的地理标志产品应根据产品的类别、范围、知名度、产品的生产销售等方面的因素,分别制定相应的国家标准、地方标准或管理规范。

国家标准化行政主管部门组织草拟并发布地理标志保护产品的国家标准;省级地方人民政府标准化行政主管部门组织草拟并发布地理标志保护产品的地方标准。

地理标志保护产品的质量检验由省级质量技术监督部门、直属出入境检验检疫部门指定的检验机构承担。必要时,国家质检总局将组织予以复检。地理标志产品产地范围内的生产者使用地理标志产品专用标志,应向当地质量技术监督局或出入境检验检疫局提出申请,并提交以下资料。

(1) 地理标志产品专用标志使用申请书。

(2) 由当地政府主管部门出具的产品产自特定地域的证明。

(3) 有关产品质量检验机构出具的检验报告。

上述申请经省级质量技术监督局或直属出入境检验检疫局审核,并经国家质检总局审查合格注册登记后,发布公告,生产者即可在其产品上使用地理标志产品专用标志,获得地理标志产品保护。

五、保护和监督

(一) 各地质检机构的保护

各地质检机构依法对地理标志保护产品实施保护。质量技术监督部门和出入境检验检疫部门有权依法对下列行为进行查处,社会团体、企业和个人可监督、举报。

(1) 对于擅自使用或伪造地理标志名称及专用标志的。

(2) 不符合地理标志产品标准和管理规范要求而使用该地理标志产品的名称的。

(3) 使用与专用标志相近、易产生误解的名称或标识及可能误导消费者的文字或图案标志,使消费者将该产品误认为地理标志保护产品的。

(二) 生产者的责任

获准使用地理标志产品专用标志资格的生产者,未按相应标准和管理规范组织生产的,或者在 2 年内未在受保护的地理标志产品上使用专用标志的,国家质检总局将注销其地理标志产品专用标志使用注册登记,停止其使用地理标志产品专用标志并对外公告。

(三) 法律责任

(1) 违反《地理标志产品保护规定》的,由质量技术监督行政部门和出入境检验检疫部门依据《产品质量法》《标准化法》《进出口商品检验法》等有关法律予以行政处罚。

(2) 从事地理标志产品保护工作的人员应忠于职守,秉公办事,不得滥用职权、以权谋私,不得泄露技术秘密。违反以上规定的,予以行政纪律处分;构成犯罪的依法追究刑事责任。

第三节 农业知识产权保护

一、农业知识产权保护现状

根据中国农业科学院农业知识产权研究中心发布的《中国农业知识产权创造指数报告(2016)》,总体上看,我国农业知识产权密集度仍然比较低,但逐年提高的趋势非常明显。

自 1999—2015 年年底,品种权的申请量总体呈现逐渐上升的趋势,截至 2015 年年底,我国共受理国内外植物新品种权申请 15 551 件,比 2014 年增长 13.30%。目前,农产品地理标志登记注册 6 457 件,主要集中在山东、四川、湖北、浙江和福建等省份,依次为 680 件、591 件、505 件、321 件和 302 件,5 省合计占总登记注册量的 37.15%。

截至2015年年底,有效农业专利为201 273件,其中发明103 577件占51.46%,实用新型97 696件占48.54%。就行业而言,种植业的有效专利为51 875件,占总量的25.77%,其次为食品业49 611件,占总量的24.65%。在有效发明专利中,农业生物技术的专利有效量最多,为37 348件,占农业发明专利总有效量的36.06%,其次分别为食品领域和农化领域。①

二、依法保护农业知识产权

(1) 加大宣传力度，提高人们依法保护农业知识产权的意识。特别是各级农业行政管理部门和广大农村基层干部，要带头学习和掌握农业知识产权法律保护的知识，在农业知识产权的法律保护方面发挥主导作用。

(2) 农业科技人员要增强依法保护知识产权的意识,依法保护专利权、农业著作权、商标权。农业科研单位要建立健全制度,不仅建立奖励制度，而且要依法保护农业科技人员的知识产权。同时对微生物专用菌种、动植物新品种权的研究与开发等方面的知识产权也必须依法保护。

(3) 农业经济组织依法保护自己的商标和商业秘密。

(4) 司法部门也应加大农业知识产权的法律保护,适应形势发展，把依法保护农业知识产权问题纳入视野，提到议事日程上来。

三、《"十三五"国家知识产权保护和运用规划》中关于农业知识产权保护的要求

(一) 国家知识产权保护和运用发展目标

到2020年,知识产权战略行动计划目标如期完成,知识产权重要领域和关键环节的改革取得决定性成果,保护和运用能力得到大幅提升,建成一批知识产权强省、强市,为促进大众创业、万众创新提供有力保障,为建设知识产权强国奠定坚实基础。

1. 知识产权保护环境显著改善

知识产权法治环境显著优化,法律法规进一步健全,权益分配更加合理,执法保护体系更加健全,市场监管水平明显提升,保护状况社会满意度大幅提高。知识产权市场支撑环境全面优化,服务业规模和水平较好地满足市场需求,形成"尊重知识、崇尚创新、诚信守法"的文化氛围。

2. 知识产权运用效益充分显现

知识产权的市场价值显著提高,产业化水平全面提升,知识产权密集型产业占国内

---

① 农业周刊.中国科学报.2016-08-17(5).

生产总值比重明显提高，成为经济增长新动能。知识产权交易运营更加活跃，技术、资金、人才等创新要素以知识产权为纽带实现合理流动，带动社会就业岗位显著增加，知识产权国际贸易更加活跃，海外市场利益得到有效维护，形成支撑创新发展的运行机制。

3. 知识产权综合能力大幅提升

知识产权拥有量进一步提高，核心专利、知名品牌、精品版权、优秀集成电路布图设计、优良植物新品种等优质资源大幅增加。行政管理能力明显提升，基本形成权界清晰、分工合理、责权一致、运转高效、法治保障的知识产权体制机制。专业人才队伍数量充足、素质优良、结构合理。构建知识产权运营公共服务平台体系，建成便民利民的知识产权信息公共服务平台。知识产权运营、金融等业态发育更加成熟，资本化、商品化和产业化的渠道进一步畅通，市场竞争能力大幅提升，形成更多具有国际影响力的知识产权优势企业。国际事务处理能力不断提高，国际影响力进一步提升。

(二) 大力加强农业知识产权的保护

(1) 加强地理标志、植物新品种等领域知识产权保护工作。

(2) 建立地理标志联合认定机制，加强我国地理标志在海外市场注册和保护工作。

(3) 推动建立统筹协调的植物新品种管理机制，推进植物新品种测试体系建设，加快制定植物新品种测试指南，提高审查测试水平。

(4) 加强种子企业与高校、科研机构的协作创新，建立授权植物新品种的基因图谱数据库，为维权取证和执法提供技术支撑。建设知识产权信息公共服务平台。实现专利、植物新品种、地理标志以及知识产权诉讼等基础信息资源免费或低成本开放共享。运用云计算、大数据、移动互联网等技术，实现平台知识产权信息统计、整合、推送服务。

导学案例解析

根据《地理标志产品保护规定》第21条的规定："使用与专用标志相近、易产生误解的名称或标识及可能误导消费者的文字或图案标志，使消费者将该产品误认为地理标志保护产品的行为，质量技术监督部门和出入境检验检疫部门将依法进行查处。社会团体、企业和个人可监督、举报。"

南山白毛茶公司将其生产的茶叶称为"圣种六堡茶散茶""圣种六堡茶饼茶"；公开报名并送样品参加大奖赛，将获得金奖银奖的消息在媒体上公布，属于使用易产生误解的名称，并使消费者将其产品误认为是六堡茶地理标志保护产品的行为。对六堡茶地理标志产品的权益及信誉损害极大。

梧州市出入境检验检疫局和市农业局以梧州市农业局的名义给中农促茶委会秘书处发出《关于对〈第二届亚太茗茶大奖名单揭晓〉意见的函》，提出了立即撤销南山白毛茶公司及其产品的获奖资格，并采取有效措施消除由此导致的不良影响及避免以后出现同样的错误等,最终在"中农促茶委会"官方网站上公布获奖茶样品名称变更说明,妥善地解决了假冒六堡茶参评获奖的侵权问题。

练习题

一、简答题

1. 植物新品种的特征有哪些?
2.《种子法》保护范围是什么?
3. 地理标志产品的概念是什么? TRIPS 协定是如何规定的?
4. 依法保护农业知识产权的对策有哪些?
5. 如何大力加强农业知识产权的保护 ?

二、不定项选择题

1. 对违反(　　)的植物新品种,不授予植物新品种权。

A. 法律　　B. 危害社会公共利益
C. 生态环境　　D. 公共秩序

2. 新颖性是指申请植物新品种权的品种在申请日前,经申请权人自行或者同意销售、推广其种子,在中国境内未超过(　　);在境外,木本或者藤本植物未超过(　　),其他植物未超过(　　)。

A. 1 年　　B. 3 年　　C. 4 年　　D. 6 年

3. 下列名称(　　)不得用于授权品种的命名。

A. 仅以数字表示的
B. 违反社会公德的
C. 对植物新品种的特征、特性或者育种者身份等容易引起误解的
D. 违反公共利益的

4. 完成育种的(　　)或者(　　)对其授权品种,享有排他的独占权。

A. 单位　　B. 个人　　C. 企业　　D. 合伙人

5. 为了国家利益或者社会公共利益,(　　)主管部门可以做出实施植物新品种权强制许可的决定,并予以登记和公告。

A. 国务院农业　　B. 林业　　C. 省市农业　　D. 工商

6. (　　)统一管理全国的地理标志产品保护工作。

A. 国家质量监督检验检疫总局　　B. 商标局
C. 工商行政管理局　　D. 农业部

7. 有关单位和个人对申请有异议的,可在公告后的(　　)内向国家质检总局提出。

A. 1 个月　　B. 2 个月　　C. 3 个月　　D. 4 个月

8. 到(　　)年,知识产权战略行动计划目标如期完成,知识产权重要领域和关键环节的改革取得决定性成果,保护和运用能力得到大幅提升,建成一批知识产权强省、强市,为促进大众创业、万众创新提供有力保障,为建设知识产权强国奠定坚实基础。

A. 2018　　B. 2020　　C. 2022　　D. 2025

三、案例分析题

山东省A市农业科学院(以下简称农科院)自行培育的"澄海6号"玉米杂交种被国家农业部授予植物新品种权,品种权号为CNA19990061.2.。2016年1月14日,A市农科院将"澄海6号"玉米杂交种品种权转让给了山东省澄海种业股份有限公司(以下简称澄海公司),该变更申请已在《植物新品种权保护》中予以公告,4月6日澄海公司缴纳了品种权维持年费,即享有澄海6号玉米杂交种的品种权。

2016年5月26日,山东省A市农业科学研究所(以下简称农科所)经内蒙古自治区种子管理站批准,在B市某县生产(繁殖)名为叶单43号的玉米品种,生产面积为400亩,并办理了主要农作物种子生产许可证。

澄海公司认为,农科所未经品种权人许可,以生产(繁殖)叶单43号玉米杂交种的名义,擅自生产澄海6号玉米杂交种。随后将农科所告到呼和浩特市中级人民法院,要求消除影响,赔偿损失53 000元,销毁所生产的侵权品种。法院依法委托鉴定专家鉴定结论认为:送检的叶单43号玉米杂交种样品中,有54%的籽粒与澄海6号杂交种没有差异,可以认定是澄海6号杂交种;有46%的籽粒与澄海6号杂交种不一样(经分析是制种过程中母本抽雄不彻底,造成自交结实和接受外来花粉)。

试分析:本案人民法院应当如何依法进行裁决?

第七章 农村资源利用和环境保护法律制度

学习目标

- 掌握自然资源的定义和分类及特征，耕地资源保护制度，森林资源的定义，草原的定义，动、植物资源保护的概念。
- 理解我国农业可持续发展的目标，水资源利用保护制度，森林保护制度，草原保护制度，农业环境保护制度。
- 了解保护生态资源，矿产资源保护制度，水产资源保护的法律规定。

案例导学

某部桦南金矿局(简称金矿局)在黑龙江省桦南县某镇柳树河上游建成“1025”号采金船。采金船投产后，发现柳树河水不集中，不便于采金船生产。2013 年 6 月，金矿局未经有关部门批准，擅自截断柳树河水，抬高水位，用 700 公尺的人工渠将河水引入“1025”号船坞。人工渠系矿土结构，采金船生产时，将废水未作任何处理，直接排入柳树河下游，比国家规定的工业废水最高容许排放悬浮物每升 500 毫克超出 2 818 毫克。桦南县某镇春某村村民委员会(简称春某村)824 亩水田，其中 162.3 亩受到污染，致使每亩减产 58.3 公斤，每年减产 9 462.1 公斤，到 2017 年 6 月，4 年共减产 37 848.4 公斤。4 年共计损失 87 924.2 元。

原告春某村请求法院依法判决被告金矿局赔偿其损失。

END

第一节 自然资源概述与农业可持续发展

一、自然资源概述

(一) 自然资源的定义和分类及特征

1. 自然资源的定义

自然资源是指天然存在的自然物(不包括人类加工制造的原材料)并有利用价值的自然物,如土地、矿藏、水利、生物、气候、海洋等资源,是生产的原料来源和布局场所。联合国环境规划署的定义:在一定的时间和技术条件下,能够产生经济价值,提高人类当前和未来福利的自然环境因素的总称。

自然资源仅为相对概念,随着社会生产力水平的提高与科学技术进步,部分自然条件可转换为自然资源。如随海水淡化技术的进步,在干旱地区,部分海水和咸湖水有可能成为淡水的来源。

2. 自然资源的分类

自然资源是人类生存和发展的物质基础和社会物质财富的源泉,是可持续发展的重要依据之一。

(1) 按照自然资源的属性和用途,可分为陆地自然资源、海洋自然资源、太空自然资源。陆地自然资源又分为土地资源、气候资源、水资源、生物资源、矿产资源。海洋自然资源分为海洋生物资源、海洋矿产资源、海洋化学资源、海洋气候资源、海底资源。

(2) 按照圈层特征,可分为土地资源、气候资源、矿产资源、水资源、生物资源、能源资源、旅游资源、海洋资源。

(3) 按照自然资源的利用限度,可分为可更新资源和不可更新资源。

(4) 按照自然资源的固有属性,可分为耗竭性资源和非耗竭性资源。

3. 自然资源的特征

自然资源具有两重性,既是人类生存和发展的基础,又是环境要素。自然资源具有以下特征。

(1) 稀缺性。自然资源相对于人类的需求,在数量上是不足的。这是人类社会和自然资源关系的核心所在。

(2) 空间分布不均匀性。资源分布的不平衡,存在数量或质量上的显著地域差异,并有其特殊分布规律。

(3) 整体性。每个地区的自然资源要素彼此有生态上的联系,形成一个整体,必须强调综合研究与综合开发利用。

(4) 多用性。大部分资源都具有多种功能和用途。

(5) 社会性。人类通过生产活动，把自然资源加工成有价值的物质财富，从而使自然资源具有广泛的社会属性。

(二) 农业资源的定义和特征

1. 农业资源的定义

农业资源是指自然界存在的、可作为农业生产原料的物质和能量来源，以及农业生产所必要的环境条件。

2. 农业资源具有的特征

(1) 农业资源的系统整体性。

(2) 农业资源的地域差异性。

(3) 农业资源的可更新性。

(4) 农业资源的有限性与无限性。

(5) 农业资源的多功多用性。

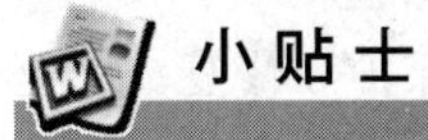
小贴士

生态农业与旅游农业

生态农业就是以生态学理论为依据，在一定的区域内因地制宜的规划、组织和进行农业生产。

旅游农业又称观光农业，兴起于“二战”后的欧美国家，是以农业资源为基础，把农园观光、农艺展示、农产品提供与农村空间出让等生产、经营富裕旅游的内涵，使旅游者参与到农业的生产形态中去的新型旅游形式。

二、我国农业可持续发展

从农业部等8部委、局联合发布的《全国农业可持续发展规划(2015—2030年)》(以下简称《规划》)中可以看出以下情况。

(一) 当前我国农业可持续发展面临严峻挑战

1. 资源硬约束日益加剧，保障粮食等主要农产品供给的任务更加艰巨

人多地少水缺是我国的基本国情。全国新增建设用地占用耕地年均约480万亩，被占用耕地的土壤耕作层资源浪费严重，占补平衡补充耕地质量不高，守住18亿亩耕地红线的压力越来越大。耕地质量下降，黑土层变薄、土壤酸化、耕作层变浅等问题凸显。农田灌溉水有效利用系数比发达国家平均水平低0.2，华北地下水超采严重。

2. 环境污染问题突出,确保农产品质量安全的任务更加艰巨

工业“三废”和城市生活等外源污染向农业农村扩散,镉、汞、砷等重金属不断向农产品产地环境渗透,全国土壤主要污染物点位超标率为16.1%。农业内源性污染严重,化肥、农药利用率不足1/3,农膜回收率不足2/3,畜禽粪污有效处理率不到一半,秸秆焚烧现象严重。海洋富营养化问题突出,赤潮、绿潮时有发生,渔业水域生态恶化。农村垃圾、污水处理严重不足。

3. 生态系统退化明显,建设生态保育型农业的任务更加艰巨

全国水土流失面积达295万平方千米,年均土壤侵蚀量45亿吨,沙化土地173万平方千米,石漠化面积12万平方千米。高强度、粗放式生产方式导致农田生态系统结构失衡、功能退化,农林、农牧复合生态系统亟待建立。草原超载过牧问题依然突出,草原生态总体恶化局面尚未根本扭转。湖泊、湿地面积萎缩,生态服务功能弱化。生物多样性受到严重威胁,濒危物种增多。生态系统退化,生态保育型农业发展面临诸多挑战。

4. 体制机制尚不健全,构建农业可持续发展制度体系的任务更加艰巨

水土等资源资产管理体制机制尚未建立,山水林田湖等缺乏统一保护和修复。农业资源市场化配置机制尚未建立,特别是反映水资源稀缺程度的价格机制没有形成。循环农业发展激励机制不完善,种养业发展不协调,农业废弃物资源化利用率较低。农业生态补偿机制尚不健全。农业污染责任主体不明确,监管机制缺失,污染成本过低。全面反映经济社会价值的农业资源定价机制、利益补偿机制和奖惩机制的缺失和不健全,制约了农业资源合理利用和生态环境保护。

(二)全国农业可持续发展规划确定的基本原则

①坚持生产发展与资源环境承载力相匹配。②坚守耕地红线、水资源红线和生态保护红线,优化农业生产力布局,提高规模化集约化水平,确保国家粮食安全和主要农产品有效供给。③坚持创新驱动与依法治理相协同。④坚持当前治理与长期保护相统一。⑤坚持试点先行与示范推广相统筹。⑥坚持市场机制与政府引导相结合。

(三)全国农业可持续发展规划明确的目标

1. 到2020年,农业可持续发展取得初步成效,经济、社会、生态效益明显

农业发展方式转变取得积极进展,农业综合生产能力稳步提升,农业结构更加优化,农产品质量安全水平不断提高,农业资源保护水平与利用效率显著提高,农业环境突出问题治理取得阶段性成效,森林、草原、湖泊、湿地等生态系统功能得到有效恢复和增强,生物多样性衰减速度逐步减缓。

2. 到2030年,农业可持续发展取得显著成效

供给保障有力、资源利用高效、产地环境良好、生态系统稳定、农民生活富裕、田园风光优美的农业可持续发展新格局基本确立。

小贴士

我国生态保护现状

我国目前的生态系统质量和服务功能低。低质量生态系统分布广，森林、灌丛、草地生态系统质量为低差等级的面积比例分别高达43.7%、60.3%、68.2%。

全国土壤侵蚀、土地沙化等问题突出，生物多样性加速下降的总体趋势尚未得到有效遏制。资源过度利用、工程建设以及气候变化影响物种生存和生物资源可持续利用。

我国高等植物的受威胁比例达11%，特有高等植物受威胁比例高达65.4%，脊椎动物受威胁比例达21.4%；遗传资源丧失和流失严重，60%～70%的野生稻分布点已经消失；外来入侵物种危害严重，常年大面积发生危害的超过100种。

END

三、保护生态资源

环境保护部于2016年10月制定了《全国生态保护“十三五”规划纲要》（以下简称《规划纲要》），对“十三五”时期我国生态资源保护提出明确要求。

（一）建立生态空间保障体系

1. 加快划定生态保护红线

制定发布《关于划定并严守生态保护红线的若干意见》。按照自上而下和自下而上相结合的原则，各省（区、市）在科学评估的基础上划定生态保护红线，并落地到水流、森林、山岭、草原、湿地、滩涂、海洋、荒漠、冰川等生态空间。2017年年底前，京津冀区域、长江经济带沿线各省（区、市）划定生态保护红线；2018年年底前，各省（区、市）全面划定生态保护红线；2020年年底前，各省（区、市）完成勘界定标。

2. 推动建立和完善生态保护红线管控措施

到2020年基本建立生态保护红线制度。定期组织开展生态保护红线评价，及时掌握全国、重点区域、县域生态保护红线生态功能状况及动态变化。推动建立和完善生态保护红线补偿机制。

3. 加强自然保护区监督管理

制定《全国自然保护区发展规划（2016—2025年）》。开展自然保护区人类活动遥感监测，国家级自然保护区每年遥感监测2次，省级自然保护区每年遥感监测1次，重点区域加大监测频次，定期发布监测报告。开展自然保护区生态环境保护状况评估，强化监督执法。优化自然保护区布局，以重要河湖、海洋、草原生态系统及水生生物、小种群物种的保护空缺作为重点，推进新建一批自然保护区，加强生态廊道、保护小区和自然保护区群建设。到2020年,全国自然保护区面积占陆地国土面积的比例将维持在14.8%左右(包括列入国家公园试点的区域)。2020年前将完成200个国家级自然保护区规范化建设。推动自然保护区土地确权和用途管制。

4. 加强重点生态功能区保护与管理

重点生态功能区是我国生态空间的集中分布地区,针对目前人为活动影响较小、生态良好的重点生态功能区,特别是大江大河源头及上游地区,加大自然植被保护力度,科学开展生态退化区恢复与治理,继续实施防沙治沙和水土流失综合治理。以主要的山脉、江河、海岸带等防护林体系为脉络,构建形成大尺度国家生态廊道,提高生态保护区域的连通性。加快推动易灾地区生态系统保护与修复。

(二) 强化生态质量及生物多样性提升体系

(1) 实施生物多样性保护重大工程。

(2) 加强生物遗传资源保护与生物安全管理。积极防治外来物种入侵,探索推进生物安全和外来入侵物种管理制度化进程。

(3) 推进生物多样性国际合作与履约。

(4) 扩大生态产品供给。

(三) 建设生态安全监测预警及评估体系

(1) 建立"天地一体化"的生态监测体系。

(2) 定期开展生态状况评估。

(3) 建立全国生态保护监控平台。对生态保护红线、自然保护区、重点生态功能区、生物多样性保护优先区域等的开发建设活动实施常态化和业务化监控,实现由被动监管转为主动监管、应急监管转为日常监管、分散监管转为系统监管。

(4) 加强开发建设活动生态保护监管。以"生态保护红线、环境质量底线、资源利用上线和环境准入负面清单"为手段,强化空间、总量、准入环境管理。

(四) 完善生态文明示范建设体系

(1) 创建一批生态文明建设示范区和环境保护模范城。

(2) 持续提升生态文明示范建设水平。编制生态文明建设示范区和环保模范城创建指南,指导各地生态文明建设实践。

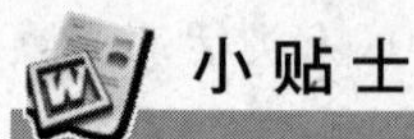

小贴士

《土地管理法》(修正案)(征求意见稿)的主要内容

1. 关于完善土地征收制度

一是明确界定土地征收的公共利益。在综合考虑国际立法经验的基础上，与《国有土地上房屋征收与补偿条例》相衔接，将国防和外交、基础设施、公共事业等界定为公共利益，不符合公共利益范围的退出征地范围（第 44 条）。二是进一步规范征地程序。要求地方政府在征地前先与农民签订土地补偿安置协议，落实补偿安置资金，充分体现被征地农民的知情权、参与权、监督权（第 46 条）。三是完善对被征地农民合理、规范、多元的保障机制。这次修改将改革经验入法，综合考虑土地产值、区位、供求关系以及经济社会发展水平等因素综合评估确定区片综合地价，给予公平合理补偿（第 47 条、第 48 条）；农民住房不再作为地上附着物补偿，而是作为专门的住房财产权给予公平合理补偿（第 49 条）；同时通过安排一定数量的经营性建设用地或者物业，将被征收土地的农村居民纳入相应的医疗、养老社会保障体系等，切实保障被征地农民长远生计（第 51 条）。

2. 关于建立农村集体经营性建设用地入市制度

在删除现行法第 43 条和第 63 条的基础上，对集体经营性建设用地入市的范围、条件等进行原则规定，明确符合土地利用总体规划的集体经营性建设用地，土地所有权人可以采取出让、租赁、作价出资或者入股等方式由单位或者个人使用。集体经营性建设用地使用权可以转让、出租、抵押（第 63 条）。

3. 关于改革完善农村宅基地制度

一是明确在城市规划区内、人均土地少、无法实现一户一宅的，县级人民政府应当采取措施，保障农村居民实现户有所居的权利。二是改革宅基地审批制度，将宅基地审批权限下放到县、乡，切实保障农民依法取得宅基地的合法权益。三是探索宅基地自愿有偿退出机制。鼓励进城居住的农村村民依法自愿有偿转让宅基地使用权，实现宅基地的财产权（第 64 条）。四是完善宅基地违法法律责任。对符合规划且符合宅基地使用条件的，责令其改正；对符合规划但不符合宅基地使用条件的，地上建筑物交由农村集体经济组织处置，既避免激化农村社会矛盾，又可以减少社会财富浪费（第 79 条）。

4. 关于完善与农村土地制度改革相配套的重点制度

一是完善耕地保护制度。修正案规定国家实行永久基本农田保护制度，要求永久基本农田落实到地块，确保守住 18 亿亩耕地红线（第 34 条）。二是完善土地用途管制制度。将党的十八届五中全会确定的创新、协调、绿色、开放、共享理念作为规划编制的基本理念，发挥其在建设城乡统一的建设用地市场、保护农民权益等方面的重要作用（第 19 条）。三是完善建设用地审批制度。与征地制度改革相配套，按照简政放权、放管结合、优化服务的精神，适当下放审批权，简化审批程序，加强批后监管（第 43 条）。四是建立国家土地督察制度（第 6 条）。五是做好与不动产统一登记制度的衔接。明确国家对土地及房屋、林木等定着物等实行不动产统一登记制度（第 12 条）。

END

第二节 耕地资源利用保护

一、耕地资源利用保护概述

(一) 我国土地资源的现状

我国国土面积排名世界第3位，耕地面积排名世界第4位。但由于我国人口密度大，据有关数据显示，我国人均土地面积0.72hm²，人均耕地仅0.08hm²，是世界人均耕地(0.37hm²)的1/4，人均占有量极低。我国社会发展前期未认识到土地资源利用与土地需求之前存在的矛盾，造成粗放化、无序性、缺乏科学性的土地资源开发利用现状。①

目前，我国土地由于土地沙漠化、水土流失、土壤贫瘠化盐渍化、草场退化以及土地污染等，造成土地资源总体质量下降，使得可利用土地进一步减少。

(二) 土地资源的特性

(1) 土地数量的有限性。

(2) 土地功能的不可代替性。

(3) 土地位置的固定性。

(4) 土地肥力的持久性。

(5) 土地利用的不可逆性。

(三) 保护耕地资源

保护耕地资源是指与合理利用土地保持足够的耕地的同时，要保护提高耕地的质量，改良土壤，培育地力，提高其生产能力。

《环境保护法》规定，各级人民政府应当加强对农业环境的保护，防治土壤污土地管理法染、土地沙化、盐渍化、贫瘠化、沼泽化、地面沉降和防治植被破坏、水土流失、水源枯竭、种源灭绝以及其他生态失调现象的发生和发展，推广植物病虫害的综合防治，合理使用化肥、农药及植物生长激素。《土地管理法》明确，各级人民政府应当采取措施，保护耕地，维护排灌工程设施，改良土壤，提高地力，防治土地沙化、盐渍化、水土流失、制止荒废、破坏耕地的行为。保证耕地总量不减少。通过行政、经济、法律的综合措施，保证我国现有耕地的总面积在一定时期内保持稳定。同时，使用土地的单位和个人有保护、管理和合理利用的义务。

---

① 王一汀. 我国土地资源开发与利用研究现状. 建材与装饰，2016，22(133).

二、非农业建设占用耕地补偿制度

《土地管理法》第 31 条规定，国家实行占用耕地补偿制度。非农业建设经批准占用耕地，按照“占多少，垦多少”的原则，由占用耕地的单位负责开垦与所占用耕地的数量和质量相当的耕地；没有条件开垦或开垦的耕地不符合要求的，应当按照省、自治区、直辖市的规定缴纳耕地开垦费，专款用于开垦新的耕地。

三、基本农田保护制度

根据土地利用总体规划的要求及当地人口和耕地资源状况，将质量好、产量高、生产潜力大且集中连片的耕地划为基本农田，实行特殊保护。开发未利用土地，将可以开发的未利用土地经过人类劳动的投入，使之变为可供利用的土地，补充农用地和建设用地。

四、土地复垦和恢复植被

土地复垦是指采取多种整治措施，使遭受破坏的土地恢复到可利用的状态。《土地管理法》第 33 条规定：“在临时使用的土地上不得修建永久性建筑物，使用期满，建设单位应当恢复土地的生产条件，及时归还。土地复垦应当充分利用邻近企业的废弃物填充挖损区、塌陷区和地下采空区。同时应防止造成新的污染。”

《土地管理法》第 42 条规定，因挖损、塌陷、压占等造成土地破坏，用地单位和个人应当按照国家有关规定负责复垦；没有条件复垦或者复垦不符合要求的，应当缴纳土地复垦费，专项用于土地复垦。复垦的土地应当优先用于农业。《矿产资源法》第 32 条也作了类似的规定：“开采矿产资源，应当节约用地。耕地、草原、林地因采矿受到破坏的，矿山企业应当因地制宜地采取复垦利用、植树种草或者其他利用措施。”

五、土地资源的合理利用、管理和保护

(1) 切实保护和利用好现有耕地。

(2) 进一步完善土地管理法规体系。

(3) 改善土地管理体制，建立统一的有权威的土地管理机构。

(4) 采用经济手段，确定土地价格，土地价格同价同市。

(5) 加强土地利用的统一规划管理。

(6) 增加对土地资源开发利用的投入，不断提高土地生产力。

(7) 加强智力投资，积极培训土地管理人才。

六、耕地、林地等农用地的司法保护

我国《刑法》第 342 条规定，违反土地管理法规，非法占用耕地、林地等农用地，改变

被占用土地用途，数量较大，造成耕地、林地等农用地大量毁坏的，处5年以下有期徒刑或者拘役，并处或者单处罚金。

第三节　水资源利用保护

一、水资源的定义及其基本特点

(一) 水资源的定义

水资源是指地表水和地下水。地表水包括江河水、湖沼水土壤水，以及地上的冰川等；地下水是指地表以下的水。地表水与地下水相互转化，难以绝对分开。水资源又是一种再生的动态资源，与大气层降雨相互循环密切相关。

(二) 我国水资源的基本特点

(1) 总资源量丰富，人均拥有量少。

(2) 水土配比相差极大，旱涝常有。

(3) 雨热同步组合，有利于生物及农业生产。

(4) 年际变化频率大，旱涝交替出现。

(5) 水质成地带性分布。

二、水资源保护与节约

(一) 开发利用水资源，应注意维护生态环境

水是可再生的资源，应考虑既满足防洪、灌溉、发电、供水、航运、水生生物、旅游等方面的需要，也应注意到生态环境的需要。

(二) 节约用水

我国水资源不丰富，总量排在世界第6位，而人均占有量更少，仅为2 240m^3，在世界银行统计的153个国家中排在第88位。水资源地区分布也很不平衡，长江流域及其以南地区，国土面积只占全国的36.5%，其水资源量占全国的81%；其以北地区，国土面积占全国的63.5%，其水资源量仅占全国的19%。目前全国有16个省(区、市)人均水资源量(不包括过境水)低于严重缺水线，有6个省、区(宁夏、河北、山东、河南、山西、江苏)人均水资源量低于500m^3。农业用水的有效利用率一般只有25%～40%。

为此应通过改进灌溉技术，提高利用率，降低亩均耗水量。节约生活用水，主要是要把用水的多少和用户的经济利益结合起来，运用经济手段节约用水。国家对直接从地下或者江河、湖泊取水的，实行取水许可证制度和用水收费制度。

(三) 水域、水工程保护

水域包括江、河、湖、海、水库等一切水面。水域、水工程保护是保护航道、堤防、护岸和水工程等设施;保护地下水资源,防止地面沉降;禁止围湖造田,禁止围垦河流等。

法律规定,在江河、湖泊、水库、渠道内,不得弃置、堆放阻碍行洪、航运的物体,不得种植阻碍行洪的林木和高秆作物。在航道内不得弃置沉船,不得设置碍航渔具,不得种植水生植物。禁止围湖造田,禁止围垦河流,湖泊具有抗旱、防洪、调节气候和繁殖水生生物等作用。盲目围垦湖泊,将影响渔业生产及农林牧副业的全面发展。确需围垦的,应依法申请批准。

三、水资源持续利用和合理开发

开发利用水资源和防治水害,应当综合考虑地表水和地下水的特点,兼顾上下游、左右岸和地区之间的利益,根据近期与远期相结合的原则,按流域或者区域进行统一规划。

(1) 转变高质生活用水方式,大力倡导中水利用。

(2) 转变落后的工业生产方式,大力发展清洁工业。

(3) 转变陈旧的农业用水方式,建立节水型农业。

(4) 转变传统的供水方式,多渠道开辟新水源。

(5) 转变低水价运行方式,提高资源利用率。

同时,要合理开发利用水资源。

(1)有重点地规划和兴建水资源工程。

(2) 坚持流域综合治理,实行生物措施与工程措施一体化开发。

(3) 加强水资源保护,防止水体污染。

(4) 积极慎重地从事“南水北调”的规划研究工作。

(5) 大力发展节水灌水农业,提高水资源利用效率。

第四节 矿产资源保护

一、矿产资源保护概述

(一) 矿产资源现状

我国矿产资源虽然总量丰富,但人均占有量不足,仅为世界人均水平的58%。同时存在3个突出问题:一是支柱性矿产(如石油、天然气、富铁矿等)后备储量不足,而储量较多的则是部分用量不大的矿产(如钨、锡、钼等);二是小矿床多、大型特大型矿床少,支柱性矿产贫矿和难选冶矿多、富矿少,开采利用难度很大;三是资源分布与生产力布局不匹配。

随着经济社会的发展,未来 20～30 年内我国矿产品的需求量将大幅度增加,而大宗矿产储量的增长速度远远低于矿产消耗增长的速度,矛盾比较突出。

(二) 矿产资源定义

矿产资源是指可以用于生产和生活在地壳中或地表某处聚集起来的具有开采价值的矿物。它是人类赖以生存和发展的重要物质基础,又是人类可以利用但又不可再生的自然资源。矿产资源包括呈固、液、气体状态的各种金属矿产,非金属矿产,燃料矿产,地下热能等。我国的矿产资源非常丰富,是世界上矿产种类比较齐全的国家之一,已探明储量的矿种有 136 种。

(三) 合理开发利用

《矿产资源法》不但规定了国家保障矿产资源的合理开发利用,禁止任何组织或者个人用任何手段侵占或者破坏矿产资源,而且也授权各级人民政府必须加强矿产资源的保护工作,进而从矿产资源的勘查开始,对矿产资源的勘查、开发实行统一规划、合理布局、综合勘查、合理开采和综合利用的方针。禁止乱挖滥采,破坏矿产资源。

(四) 防止恶化环境

在矿产资源的勘查、开发利用工作中使环境质量恶化的情况必须防止。耕地、草原、林地因采矿受到破坏的,矿山企业应当因地制宜地采取复垦利用、植树种草或者其他利用措施。

(五) 防止污染环境

在开采矿产资源时不得污染环境。开采矿产资源,必须遵守有关环境保护的法律规定,防止污染环境。

二、采矿许可证制度

国家根据矿产资源的不同情况,授权不同的部门审批颁发开发矿产资源许可证。

三、矿产资源开发的战略措施

(1) 制止掠夺性经营,改善生态环境。

(2) 综合开发利用,提高资源利用率和资源生产力。

(3) 珍稀节约,实行有偿开发利用。

(4) 开辟和节约能源。

第五节　森林资源保护

一、森林资源保护概述

(一) 我国森林资源现状

我国是一个缺林少绿、生态脆弱的国家，森林覆盖率远低于全球31%的平均水平，人均森林面积仅为世界人均水平的1/4，人均森林蓄积只有世界人均水平的1/7，森林资源总量相对不足、质量不高、分布不均的状况仍未得到根本改变。我国林地生产力低下，森林每公顷蓄积量只有世界平均水平131立方米的69%，人工林每公顷蓄积量只有52.76立方米。森林有效供给与日益增长的社会需求的矛盾依然突出。我国木材对外依存度接近50%，木材安全形势严峻；现有用材林中可采面积仅占13%，可采蓄积仅占23%，可利用资源少，大径材林木和珍贵用材树种更少，木材供需的结构性矛盾十分突出。森林生态系统功能脆弱的状况尚未得到根本改变，生态产品短缺的问题依然是制约我国可持续发展的突出问题。

(二) 森林资源的定义

森林资源是指包括林地以及林区内野生的植物和动物。森林包括竹林。林木包括树木、竹子。林地包括郁闭度0.3以上的乔木林地、疏林地、灌木林地、采伐迹地、火烧迹地、苗圃地和国家规划的宜林地。森林不仅生产木材和其他林产品，而且能调节气候，保持水土、防风固沙和防止大气污染，它是人类可持续利用、可更新的资源。

二、森林保护

严禁毁林开垦、乱砍滥伐。毁林开垦、乱砍滥伐的后果是水土流失、沙漠化、生态环境被破坏，对人类的危害是很严重的，其损失是难以弥补的。《森林法》规定，禁止毁林开垦和毁林采石、采砂、采土以及其他毁林行为。禁止在幼林地和特种用途林内砍柴、放牧。进入森林和森林边缘地区的人员，不得擅自移动或者损坏为林业服务的标志。为此，还规定了严厉的法律制裁措施。违法进行开垦、采石、采砂、采土、采种、采脂、砍柴和其他活动，致使森林、林木受到毁坏的，由林业主管部门责令赔偿损失，补种毁坏株数1～3倍的树木。滥伐森林或者其他林木，情节轻微的，由林业主管部门责令补种滥伐株数5倍的树木，并处以违法所得2～5倍的罚款。情节严重的，可追究刑事责任，给以刑法制裁。《森林法》还规定了对森林实行限额采伐，鼓励植树造林，建立林业基金制度等多项措施，对森林进行保护。

三、植树造林

我国《宪法》规定，国家组织和鼓励植树造林，保护林木。《森林法》规定，植树造林、保护森林是公民应尽的义务。

(1) 提高森林覆盖率。

(2) 营造防护林。防护林是以防护为主要目的的森林、林木和灌木丛。包括水源涵养林、水土保持林、防风固沙林、农田防护林、基本草牧场防护林、护岸林、护路林。

(3) 建立用材林、经济林基地。用材林是以生产木材(竹林)为主的森林和林木。经济林是以生产果品、食用油料、饮料、药材和工业原料为主的林木。

(4) 植树造林。《森林法》规定，各级人民政府应当组织全民义务植树，开展植树造林活动，每年的3月12日是植树节。年满11岁的中华人民共和国公民，除老弱病残者外，因地制宜，每人每年义务植树3～5株，或者完成相应劳动量的育苗、管护和其他绿化任务。

四、森林采伐

(一) 森林采伐量

森林采伐量是指国家根据用材林的消耗量低于生长量的原则，严格控制森林年采伐量，这是保证森林资源的持续利用所必需的。

(二) 森林和林木的采伐方式

成熟的用材林根据不同情况，分别采取择伐、皆伐和渐伐方式。严格控制皆伐，并要求在采伐的当年或次年内完成更新造林。国防林、母树林、环境保护林、风景林，只准进行抚育和更新性质的采伐。名胜古迹和革命纪念地的林木、自然保护区的森林，严格禁止采伐。

(三) 采伐许可证制度

除农村居民采伐自留地和房前屋后个人所有的零星林木外，采伐林木必须申请采伐许可证，按许可证的规定采伐。许可证的申请及审核发放，根据不同情况分别由所有地县级以上林业主管部门或有关主管部门或由县级林业主管部门委托的乡、镇人民政府审核发放。负责核发的部门和单位，在接到采伐林木申请后，除特殊情况外，应在1个月之内办理完毕。遇有紧急抢险情况，必须就地采伐林木的，可以免除申请林木采伐许可证，但事后组织抢险的单位和部门应将采伐情况报当地县级以上林业主管部门备案。

案例 7-1

贵州省毕节市织金县绮来乡明力建材有限公司(以下简称明力公司)被举报非法

使用林地。织金县森林公安局迅速抽调精干警力组成专案组侦查该案，掌握了确凿的犯罪证据，在强大的政策攻势下，明力公司法定代表人、犯罪嫌疑人许某到织金县森林公安局投案自首，并主动交代其在未办理占用林地相关手续的情况下，大肆开采石材，严重破坏森林植被的犯罪事实。经鉴定，明力公司非法占用林地61.1亩。

请问：本案应如何处罚？

【解析】

许某构成非法占用林地罪。依据我国《刑法》第342条的规定，违反土地管理法规，非法占用耕地、林地等农用地，改变被占用土地用途，数量较大，造成耕地、林地等农用地大量毁坏的，处5年以下有期徒刑或者拘役，并处或者单处罚金。许某被判处有期徒刑3年的处罚，并处罚金3 000元。明力公司构成非法占用林地罪，依照《刑法》第342条的规定，判处罚金计人民币157 004元。

小贴士

2016年《森林法(修改征求意见稿)》的重要内容

1. 关于林地保护

林地是发展林业的基础。加强林地保护，是森林法修改的重点。明确林地保护利用规划的法律地位，明确制定林地保护利用规划是县级以上人民政府的法定职责，同时明确林地保护利用规划的制定程序和审批主体；划定林地保护红线，实行用途管制制度；增设占用征收林地的预审制度，规范占用征收林地审批(核)程序；对建设项目占用征收林地实行定额管理制度，占用征收林地的定额由国务院确定；没有定额的建设项目，有关主管部门和人民政府不得批准建设项目使用林地。

2. 关于林权管理

按照党的十八届三中全会关于赋予农民更多财产权利、稳定农村土地承包关系长久不变和健全国家自然资源资产管理体制的要求，进一步规范林权流转，对林权流转的方式和范围予以明确；对于集体森林资源，要固定集体林改中的经验及做法，坚持依法、自愿、有偿原则，依法保障农民林地承包经营权；赋予林农对承包的林地依法享有占有、使用、收益、流转和抵押等权能；根据不动产统一登记工作中林业局负责指导森林资源资产评估工作的有关规定，对森林资源资产评估师执业资格和森林资源资产评估机构资质等进行规范。

3. 关于造林绿化和森林经营

造林绿化是扩大森林面积的重要手段，也是森林法修改的重要内容。建立林业应对气候变化制度，完善碳汇造林制度；完善森林抚育制度；鼓励和支持能源林的培育；完善天然林保护、退耕还林的相关法律制度;完善森林分类经营制度,进一步明确公益林和商品林的管理制度;完善森林经营方案法律制度;进一步提高森林经营方案的法律地位,明确森林经营方案的编制主体、森林经营方案的内容和编制森林经营方案可以享受的相应扶持规定。

4. 关于森林采伐

森林采伐是森林资源保护与利用的重要内容,同时也是社会普遍关注的热点问题。简化森林采伐管理环节,建立以森林经营方案为基础的森林采伐管理制度;改革年森林采伐限额编制制度,明确不纳入采伐限额的情形;取消年度木材生产计划;完善自然保护区林木管理制度。

END

第六节　草原资源保护

一、草原资源保护概述

(一) 我国草地资源现状

我国拥有草场近 4 亿 hm^2,约占国土面积 42%;但人均草地只有 0.33hm^2,为世界人均草地 0.64hm^2 的 52%;我国草地可利用面积比例较低,优良草地面积小,草地品质偏低;天然草地面积大,人工草地比例过小,天然草地面积逐年缩减,质量不断下降。草地载畜量减少,普遍超载过牧,草地“三化”不断扩展,我国 90%的草地不同程度地退化,其中中度以上退化的草地面积占 50%,全国“三化”草地面积已达 1.35 亿 hm^2,并且每年以 200 万 hm^2 的速度增加。我国 84.4%的草地分布在西部,面积约 3.3 亿 hm^2。

(二) 草原的定义

草原是指生长在温带气候半干旱、半湿润的地区,以旱生多年生草本植物为主体的植物群落,能够用作放牧和割草的场地。包括天然草场、人工改良草场、放牧场、打草场和草籽繁殖地。

二、保护草原植被

《草原法》规定,严格保护草原植被,禁止开垦和破坏。草原使用者进行少量开垦,必须经县级以上人民政府批准。已经开垦并造成草原沙化或者严重水土流失的,县级以上地方人民政府应当限期封闭,责令恢复植被,退耕还牧。为了防止植被破坏,禁止在荒漠草原、半荒漠草原和沙化地区砍挖灌木、药材及其他固沙植物。未经县级人民政府批准,不得采集草原上的珍稀野生植物。为防止机动车辆破坏草原植被,规定机动车辆在草原上行驶应当注意保护草原;有固定公路线的,不得离开固定的公路线行驶。

三、保护草原生态环境与防火

(一) 草原生态环境保护

《草原法》规定,地方各级人民政府应当采取措施,防治草原鼠虫害,保护捕食鼠虫的益鸟益兽。防治草原地区牲畜疫病和人畜共患疾病。猎捕草原野生动物,应当遵守当地人民政府关于预防疫病流行的有关规定。

(二) 草原防火

贯彻"预防为主,防消结合"的方针,建立防火责任制,制定草原防火制度和公约,规定草原防火期。在草原防火期间,应当采取安全措施,严格管理。发生草原火灾,应当迅速组织群众扑灭,查明火灾原因和损失情况,及时处理。

四、合理利用草原和建设草原

(一) 合理利用草原,防止过量放牧

《草原法》规定,因过量放牧造成草原沙化、退化、水土流失的,草原使用者应当调整放牧强度、补种牧草、恢复植被。对已经建成的人工草场应当加强管理、合理经营、科学利用、防止退化。要合理利用,提高载畜能力。

(二) 开发利用我国草地资源的途径

(1) 合理利用西、北部天然草地。

(2) 挖掘南方草山草坡的潜力。

(3) 防止退化,积极恢复退化草场。

(4) 逐步推广轮牧,建立合理的轮牧制度。

(5) 重视草地的合理利用,提高牧畜生产。

第七节 野生动物、植物资源保护

一、野生动物、植物的概念

野生动物是指非人工驯养的,生存于自然界的哺乳动物、鸟类、爬行动物、两栖动物、鱼类、软体动物、昆虫、腔肠动物等。我国是世界上野生植物种类最多的国家,约占地界动物总种数的12%。我国必须加强对野生动物的保护,特别是对珍贵、濒危野生动物的保护。其中我国特有或主要分布在我国的有熊猫、金丝猴、羚牛、白鳍豚、扬子鳄等。

野生植物是指自然生长的被子植物、裸子植物和蕨类植物。其中稀有、渐危、濒危的种类，称为珍稀野生植物。据统计，我国高等植物就有 30 000 多种，木本植物 7 000 多种，共占世界总数的 10%，其中不少为我国独有，如金钱松、台湾松、水松、珙桐、杜仲等。

二、野生动物资源保护

1. 保护的野生动物的定义

根据《野生动物保护法》的规定，保护的野生动物是指珍贵、濒危的陆生、水生野生动物和有益的或者有重要经济、科学研究价值的陆生野生动物。国家保护野生动物及其生存环境，禁止任何单位和个人非法猎捕或者破坏。

2. 国家重点保护的野生动物的种类

国家重点保护的野生动物分为一级保护野生动物和二级保护野生动物。一级保护动物是指中国特产稀有或濒于灭绝的野生动物，禁止任何组织和个人在任何时间、地点和使用任何方法猎捕、伤害，包括它们的幼体、卵等。二级保护动物是指数量稀少或分布地域狭窄，若不采取保护措施将有灭绝危险的野生动物。禁止在自然保护区、风景名胜区及省、自治区、直辖市人民政府规定的其他禁猎区、禁猎期内，猎捕、伤害国家二级保护动物。

3. 国家保护野生动物的措施

国家建立自然保护区对野生动物进行保护。《野生动物保护法》明确禁止对国家保护的野生动物的猎捕、杀害、出售、收购。

三、野生植物资源保护

1. 我国的野生植物资源

我国有许多十分珍贵而稀有的树种，其中有许多中草药植物、香料植物和工业用植物等。合理地利用野生植物资源，保护野生珍稀植物，对发展经济、开展科学研究，改善自然环境都具有重要意义。

2. 野生植物资源保护的种类

(1) 野生植物的分级保护

野生植物的分级保护是指珍贵、稀有野生植物的保护。珍贵植物是指我国特产并具有极为重要的科研、经济或文化价值的植物；稀有植物是指分布区范围狭窄，生存环境比较独特或者分布区虽广但零星分散的植物。对这些野生植物及其生存环境，国家实行重点保护。

(2) 自然保护区保护

国家建立自然保护区对野生植物进行保护，我国著名的植物保护区有稀有的南亚热带常绿阔叶林——鼎湖山自然保护区、丰林自然保护区，银杉——花坪自然保护区和金佛山自然保护区等。

3. 植物检疫专门法规保护

国家对植物检疫专门发布《植物检疫条例》，对植物检疫管理机构、植物检疫对象、植物检疫措施等均作了具体规定。

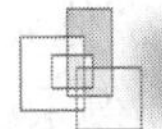

案例 7-2

2017 年 3 月 11 日 18 时许，姚某在阿城市（现阿城区）红民村等处收购架条 132 捆，其中有榆树、柳树、槐树、桦树等幼树 320 棵，珍贵树木黄菠萝 10 棵，在运往哈市途中被抓获，赃物被收缴。

请问：姚某的行为如何处罚？

【解析】

姚某明知是盗伐的珍贵林木而予以收购，其行为构成非法收购国家重点保护植物罪，应予惩处。依照《刑法》第 344 条、第 72 条第 1 款、《中华人民共和国刑法修正案（四）》第 6 条和最高人民法院《关于审理破坏森林资源刑事案件具体应用法律若干问题的解释》第 11 条第 2 款第（二）项之规定，判决姚某犯非法收购国家重点保护植物罪，有期徒刑 3 年，缓刑 4 年，并处罚金人民币 10 000 元。

END

第八节　水产资源保护

一、水产资源的保护概述

水产资源是一种生物资源即水生动植物。它的主要产品——鱼类是人民生活中重要的副食品之一，各种水生动植物及其副产品（如鱼类的内脏、骨头等废弃物），在工业、农业和医药上的用途也很广泛。如果维护好水域环境，把开发利用和繁殖保护很好地结合起来，资源就可以稳步增值；如果采捕过度，滥用危害资源的渔具去破坏水域环境，资源就会遭到破坏。资源一经破坏，再恢复就比较困难。因此，在发展水产资源的同时，必须注意繁殖保护，加强水产事业的法制建设，提高水产科学管理水平，以便有效地保护和增加水产资源，使水产事业健康地发展。

二、水产资源保护的法律规定

（一）水产资源保护对象和采捕原则

1. 保护对象

除了一些珍稀名贵的水生动植物品种外，主要根据我国水产资源的状况和人民生活的需要情况来决定的。

2. 采捕的原则和标准

这是根据水产资源的生物特点和它的生长规律来制定的。水生动物的可捕标准应当以达到性成熟为原则。对各种捕捞对象应当规定具体的可捕标准(长度或重量)和渔获物中小于可捕标准部分的最大比重。捕捞水生动植物时,应当保留足够数量的亲体,使资源能够稳定增长。对于各种经济藻类和淡水食用水生植物,应当待其长成后方得采收,并注意留种、留株、合理轮采。

(二) 加强捕捞监督管理

1. 划定禁渔区

为维护国家的渔业权益,保护水产资源,以法律形式规定禁止某种渔业在划定的水域内进行捕捞作业,这个划定的水域就是该渔业的禁渔区。

2. 规定禁渔期

在一定时间内,在一定的水域禁止全部捕捞作业,或限制作业的种类和某些作业的渔具数量,以保护和合理捕捞渔业资源。县级以上人民政府渔业行政主管部门,可以确定重点保护的渔业资源品种及采捕标准。在重要的鱼、虾、蟹、贝、藻类,以及其他重要水生生物的产卵场,索饵场、越冬场和洄游通道,规定禁渔区和禁渔期。

3. 对渔具和渔捕提出具体规定和要求

为了保证渔业资源,在一定的地区内,按不同的捕捞对象对捕捞作业的工具、方法分别提出具体规定和要求。各种主要渔具应当按不同捕捞对象,分别规定最小网眼(箔眼、尺寸)。其中机轮拖网、围网和机帆船拖网的最小网眼尺寸由国家渔产行政主管部门规定。对于危害资源的渔具、渔捕,应根据危害资源的程度,分别予以改进,限期淘汰或禁止使用。

第九节　农业环境保护

一、农业环境概述

(一) 农业环境的定义

农业环境是指农作物、林木、果树、畜禽和鱼类等农业生物赖以生存、发育、繁殖的自然环境,主要包括农田土壤、农业用水、空气、日光、温度等。当前由人类活动所引起的农业环境质量恶化,已成为妨害农业生物正常生长发育、破坏农业生态平衡的突出问题。其中,既有由农业外的人类活动引起的,也有由农业生产本身引起的。

(二) 来自农业外的污染与危害

1. 农区大气污染

全世界每年排入大气的废气中含 400 多种有毒物质，通常造成危害的有 30 余种。主要的有害气体有：①二氧化硫；②氟化物；③氯；④光化学烟雾；⑤粉尘。

2. 农业用水污染

由工矿企业排放的未经净化的废水、废渣、废气和城镇居民排放的生活污水是主要的污染源。农业用水中为害较大的污染物质主要有：①氰化物和酚、苯类；②三氯乙醛；③次氯酸；④油类；⑤洗涤剂，主要来自家庭生活污水；⑥氮素过剩，城市污水和畜舍污水中均富含氮素；⑦病原微生物。

3. 农田土壤污染

与农业用水污染密切有关。造成农田土壤污染的有毒物质主要有：①镉；②汞；③砷；④铅；⑤硒等。

此外，农业用水和农田土壤中的有害物质还常污染水体，对水产业造成为害。比如，水中氰化物 0.3～0.5 毫克的含量就可使许多鱼类致死；酚可影响鱼、贝类的发育繁殖；镉、汞和铅对鱼类生存的威胁也大。

(三) 来自农业本身的污染与危害

1. 农药污染

一些长效性农药如滴滴涕、六六六等。另外，农药的长期使用还会因害虫的天敌被消灭和害虫、致病微生物产生抗药性而加剧病虫危害。

2. 化肥污染

长期过量施用化肥或施用不当可造成明显的环境污染或潜在性污染。

3. 盲目性的农事活动

如对森林、草原以及水、土等农业自然资源不合理的开发利用等，也是恶化农业环境、破坏农业生态平衡的重要原因。

二、保护农业环境的措施

(一) 控制和消除污染源

世界各国已颁布几十项有关农业环境保护的法律、条例，规定了 50 多种污染物的环境标准。中国已颁布的有关条例有《农田灌溉水质标准》《农药安全使用标准》《农业环境保护工作条例》《农业环境监测条例》等。此外，在《环境保护法》《土地管理法》《草原法》和《渔业法》等法规中也有有关规定。内容主要包括对污染物的净化处理、排放标准以及排放量和浓度的限制等。除立法手段外，还常辅以行政措施和经济制裁，如排污收费、污染罚款等。

(二) 农业环境监测

农业环境监测的目的在于迅速掌握农业环境污染的现状和动向,提供预报资料,以便及早采取相应措施,防止污染物质为害,并为制定长期对策提供科学依据。监测内容以为害农业环境的主要污染物为重点,在紧急情况下,可进行特定项目的监测。

(三) 污染防治措施

除严格控制和消除污染源外,还可以采取如下一些防治措施。

1. 利用植物防治

选用具有较强抗性和耐污性的树种营造防污林带,以阻止大气污染物的扩散,并通过林网吸收污染物质等。某些对污染物敏感的植物,则可作为指示植物用来监测大气污染。

2. 利用某些生物的自净能力

池、沼、库、塘、湖泊等水域中的某些水生生物除能将酚、氰等毒物分解成无毒物质外,对汞、镉、铬、锌等元素也有较强的吸收能力。

3. 耕作措施防治

对已被污染的土壤,除发挥土壤自然净化作用外,还可通过深翻、刮土甚至换土等方法来消除污染。此外,增加土壤有机质含量可提高土壤的净化能力;施加石灰、磷酸盐、硅酸盐等可抑制植物对重金属的吸收。

4. 合理使用农药、化肥

禁用和限制使用剧毒农药和稳定性强的农药,发展高效、低毒、低残留农药,以及利用天敌,培养抗性品种,采取综合措施防治病虫害等。

5. 维护生态平衡

可以采取的措施包括种植防护林,禁止对草原、森林和水域的不合理开发以及保护和利用天敌等。

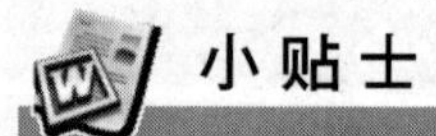

小贴士

农业绿色发展稳步推进

我国主要农作物病虫害绿色防控覆盖率达到25.2%,农药使用量连续几年下降。目前主要粮食作物化肥、农药利用率分别为35.2%、36.6%,分别比2013年提高了2.2个百分点、1.6个百分点。

2017年,以全国600个生猪、奶牛、肉牛养殖大县为重点,推进畜禽粪污资源化。畜禽粪污资源化利用率达到60%。

稻渔综合种养达到2 274万亩,产量达到163.2万吨,同比增长4.8%,带动农民增收

300 多亿元，起到了稳粮、节水、生态和增收的作用。

2016 年，全国秸秆综合利用率达 82%。启动秸秆综合利用试点，项目区秸秆综合利用率达到 90%以上，基本杜绝露天焚烧，农村环境得到有效改善；秸秆直接还田和过腹还田水平大幅提升，耕地质量明显提高。

在 229 个县实施地膜综合利用示范工程，部分地方建立了全程监管模式和体系。新疆、甘肃等地膜使用重点地区废旧地膜当季回收率近 80%。

建立健全草原保护制度，落实新一轮草原生态保护补助奖励政策，实施退牧还草、新一轮退耕还林还草、京津风沙源治理、西南岩溶地区石漠化综合治理等重大草原生态治理工程。2012—2016 年，重点天然草原平均牲畜超载率累计下降了 10.6 个百分点。

全国水生生物保护区总面积超过 10 万平方公里。投入增殖放流资金 9.5 亿元，放流重要水生生物苗种和珍贵濒危物种 389.5 亿尾（粒、只）。截至 2017 年 6 月，累计取缔 2.4 万艘涉渔"三无"船舶，共清理违规渔具近 90 万张（顶）。实施史上最严、历时最长的伏季休渔制度，开展"亮剑 2017"系列渔政专项执法行动。

END

导学案例解析

本案中被告违反了我国资源与环境保护法律的有关规定。依照我国《水污染防治法》第 5 条第 1 款的规定："一切单位和个人都有责任保护水环境。"第 29 条规定："向农田灌溉渠道排放工业废水和城市污水，应当保证其下游最近的灌溉取水点的水质符合农田灌溉水质标准。"

某部金矿局未经任何部门批准，造成春某村引水渠堵塞，水田污染，水稻减产。被告应负造成水污染的直接责任。人民法院判决由被告负责赔偿原告 4 年共损失 87 924.2 元，判决生效后一次付清。第一审诉讼费用 2 029 元，由被告负担。

END

练习题

一、简答题

1. 简述自然资源的特征。
2. 我国农业可持续发展的目标是什么？
3. 土地资源的特性有哪些？
4. 如何进行水资源的保护与节约？
5. 怎么进行森林保护？

二、不定项选择题

1. 自然资源具有（　　）的特点。

A. 稀缺性　　B. 空间分布不均匀性
C. 整体性　　D. 多用性

2.《全国生态保护“十三五”规划纲要》规定，要建立(　　)体系。
A. 建立生态空间保障
B. 强化生态质量及生物多样性提升
C. 建设生态安全监测预警及评估
D. 完善生态文明示范建设

3. 合理开发利用水资源的主要途径(　　)。
A. 有重点地规划和兴建水资源工程
B. 加强水资源保护，防止水体污染
C. 积极慎重地从事“南水北调”的规划研究工作
D. 大力发展节水灌水农业，提高水资源利用效率

4. 我国法律禁止任何(　　)或者(　　)用任何手段侵占或者破坏矿产资源。
A. 组织　　B. 个人　　C. 单位　　D. 企业

5. 我国规定，每年的(　　)是植树节。
A. 2月12日　　B. 3月12日　　C. 4月12日　　D. 5月12日

6.《草原法》还规定，草原使用者进行少量开垦，必须经(　　)以上人民政府批准。
A. 区级　　B. 县级　　C. 市级　　D. 省级

7.《野生动物保护法》明确禁止对国家保护的野生动物的(　　)。
A. 猎捕　　B. 杀害　　C. 出售　　D. 收购

8. 我国法律规定，禁用和限制使用剧毒农药和稳定性强的农药，发展(　　)农药。
A. 高效　　B. 低毒　　C. 低残留　　D. 高残留

三、案例分析题

2000—2016年，被告人李某陆续到A县盆义乡“九重山”(地名)开垦占用林地1.12公顷，并在该地种植香蕉、甘蔗等农作物。“九重山”的涉案林地权属属于国营渠河华侨林场所有，经林业工程师勘查鉴定：被非法占用的林地位于国营渠河黎华侨林场2000年二类调查区划的盆义分场，被占用林地面积共1.12公顷。

试分析：对李某非法占用国有林场林地，并改变被占用林地用途，数量较大，造成林地大量毁坏的行为应如何处罚？

第八章
农业行政执法

学习目标

- 掌握农业行政执法的程序、行政复议程序、行政诉讼裁判类型。
- 理解农业行政执法内容。
- 了解农业行政执法概念、特征，加强农业行政执法的措施。

案例导学

河北省北田县原有长河、爱义、博大、大成、盈都5家农作物种子销售点，这5家销售点的营业执照、种子经营许可证等证照齐全。2016年，根据上级农业主管部门有关文件的规定，要求种子销售市场实行种子集中定点销售。于是，北田县农业局发出通告，确定只给长河发放作为种子定点销售资格证明的标志牌。因此，北田县工商行政管理局将爱义、博大、大成、盈都4家的营业执照吊销。爱义、博大、大成、盈都4家农作物种子销售点对此不服，找到县农业局，北田县农业局称通告属于抽象行政行为，需遵守执行。爱义、博大、大成、盈都4家农作物种子销售点遂提起行政诉讼。

END

第一节　农业行政执法概述

一、农业行政执法的概念

执法即执行法律，亦称法律执行或法的执行，是指国家机关和法律法规授权、委托的组织及其公职人员，依照法定职权和程序，贯彻实施法律的活动。执法有广义和狭义两种含义。广义的执法是指一切执行法律的活动，包括国家行政机关、司法机关及其公职人员依照法定职权和程序，贯彻执行法律的活动。这种意义上的执法既包括国家行政机关的执法活动，也包括国家司法机关的司法活动。如全国人大及地方人大开展的“执法大检查”，即是在广义上使用执法概念的。狭义的执法仅指国家行政机关及其公职人员，依照法定职权和程序，贯彻执行法律的活动，称为“行政执法”。

农业行政执法是指国家农业行政主管部门和法律法规授权、委托的组织及其公职人员在行使农业行政管理权的过程中，依照法定职权和程序，贯彻实施法律的活动。

二、农业行政执法的主体

农业行政执法的主体即学理上的农业行政主体，是指依法享有农业行政管理职权，以自己的名义从事农业行政管理活动，独立地承担由此所产生的法律责任的组织。在我国，农业行政主体包括农业部，省、市、县各级政府的农业、畜牧、水产、农机等厅、局、委，法律法规授权的动物防疫监督机构、植物检疫机构、农机监理机构、草原监理机构、渔政监督管理机构，国家和省级农作物种子（畜禽品种）审定委员会、植物新品种复审委员会、农药登记复审委员会、兽药评审委员会、农村承包合同管理委员会。具体到我国现行法律、法规，我国的行政执法主体可分为以下 3 类。

（一）国家行政机关

国家设置行政机关的目的就是进行行政管理，因此，国家行政机关是最主要的行政执法主体。目前，具有行政执法主体资格的国家行政机关主要包括各级人民政府、县级以上人民政府组成部门（如农业部、农业厅、农业局等）、地方各级人民政府派出机关（行政公署、区公所、街道办事处）。此外，国务院具有行政管理职能的直属机构（如海关总署、税务总局、工商总局等）、国务院部委管理的国家局（国家粮食局、国家烟草局、国家邮政局等）也是行政执法主体。

需要强调的是，尽管上述国家行政机关都由司局、处（科）室等内设机构组成，但司局、处（科）室等内设机构不能成为行政执法主体（除非有法律法规授权），不能单独对外做出行政决定。实践中，农业法律、法规在规定主管部门时，往往使用“国务院（地方人民政府）农业（畜牧、草原、兽医、渔业、农垦、乡镇企业、饲料工业、农业机械化）主管部门”的表述，但此处的主管部门并不是指负责该领域具体工作的农业部门内设机构，而是指该内设机构所属的农业部门（部、厅、局）。

（二）法律、法规授权的组织

随着社会的发展和行政范围的扩张，许多社会性和专业性的行政事务不再由国家行政机关直接管理，而是交由其他社会组织来管理，如果这种管理得到法律、法规（行政法规和地方性法规）的授权，相应的社会组织也会在授权范围内成为行政执法主体。这类组织主要有以下 3 类。

1. 行政机关的内设机构、派出机构

行政机关的内设机构和派出机构一般不能以自己的名义独立对外做出行政行为并承担法律责任，从而不构成独立的行政主体。但在某些特殊情况下，法律、法规会授权内设机构或派出机构做出某种特定的行政行为，使其成为行政主体，成为独立承担法律责任的行政执法主体。比如，《治安管理处罚法》授权公安派出所就警告、500 元以下罚款独立做出决定，在这一权限范围内，公安派出所就获得了行政主体资格，成为独立承担法律责任的行政执法主体。

2. 事业单位

证监会、保监会、银监会、电监会均属于国务院直属事业单位，但通过《中华人民共和国证券法》(以下简称《证券法》)、《中华人民共和国保险法》(以下简称《保险法》)、《中华人民共和国银行业监督管理法》(以下简称《银行业监督管理法》)、《中华人民共和国电力监督管理条例》(以下简称《电力监督管理条例》)等法律法规获得了授权，取得行政主体资格，成为独立承担法律责任的行政执法主体。

3. 行业协会等社会组织

注册会计师协会通过《中华人民共和国注册会计师法》(以下简称《注册会计师法》)的授权，获得对注册会计师实施考试、注册管理的职权，成为行政执法主体，并以自己名义独立承担法律责任。

目前，农业系统的法律、法规授权组织有 4 类，分别是。

(1) 植物检疫机构。《植物检疫条例》第 3 条第 1 款规定："县级以上地方各级农业主管部门、林业主管部门所属的植物检疫机构，负责执行国家的植物检疫任务。"

(2) 动物卫生监督机构。《动物防疫法》第 8 条规定："县级以上地方人民政府设立的动物卫生监督机构依照本法规定，负责动物、动物产品的检疫工作和其他有关动物防疫的监督管理执法工作。"

(3) 渔政监督管理机构。《渔业法》第 6 条、第 7 条、第 8 条规定："县级以上人民政府渔业行政主管部门可以在重要渔业水域、渔港设渔政监督管理机构，对渔业实施监督管理。国家渔政渔港监督管理机构对外行使渔政渔港监督管理权。"

(4) 渔船检验机构。《中华人民共和国渔业船舶检验条例》(以下简称《渔业船舶检验条例》)第 3 条第 2 款、第 3 款规定："中华人民共和国渔业船舶检验局行使渔业船舶检验及其监督管理职能；地方渔业船舶检验机构依照本条例规定，负责有关的渔业船舶检验工作。"

(5) 草原监督管理机构。《草原法》第 56 条第 1 款规定："草原监督管理机构负责草原法律、法规执行情况的监督检查，对违反草原法律、法规的行为进行查处。"

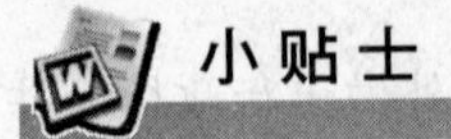

小贴士

草原行政处罚权

《草原法》规定的行政处罚由草原行政主管部门实施，即草原监督管理机构不能以自己名义实施行政处罚。

(三)受委托组织

实践中，行政机关基于管理的需要，还可能委托其他组织从事行政管理活动，这类组织被称为受委托组织。按照《中华人民共和国行政处罚法》(以下简称《行政处罚法》)第18条的规定，委托其他组织实施行政处罚要符合下列要求：一是法律、法规或规章允许委托；二是不得超出委托行政机关的法定权限；三是受委托组织须是具有相应人员和技术条件的管理公共事务的事业组织；四是受委托组织以委托行政机关名义实施处罚；五是受委托组织不得再委托其他组织或个人实施处罚；六是委托行政机关要监督受委托组织的处罚行为并承担法律责任。《中华人民共和国行政诉讼法》(以下简称《行政诉讼法》)第26条第5款也规定：行政机关委托的组织所做的行政行为，委托的行政机关是被告。根据上述规定，受委托组织并不是行政主体。

法律、法规授权组织与受委托组织除在是否属于行政主体上存在不同外，一个重要区别还在于：法律、法规授权组织直接通过法律、法规获得行政权力；受委托组织除要有法律、法规、规章允许委托的规定外，还要有行政机关的具体委托行为，否则就不能行使相应的行政权力。

三、农业行政执法主体的特征

1. 农业行政执法主体是组织，不是个人

国家行政权力虽然由行政主体的工作人员具体行使，但他们并不是行政执法主体。

2. 行政执法主体行使的是国家行政权力

行使国家立法权的权力机关(人民代表大会及其常委会)、行使国家司法权的司法机关(人民法院和人民检察院)均不属于行政主体。隶属于行政主体但不行使行政权力的组织如农业部门所属的科研机构，也不属行政执法主体。

3. 行政执法主体能以自己的名义进行管理并独立承担法律责任

行政执法主体的内设机构(如农业部各司局)、派出机构(如一些部委派驻各地的特派员办事处)以及受行政主体委托从事行政管理的组织(受委托组织)尽管也在行使国家行政权力，但它们不能以自己名义，也不能独立承担法律责任，不是行政主体。

四、农业行政执法程序

1. 农业行政执法程序的概念

农业行政执法程序是指农业行政行为在时间和空间上的表现形式，是指农业行政执法机关行使行政权力、实施行政执法活动过程中所遵循的方式、步骤、顺序以及时限的总和。

2. 农业行政执法程序的构成

农业行政执法程序一般包括 6 个要素。一是过程，指行政执法程序自始至终的整体。二是步骤，指过程中间的环节，如处罚中的立案、调查、取证、处罚步骤。三是方式，如合议、告知、送达等。四是形式，如使用行政法律文书证书等。五是时限，即对农业行政行为所经历一定时间的限度规定。六是顺序，指要求某些步骤的实施不可前后颠倒。这 6 个要素对一般正式的农业行政行为应是缺一不可的，但对某些非正式的农业行政行为，可能只需具备其中的部分要素。

3. 农业行政执法程序的基本原则

农业行政执法程序的基本原则是指农业行政执法程序的设立、实施应遵循的基本准则：①程序法定原则是指农业行政执法活动的主要程序必须由法律加以规定，执法主体实施行政行为时必须严格遵循，不得违反法定程序；②公开原则是指农业行政执法主体主动增强其行政活动的透明度，使外界易于了解和知晓；③公民参与原则是农业行政执法机关在实施行政行为时，要保障公民的了解权和参与权的实现；④公正原则是指农业行政执法机关实施行政行为是应合理处理公共利益与个人利益之间的关系，并在程序上平等地对待相对人；⑤效率原则是指行政程序要适应现代行政的需要，以迅速、简便与经济的方式达到行政目的。

4. 农业行政执法程序的主要制度

这是指农业行政机关在行政活动中必须遵循的重要程序制度，是农业行政执法程序的基本原则的具体化。主要包括：①告示制度是指农业行政主体应把农业行政行为实施中应当让行政相对人了解的事项，通过一定的方式对外通知告示的制度。②听证制度是指农业行政机关在做出影响行政相对人权利义务的决定前，应当听取当事人的陈述、申辩和质证，然后根据经双方质证、核实的材料作出行政决定的一种程序制度。③说明理由制度是指农业行政机关在做出影响行政相对人权利义务的决定时，要说明做出该决定的事实根据和法律依据的制度。④辩论制度是指在裁决争议时，由双方当事人在农业行政机关主持下就事实和法律问题进行对质的一种法律制度。⑤回避制度是指农业执法人员若和所处理事项或裁决的争议有某种利害关系，应当回避的制度。⑥合议制度是指在涉及行政相对人重大利益或复杂事由时，由多人（通常为单数）做出决定或裁决的制度。⑦职能分离制度是指将行政机关的某些相互联系的职能予以分离使其分属于不同的机关或工作人员以加强对权力制约的制度。⑧情报公开制度是指通过各种方式和途径让行政相对人知晓有关行政活动的情况及有关信息资料。⑨不单方接触制度是指处理2个以上行政相对人的、具有相互排斥利益的事项时，不单方接触另一方当事人的制度。⑩充分考虑制度是指有关行政主体做出决定时，在法律法规允许范围内，充分考虑相对人利益的制度。⑪保护秘密隐私制度，行政执法主体有义务对行政管理过程中了解的个人隐私和商业秘密进行保密。⑫时效制度是指农业行政行为的全过程或其各个阶段受到法定时间限制的程序制度。⑬行政救济制度是指行政相对人不服农业行政执法主体做出的影响其权利义务的行政决定时，法律应为其提供申请复议或提起行政诉讼以获得救济的途径与机会的制度。

五、加强农业行政执法的措施

执法是依法行政的关键。加强农业行政执法，最根本的是要深化执法体制改革，通过改革来增强农业执法能力，提高执法水平。在这方面要减法加法一起做，即深入推进农业综合执法和加强农业执法规范化建设一起做。另外，加大农业行政执法力度也是加强农业行政执法的必要措施。

1. 深入推进农业综合执法

深入推进农业综合执法，即做“减法”，就是通过整合农业执法职能，健全综合执法体系，坚定不移地推进农业综合执法，切实解决多头执法的问题。一是突出重点。以农业投入品和农产品质量安全执法为重点，推动综合执法机构统一行使农业部门行政执法职能。二是扩大范围。畜牧兽医、渔业等单独分设的部门，也要推行部门内综合执法。三是下移重心。将执法的重心下移到县市这一层级，重点强化县(市)一级的综合执法和执法力量整合。四是理顺关系。按照权责一致的要求，理顺综合执法机构和行业管理机构的关系，今后综合执法机构主要承担执法检查、行政处罚等职能，行业管理机构主要承担规划制定、产业指导、行政审批、日常管理等职能，这两类机构要充分发挥各自优势，强化协作配合。

2. 加强农业执法规范化建设

做“加法”就是要大力推进综合执法规范化建设，切实提升农业执法水平。

(1) 加快推进综合机构的合规化，落实好执法机构和人员编制。

(2) 充实执法人员，确保执法力量与执法任务相适应。

(3) 突出执法办案“主业”地位，将执法办案作为衡量农业综合执法机构业绩的基本标准，纳入执法考评。

(4) 加强能力建设。整合和加大执法投入，实施农业执法监管能力建设工程，改善执法设施和装备。分级分类加强执法人员的培训。统一农业执法证件，严格实行执法人员持证上岗和资格管理制度。加大法律专业人员配置比例，提高执法人员政治素质和业务水平,推进执法人员专职化。

(5) 严格规范公正文明执法。全面落实行政执法责任制,制定执法权力清单,严格确定执法机构和岗位执法人员执法责任,加强执法监督,切实做到有权必有责、用权受监督、违法要追究,严肃查处执法犯法、以权谋私、徇私枉法等失职渎职行为。

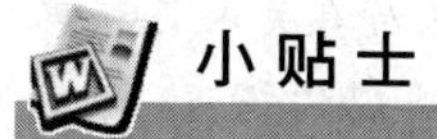

小贴士

农业执法"六条禁令"

①执法机构要与生产经营机构在人员和财务上分开,禁止从事生产经营活动;②执法人员要严格遵守办案纪律,廉洁自律,禁止接受吃请和收受好处;③要恪尽职守,秉公执法,禁止借办案之机为自己和亲友谋利;④要认真遵守办案程序,禁止违反程序办案;⑤要认真执行罚缴分离和收支两条线制度,禁止下达罚款指标;⑥要文明执法,热情服务,禁止作风粗暴。

3. 加大农业执法力度

一是健全农业执法信息共享和执法联动机制,强化省部两级监督指导基层执法、协调跨区域执法和查处重大违法案件职责。

二是改进执法方式,强化日常执法,完善以随机抽查为重点的监督检查制度,加大农业投入品和农产品质量安全执法力度,严厉打击侵犯农业知识产权和破坏农业资源环境的行为。

三是坚持处罚与教育相结合,努力实现办理一案、规范一片的效果,坚决杜绝一罚了之、以罚代管现象。

四是健全农业执法与刑事司法的衔接机制,坚决克服有案不移、以罚代刑现象。

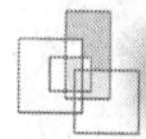

案例 8-1

2016 年 7 月,山西省 A 县三叉镇后湾村村民韩东之反映:他种植的春玉米长势不好,有的不出苗,出苗的也发黄,怀疑用的肥料有问题。该县农业执法大队接到该村民的举报后,立即联系县农业局土肥站、农技站等部门专家去现场进行勘查,在肥料经销商、种植户的现场监督下,农业局的专家就玉米的长势出现的问题与肥料的关系进行了初步的勘查,并进行了肥料取样,后经权威部门检测,该肥料属于不合格产品。A 县农业局执法大队依据鉴定结论对有关人员和单位进行了处罚,并应当事人请求,对村民与肥料经销商进行民事赔偿调解,当事人达成赔偿协议。

请问:A 县农业局执法大队依据什么法律法规进行处罚的?

【解析】

根据《肥料登记管理办法》第7条规定，农业部门负责肥料登记及监督管理工作。根据该办法第27条规定，生产、销售的肥料产品有效成分或含量与登记批准的内容不符的，由县级以上农业行政主管部门给予警告，并处违法所得3倍以下罚款，最高不超过3万元，没有违法所得的，处1万元以下罚款。因此，A县农业局执法大队对有关人员和单位进行的处罚于法有据。至于当事人达成的赔偿协议，在不违反法律法规的情况下，应依法予以保护。

END

第二节 行政复议

一、行政复议的概念和特征

行政复议是指行政相对人对行政主体的具体行政行为不服，依法向行政复议机关提出行政复议申请，行政复议机关依照法定程序对被申请的具体行政行为进行合法性和适当性审查，并做出行政复议决定的一种法律制度。对于涉农纠纷而言，行政复议就是一种通过涉农行政执法机关的上级机关来解决争议的纠纷解决方式。我国的《行政复议法》和《行政复议法实施条例》对行政复议制度从立法上进行了规定。

行政复议解决涉农纠纷具有以下几个特征。

(1) 行政复议所处理的涉农争议是行政争议。主要是指行政主体在行政管理过程中因实施具体行政行为而与农业、农村、农民相对人发生的争议，这种争议的核心是该涉农具体行政行为是否合法、适当。行政复议不解决民事争议，行政机关解决民事争议的行为是行政裁决或行政调解，不是行政复议。

(2) 行政复议以具体行政行为为审查对象，并附带审查部分抽象行政行为。涉农行政主体的行政行为可以分为具体行政行为和抽象行政行为，前者如农业行政处罚、行政许可等，后者如制定和发布行政法规、规章和其他规范性文件等。根据我国《行政复议法》的规定，行政复议对具体行政行为的合法性和合理性进行审查，附带审查抽象行政行为中除行政法规和规章以外的其他规范性文件。所以，如果认为与“三农”有关的行政法规和规章违法，不能直接通过行政复议途径解决，需要通过其他法制监督途径办理。

(3) 行政复议必须由不服涉农具体行政行为的行政相对人提出。申请行政复议的相对人必须与农业行政机关的具体行政行为之间有法律上的利害关系，其他公民、法人和其他组织对农业行政机关的具体行政行为有异议的，只能通过检举、控告等方式向信访机关提出。

(4) 行政复议主要采用书面审查方式，必要时也可以通过听证的方式审查。

二、农业行政复议的受案范围

农业行政复议的受案范围主要包括以下方面。

(1) 对农业行政执法机关做出的具体行政行为不服的。比如,对罚款、吊销许可证、批准文号等行政处罚不服;对扣押、查封、限制出运动植物及其产品等农业行政强制措施不服;对土地征收及补偿不服等。

(2) 认为农业行政机关不作为的。如申请有关证照不予办理或者不予答复。

(3) 认为农业行政执法机关侵犯其合法权益的其他具体行政行为,比如,乡一级人民政府废止某一份农业承包合同的行为。

但下列事项不能提起行政复议。

(1) 就具体行政行为已经向人民法院提起行政诉讼,人民法院已经依法受理的;

(2) 不服农业行政机关对有关民事的涉农纠纷的调解或者其他方式处理的,不可以提起行政复议,应依法申请仲裁或者向人民法院提起诉讼。

三、行政复议的程序

行政复议分为申请、受理、审理、决定、执行 5 个阶段。

1. 申请

公民、法人或者其他组织认为涉农的具体行政行为侵犯其合法权益,可以自知道该具体行政行为之日起 60 日内提出行政复议申请;但是法律规定的申请期限超过 60 日的除外。因不可抗力或者其他正当理由耽误法定申请期限的,申请期限自障碍消除之日起继续计算。农业行政复议的复议机关一般为农业行政执法机关的上级机关或者本级人民政府,但对农业部的具体行政行为不服,直接向农业部提起行政复议。

2. 受理

行政复议机关收到行政复议申请后,应当在 5 日内进行审查,对不符合本法规定的行政复议申请,决定不予受理,并书面告知申请人;对符合本法规定,但是不属于本机关受理的行政复议申请,应当告知申请人向有关行政复议机关提出。除此之外,行政复议申请自行政复议机关负责法制工作的机构收到之日起即为受理。

3. 审理

行政复议原则上采取书面审查的办法,但是申请人提出要求或者行政复议机关负责法制工作的机构认为有必要时,可以向有关组织和人员调查情况,听取申请人、被申请人和第三人的意见。

4. 决定

行政复议机关应当自受理申请之日起 60 日内做出行政复议决定;但是法律规定的行政复议期限少于 60 日的除外。情况复杂,不能在规定期限内做出行政复议决定的,经行政复议机关的负责人批准,可以适当延长,并告知申请人和被申请人;但是延长期限最多不超过30日。

复议机关经过审理,根据不同情况分别做出以下种类的决定。

(1) 维持决定。具体行政行为认定事实清楚、证据确凿、适用依据正确、程序合法、内容适当的,决定维持。

(2) 限期履行决定。被申请人不履行法定职责的,决定其在一定期限内履行。

(3) 撤销、变更或者确认违法决定。具体行政行为有下列情形之一的,决定撤销、变更或者确认该具体行政行为违法。决定撤销或者确认该具体行政行为违法的,可以责令被申请人在一定期限内重新做出具体行政行为:主要事实不清、证据不足的;适用依据错误的;违反法定程序的;超越或者滥用职权的;具体行政行为明显不当的。被申请人不按照规定提出书面答复、提交当初做出具体行政行为的证据、依据和其他有关材料的,视为该具体行政行为没有证据、依据,决定撤销该具体行政行为。行政复议机关责令被申请人重新做出具体行政行为的,被申请人不得以同一的事实和理由做出与原具体行政行为相同或者基本相同的具体行政行为。

(4) 赔偿决定。申请人在申请行政复议时可以一并提出行政赔偿请求,行政复议机关对符合国家赔偿法的有关规定应当给予赔偿的,在决定撤销、变更具体行政行为或者确认具体行政行为违法时,应当同时决定被申请人依法给予赔偿。

申请人在申请行政复议时没有提出行政赔偿请求的,行政复议机关在依法决定撤销或者变更罚款,撤销违法集资、没收财物、征收财物、摊派费用以及对财产的查封、扣押、冻结等具体行政行为时,应当同时责令被申请人返还财产,解除对财产的查封、扣押、冻结措施,或者赔偿相应的价款。

5. 执行

行政复议决定生效后,被申请人应当履行行政复议决定。被申请人不履行或者无正当理由拖延履行行政复议决定的,根据《行政复议法》的规定,行政复议机关或者有关上级行政机关应当责令其限期履行。

申请人逾期不起诉又不履行行政复议决定的,或者不履行最终裁决的行政复议决定的,按照下列规定分别处理:①维持具体行政行为的行政复议决定,由做出具体行政行为的行政机关依法强制执行,或者申请人民法院强制执行;②变更具体行政行为的行政复议决定,由行政复议机关依法强制执行,或者申请人民法院强制执行。

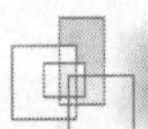

案例 8-2

胡某娣、李某坚的户籍在广东省A市A区大石街道办事处沙岗村。2016年4月6日作为申请人共同不服被申请人A市A区大石街道办事处于2015年10月8日做出的

《关于印发〈大石街道关于深化农村股份合作制改革的实施意见〉的通知》(A 大办发〔2015〕1 号),并以该通知有违反国家法律法规之精神,剥夺了申请人的合法权益为由,向 A 市 A 区人民政府提交了书面行政复议申请,请求:①将上述通知第二节第一条第一款更正为"各村在界定原始股东资格前已经出嫁,当时其户口仍留在本村的妇女,从 2016 年开始享有股东资格和股份分配……"②请求确认申请人从 2016 年开始享有股东资格和股份分配。③请求确认申请人享有与村民同等的一切权利。

A 市 A 区人民政府经审查认为:①A 市 A 区大石街道办事处发出的《关于印发〈大石街道关于深化农村股份合作改革的实施意见〉的通知》(A 大办发〔2015〕1 号),是政府派出机构对其辖区内各村委会进行农村股份合作制改革提出的意见,属于抽象行政行为,不属于行政复议的范围;②根据《村民委员会组织法》及《广东省农村社区经济组织暂行规定》的有关规定,集体收益分配属于基层群众自治组织的自治范围,对于申请人是否应当享有股东资格和股份分配的权利,行政机关依法不得干预,遂根据《行政复议法》第 2 条、第 6 条、第 17 条的规定,做出《不予受理决定书》,决定不予受理。

胡某娣、李某坚不服,于 2016 年 7 月 2 日向 A 市 A 区中级人民法院提起行政诉讼。

请问:本案如何处理?

【解析】

根据《村民委员会组织法》第 2 条、第 19 条的规定,胡某娣、李某坚主张确认其享有股东资格和股份分配等,依法均是村民委员会自治范围内的事项。《村民委员会组织法》第 4 条又明确规定基层政权不得干预依法属于村民自治范围内的事项,基层政权只能依法对村民开展自治活动进行指导、支持和帮助。

由此可见,A 市 A 区大石街道办事处对原告申请的事项没有法定职责,且《关于印发〈大石街道关于深化农村股份合作制改革的实施意见〉的通知》是不具有行政强制力的行政指导行为,并未对原告的权利义务产生直接影响,原告的股东资格和股份分配最终由股份社的章程予以确定,故 A 大办发〔2015〕1 号文不属于《行政复议法》第 6 条第(十一)项"认为行政机关的其他具体行政行为侵犯其合法权益"的情形。

A 市 A 区中级人民法院判决,被告 A 市 A 区人民政府根据《行政复议法》第 6 条、第 17 条的规定做出不予受理决定,认定事实清楚,适用法律正确。但被告在收到原告的行政复议申请后,未能在法定的 5 日期限内进行审查,逾期做出不予受理决定,程序上存在瑕疵,应予指正。

END

第三节 行政诉讼

一、行政诉讼的概念和特征

(一) 行政诉讼的概念

行政诉讼是指公民、法人或者其他组织认为行政机关和法律、法规授权的组织使行政权力的行政行为侵犯其合法权益,依法向人民法院提起诉讼,人民法院在当事人和其他诉讼参与人的参加下,对行政行为进行审理并做出裁判的活动。行政争议有两种,为内部行政争议和外部行政争议。行政诉讼与行政复议是解决外部行政争议的两种主要法律制度。

(二) 行政诉讼的特征

(1) 行政诉讼是解决行政纠纷的一种诉讼活动,是发生纠纷的相对人一方或多方,请求与纠纷各方没有利害关系的国家司法机关,按照能确保公正的程序解决纠纷的一种活动。

(2) 行政诉讼的原告只能是相对人,即认为行政机关的具体行政行为侵犯自己合法权益的公民、法人或者其他组织。行政诉讼的原告只要认为自己的权利受到行政机关的行为侵害就可以提起诉讼,至于是否实际上受到侵害须经法院审理后才能确定。

(3) 行政诉讼的被告只能是做出具体行政行为的行政机关或法律、法规授权的组织。行政机关或者经法律、法规授权的组织实施具体行政行为时处于行使国家行政权的主导地位。因此,行政机关或者依法授权的组织在行政诉讼中无须通过作为原告提起诉讼的方式来实现行政目的。

二、行政诉讼特有的原则

(一) 人民法院特定主管原则

人民法院对刑事案件、民事案件有完全管辖权,而行政案件只有一部分归人民法院管辖。所谓特定主管,一是指人民法院只主管法律规定由法院主管的那一部分行政案件,法律未规定的则不予受理;二是指法律规定由人民法院主管的行政案件,只要依法提起诉讼,就必须由人民法院管辖。特定主管的内容构成人民法院受理行政案件的范围。特定主管的另一含义是,除法律另有规定外,凡涉及公民、法人或者其他组织权利义务的外部具体行政行为引起的行政争议,最终都必须依法由人民法院主持解决。

(二) 行政行为合法性审查原则

《行政诉讼法》第 6 条规定,人民法院审理行政案件,对行政行为是否合法进行审查。

这一规定确立了人民法院通过行政审判对行政行为进行合法性审查的原则，即合法性审查原则。行政行为合法性的标准，包括两个方面。

(1) 实体合法，即行政机关所做出的行政行为是否有法律依据、是否在法定职权范围内做出，适用的法律、法规是否正确等。

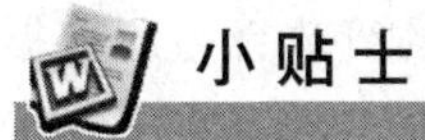

小贴士

行政行为的实体合法性审查

行政机关做出一个治安管理处罚行为，法院在审查时，要看该处罚行为是否有治安管理处罚法的依据，该行政机关是否为具有处罚权的执法主体，被处罚当事人是否存在治安管理处罚法规定的违法行为，处罚决定所适用的法律条款是否正确等。

END

(2) 程序合法。程序合法是实体合法的保障，是依法行政的重要组成部分。如果一个行政行为在程序方面出现违法，即使其实体方面没有问题，但该行政行为依然是违法的。如对于责令停产停业、吊销许可证或者执照、数额较大的罚款等较重的行政处罚，根据行政处罚法的规定，行政机关做出行政处罚决定之前，应当告知当事人有要求听证的权利，当事人要求听证的，行政机关应当组织听证。如果行政机关没有遵守这一程序性规定，即做出处罚决定，则属于程序违法，应予依法撤销。

(三) 司法变更权有限原则

在行政诉讼中，人民法院一般不享有司法变更权。行政决定是行政机关等行使职权的行政执法行为，法院不应代替行政机关等变更行政决定。在司法变更权问题上，不得变更是一般原则，可以变更是例外。我国《行政诉讼法》第 77 条规定：“行政处罚明显不当，或者其他行政行为涉及对款额的确定、认定确有错误的，人民法院可以判决变更。人民法院判决变更，不得加重原告的义务或者减损原告的权益。但利害关系人同为原告，且诉讼请求相反的除外。”

(四) 诉讼期间不停止执行原则

具体行政行为不因原告提起诉讼而停止执行，是国家行政管理的连续性和不间断性的必然要求。国家行政机关及法律、法规授权组织的行政行为一经做出，就应推定为合法，具有法律效力。

当然，行政诉讼期间不停止执行原则不是绝对的，根据我国《行政诉讼法》第 56 条之规定：“有下列情形之一的，裁定停止执行：①被告认为需要停止执行的；②原告或者利害关系人申请停止执行，人民法院认为该行政行为的执行会造成难以弥补的损失，并且停止执行不损害国家利益、社会公共利益的；③人民法院认为该行政行为的执行会给国家利益、社会公共利益造成重大损害的；④法律、法规规定停止执行的。”

（五）被告负举证责任原则

被告负举证责任与行政机关、法律、法规授权组织的行政行为的特点有关。行政行为依法做出的过程实质上是一个收集和运用证据并适用法律的过程。公民、法人或者其他组织在这个过程中，往往不清楚行政机关、法律法规授权组织做出的行政行为所依据的事实和法律处于被动地位。因此，不能要求原告负主要举证责任，而由被告负主要举证责任。

（六）不得调解原则

在行政诉讼中，不能以调解为诉讼的必经阶段，也不能也调解为结果方式，除原告撤诉外，只能以裁定或判决方式结案。新修改的《行政诉讼法》第 60 条规定，人民法院审理行政案件不适用调解。但是，行政赔偿、补偿以及行政机关行使法律、法规规定的自由裁量权的案件可以调解。

三、行政诉讼的受案范围

从法律规定来看，包括《行政诉讼法》直接列举的行政案件受理范围，和根据法律、法规规定，可以提起诉讼的其他行政案件的范围两部分。此外，还要考虑排除司法审查的范围。

（一）《行政诉讼法》直接列举的行政案件受案范围

《行政诉讼法》第 12 条第 1 款规定了 12 类行政案件属于行政诉讼受案范围。

（1）对行政拘留、暂扣或者吊销许可证和执照、责令停产停业、没收违法所得、没收非法财物、罚款、警告等行政处罚不服的。

（2）对限制人身自由或者对财产的查封、扣押、冻结等行政强制措施和行政强制执行不服的。

（3）申请行政许可，行政机关拒绝或者在法定期限内不予答复，或者对行政机关做出的有关行政许可的其他决定不服的。

（4）对行政机关做出的关于确认土地、矿藏、水流、森林、山岭、草原、荒地、滩涂、海域等自然资源的所有权或者使用权的决定不服的。

（5）对征收、征用决定及其补偿决定不服的。

（6）申请行政机关履行保护人身权、财产权等合法权益的法定职责，行政机关拒绝履行或者不予答复的。

（7）认为行政机关侵犯其经营自主权或者农村土地承包经营权、农村土地经营权的。

（8）认为行政机关滥用行政权力排除或者限制竞争的。

（9）认为行政机关违法集资、摊派费用或者违法要求履行其他义务的。

(10) 认为行政机关没有依法支付抚恤金、最低生活保障待遇或者社会保险待遇的。

(11) 认为行政机关不依法履行、未按照约定履行或者违法变更、解除政府特许经营协议、土地房屋征收补偿协议等协议的。

(12) 认为行政机关侵犯其他人身权、财产权等合法权益的。

(二) 法律、法规规定可以提起诉讼的其他行政案件范围

《行政诉讼法》第 12 条第 2 款规定："除前款规定外，人民法院受理法律、法规规定可以提起诉讼的其他行政案件。"这里的"法律"是指全国人大及其常委会制定的法律，包括基本法律和法律；"法规"是指国务院制定的行政法规、省、自治区和直辖市人大及其常委会制定的地方性法规、民族自治地方的人大制定的自治条例和单行条例等。

根据目前法律法规的规定，我国受司法审查的其他行政案件主要是不服关于政府信息公开类处理决定的行政案件。修改后的《行政诉讼法》没有将政府信息公开的行政行为明确列为第 12 条规定的受案范围内，但在该法第七章第三节的简易程序中第 82 条将政府信息公开的行政案件作为受案范围。

(三) 行政诉讼的排除

《行政诉讼法》在第 12 条作了肯定性直接列举和法律法规列举的规定之后，在第 13 条中，对不能提起行政诉讼的行政行为做出了明确规定。《行政诉讼法》列举排除的行政行为，即法院不予受理的事项是：①国防、外交等国家行为；②行政法规、规章或者行政机关制定、发布的具有普遍约束力的决定、命令；③行政机关对行政机关工作人员的奖惩、任免等决定；④法律规定由行政机关最终裁决的行政行为。

小贴士

撤销判决与确认违法判决、确认无效判决、变更判决的关系

撤销判决与确认违法判决、确认无效判决、变更判决是一般与例外的关系，有些适用情形有包容关系，一方面不能扩大确认违法判决、确认无效判决、变更判决的适用条件和范围，冲击撤销判决的重要地位；另一方面符合法定条件的，应当优先适用确认违法判决、确认无效判决、变更判决。

END

四、行政诉讼裁判

(一) 一审判决形式

1. 驳回判决

我国《行政诉讼法》第 69 条规定："行政行为证据确凿，适用法律、法规正确，符合法

定程序的，或者原告申请被告履行法定职责或者给付义务理由不成立的，人民法院判决驳回原告的诉讼请求。"这条条文规定了驳回原告诉讼请求判决的3类适用情形：一是行政行为合法的，即证据确凿，适用法律、法规正确，符合法定程序，这可以包括多种情形，如行政行为完全合法、合法但不合理、合法但应改变或者废止等；二是原告要求被告履行职责但理由不成立的；三是原告要求被告履行给付义务但理由不成立的。

2. 撤销并可重作判决

《行政诉讼法》第70条规定："行政行为有下列情形之一的，人民法院判决撤销或者部分撤销，并可以判决被告重新作出行政行为：①主要证据不足的；②适用法律、法规错误的；③违反法定程序的；④超越职权的；⑤滥用职权的；⑥明显不当的。"第71条规定："人民法院判决被告重新作出行政行为的，被告不得以同一的事实和理由作出与原行政行为基本相同的行政行为。"

3. 履行判决

根据《行政诉讼法》第72条之规定，人民法院经过审理，查明被告不履行法定职责的，判决被告在一定期限内履行。

4. 给付判决

《行政诉讼法》第73条规定，人民法院经过审理，查明被告依法负有给付义务的，判决被告履行给付义务。

5. 确认违法判决

在行政行为所具有的违法情形方面，确认违法判决与撤销判决、履行判决具有相似性，甚至事由都是相同的，但因具备某种特定情况，法院对该行政行为不判决撤销或不判决履行，改用违法判决的方式来对被诉行政行为进行判断和评价。换言之，如果能做出履行判决或撤销判决的，应当首先使用这两种判决，只有在出现应该用而无法用的时候，才使用确认违法判决。《行政诉讼法》第74条规定了5种可以确认行政行为违法的判决，一类是法定的不撤销的确认违法情形，另一类是不需要撤销或判决履行的情形。

6. 确认无效判决

确认无效判决与撤销判决有相似之处，通过判决，都可以使该行为自始无效。但不同的是，撤销判决在判决前，该行政行为是存在的，被撤销后才自始失去法律效力，而确认无效判决，针对的行为是自始就无效的、不存在的。无效判决的条件有两个：一是行政行为有重大且明显违法情形，包括实施主体不具有行政主体资格及行政行为没有依据；二是原告提出了无效的申请。

7. 采取补救措施或赔偿补偿判决

《行政诉讼法》第76条、第78条规定了采取补救措施和赔偿补偿判决的情形。根据这类判决适用于以下情形：一是行政行为被法院判决违法或无效时。按照《行政诉讼法》的规定，法院可以判决责令被告采取补救措施，如果行政行为的违法或无效给原告造成损失的，要判决被告承担赔偿责任。对于被确认违法或无效后，是否责令被告采取补救措施，《行政诉讼法》使用“可以”的表达方式，表明法院拥有裁量权。二是针对行政协议履行、变更和解除的情形。按照《行政诉讼法》第78条第1款之规定，政府特许经营协议、土地房屋征收补偿协议等协议，行政机关必须认真履行，如果被告有不依法履行、未按照约定履行或者违法变更、解除等情形的，法院可判决被告继续履行、采取补救措施或赔偿损失等。如果被告对上述协议的变更、解除是合法行为，但给原告造成损失且未依法给予补偿的，根据《行政诉讼法》第78条第2款之规定，法院也要进行补偿判决。

8. 变更判决

变更判决是指人民法院对于被告做出的明显不合理的行政行为，运用国家审判权直接予以改变的判决。其前提条件是，该行政行为已经存在，只是在合理性方面存在问题。

（二）二审判决形式

1. 驳回上诉、维持原裁判

根据《行政诉讼法》第89条规定，一审认定事实清楚，适用法律、法规正确的，判决或者裁定驳回上诉，维持原判决、裁定。

2. 依法改判

根据《行政诉讼法》的规定，改判的适用有以下情形：原判决、裁定认定事实错误或者适用法律、法规错误的；原判决认定基本事实不清、证据不足的。只要符合上述情形之一的，都可以改判。

3. 撤销的裁判

根据《行政诉讼法》第89条之规定，适用的情况是：原判决、裁定认定事实错误或者适用法律、法规错误的；原判决遗漏当事人或者违法缺席判决等严重违反法定程序的。

4. 变更裁判

改判是对一审结论的改变，变更往往是对结论正确而某些事实认定或某些法律法规引用上的错误，或裁判书中存在文字错误等。《行政诉讼法》第89条第1款第2项中的适用于“原判决、裁定认定事实错误或者适用法律、法规错误”的情形，是作为变更裁判的情形。

5. 发回重审裁判

发回重审裁判的规定分布于《行政诉讼法》第89条第1款的第3项和第4项中，适用的情况是：原判决认定基本事实不清、证据不足的；原判决遗漏当事人或者违法缺席判决等严重违反法定程序。

第89条第2款规定：“原审人民法院对发回重审的案件作出判决后，当事人提起上诉的，第二审人民法院不得再次发回重审。”

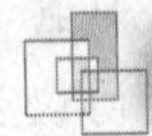

案例 8-3

陕西省A市人民政府在召集有关职能部门、城市公交公司召开协调会后，下发了A市人民政府《会议纪要》，明确规定：城市公交公司的运营范围，界定在经批准的城市规划区内；城市公交公司在城市规划区内开通的线路要保证正常运营，免交交通规费；在规划区范围内，原由交通部门负责的对城市公交公司违法运营的查处，交由建设部门负责。《会议纪要》下发后，A市城区交通局按照《会议纪要》的要求，中止了对城市公交公司违法运营的查处。

田新毛、孙建设和王良田是经交通部门批准的3家运输经营户，他们运营的线路与《会议纪要》规定免交交通规费的城市公交公司的2条运营线路重叠，但依《会议纪要》，不能享受免交交通规费的优惠。3人不服，向法院提起诉讼，要求撤销《会议纪要》中关于城市公交公司免交交通规费的规定，并请求确认市政府《会议纪要》中关于中止城区交通局对城市公交公司违法运营查处的内容违法。

请问：(1) A市人民政府《会议纪要》所做出的城市公交公司免交交通规费的内容是否属于行政诉讼受案范围？为什么？

(2) 田新毛、孙建设和王良田3人是否具有原告资格？为什么？

(3) 田新毛、孙建设和王良田3人提出的确认A市人民政府中止城区交通局对城市公交公司违法运营查处的内容违法的请求，是否属于法院的审理范围？为什么？

【解析】

(1) A市人民政府《会议纪要》所做出的城市公交公司免交交通规费的内容属于行政诉讼受案范围。因为本案中，《会议纪要》做出的规定不具有普遍约束力，实际上，该《会议纪要》相当于决定免除城市公交公司特定义务（交纳交通规费）的具体行政行为，属于我国《行政诉讼法》第12条第1款第8项规定的行政机关滥用行政权力排除或限制竞争的行为，因此属于行政诉讼的受案范围。

(2) 田新毛、孙建设和王良田3人具有原告资格。A市人民政府的决定直接影响到了3人的公平竞争权。具体行政行为涉嫌排除或者限制竞争的，可以提起行政诉讼。本案中，田新毛、孙建设和王良田经营的运输线路与《会议纪要》规定免交交通规费的城市公交公司的2条运营线路重叠，但依《会议纪要》不能享受免交交通规费的优惠。客观上，《会议纪要》的决定，影响了田新毛、孙建设和王良田3人与城市公交公司进行公平竞争的权利，对其正常经营造成了不利影响，属于我国《行政诉讼法》第12条第1款第8项规定的行政机关滥用行政权力排除或限制竞争的行为，因此田新毛等3人依法具有提起行政诉讼的原告资格。

(3) 田新毛、孙建设和王良田3人提出的确认A市人民政府中止城区交通局对城市公交公司违法运营查处的内容违法的请求不属于人民法院审理范围。因为该请求涉及A市人民政府对建设局和交通局的职能调整，属于政府对行政机关之间的职权分配，不属于司法审查的范围。

导学案例解析

(1) 北田县农业局的通告属于具体行政行为。因为北田县农业局发出通告，做出只给长河发放作为种子定点销售资格证明的标志牌，这一行政行为是其运用行政权，针对特定相对人(长河)设定权利义务所作的单方行政行为，符合具体行政行为的成立要件。

(2) 本案中，北田县农业局和北田县工商局都可以分别成为被告。对北田县农业局提起的诉讼是针对行政许可行为的诉讼，依据的是我国《行政诉讼法》第12条第1款第(三)项之规定。对北田县工商局提起的诉讼属于吊销执照的行政诉讼，依据的是我国《行政诉讼法》第12条第1款第(一)项之规定。

(3) 爱义、博大、大成、盈都4家有权提起行政诉讼，因为北田县工商行政管理局将爱义、博大、大成、盈都4家的营业执照吊销，符合我国《行政诉讼法》第12条第1款第(一)项"吊销执照"行政诉讼受案范围之规定。

(4) 颁发农作物种子定点销售资格牌属于行政许可行为。北田县工商局不能以此吊销爱义、博大、大成、盈都4家的营业执照。

(5) 如果爱义、博大、大成、盈都4家中只有爱义、博大提起行政诉讼，那么大成、盈都依据我国《行政诉讼法》第29条之规定，可以作为第三人申请参加诉讼，或者由人民法院通知参加诉讼。人民法院判决大成、盈都承担义务或者减损其权益的，大成、盈都有权依法提起上诉。

练习题

一、简答题

1. 农业行政执法的主体有哪些?
2. 加强农业行政执法的措施有哪些?
3. 简述行政复议的程序。
4. 简述《行政诉讼法》直接列举的行政案件受案范围。
5. 简述行政诉讼裁判制度。

二、不定项选择题

1. 下列(　　)组织可以以自己名义做出具体行政行为。

A. 植物检疫机构　　　　B. 动物卫生监督机构

C. 渔政监督管理机构　　　　　　D. 渔船检验机构

2. 执法是依法行政的关键。加强农业执法，最根本的是要深化执法体制改革，通过改革来增强农业执法能力，提高执法水平。在这方面要减法加法一起做。关于加法、减法，下列说法正确的是(　　)。

A. 做减法，就是要坚定不移推进农业综合执法，切实解决多头执法的问题

B. 做减法，就是要大力推进综合执法规范化建设，切实提升农业执法水平

C. 做加法，就是要坚定不移推进农业综合执法，切实解决多头执法的问题

D. 做加法，就是要大力推进综合执法规范化建设，切实提升农业执法水平

3. 某区食品药品监管局以某公司生产经营超过保质期的食品违反《食品安全法》为由，做出处罚决定。公司不服，申请行政复议。关于此案，下列(　　)说法是正确的(2016年司法考试考卷二第48题)。

A. 申请复议期限为60日

B. 公司不得以电子邮件形式提出复议申请

C. 行政复议机关不能进行调解

D. 公司如在复议决定做出前撤回申请，行政复议中止

4. 行政诉讼是指(　　)、(　　)或者(　　)认为行政机关和法律、法规授权的组织使行政权力的行政行为侵犯其合法权益，依法向人民法院提起诉讼，人民法院在当事人和其他诉讼参与人的参加下，对行政行为进行审理并作出裁判的活动。

A. 公民　　　B. 法人　　　C. 其他组织　　　D. 单位

5. 行政诉讼特有的原则是(　　)。

A. 行政行为合法性审查原则　　　B. 诉讼期间不停止执行原则

C. 被告负举证责任原则　　　D. 不得调解原则

6.《行政诉讼法》列举排除的行政行为，即法院不予受理的事项是(　　)。

A. 国防、外交等国家行为

B. 行政法规、规章或者行政机关制定、发布的具有普遍约束力的决定、命令

C. 行政机关对行政机关工作人员的奖惩、任免等决定

D. 法律规定由行政机关最终裁决的行政行为

7. 我国《行政诉讼法》规定了一审判决形式有(　　)。

A. 驳回判决　　　B. 撤销并可重作判决

C. 给付判决　　　D. 确认违法判决

8. 我国《行政诉讼法》规定了二审判决形式有(　　)。

A. 驳回上诉、维持原裁判　　　B. 依法改判

C. 变更裁判　　　D. 发回重审裁判

三、案例分析题

2008 年，侯大卫与侯家村村民委员会签订承包合同，承包了村里的 100 亩山地，约定每年上缴承包款 8 000 元，承包期 20 年。此后，侯大卫在山地上种上了橘树。2013 年后，侯大卫每年从山地上获取的收益都达 20 万元以上，这引起了村里一部分人的不满。2017 年年初，在部分村民的要求下，侯家村村民委员会召开村民代表会议讨论后决定，以情势变更为由，将这 100 亩山地收回，并转由严新柳、蔺宏林承包，年承包款各 3 万元。侯大卫向乡人民政府申请裁决，乡人民政府经审查后认定，村民委员会收回山地的行为经过村民代表会议讨论通过，是有效的行为，并确定山地由严新柳、蔺宏林承包。侯大卫认为乡政府的决定侵犯了自己的承包权。

试分析下列问题：

(1) 乡政府的行为属于具体行政行为吗？

(2) 侯大卫是否可以要求行政复议，可以向哪一级人民政府提起行政复议？

第九章
农村科技、教育与创业

学习目标

- 掌握农业技术和农业技术推广的含义，农业技术推广机构的岗位设置、人员条件，农村义务教育法律要求，《乡村教师支持计划(2015—2020年)》的核心内容。
- 理解农业技术推广应当遵循的原则，“十三五”时期农业技术推广政策，《“十三五”全国新型职业农民培育发展规划》的政策内容。
- 了解农业技术推广机构的公益性职责：农业技术推广的保障措施、创业政策。

案例导学

新疆维吾尔自治区博尔塔拉蒙古自治州(简称博州)农业技术推广中心为全面提高农技队伍的整体素质，更好地服务农业生产，进一步适应现代农业生产发展的需要，本着“更新知识、总结经验、改进不足、整体提高”的原则，利用冬闲阶段，结合博州农业生产实际及业务工作特性，组织在全体干部职工中开展“农业科技大练兵”活动。

此次活动从2016年12月1日开始到2017年3月底结束，采取集中授课与座谈交流相结合的形式，主要针对当前现代农业发展需要，开展知识更新培训，进一步发挥“传、帮、带”的作用，锻炼和培养青年技术人员，提高农业生产效率和科研成果转化率，促进农业增产、农民增收。主要内容有：项目试验示范研究探讨新方法、新成果、新经验以及存在的主要问题、解决对策；州内外学习、考察的先进管理模式、典型经验、先进实用技术、学习心得；病虫害防控监测、知识产权、气象、法律、财务等相关知识等，通过“你来讲，我来听”达到共同进步、共同提高的目的。

第一节　农业技术推广法律制度

一、《农业技术推广法》概述

（一）立法目的

为了加强农业技术推广工作，促使农业科研成果和实用技术尽快应用于农业生产，增强科技支撑保障能力，促进农业和农村经济可持续发展，实现农业现代化，制定《农业技术推广法》。

（二）农业技术和农业技术推广的含义

农业技术是指应用于种植业、林业、畜牧业、渔业的科研成果和实用技术，包括以下几个方面。

（1）良种繁育、栽培、肥料施用和养殖技术。

（2）植物病虫害、动物疫病和其他有害生物防治技术。

（3）农产品收获、加工、包装、贮藏、运输技术。

（4）农业投入品安全使用、农产品质量安全技术。

（5）农田水利、农村供排水、土壤改良与水土保持技术。

（6）农业机械化、农用航空、农业气象和农业信息技术。

（7）农业防灾减灾、农业资源与农业生态安全和农村能源开发利用技术。

（8）其他农业技术。

农业技术推广是指通过试验、示范、培训、指导以及咨询服务等，把农业技术普及应用于农业产前、产中、产后全过程的活动。

国家扶持农业技术推广事业，加快农业技术的普及应用，发展高产、优质、高效、生态、安全农业。

（三）农业技术推广应当遵循的原则

（1）有利于农业、农村经济可持续发展和增加农民收入。

（2）尊重农业劳动者和农业生产经营组织的意愿。

（3）因地制宜，经过试验、示范。

（4）公益性推广与经营性推广分类管理。

（5）兼顾经济效益、社会效益，注重生态效益。

国家鼓励和支持科技人员开发、推广应用先进的农业技术，鼓励和支持农业劳动者和农业生产经营组织应用先进的农业技术。

国家鼓励运用现代信息技术等先进传播手段，普及农业科学技术知识，创新农业技术推广方式方法，提高推广效率。

国家鼓励和支持引进国外先进的农业技术，促进农业技术推广的国际合作与交流。

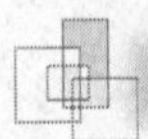

案例 9-1

近年来，云南省西双版纳州景洪市嘎洒镇的傣族农民充分发挥热区资源优势，利用冬季农闲田种植反季节畅销蔬菜瓜果，实现增收致富。到 2017 年 2 月，嘎洒镇曼醒村的反季节蔬菜种植已形成规模。春节刚过，村民们又开始忙碌起来，因为他们种植的无筋豆、辣椒、茄子等各种反季节蔬菜已进入盛产期。西双版纳统贸绿达农业发展有限公司(简称绿达公司)联合村民小组和当地菜农，吸纳西双版纳本地 7 家蔬菜专业种植合作社的近 6 000 家种植户合作，发展了约 4 万亩蔬菜种植基地。公司自成立以来，已累计向村民提供无筋豆扁豆、茄子、辣子、南瓜等蔬菜种子 40 多吨，合计金额 200 多万元。单个农民的年均收入从过去的数千元，增加到现如今的七八万元以上。

请问：农业技术推广机构发挥了怎样的作用?

【解析】

在嘎洒镇政府和嘎洒镇农业技术推广站的支持和帮助下，由合作的农户按照约定种植，成熟收获后，再由绿达公司按照市场价格进行回收。提供技术支持和销售渠道，以冷库厂为交易平台，使农户与收购商能够以面对面的方式进行交易，确保农户的种植收益。

除了通过反季节蔬菜的销售提高收入，当地农民还从反季节种植产业中觅得了工作机会。未来 2～5 年内，公司还计划带动嘎洒镇及全州的更多农户，建设专业化、规模化、标准化的农产品生产基地，同时将投入更多的人力和财力资源，用于农民培训，带动 1 000 名农民通过种植订单式培训，顺利实现转移就业。

END

二、农业技术推广体系

(一) 农业技术推广体系建设

农业技术推广实行国家农业技术推广机构与农业科研单位、有关学校、农民专业合作社、涉农企业、群众性科技组织、农民技术人员等相结合的推广体系。

国家鼓励和支持供销合作社、其他企业事业单位、社会团体以及社会各界的科技人员，开展农业技术推广服务。

(二) 农业技术推广机构的公益性职责

各级国家农业技术推广机构属于公共服务机构，履行下列公益性职责。

(1) 各级人民政府确定的关键农业技术的引进、试验、示范。

(2) 植物病虫害、动物疫病及农业灾害的监测、预报和预防。

(3) 农产品生产过程中的检验、检测、监测、咨询、技术服务。

(4) 农业资源、森林资源、农业生态安全和农业投入品使用的监测服务。

(5) 水资源管理、防汛抗旱和农田水利建设技术服务。

(6) 农业公共信息和农业技术宣传教育、培训服务。

(7) 法律、法规规定的其他职责。

根据科学合理、集中力量的原则以及县域农业特色、森林资源、水系和水利设施分布等情况,因地制宜设置县、乡镇或者区域国家农业技术推广机构。

乡镇国家农业技术推广机构,可以实行县级人民政府农业技术推广部门管理为主或者乡镇人民政府管理为主、县级人民政府农业技术推广部门业务指导的体制,具体由省、自治区、直辖市人民政府确定。

(三) 农业技术推广机构的岗位设置、人员条件

1. 国家农业技术推广机构的人员编制要求

应当根据所服务区域的种养规模、服务范围和工作任务等合理确定,保证公益性职责的履行。

2. 岗位设置

应当以专业技术岗位为主。乡镇国家农业技术推广机构的岗位应当全部为专业技术岗位,县级国家农业技术推广机构的专业技术岗位不得低于机构岗位总量的80%,其他国家农业技术推广机构的专业技术岗位不得低于机构岗位总量的70%。

3. 专业技术人员条件

国家农业技术推广机构的专业技术人员应当具有相应的专业技术水平,符合岗位职责要求。

国家农业技术推广机构聘用的新进专业技术人员,应当具有大专以上有关专业学历,并通过县级以上人民政府有关部门组织的专业技术水平考核。自治县、民族乡和国家确定的连片特困地区,经省、自治区、直辖市人民政府有关部门批准,可以聘用具有中专有关专业学历的人员或者其他具有相应专业技术水平的人员。

国家鼓励和支持高等学校毕业生和科技人员到基层从事农业技术推广工作。各级人民政府应当采取措施,吸引人才,充实和加强基层农业技术推广队伍。

国家鼓励和支持村农业技术服务站点和农民技术人员开展农业技术推广。对农民技术人员协助开展公益性农业技术推广活动,按照规定给予补助。

农业科研单位和有关学校应当适应农村经济建设发展的需要,开展农业技术开发和推广工作,加快先进技术在农业生产中的普及应用。

国家鼓励农场、林场、牧场、渔场、水利工程管理单位面向社会开展农业技术推广

服务。

三、农业技术的推广与应用

(1) 重大农业技术的推广应当列入国家和地方相关发展规划、计划,由农业技术推广部门会同科学技术等相关部门按照各自的职责,相互配合,组织实施。

(2) 农业科研单位和有关学校应当把农业生产中需要解决的技术问题列为研究课题,其科研成果可以通过有关农业技术推广单位进行推广或者直接向农业劳动者和农业生产经营组织推广。

国家引导农业科研单位和有关学校开展公益性农业技术推广服务。

(3) 向农业劳动者和农业生产经营组织推广的农业技术,必须在推广地区经过试验证明具有先进性、适用性和安全性。

国家鼓励和支持农业劳动者和农业生产经营组织参与农业技术推广。

(4) 农业劳动者和农业生产经营组织在生产中应用先进的农业技术,有关部门和单位应当在技术培训、资金、物资和销售等方面给予扶持。

农业劳动者和农业生产经营组织根据自愿的原则应用农业技术,任何单位或者个人不得强迫。

推广农业技术应当选择有条件的农户、区域或者工程项目进行应用示范。

(5) 县、乡镇国家农业技术推广机构应当组织农业劳动者学习农业科学技术知识,提高其应用农业技术的能力。

(6) 教育、人力资源和社会保障、农业、林业、水利、科学技术等部门应当支持农业科研单位、有关学校开展有关农业技术推广的职业技术教育和技术培训,提高农业技术推广人员和农业劳动者的技术素质。

国家鼓励社会力量开展农业技术培训。国家各级农业技术推广机构向农业劳动者和农业生产经营组织推广农业技术,实行无偿服务。

(7) 国家农业技术推广机构以外的单位及科技人员以技术转让、技术服务、技术承包、技术咨询和技术入股等形式提供农业技术的,可以实行有偿服务,其合法收入和植物新品种、农业技术专利等知识产权受法律保护。进行农业技术转让、技术服务、技术承包、技术咨询和技术入股,当事人各方应当订立合同,约定各自的权利和义务。

(8) 国家鼓励和支持农民专业合作社、涉农企业,采取多种形式,为农民应用先进农业技术提供有关的技术服务。

(9) 国家鼓励和支持以大宗农产品和优势特色农产品生产为重点的农业示范区建设,发挥示范区对农业技术推广的引领作用,促进农业产业化发展和现代农业建设。

四、农业技术推广的保障措施

1. 技术推广资金保障

国家逐步提高对农业技术推广的投入。各级人民政府在财政预算内应当保障用于农业技术推广的资金,并按规定使该资金逐年增长。

各级人民政府通过财政拨款以及从农业发展基金中提取一定比例资金的渠道,筹集农业技术推广专项资金,用于实施农业技术推广项目。中央财政对重大农业技术推广给予补助。

县、乡镇国家农业技术推广机构的工作经费根据当地服务规模和绩效确定,由各级财政共同承担。

任何单位或者个人不得截留或者挪用用于农业技术推广的资金。

2. 推广人员的工作条件和待遇保障

各级人民政府应当采取措施,保障和改善县、乡镇国家农业技术推广机构的专业技术人员的工作条件、生活条件和待遇,并按照国家规定给予补贴,保持国家农业技术推广队伍的稳定。

对在县、乡镇、村从事农业技术推广工作的专业技术人员的职称评定,应当以考核其推广工作的业务技术水平和实绩为主。

各级人民政府应当采取措施,保障国家农业技术推广机构获得必需的试验示范场所、办公场所、推广和培训设施设备等工作条件。

地方各级人民政府应当保障国家农业技术推广机构的试验示范场所、生产资料和其他财产不受侵害。

3. 技术培训

农业技术推广部门和县级以上国家农业技术推广机构,应当有计划地对农业技术推广人员进行技术培训,组织专业进修,使其不断更新知识、提高业务水平。

4. 制度建设

县级以上农业技术推广部门、乡镇人民政府应当对其管理的国家农业技术推广机构履行公益性职责的情况进行监督、考评。

各级农业技术推广部门和国家农业技术推广机构,应当建立国家农业技术推广机构的专业技术人员工作责任制度和考评制度。

县级人民政府农业技术推广部门管理为主的乡镇国家农业技术推广机构的人员,其业务考核、岗位聘用以及晋升,应当充分听取所服务区域的乡镇人民政府和服务对象的意见。

乡镇人民政府管理为主、县级人民政府农业技术推广部门业务指导的乡镇国家农业技术推广机构的人员,其业务考核、岗位聘用以及晋升,应当充分听取所在地的县级人民政府农业技术推广部门和服务对象的意见。

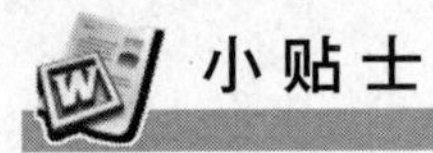

小贴士

安徽推进蔬菜标准园创建

2017年,安徽省财政安排670万元专项资金用于省级蔬菜标准园创建。按照“先建后补、已补不补”原则,每个省级蔬菜标准园奖补经费安排不低于10万元,重点向贫困县区倾斜。

按照省级蔬菜标准园建设规范要求,露地蔬菜标准园面积要达到1 000亩以上,设施蔬菜标准园设施内净面积要达到200亩以上。园内水、电、路设施配套,涝能排、旱能灌、主干道硬化,并建设专门的商品化处理场地;实施肥水一体化,有机肥替代化肥,病虫害防治实行统防统治;注册专用商标,实行“三品一标”认证;标准园产品质量达到食品安全国家标准,产量和效益比非示范园区平均节本增收10%以上、农药用量减少20%以上。

END

第二节 “十三五”时期农业技术推广政策

一、健全完善农业技术推广体系

(一) 加强国家农技推广机构建设

强化国家农技推广机构的公共性和公益性,履行好农业技术推广、动植物疫病防控、农产品质量安全监管、农业生态环保等职责,加强对其他推广主体的服务和必要的监管。根据农业生态条件、产业特色、生产规模及工作需要,因地制宜地完善农技推广机构设置。创新激励机制,鼓励基层推广机构与经营性服务组织紧密结合,鼓励农业技术推广人员进入家庭农场、农民合作社和农业产业化龙头企业创新创业,在完成本职工作的前提下参与经营性服务并获取合法收益。完善运行制度,健全人员聘用、业务培训、考评激励等机制。推进方法创新,加快农技推广信息化建设,建立农科教结合、产学研一体的科技服务平台。落实农技人员待遇,改善工作条件,建立工作经费保障长效机制。

(二) 引导科研教学单位开展农技推广服务

强化涉农高等学校、科研院所服务“三农”职责,将试验示范、推广应用成效以及科研成果应用价值等作为评价科研工作的重要指标。鼓励科研教学单位设立推广教授、推广研究员等农技推广岗位,将开展农技推广服务绩效作为职称评聘、工资待遇的主要考核指标,支持科研教学人员深入基层一线开展农技推广服务。鼓励高等学校、科研院所紧紧围绕农业产业发展，同农技推广机构、新型农业经营主体等共建农业科技试验示范基地，试验、集成、熟化和推广先进适用技术。

（三）支持引导经营性组织开展农技推广服务

落实资金扶持、税收减免、信贷优惠等政策措施，支持农民专业合作社、供销合作社、专业服务组织、专业技术协会、涉农企业等经营性服务组织开展农业产前、产中、产后全程服务。通过政府采购、定向委托、招投标等方式，支持经营性服务组织参与公益性农业技术推广服务。建立信用制度，加强经营性服务组织行为监管，推动农技推广服务活动标准化、规范化。

二、加快农业科技成果转化应用

依照《中华人民共和国促进科技成果转化法》和有关政策要求，尊重市场规律，遵循自愿、互利、公平、诚信的原则，推动农业科技成果转化应用。完善农业科研院校科技成果快速转化应用机制，强化专业化机构和职业化人才队伍建设，健全科技成果转移转化的统计和报告制度。组织实施应用类农业科技项目时，明确项目承担者的科技成果转化义务，将成果转化情况作为立项和验收的重要内容和依据。建立农业科技成果转化应用信息系统，定期筛选发布重大农业知识产权目录。

加强知识产权价值评估和侵权评价认定技术研究，搭建重大知识产权信息共享应用平台。加强农业标准制定工作，对农业新技术、新工艺、新材料、新产品依法及时制定国家标准、行业标准，积极参与国际标准的制定，推动农业先进适用技术推广应用。充分发挥企业技术创新和转化应用的主导作用，鼓励企业与农业科研院校共建研发和技术转移机构等，探索建立政府推动、市场引导、企业化运作的农业科技成果转移服务新模式新机制。

三、农业技术推广重点项目和行动

1. 农业防灾减灾稳产增产关键技术集成示范工程

大力推广小麦“一喷三防”、水稻集中育秧、玉米地膜覆盖、机械深松整地、病虫害统防统治和绿色防控等关键技术，建立对主要品种、主要灾害、关键环节稳产增产和防灾增产技术推广模式，推动建立稳产高产技术体系，增强农业防灾抗灾减灾能力。

2. 主要农作物生产机械化推进行动

在水稻、玉米、小麦、马铃薯、棉花、油菜、花生、大豆、甘蔗等主产区，大力推广耕整地、标准化种植、植保、收获、烘干、秸秆处理等主要环节机械化技术，提升主要粮食作物生产全程机械化水平，突破主要经济作物生产全程机械化“瓶颈”，推动农机化技术集成配套，优选适宜的技术路线和装备，形成具有区域特色的全程机械化生产模式。

3. 保护性耕作技术集成示范工程

围绕翻松旋免结合轮耕、秸秆还田技术，加强不同土壤质地、不同轮作制度条件下现代土壤耕作技术模式与技术规程研究，开展农机化技术装备试验示范，构建合理耕层、提升土壤地力，促进土壤蓄水保墒能力，避免土壤水蚀风蚀，并试点在粮食主产区开展示范推广，实现高产高效与资源生态永续利用。

4. 同步营养化技术示范应用

加强不同种类作物养分吸收利用曲线或规律、缓(控)释肥料养分释放曲线或规律、不同地区土壤供肥曲线或规律的研究，转化推广一批适合不同区域、不同作物施用的同步营养化肥料，鼓励开展多种形式的产学研合作，建立各具特色的同步营养化肥料产业技术模式，为推进同步营养化肥料应用提供科技支撑。

5. 草牧业综合配套技术推广项目

综合运用飞播、补播、松土等技术，实施天然草原改良，促进恢复退化草原植被。在草原牧区、农牧交错区、传统农区和南方草山草地区建立完善人工种草技术体系。在天然草原、人工草地和改良草地推广划区轮牧技术，天然草原改良复壮机械化技术和鼠害、虫害生物防控技术，天然草原资源、生态、生物灾害监测预警和重大草原生态保护工程实施效果评价技术，人工草地种植、收储与加工机械化技术，指导新型经营主体开展草畜系统生产监测。

6. 农业物联网试验示范工程

构建农业物联网理论体系、技术体系、应用体系、标准体系、组织体系、制度体系和政策体系，建立符合国情的农业物联网可看、可用、可持续的推广应用模式，在全国分区分阶段推广应用。探索农业物联网商业化运营机制和模式，扶持一批农业物联网技术应用示范企业，推动农业物联网上下游相关产业良性发展。

7. 水产养殖节水(能)减排技术集成示范工程

筛选并集成节水节能、渔药减施、污染物减排、水产品质量安全提升等技术，完善技术标准和配套技术规范，明确适宜的养殖区域、养殖方式和养殖品种等，加大示范力度。大力推广鱼菜共生、水循环利用、多营养层次养殖等成熟技术，推进水产养殖节能减排新技术、新模式在全国的推广应用。

8. 稻渔综合种养示范工程

在水网稻区、冬闲田稻区等资源丰富、生产潜力大的地区，以稳定水稻生产、减少化肥农药使用为目标，集成配套稻渔综合种养技术和设施设备，建设一批示范基地，示范推广稻鱼、稻鳖、稻虾、稻鳅、鱼菜共生以及轮作等综合种养模式。

9. 农产品加工关键技术与产业示范工程

在全国优势农产品产区选择典型市(县)、垦区，建立大宗农产品烘干、净化、分级、保鲜、储藏等初加工和农产品加工副产物综合利用技术服务支撑体系，加快推广产地初加工和综合利用关键技术，完善加工装备和设施建设，进一步降低农产品产后损失率，提高加工副产物综合利用率。

10. 农产品质量安全全程关键控制技术推广与科普示范工程

集成农产品质量安全控制技术，形成农产品质量安全全程管控模式，在全国主要农产品优势产区，依托规模化生产经营主体，建立农产品质量安全全程关键控制技术示范基地，开展农产品质量安全生产技术推广、人员培训和科普宣传，提升农产品生产经营者质量安全管控水平。

11. 秸秆综合利用技术示范应用

研制秸秆还田、收储运、肥料、饲料、基料和能源化等相关技术规范和标准，示范推广一批秸秆综合利用技术和设施装备，鼓励开展多种形式的产学研合作，构建各具特色的秸秆综合利用产业技术和模式，为推进秸秆综合利用提供科技支撑。

12. 地膜回收综合技术示范应用

筛选适宜的可降解地膜，并面向一定作物品种、一定范围内推广。加强农用地膜清洁生产试点示范，制定加厚地膜覆膜和回收利用的配套性技术规程，明确适宜的地膜种类、质量、厚度以及地膜回收利用技术措施，大力推进加厚地膜推广应用。

13. 畜禽标准化规模养殖技术集成示范工程

针对不同规模、不同区域条件下主要畜禽标准化养殖场，大力推行适用品种、养殖工艺技术和装备设施“三配套”的标准化规模养殖技术体系，加强饲料原料高效利用、标准化饲养工艺模式、高效节能设施设备、养殖废弃物高效处理与资源化利用等关键技术集成应用，重点推广以还田利用为主导的畜禽粪便综合利用技术模式，加快畜禽养殖污染治理，促进畜牧业转型升级。

14. 全国农业科技成果转移中心建设

按照公益性与经营性相结合的原则，开展农业科技成果征集确认、评价评估、宣传推介、转让交易、众创服务，建立目标一致、分工明确、权责明晰、利益共享的成果转移服务体系。建立知识产权保护与开发利用相关规则和机制，构建科学合理的农业科技成果评估体系。完善市场化运行机制，推动中心走上专业化、市场化发展道路。

15. 农业科技扶贫重点行动

坚持精准扶贫，把革命老区、民族地区、边疆地区、集中连片贫困地区作为重点，组织中央和地方农业科研、推广与农民培训机构等，探索贫困地区特色产业技术发展模式和产业致富带头人培养机制，扶持特色农业、生态绿色产业等优势产业，带动就地就近脱贫。

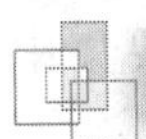

案例 9-2

甘肃省乡村教师在享受甘肃省乡镇机关事业单位工作人员乡镇工作补贴 200～600

元基础上，对58个集中连片特困地区和17个插花型贫困县乡村中小学和幼儿园教师，按每月不低于300元标准发放生活补助，并对获得荣誉的教师适当提高标准。甘肃省提高乡村学校班主任待遇，在绩效工资实施总量的30%范围内（即奖励性绩效工资），按每人每月不低于300元的标准，依据边远程度和工作量，实行差别化班主任津贴和寄宿制学校双岗教师岗位补助。各县市区要根据教师与任教学校距离等实际情况，给予乡村教师一定的交通补助，并且及时足额为教师缴纳住房公积金和各项社会保险费，每年组织乡村教师进行1次体检，对于条件艰苦的偏远乡村中小学和幼儿园，要组织专家下乡巡诊。

请问：甘肃省的政策目标是什么？

【解析】

甘肃省为了吸引优秀人才到乡村学校任教，稳定乡村教师队伍，使全省乡村教师待遇总体上高于县城教师。一项为期5年的乡村教师支持计划自2015年起在甘肃省开始实施。甘肃省人民政府确定，将大力提高乡村教师各项待遇，全面落实58个集中连片特困县和17个插花型贫困县乡村中小学校和幼儿园教师生活补助政策，省级财政将给予综合奖补。

END

第三节 农村教育

一、农村要美，农村教育需投入

2015年"中央一号文件"明确提出，全面改善农村义务教育薄弱学校基本办学条件，提高农村学校教学质量。因地制宜保留并办好村小学和教学点。支持乡村两级公办和普惠性民办幼儿园建设。加快发展高中阶段教育，以未能继续升学的初中、高中毕业生为重点，推进中等职业教育和职业技能培训全覆盖，逐步实现免费中等职业教育。积极发展农业职业教育，大力培养新型职业农民。全面推进基础教育、数字教育资源开发与应用，扩大农村地区优质教育资源覆盖面。提高重点高校招收农村学生比例。加强乡村教师队伍建设，落实好集中连片特困地区乡村教师生活补助政策。国家教育经费要向边疆地区、民族地区、革命老区倾斜。

二、提高农村学前教育质量

农村学前教育是基础教育的基石，质量的优劣关系到整个国民素质的提高，要集中解决好农村学前教育面临的一系列问题。

1. 合理规划,调整布局,创设优良的办园环境

依据《中华人民共和国教师法》(以下简称《教师法》)、《中华人民共和国教师资格条例》(以下简称《教师资格条例》)、《中华人民共和国幼儿园管理条例》(以下简称《幼儿园管理条例》)、《幼儿园工作规程》及相关文件精神,做好农村学前教育发展事业规划,探索多元化农村学前教育办园体制。着力推进和落实"以县实验幼儿园为示范,乡镇中心幼儿园为骨干,集体办园为主体,个人办园为补充的农村学前教育发展的目标"。把幼儿园建设用地纳入城乡建设的总体规划,做好幼儿园布局规划,落实幼儿园建设用地;深化办学体制改革,建造有规模、上档次的幼儿园,提高民办幼儿园的办园水平。形成以公办幼儿园为骨干和示范,以社会力量办园为主体,公办与民办,正规与非正规教育相结合的发展格局。附设在小学的幼儿园和学前班也随之停办或合并为独立园所。这使广大儿童能有一个安全健康的生活环境,使儿童的身心得以健康成长。

2. 理顺农村学前教育管理体制

实行县、乡两级共管,教育部门主管,有关部门分工负责的管理体制。实行乡镇学前教育统一管理、教师统一考核、工资统一发放、办园质量统一评估的制度。积极创造条件,建立以乡镇中心幼儿园为中心的学前教育管理和指导网络,以点带面,促进全乡镇幼儿教育整体发展。

3. 加大投入,出台政策,扶持社会力量办园,创建一批优质示范幼儿园

加大对乡镇中心幼儿园的建设投入,改善办园条件,包括房屋改造,基本设施更换或者改善教室的配备,大型玩教具投放等。同时落实乡镇中心幼儿园的创建工作,把中心幼儿园建设和政府业绩考核相挂钩,切实把工作落到实处,努力为儿童创造安全、健康、丰富的生活环境和活动环境。

4. 拓宽师资来源,提升教师素质,充实教师队伍,提高农村幼儿教师福利待遇

在教师配置上优先考虑幼儿教师的配备实行严格的定向分配政策和保护性安置措施,吸引新教师上岗;本着专业归口、择优录用、合理流动的原则,采取转岗教师特殊津贴等相关鼓励政策,增强幼教岗位吸引力,制定相关鼓励政策,吸引普教任职的原幼师毕业生回归幼教队伍;从中小学余编教师中挑选学历合格人员,通过转岗培训,取得幼儿园教师资格证书以后,充实到幼儿园任教。采取"请进来、送出去"的方法,开展各种专业培训,让教师更新观念、不断学习新知识。在园内举办幼儿教育学心理学培训班、新教材教学培训班和基本功辅导班等,加强教师继续教育和培训工作;提高农村幼儿教师福利待遇。

5. 提倡微笑工作,以服务家长和幼儿

做到"让孩子舒心、开心,让家长安心、放心"为出发点,注重搞好与幼儿家长的交流和沟通。重视让家长参与幼儿园的管理和教学,利用家长会、亲子活动、家园互动栏、家长问卷调查、家长学校、家园联系册等有效手段,让家长了解幼儿在园的一日生活,从而指导、促进幼儿园工作的提高。同时,向家长宣传学前教育的重要性,更新他们的育儿观念，通过家长会和家长学校老师的讲解，让家长及时了解幼儿园的任务和保教目标及教学内容、方法等，以便他们与教师合作和配合，共促幼儿身心健康发展。

小贴士

乡村教师现状

目前，我国有义务教育阶段乡村学生占全国义务教育学生总数的29.3%。然而，数据显示，2010—2013年，全国乡村教师数量由472.95万人降为330.45万人。短短3年时间，乡村教师流失率达30%。居住条件差、离家远、不能照顾家庭似乎是所有身处乡村教师共同的困难。这也正是造成近年来乡村教师普遍缺少的现状之一。

三、落实好农村义务教育

(一) 义务教育概述

根据《宪法》规定，适龄儿童和青少年都必须接受义务教育，国家、社会、家庭必须予以保证。义务教育的实质是国家依照法律的规定对适龄儿童和青少年实施的一定年限的强迫教育的制度。义务教育具有强制性、公益性、普及性的基本特点。《中华人民共和国义务教育法》(以下简称《义务教育法》)规定的义务教育年限为9年(小学6年，初中3年)，这一规定符合我国的基本国情。

(二) 义务教育法律要求

1. 条件要求

根据《义务教育法》的规定，凡具有中华人民共和国国籍的适龄儿童、少年，不分性别、民族、种族、家庭财产状况、宗教信仰等，依法享有平等接受义务教育的权利，并履行接受义务教育的义务。

凡年满6周岁的儿童，其父母或者其他法定监护人应当送其入学接受并完成义务教育；条件不具备的地区的儿童，可以推迟到7周岁。

适龄儿童、少年因身体状况需要延缓入学或者休学的，其父母或者其他法定监护人应当提出申请，由当地乡镇人民政府或者县级人民政府教育行政部门批准。

适龄儿童、少年免试入学。地方各级人民政府应当保障适龄儿童、少年在户籍所在地学校就近入学。

父母或者其他法定监护人在非户籍所在地工作或者居住的适龄儿童、少年，在其父母或者其他法定监护人工作或者居住地接受义务教育的，当地人民政府应当为其提供平等接受义务教育的条件。

县级人民政府教育行政部门对本行政区域内的军人子女接受义务教育予以保障。

2. 学校

县级以上地方人民政府根据本行政区域内居住的适龄儿童、少年的数量和分布状况等因素，按照国家有关规定，制定、调整学校设置规划。新建居民区需要设置学校的，应当与居民区的建设同步进行。

学校建设应当符合国家规定的办学标准，适应教育教学需要；应当符合国家规定的选址要求和建设标准，确保学生和教职工安全。

县级人民政府根据需要设置寄宿制学校，保障居住分散的适龄儿童、少年入学接受义务教育。

国务院教育行政部门和省、自治区、直辖市人民政府根据需要，在经济发达地区设置接收少数民族适龄儿童、少年的学校（班）。

县级以上地方人民政府根据需要设置相应的实施特殊教育的学校（班），对视力残疾、听力语言残疾和智力残疾的适龄儿童、少年实施义务教育。特殊教育学校（班）应当具备适应残疾儿童、少年学习、康复、生活特点的场所和设施。

普通学校应当接收具有接受普通教育能力的残疾适龄儿童、少年随班就读，并为其学习、康复提供帮助。

3. 教师

教师享有法律规定的权利，履行法律规定的义务，应当为人师表，忠诚于人民的教育事业。全社会应当尊重教师。教师在教育教学中应当平等对待学生，关注学生的个体差异，因材施教，促进学生的充分发展。

教师应当尊重学生的人格，不得歧视学生，不得对学生实施体罚、变相体罚或者其他侮辱人格尊严的行为，不得侵犯学生合法权益。

教师应当取得国家规定的教师资格。国家建立统一的义务教育教师职务制度。教师职务分为初级职务、中级职务和高级职务。

各级人民政府保障教师工资福利和社会保险待遇，改善教师工作和生活条件；完善农村教师工资经费保障机制。教师的平均工资水平应当不低于当地公务员的平均工资水平。特殊教育教师享有特殊岗位补助津贴。在民族地区和边远贫困地区工作的教师享有艰苦贫困地区补助津贴。

四、加强农业职业教育

（一）职业教育的定义

职业教育是指让受教育者获得某种职业或生产劳动所需要的职业知识、技能和职业道德的教育。如对职工的就业前培训、各种职业高中、中专、技校和高等职业学校等职业学校教育等都属于职业教育。与普通教育和成人教育相比较，职业教育侧重于实践技能和实际工作能力的培养。

(二) 办学模式

"工学结合、校企合作、顶岗实习"等是我国职业院校提升就业率的秘诀。

(三) 发展农业职业教育

1. 开展送教下乡活动

直接把学校搬到农村,把技术送到老百姓的家门口,对在家务农的中青年农民进行学历教育。送教下乡的办学方式灵活,采取半工半读的教学形式,既可以让农民学到知识和技术,又不耽误农活。同时,还可以从各方面提高广大农民的综合素质,促进农村的精神文明建设。

2. 根据当地的生产特色开设专业

根据当地的生产特色开设专业(如在蔬菜专业村开设蔬菜班、果树专业村开设果树班等),并根据农时季节进行授课。可以说,老百姓需要什么就讲什么。

3. 开展短期培训

根据农民的需要开展短期培训,送技术下乡。

小贴士

新型职业农民培育成效明显

新型职业农民正在成为现代农业建设的主导力量。一大批新型职业农民正在快速成长,一批高素质的青年农民正在成为专业大户、家庭农场主、农民合作社领办人和农业企业骨干,一批农民工、中高等院校毕业生、退役士兵、科技人员等返乡下乡人员加入新型职业农民队伍,工商资本进入农业领域,"互联网+"现代农业等新业态催生一批新农民,新型职业农民正逐步成为适度规模经营的主体,为现代农业发展注入新鲜血液。截至2015年年底,全国新型职业农民达到1 272万人,比2010年增长55%,农民职业化进程不断提速。

具有中国特色的新型职业农民培育制度基本确立。适应新型职业农民培育要求,经过创新探索和试点示范,基本确立了教育培训、规范管理、政策扶持"三位一体",生产经营型、专业技能型、专业服务型"三类协同",初级、中级、高级"三级贯通"的新型职业农民培育制度框架,为规范化、系统化培育新型职业农民奠定了基础。

各地加强工作协同,优化资源配置,形成了党委政府主导,农业部门牵头,相关部门密切配合,各类教育培训机构和社会力量广泛参与的新型职业农民培育工作格局。初步形成了以各类公益性涉农培训机构为主体、多种资源和市场主体共同参与的"一主多元"新型职业农民教育培训体系。

END

五、加大新型职业农民培育力度

农民是社会主义新农村的建设者，是农业科学技术转化的重要载体，农村的社会进步离不开高素质的现代新型农民，必须加大新型职业农民培育力度。

（一）选准对象、分类施策，提高新型职业农民培育的针对性

以县为主，深入开展摸底调查，围绕现代农业产业发展、新型农业经营主体发育和农业重大工程项目实施，选准培育对象，建立培育对象数据库。优先从国家现代农业示范区、农村改革试验区、粮食生产功能区、重要农产品生产保护区、特色农产品优势区、农业可持续发展试验示范区、现代农业产业园遴选培育对象，将新型农业经营主体信息直报平台中的人员纳入培育对象。

科学设置培训内容，围绕提升新型职业农民综合素质、生产技能和经营管理能力，科学确定相应培训内容。分类分层开展培训，分类型、分产业、分等级制定培训标准，设置培训模块和培训课程，组建教学班，合理调配师资力量，开展精细化培训。

中央和地方财政支持实施新型职业农民培育工程。"十三五"期间，重点实施新型农业经营主体带头人轮训计划、现代青年农场主培养计划和农村实用人才带头人培训计划，加快建立一支规模宏大、结构合理、素质优良的新型职业农民队伍。

新型农业经营主体带头人轮训计划以专业大户、家庭农场经营者、农民合作社带头人、农业龙头企业负责人和农业社会化服务组织负责人等为对象，力争用5年时间将其轮训一遍，提高综合素质和职业能力。现代青年农场主培养计划以中等教育及以上学历，年龄在18～45周岁的返乡下乡创业农民工、中高等院校毕业生、退役士兵以及农村务农青年为对象，开展为期3年的培养，其中培育2年、后续跟踪服务1年。"十三五"期间，全国每年培养1万名以上的现代青年农场主。农村实用人才带头人培训计划以贫困地区农村两委干部、产业发展带头人、大学生村干部等为主要对象，以现代农业和新农村发展的先进典型村为依托，按照"村庄是教室、村干部是教师、现场是教材"的培养模式，不断提高农村带头人增收致富本领和示范带动能力。

（二）创新机制、多措并举，增强新型职业农民培育的有效性

（1）创新培育机制。健全完善"一主多元"新型职业农民教育培训体系，统筹利用农广校、涉农院校、农业科研院所、农技推广机构等各类公益性培训资源，开展新型职业农民培育。支持涉农职业院校开展新型职业农民学历教育，面向专业大户、家庭农场经营者、农民合作社负责人、农业企业经营管理人员、农村基层干部、返乡下乡涉农创业者、农村信息员和农业社会化服务人员等，采取农学结合、弹性学制、送教下乡等形式开展农民中高等职业教育，重点培养具有科学素养、创新精神、经营能力和示范带动作用的新型农业经营主体带头人与农业社会化服务人员，有效提高新型职业农民队伍综合素质和学历

水平。

(2) 探索培育模式。坚持理论与实践相结合,集中培训与现场实训相结合,线上培训与线下培训相结合。采取“一点两线、全程分段”的培育模式。注意运用好信息化手段。

(三) 规范认定、科学管理,加强新型职业农民培育的规范性

(1) 规范认定管理。原则上由县级(含)以上人民政府制定认定管理办法,主要认定生产经营型职业农民。

(2) 规范培育管理。在各级农业行政主管部门的领导下,依托农民科技教育培训中心(农业广播电视学校)等专门组织管理机构,搭建新型职业农民培育工作基础平台。

(3) 规范信息管理。

(四) 跟踪服务、定向扶持,提升新型职业农民的发展能力

(1) 加强跟踪指导服务。依托新型职业农民培育工程项目,组织培训机构和实训基地对新型职业农民培育对象开展一个生产周期的跟踪指导。

(2) 加大政策扶持力度。支持新型职业农民享受新型农业经营主体的扶持政策。

(3) 鼓励交流合作。

(五) 巩固基础,改善条件,提升新型职业农民培育的保障能力

(1) 加强师资队伍建设。完善师资选聘管理制度,建立开放共享的新型职业农民培育师资库。

(2) 改善培育基础条件。优化教学培训资源。

(3) 以提升新型职业农民培育信息化服务能力为目标,以改善教育培训和管理服务条件为重点,打造国家、省、县三级新型职业农民培育信息化平台,提供在线学习、管理考核、跟踪指导服务。

截至 2016 年年底,全国共培育 1 400 多万名新型职业农民。

第四节 农村创业

一、支持农民工等人员返乡创业

2015 年 6 月,国务院发布《关于支持农民工等人员返乡创业的意见》(国办发〔2015〕47 号),大力支持返乡创业。

(1) 降低返乡创业门槛。

(2) 落实定向减税和普遍性降费政策。符合政策规定条件的,可享受减征企业所得税、免征增值税、营业税等税费减免政策。

(3) 加大财政支持力度。对符合条件的企业和人员,按规定给予社保补贴;具备享受支农惠农、小微企业扶持政策规定条件的纳入扶持范围；经工商登记注册的网络商户从业人员，同等享受各项就业创业扶持政策；未经工商登记注册的，可同等享受灵活就业人员扶持政策。

(4) 强化返乡创业金融服务。运用创业投资类基金支持农民工等人员返乡创业；加快发展村镇银行、农村信用社和小额贷款公司，鼓励银行业金融机构开发有针对性的金融产品和金融服务；加大对返乡创业人员的信贷支持和服务力度，对符合条件的给予创业担保贷款。

(5) 完善返乡创业园支持政策。

二、支持农村青年创业富民行动

(一) 认真落实创业创新政策

2015 年 10 月，农业部办公厅、共青团中央办公厅、人力资源社会保障部办公厅决定共同开展农村青年创业富民行动。计划从 2015 年 10 月开始，分三个阶段推进。力争通过三年努力(2015—2017 年)，形成一批农村青年创业支持政策、推广一批创业致富模式、培育一批创业致富带头人、实施一个电商培育工程、开展一个大学生返乡创业行动、完善一批创业服务平台，形成农村青年创业发展新格局，带动农民增收致富。

认真贯彻国家扶持创业创新的各项政策，落实好创业担保贷款、定向减税、普遍性降费、"三证合一"、创业投资引导基金、就业创业服务补贴、农民工技能提升培训等扶持政策，落实为采用众创、众包、众扶、众筹支撑平台的小微企业免费提供相关服务的政策。面向农村青年加强政策宣贯，注重与有关部门配合，强化督查落实，打通政策落实"最后一公里"，确保各项优惠政策落地生根。积极推动各地从实际出发，加强调查研究，制定更加优惠的支持政策，推动强农惠农富农政策和项目涵盖农村青年创业领域。支持农村青年创办、领办农民合作社和家庭农场等新型农业经营主体，积极创建休闲农业示范点、农产品加工合作社示范单位、主食加工示范企业等，农产品产地初加工补助政策向农村青年创业重点倾斜。将农村青年创业与发展县域经济、促进农村一二三产业融合结合起来，大力发展劳动密集型产业和特色农业项目，推动强化财政扶持和金融服务，做强一产、做优二产、做活三产，带动农民增收致富。

(二) 大力加强创业培训和技术指导

围绕县域经济和农村一二三产业融合发展，利用现有培训项目、资源网络、先进的远程传输手段、远程教育服务平台和培训机构，大力开展创业培训，增强农村青年发展农产品加工、休闲农业、乡村旅游、市场流通、农村服务业的能力。组织专家深入基层企业和合作社，了解农村青年创业过程中的技术需求和产业难题，组织涉农院校、农业科研院所的专家或各级农技人员，加强技术指导和跟踪服务。

针对农村青年创业实际，依托现有服务机构，通过政府购买服务、项目招投标等方式健全服务功能，整合社会资源，提供综合性服务。充分发挥大专院校、科研院所、行业协会和社会中介组织的作用，开展管理指导、技能培训、研发设计、检验检测、技术推广、市场拓展、标准咨询、检验检测认证等行业服务，以及政策、资金、法律、知识产权、财务、商标、技术等专业化服务。

（三）积极培养农村青年致富带头人

持续开展“大学生返乡创业行动”等工作项目，深入推动农村青年创业致富“领头雁”培养计划，充分发挥农村青年致富带头人骨干引领作用，示范带动更多农村青年创业致富。按照争取村村都有带头人，县县都有带头人协会的要求，抓住国家把青年农民纳入实用人才培养计划的机遇，整合政府、企业、社会和团属培训资源，积极开展有针对性的业务技能培训。建立团干部联系点制度，推动乡镇团委委员与培养对象结成帮扶对子，了解培养对象实际需求，推动解决实际问题。组织带头人参与各级政府部门与带头人“倾听心声共促发展”活动，了解国家强农惠农富农具体政策，反映农村青年创业实际需求，积极争取有关支持。

（四）加快发展农村青年电商创业

以实施农村青年电商培育工程为抓手，引导广大农村青年运用电子商务创业就业、增收致富。支持农村青年电商与涉农企业、农民合作社、家庭农场等加强合作，开展网店货源对接，并利用第三方电子商务平台，通过设立专馆、专题展销活动等，打造农村青年电商网络展销平台或网络集市，拓宽特色品牌农产品的销售渠道。组织青年参与“电子商务进农村综合示范”和农村市场体系建设工作，将农村青年创办的符合条件的电商企业纳入电子商务示范企业，支持农村青年领创建县级区域电商服务中心和乡镇服务站、村级服务点。依托各级涉农创业青年协会组织，推动成立电子商务分会，为农村青年电商提供沟通交流平台。引导和鼓励行业龙头企业、大型物流企业发挥优势，拓展乡村信息资源、物流仓储等技术和服务网络，为农村青年创业提供支撑。

（五）建立健全创业服务平台

按照政府搭建平台、平台聚集资源、资源服务创业的要求，依托基层就业和社会保障设施等公共服务平台，积极搭建公共创业服务平台，支持各类创业园区和新型孵化模式发展，推动创业担保贷款、减税降费等政策惠及农村青年创业。搭建资源对接平台，通过开展各层级创业创富大赛、农村青年考察交流活动，积聚更多创业资源，促进项目、资金、技术、人才、信息等有效对接，激发青年创业潜能。结合全国性、地方性的农业行业展会和各地农产品博览会，开展农村青年创业产品展示展销推介和创业大赛活动，提升产品的品牌影响力。搭建农村青年创业见习平台，依托农业企业、涉农高校和科研院所，指导创建农村青年创业园区，为农村青年提供实习见习、创业实训或孵化等服务。

导学案例解析

新疆维吾尔自治区博尔塔拉蒙古自治州农业技术推广中心的“农业科技大练兵”活动，通过个人课前的认真准备、课中的登台讲授及课后评审专家组的精彩点评，提出不足、肯定成绩，使全体农技干部在业务知识的准确掌握、技能素质的综合提高上都获益匪浅。

通过“科技大练兵活动”活动，充分调动了全体农技人员工作的积极性，增强了农技人员的竞争意识，形成了全体干部职工“爱学、爱干、真学、真干”创先争优热潮，为进一步提高农技人员综合素质和业务水平，提高为农服务质量，为2017年农技工作开展打下了坚实基础。

练习题

一、简答题

1. 简述农业技术和农业技术推广的含义。
2. 农业技术推广机构的公益性职责有哪些？
3. 农业技术推广的保障措施有哪些？
4. 农业技术推广重点项目和行动有哪些？
5. 简述《关于支持农民工等人员返乡创业的意见》的核心内容。

二、不定项选择题

1.《农业技术推广法》规定，县级国家农业技术推广机构的专业技术岗位不得低于机构岗位总量的（　　）。

A. 40%　　B. 50%　　C. 60%　　D. 80%

2. 农业劳动者和农业生产经营组织根据自愿的原则应用农业技术，任何单位或者个人不得（　　）。

A. 胁迫　　B. 阻碍　　C. 强制　　D. 强迫

3. “十三五”期间，强化（　　）服务“三农”职责，将试验示范、推广应用成效以及科研成果应用价值等作为评价科研工作的重要指标。

A. 高等院校　　B. 农科院　　C. 涉农高等学校　　D. 科研院所

4. 依照《促进科技成果转化法》和有关政策要求，尊重市场规律，遵循（　　）的原则，推动农业科技成果转化应用。

A. 自愿　　B. 互利　　C. 公平　　D. 诚信

5. 义务教育具有（　　）的基本特点。

A. 强制性　　B. 公益性　　C. 普及性　　D. 自愿性

6. 创新机制、多措并举，增强新型职业农民培训的有效性。采取(　　)等形式开展农民中高等职业教育。

A. 农学结合　　B. 弹性学制　　C. 送教下乡　　D. 送医下乡

7. “十三五”期间，重点实施(　　)。

A. 新型农业经营主体带头人轮训计划　　B. 现代青年农场主培养计划

C. 农村实用人才带头人培训计划　　D. 退役士兵培训计划

8. 农村青年创业富民行动形成一批农村青年创业支持政策、推广一批(　　)、培育一批(　　)、实施一个(　　)、开展一个(　　)、完善一批创业服务平台，形成农村青年创业发展新格局，带动农民增收致富。

A. 创业致富模式　　B. 创业致富带头人

C. 电商培育工程　　D. 大学生返乡创业行动

三、案例分析题

2010 年，A 省某县刘村、任村、李村共同出资兴建了任村小学，并由陈某负责的工程队进行修建，工程完毕后，任村小学尚欠陈某工程款 10 000 元未清。2016 年，A 省开展清理化解农村义务教育“普九”债务工作。时任刘村村委会主任的刘某伙同任村党支部书记任某、李村村主任李某、负责修建任村小学的工程队负责人陈某商议后，由刘某、任某、李某伪造陈某工程队修建学校的合同，并分别利用各自保管本村村委公章的职务之便，虚开本村村委证明，证明任村小学欠陈某工程款 80 000 元。经申报、公示后，该 80 000 元工程款被直接拨付到陈某个人账户。除偿还实际修建学校的欠款 10 000 元外，剩余 70 000 元由刘某、任某、李某及陈某等人分掉。

试分析：对刘某利用职务之便虚开证明、伪造合同，伙同陈某骗取国家“普九”还债款 70 000 元的行为如何认定?

注：人民法院审理案件中合议庭有三种意见。第一种意见认为刘某身为村基层组织工作人员，伙同他人在协助政府从事清理化解农村“普九”债务过程中，利用职务上的便利，骗取公共财物，数额巨大，其行为依照《刑法》第 93 条、第 383 条的规定，构成贪污罪。第二种意见认为刘某虽利用各自的职务之便开具证明，但该“职务之便”属于其各自管理本村公务事务的“职务之便”，而非在其协助政府从事清理普九债务之时利用的“职务之便”。刘某采取虚构事实、隐瞒真相的手段，利用政府从事清理化解农村“普九”债务工程的机会，骗取国家款项，数额巨大，其行为依照《刑法》第 266 条的规定，构成诈骗罪。第三种意见认为刘某身为村基层工作组织人员，私分的该笔款属于陈某的工程队，依照《刑法》第 271 条第 1 款的规定，构成职务侵占罪。

第十章 农村财政、金融与税收

学习目标

- 掌握我国农业贷款政策、小额贷款、农业保险种类，健全农村金融体系的建议。
- 理解涉农项目资金，《关于金融服务“三农”发展的若干意见》的要求，农村信用合作社制度，农民工工伤保险。
- 了解财政补贴政策，发展新型农村合作金融组织政策，村镇银行制度，涉农税收优惠政策。

案例导学

作为“中国火龙果之乡”的贵州省罗甸县，全县火龙果种植面积6.29万亩，年产值1.5亿元，受益农户达1.24万户、5.14万人，覆盖7个乡镇、69个村，每年果农户均收入1.6万元，成为当地农民脱贫增收的主要支柱。但是，罗甸火龙果种植主要分布于山间坡地及河谷阶地之处，频受冻害、病虫害以及暴雨冰雹等灾害影响，种植户受损严重。

为降低种植户风险，太平洋财产保险有限公司2016年1月正式开办“火龙果保险”试点，以“政府引导、市场运作、自主自愿、协同推进”为原则，由县级政府补贴50%、农户自缴50%的投保缴费模式，以每亩120元的保费（即财政补贴60元，农户自交60元），每亩保险金额2 000元，基本覆盖火龙果生长期内产生的直接成本。

END

第一节 财政支农政策

一、涉农项目资金

1. 发展改革委主要涉农项目资金

现代农业示范项目(与农业部联合发文,200 万～20 000 万元);重点产业振兴和技术改造专项项目(与工信部联合发文,项目固定资产投资 15%);中央预算内项目;经贸领域中央投资项目(500 万元左右);节能改造财政奖励备选项目(项目总投资 10%左右);生猪标准化养殖场(小区)建设项目(10 万～80 万元);奶牛标准化养殖小区(场)建设项目(50 万～150 万元)生物质能综合利用示范项目(项目总投资 10%左右)。

2. 农业部主要涉农项目资金

国家农业产业化示范基地项目;开发性金融支持农产品加工业重点项目;扶持"菜篮子"产品生产项目(300 万元以内);农业综合开发农业部专项(良种繁育项目、农业可持续发展示范项目)(200 万～1200 万元);大中型沼气工程中央投资项目(与发展改革委联合发文)(100 万～200 万元);农产品产地初加工补助项目(与财政部联合发文,项目总投资的 30%左右);绿色能源示范县建设补助资金(发展改革委、农业部联合发文,2 500 万元)。

3. 科技部主要涉农项目资金

农业科技成果转化资金(60 万～300 万元);中小企业技术创新基金现代农业领域项目(不超过 80 万元);富民强县工程(300 万元)。

4. 财政部主要涉农项目资金

农业综合开发产业化经营项目(分财政补助项目和贷款贴息两种,50 万～300 万元);农业综合开发林业专项(120 万元);农业综合开发新型合作示范项目(50 万～200 万元);农业综合开发土地治理项目(500 万元左右);现代农业园区试点申报立项(1 000 万～2 000 万元);中型灌区节水配套改造项目(不超过 2 000 万元);产业化扶贫项目(与扶贫办联合下发,500 万元)。

5. 工信部主要涉农项目资金

中小企业发展专项资金(300 万元);国家中药材生产扶持项目。

二、财政补贴政策

(1) 种粮直补政策。中央财政继续实行种粮农民直接补贴,安排补贴资金 140.5 亿元。

(2) 农资综合补贴政策。中央财政继续实行种粮农民农资综合补贴,种粮农民农资综合补贴资金 1 071 亿元。

(3) 良种补贴政策。中央财政安排良种补贴资金 203.5 亿元。

(4) 农机购置补贴政策。农机购置补贴政策在全国所有农牧业县(场)范围内实施，补贴机具种类为 11 大类 43 个小类 137 个品目。

(5) 农机报废更新补贴政策。农机报废更新补贴与农机购置补贴相衔接，同步实施。

(6) 新型农业经营主体倾斜政策。补贴 234 亿元支持适度规模经营，重点向专业大户、家庭农场和农民合作社倾斜。

(7) 小麦、水稻收购价政策。2016 年生产的小麦(三等)最低收购价为每 50 公斤 118 元;2016 年生产的早(三等，下同)、中晚和粳稻最低收购价格每 50 公斤分别为 133 元、138 元和 155 元。

(8) 产粮(油)大县奖励政策。中央财政安排产粮(油)大县奖励资金 351 亿元，奖励资金由省级财政用于支持本省粮食生产和产业发展。

(9) 生猪大县奖励政策。补贴 35 亿元，针对生猪养殖场、圈舍改造、良种引进、粪污处理。

(10) 农产品目标价格政策。积极探索粮食、生猪等农产品目标价格保险试点，开展粮食生产规模经营贷款试点。农村土地承包经营户可以享受国家种粮直接补贴、农资综合补贴、良种购种补贴;种粮农业保险国家补贴 75%的保险款。

(11) 菜果茶标准化创建政策。打造一批规模化种植、标准化生产、品牌化销售的蔬菜、水果、茶叶的标准化示范区。

(12) 防灾减灾关键技术补助。中央财政安排农业防灾减灾稳产增产技术补助资金，在主产省实现了小麦“一喷三防”全覆盖。

(13) 测土配方施肥补助政策。中央财政继续投入资金 7 亿元，深入推进测土配方施肥。

(14) 推进粮棉油糖高产政策。安排 20 亿元，由低产变中产、中产变高产、高产可持续，提升粮棉油糖综合生产能力。

(15) 化肥、农药零增长政策。财政专项安排 996 万元，开展低毒生物农药示范补助试点。

(16) 耕地保护与质量提升补助政策。补助 8 亿元，鼓励和支持秸秆还田，加强绿肥种植，增施有机肥，改良土壤，培肥地力，改善农村生态环境，提升耕地质量。

(17) 设施农用地支持政策。支持农业大户、家庭农场、农民合作社、农业企业等从事规模化粮食生产所必需的配套设施用地。

(18) 推进现代种业发展支持政策。粮棉油主产区 140 个大县建立新品种展示示范点，开展现场观摩活动和技术培训，为农民选择优良品种、选用先进栽培技术提供指导和服务。

(19) 追溯体系建设政策。可追溯体系运行所需的装备条件，强化基层信息采集、监督抽查、检验检测、执法监管、宣传培训等能力建设。

(20) 质量安全县创建政策。8 000 万元财政补助资金，支持农产品质量安全县创建活动，补助资金重点用于制度创设、模式总结探索、人员培训等。

(21) 畜牧良种补贴政策。投入畜牧良种补贴资金 12 亿元，用于对项目省养殖场、生态农庄、家庭农场(养殖户)购买优质野味养殖或者种公羊和牦牛种公牛给予价格补贴。

(22) 畜牧标准化养殖政策。生猪类(含)标准化规模养殖基地建设以及奶牛标准化规模养殖小区建设。畜禽渔业标准化健康养殖等项目中有资金扶持，大概在 25 万～100 万元。从 2017 年开始，国家对蜜蜂养殖进行补贴，目前已经在个别省市进行试点。

(23) 防疫补贴政策。疫病强制疫苗补助政策，畜禽疫病扑杀补助政策。

(24) 草原生态保护补助政策。国家继续在 13 省(区)实施草原生态保护政策补贴 190 亿元。

(25) 奶业支持苜蓿发展政策。中央财政安排 3 亿元支持高产优质苜蓿示范片区建设，片区建设以 3 000 亩为 1 个单元，一次性补贴 180 万元(每亩 600 元)。苜蓿种植补贴，补贴对象：合作社 1 年以上。饲草生产加工企业注册资本 200 万元(含)以上。奶牛养殖企业(场)需存栏 300 头以上。

(26) 渔业柴油补贴政策。继续实施渔业补贴政策，并对补贴方式和方法进行完善。

(27) 农产品产地初加工支持政策。安排 6 亿元转移支付资金，采取"先建后补"方式，按照不超过单个设施平均建设造价 30%的标准实行全国统一定额补助。

(28) 农村沼气建设政策。畜牧业规模化养殖相配套，在发达和养殖严重的地区以畜禽粪便为原料建设。

(29) 开展农业资源休养生息试点政策。开展农产品产地土壤重金属污染综合防治，开展农业面源治理积极探索农业生态补偿机制构建。

(30) 培育新型职业农民政策。安排 11 亿元农民培训经费，在 4 个整省、20 个整市和 500 个示范县开展重点示范培育。

(31) 培养农村实用人才政策。组织实施"全国十佳农民"资助项目，遴选 10 名从事种养业的优秀新型农民代表，每人给予 5 万元的资金资助。

(32) 发展新型农村合作金融组织政策。进一步完善新型农村合作金融组织的管理体制，明确地方政府的监管职责，鼓励地方建立风险补偿，有效防范金融风险。

(33) 发展政策。扶持发展规模化、专业化、现代化经营，允许财政资金直接投向符合条件的合作社。

(34) 扶持生态农庄、家庭农场发展政策。推动落实涉农建设项目、财政补贴、税收优惠、信贷支持、担保、农业保险。

(35) 扶持生态农庄发展政策。推动落实涉农建设项目、财政补贴、税收优惠、信贷支持、担保、设施用地等相关政策。

(36) 发展规模经营政策。土地经营权规范有序流转，创新土地流转和规模经营方式。

(37) 完善农村土地承包经营权确权登记颁证政策。依据农业部、中央农村工作领导小组办公室、财政部、国土部、国务院法制办、国家档案局《关于认真做好农村土地承包经营权确权登记颁证工作的意见》(农经发〔2015〕2 号)明确，各地按照中央要求，在稳步扩大试点的基础上，用 5 年左右时间基本完成土地承包经营权确权登记颁证工作。

(38) 国家现代农业示范区建设政策。2016 年 4 月，农业部办公厅关于印发《2016 年国家现代农业示范区建设与管理工作要点》的通知，积极推动从现有实施“以奖代补”政策的 79 个示范区中择优选择 30 个左右的示范区，开展财政支农资金统筹使用试点，探索财政支农资金统筹整合使用的经验和模式，充分发挥资金最大效益。

小贴士

以船为家的渔民上岸安居工程

从 2012 年开始，中央先后下达中央预算内投资约 13.5 亿元，省级和市县政府安排财政性补助资金总计约 10.8 亿元，启动以船为家的渔民上岸安居工程。涉及天津、河北、内蒙古等 20 个省、自治区和直辖市。该项工程被纳入全国保障性安居工程的范围。根据住建部数据，到 2017 年，已开工 7.1 万户，基本完成既定目标任务。

工程根据渔民自愿申报的原则，由渔户进行申请，村(居)委会推荐，镇(乡、街道)审核、县级审批。下一步，有关部门会继续跟踪安居工程的后续工作，督促指导地方利用人力资源社会保障、民政等现有渠道，落实渔民户籍、就业、教育、医保、低保、养老以及生活困难救助等政策措施，让洗脚上岸的渔民过上新生活。

第二节 农村金融

一、我国农村金融服务体系概况

农村金融服务对象是农业、农民和农村。经过多年的农村金融体制改革与发展，我国已形成包括商业性、政策性、合作性金融机构在内的，以国有商业银行为主体、农村信用社为核心、民间借贷为补充的农村金融体系。

农村金融服务体系的快速发展在关心农民、关注农村、支持农业经济发展上发挥了重要作用。在我国农村金融服务中，农村信用社从业人数超过 120 万人，法人机构已达到 30 000 多个；农村信用社存款余额达 69 000 亿元，与 2008 年年底相比增长 85%；农业贷款余额达 75 600 亿元,同比 2008 年增长了 102%。随着我国农村金融体制不断深化,农村金融服务已经发展到可以为用户提供投资、储蓄、信贷、结算、兑换、商业保险以及金融信息咨询等多方面的服务。

二、健全农村金融服务体系,进一步服务好“三农”发展大局

近年来,我国农村金融取得长足发展,初步形成了多层次、较完善的农村金融服务体系,服务覆盖面不断扩大,服务水平不断提高。但从总体上看,农村金融仍然是整个金融体系中最为薄弱的环节。要适应农业适度规模经营、城乡一体化发展等新情况新要求,就必须健全农村金融服务体系,进一步提升服务的能力和水平,以实现农村金融与“三农”的共赢发展。

(1) 深化农村金融体制机制改革,丰富农村金融服务主体,不断满足三农日益增长的多层次、多形式的服务需求。

培育农村新型金融服务机构,鼓励、引导和支持民间资本参与或发起设立村镇银行、小额贷款公司、担保公司以及信托公司。

规范和发展民间金融。民间借贷具有制度、信息、成本、速度上的优势,与正规金融之间具有强烈的互补效应,是我国金融体系中不可或缺的组成部分。国家要尽快制定民间借贷法律法规,明确其借贷最高额、利率,要求借贷双方向税务部门纳税、到公证机关进行公证,并对高额暴利行为予以打击、取缔,将这一传统的民间金融纳入法制化轨道。

发展农业产业投资基金、农业私募股权投资基金和农业科技创业投资基金、主要服务“三农”的金融租赁公司、县域融资性担保机构或担保基金、村级融资担保基金等新型农村金融服务机构,增强支农服务合力。

(2) 大力发展农村普惠金融,开展金融服务“村村通”工程,推动农村基础金融服务全覆盖,加大金融扶贫力度。重点发展新型农村合作金融组织,选择部分地区进行农民合作社开展信用合作试点,丰富农村地区金融机构类型。推进社区性农村资金互助组织发展,这些组织必须坚持社员制、封闭性原则,坚持不对外吸储放贷,不支付固定回报。进一步完善对新型农村合作金融组织的管理体制,明确地方政府的监管职责,鼓励地方建立风险补偿基金,有效防范金融风险。

(3) 拓宽资金来源,适当降低符合要求的县域农商行和农合行的存款准备金率,引导加大涉农资金投放。

(4) 创新农村金融产品和服务方式,发展多样化的金融服务产品。农村金融机构必须根据农民不断增长的新需求,创新发展多样化的系列金融服务产品,进一步有效地推动农村金融服务的发展。积极推广新型抵押担保方式,稳妥开展农村土地承包经营权和农民住房财产权抵押试点,更好地满足农村多元化、多层次的服务要求。

(5) 加大对重点领域的金融支持，促进农业经营方式创新，农业综合生产能力提升，农业社会化服务产业发展和农业发展方式转变。

加大对农业规模化生产和集约化经营的信贷投入。将各类农业规模经营主体纳入信用评定范围，建立信用档案，提高授信额度，支持农业产业化龙头企业依法通过兼并、重组、收购、控股等方式组建大型农业企业集团，合理运用银团贷款方式，满足农业规模经营主体大额资金需求。

围绕地方特色农业，以核心企业为中心，捆绑上下游企业、农民合作社和农户，开发推广订单融资、动产质押、应收账款保理和产商银等多种供应链融资产品。探索以厂商、供销商担保或回购等方式，推进农用机械设备抵押贷款业务。稳妥推动开展农村土地承包经营权抵押贷款试点，探索土地经营权抵押融资业务新产品，支持农业规模经营主体通过流转土地发展适度规模经营。强化对农业规模化生产和集约化经营重点领域的支持。

重点支持农业科技、现代种业、农机装备制造、设施农业、农业产业化、农产品精深加工等现代农业项目；重点支持耕地整理、农田水利、商品粮棉生产基地和农村民生工程建设；重点支持批发市场、零售市场和仓储物流等流通设施建设。

(6) 拓展农业保险的广度和深度，加快建立财政支持的农业保险大灾风险分散机制。进一步加大农业保险支持力度，提高中央、省级财政对主要粮食作物保险的保费补贴比例，逐步减少或取消产粮大县县级保费补贴，不断提高稻谷、小麦、玉米3大粮食品种保险的覆盖面和风险保障水平；鼓励保险机构开展特色优势农产品保险，有条件的地方提供保费补贴，中央财政通过以奖代补等方式予以支持；扩大畜产品及森林保险范围和覆盖区域；鼓励开展多种形式的互助合作保险。

(7) 稳步培育发展农村资本市场，支持涉农企业发行企业债、公司债和中小企业私募债，逐步扩大中小企业集合票据、短期融资券等非金融企业债务融资工具的发行规模，促进开展多层次的直接融资。

(8) 完善农村金融基础设施，积极培育土地评估、资产评估等中介组织，稳步推广农村移动便捷支付。

(9) 加大对"三农"金融服务的政策支持，建立导向明确、激励有效、约束严格、协调配套的长期化、制度化农村金融政策扶持体系，为金融机构开展"三农"业务提供稳定的政策预期。要加强金融监管，健全新形势下的金融风险处置机制，切实维护金融稳定，守住风险底线。

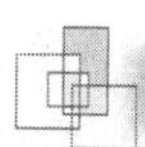

案例 10-1

广西壮族自治区田东县作为国家重点扶贫开发工作县，通过对农村金融体系的全面改革，形成了农户—农民专业合作社—中小微企业三级信用体系。农民人均纯收入8 357元，并先后获得中国人民银行"两权"抵押贷款试点县、全国农村信用体系建设示范区等殊荣。

请问：广西壮族自治区田东县取得了哪些成效？

【解析】

①完善组织体系，丰富农村金融服务主体。②完善支付体系，解决农村支付结算难题。通过改善农村支付环境，降低了农村地区支付结算成本。③建立信用体系，发展以信用为基础的普惠金融。④建立担保体系，实现助农担保有效覆盖。⑤建立保险体系，保障农民生产生活。田东县先后开展了甘蔗、香蕉、竹子、水稻、杧果、林木、肉鸡、母猪、育肥猪、农房等14项政策性农业保险；从保费构成来看，财政补贴比例达70%～80%，农户自担20%～30%。中国人寿保险有限公司田东支公司开展了小额人身保险、留守儿童意外伤害保险、农村独生子女家庭爱心保险等。其中"小农户＋小贷款＋小保险"模式，有效分担小额贷款风险。⑥建立服务体系，让农村金融服务真正"接地气"。另外，对一些极端贫困、信用等级太低、有贷款需求而又无法通过银行贷款审查的农户，全县建立了29个"贫困农户发展生产互助协会"，帮扶银行信贷无法覆盖的贫困农户，实现扶贫资金的循环可持续利用。

END

三、农业贷款新政策

2015年8月国务院发布了《关于开展农村承包土地的经营权和农民住房财产权抵押贷款试点的指导意见》(国发〔2015〕45号)，赋予"两权"抵押融资功能，盘活农民土地、住房用益物权的财产属性，在贷款利率、期限、额度、担保、风险控制等方面加大创新支持力度，允许金融机构在保证农户承包权和基本住房权利前提下，依法采取多种方式处置抵押物，完善抵押物处置措施。

小贴士

美丽乡村贷

绿水青山就是金山银山！从2016年开始，浙江省杭州市财政每年安排10亿元城乡统筹发展专项资金，其中7亿元用于美丽乡村建设。

中国农业银行浙江省分行营业部审时度势，着眼于服务"三农"大局，创新推出"美丽乡村贷"，主动对接新型农村金融需求，大力开展"美丽乡村"建设金融服务。在10个乡镇累计投放"美丽乡村"建设类贷款5.9亿元，有效支持了基础设施配套、垃圾污水处理、古村落保护等农村重大工程建设。

浙江省分行营业部计划将"五水共治"、城镇化、特色小镇、"两山两美"、现代农业、乡村旅游等在内的融资需求，都集中到"美丽乡村贷"平台上来，将覆盖面从原来的10个乡镇扩展到15个，争取为"三农"经济发展做出更多贡献。

四、新型农村金融贷款业务

（一）小额贷款

1. 贷款银行

贷款银行有农业银行、邮政储蓄银行、信用社和其他各类商业银行。以农村信用社为例，农户可以持《贷款证》及有效身份证件，直接到农村信用社申请办理。农村信用社在接到贷款申请时，要对贷款用途及额度进行审核，一般额度为5万～10万元，具体额度因地而异。

信用社还有农民联保贷款，三五户农民组成联保小组，相互为彼此贷款担保。有联保的贷款额度比个人信用贷款额度相对高一些。

2. 贷款用项

按照现行规定，只有种植业、养殖业等农业生产费用贷款；农机具贷款；围绕农业产前、产中、产后服务贷款及购置生活用品、建房、治病、子女上学等消费类贷款才可以使用农户小额信用贷款的方式。

3. 抵押或担保

以农业银行为例。农业银行创新了农机具抵押、农副产品抵押、林权抵押、农村新型产权抵押、"公司＋农户"担保、专业合作社担保等担保方式，还允许对符合条件的客户发放信用贷款。

（1）土地经营权抵押贷款

土地经营权抵押贷款是指农户或合作社将合法的农村土地承包经营权向金融机构申请做抵押的贷款。贷款需提交的资料包括身份证明或其他证明材料、土地经营权权属证明资料、农村土地经营权抵押登记申请书、农村土地经营权抵押登记证、土地经营权抵押承诺书、抵押贷款申请书、银行要求的其他材料。土地贷款一般流程：贷款申请→贷款调查→贷款审查、审批→签订抵押借款合同→办理抵押登记手续→贷款发放→贷后检查→贷款归还。

（2）林权抵押贷款

开展林权抵押贷款业务要建立抵押财产价值评估制度，对抵押林权进行价值评估。对于贷款金额在30万元以下的林权抵押贷款项目，贷款人要参照当地市场价格自行评估，不得向借款人收取评估费。林权抵押贷款程序：权利人提交新版《林权证》→权利人提交书面抵押申请（内容包括个人基本情况、林权情况、贷款额、金融资信证明等）→权利人是个人的，提交个人身份证复印件；是单位的，提交法人身份证复印件和单位资质证明复印件→乡镇林业站在书面抵押申请上签署初审意见→县林业规划调查设计队现场评估，制作评估报告→提供金融部门的贷款协议→金融部门提供单位注册复印件和法人身份证复印件→缴费，办理他项权证。

(二) 合作社贷款

农民专业合作社及其成员贷款可以实行优惠利率，具体优惠幅度由各地结合当地实际情况确定。

贷款条件。经工商行政管理部门核准登记，取得农民专业合作社法人营业执照；有固定的生产经营服务场所，依法从事农民专业合作社章程规定的生产、经营、服务等活动；具有健全的组织机构和财务管理制度，能够按时向农村信用社报送有关材料；在申请贷款的银行开立存款账户，自愿接受信贷监督和结算监督；无不良贷款及欠息；银行规定的其他条件。

(三) 家庭农场贷款

农业银行对家庭农场贷款额度最高为 1 000 万元，除了满足购买农业生产资料等流动资金需求，还可以用于农田基本设施建设和支付土地流转费用，贷款期限最长可达 5 年。

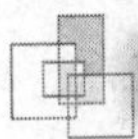

案例 10-2

吉林省龙井市老头沟镇远航专业农场成立之初耕种土地 65 公顷，投资总额 140 万元。农场负责人高洪海想改善经营环境和扩大经营规模，然而缺少资金。正在高洪海为资金发愁时，吉林省金融办推出了“土地收益保证贷款”这一全新融资模式，龙井市是试点单位之一。高洪海立即申请了 50 万元贷款，扩大储存库房 120 平方米、流转了 40 公顷土地，年底农场纯收入 60 万元，当年就全部还清贷款。

请问：这一贷款融资模式给农民带来的好处有哪些？

【解析】

土地收益保证贷款融资模式从根本上解决了农民贷款难、贷款成本高的问题，程序方便快捷，农民种多少地就能贷多少款，真正能够满足农户的资金需求。全程免费为农户提供贷款服务，给农户吃了一颗定心丸，为农户提供了一个安全贷款的新平台。

END

五、农村信用合作社

(一) 农村信用合作社的定义

农村信用合作社是银行类金融机构。银行类金融机构又叫作存款机构和存款货币银行，其特点是以吸收存款为主要负债，以发放贷款为主要资产，以办理转账结算为主要中间业务，直接参与存款货币的创造过程。农村信用合作社又是信用合作机构。信用合作机构是由个人集资联合组成的以互助为主要宗旨的合作金融机构，简称“信用社”，以互助、自助为目的，在社员中开展存款、放款业务。

（二）农村信用合作社的特征

（1）农民和农村的其他个人集资联合组成，以互助为主要宗旨的合作金融组织，其业务经营是在民主选举基础上由社员指定人员管理经营，并对社员负责。其最高权力机构是社员代表大会，负责具体事务的管理和业务经营的执行机构是理事会。

（2）主要资金来源是合作社成员缴纳的股金、留存的公积金和吸收的存款；贷款主要用于解决其成员的资金需求。起初主要发放短期生产生活贷款和消费贷款，后随着经济发展，渐渐扩宽放款渠道，现在和商业银行贷款没有区别。

（3）由于业务对象是合作社成员，因此业务手续简便灵活。农村信用合作社的任务是，依照国家法律和金融政策的规定，组织和调节农村基金，支持农业生产和农村综合发展，支持各种形式的合作经济和社员家庭经济，限制和打击高利贷。

（三）农村信用合作社社的改革试点

（1）在北京、天津、海南、宁夏等 5 个省市实行建立省级联社的试点。

（2）在四川、浙江等 5 省试行建立地市联社和省级信用合作协会（作为信用社的行业管理机构）。

（3）经国务院批准，江苏省进行了建立县一级法人，乡信用社作为其分支机构的改革试验。同时张家港、常熟、江阴 3 个地级市进行了农村股份制商业银行的试点。

（4）中国人民银行在 8 个县开展了信用社利率放开的改革试验。

（四）今后农村信用合作社的发展方向

（1）根据各地实际情况，逐步满足多样化的农村金融需求是信用社改革的根本目标，而暂时解决信用社的经营困难，处理目前的累计亏损和不良资产只是阶段性目标。

（2）管理体制及监管模式的确立需要在试验试点基础上逐步确立。

（3）要求地方政府担负管理和监管责任，信用社改革应采取分散决策。地方政府承担地方金融机构的管理和监管职责应以储蓄保险体系或金融风险防范基金的建立为前提。

（4）逐步扩大贷款利率自由化改革的试验。灵活的利率政策才能使各种金融产品成为市场交易活动中真正的商品。

（5）信用社改革应与整个农村金融体系建设相配套。

（五）农村信用合作社的法律责任

农村信用合作社要承担审慎的法律义务。根据《民法通则》第 43 条的规定，企业法人对它的法定代表人和其他工作人员的经营活动，承担民事责任。农村信用合作社对其工作人员在营业场所、营业时间所实施的营业行为应承担民事责任。农村信用合作社要对其员工的职务行为承担法律责任。

六、村镇银行

(一) 村镇银行概述

村镇银行是指经中国银行业监督管理委员会依据有关法律、法规批准，由境内外金融机构、境内非金融机构企业法人、境内自然人出资，在农村地区设立的主要为当地农民、农业和农村经济发展提供金融服务的银行业金融机构。村镇银行是独立的企业法人，享有由股东投资形成的全部法人财产权，依法享有民事权利，并以全部法人财产独立承担民事责任。村镇银行股东依法享有资产收益、参与重大决策和选择管理者等权利，并以其出资额或认购股份为限对村镇银行的债务承担责任。村镇银行以安全性、流动性、效益性为经营原则，自主经营、自担风险、自负盈亏、自我约束。

(二) 村镇银行的优劣势

1. 优势

①政策优势。国家对村镇银行有很大的政策优惠、政策倾斜。②发起行的支持。发起行对村镇银行在资金、人员、治理结构及企业文化等方面的支持，在其初创阶段是很大优势。③制度上的路径依赖比较弱，有利于发展创新。④决策链条短，扁平化管理。对市场变化、环境的反应与决策机制比较快，几乎无中间环节。⑤激励机制相对比较灵活，有利于充分调动人的积极性、创造性，把人的潜能充分发挥出来。⑥贴近社区，草根金融。充分利用人缘、地缘优势，扎根地方，深入社区，凭借本土化熟人社会，在营销和风险管控方面有很大优势。

2. 劣势

①规模小。在资金实力、人才队伍、信息技术等综合实力方面相对较弱，业务品种单一，创新能力不足，都极大地限制了村镇银行的发展。②所处生态环境比较薄弱。大多地处县域以下偏远、贫困地区，生态环境薄弱，实体经济相对弱小，人均收入水平相对较低，得额外费心费力。③IT 系统还不够完善，在发展互联网金融、普惠金融，特别是移动金融服务方面处于劣势。④支付结算体系不畅，无法开办联行业务，无法加入大小额支付系统，只能进行资金的手工清算，汇划速度慢，差错事故率高。⑤村镇银行不能开办银行卡、信用卡业务，只是传统的营销模式，业务很难开展。⑥认知度低、公信力不足，使村镇银行吸收社会存款难度大、成本高、存款稳定性差，存款保险制度推出以后，对村镇银行还会有新的冲击。

第三节　农村保险

一、农业保险的含义

（一）农业保险的定义

农业保险是指保险机构根据农业保险合同，对被保险人在种植业、林业、畜牧业和渔业生产中因保险标的遭受约定的自然灾害、意外事故、疫病、疾病等保险事故所造成的财产损失，承担赔偿保险金责任的保险活动。

（二）可以赔偿的风险和不赔偿的风险

可以赔偿的风险主要有两类：一是自然灾害和意外事故，如水灾、冰雹、疫病等；二是为公共事业牺牲个人利益，如为防止牲畜疫病蔓延扑杀掩埋病畜等。

不赔偿的风险主要包括政治风险、道德风险和管理风险。发生战争或是投保人故意的行为都属于免赔范围。另外，发生灾害后未按规定要求采取必要的减损措施，也会影响正常的索赔。

农业保险不能规避价格风险，因为农业保险只是对合同规定的自然灾害所造成的损失进行补偿，价格风险并不在农业保险的保障范围之内。

二、农业保险的种类

（一）种植业保险、畜牧业保险、渔业保险和森林保险

按照农业生产的对象分，农业保险可以分为种植业保险、畜牧业保险、渔业保险和森林保险。通俗来说，种植业保险就是农作物保险，如水稻、小麦等；畜牧业保险主要保牲畜和家禽；渔业保险是为渔民量身打造的；森林保险就是“森林卫士”。

（二）能繁母猪的保险

不是所有能繁母猪都能上保险，前提条件是它打了专用耳标。耳标好比动物的“身份证”，它是佩戴在动物耳部，用于记录标的畜龄、防疫等信息的标牌，以数字、二维码或者电子芯片的形式标记。另外，能繁母猪能否投保还可能受到母猪畜龄、存栏量、饲养圈舍卫生、健康状况、防疫记录等因素限制，具体以各地区的保险条款规定为准。

一般来说，投保人及其家庭成员、被保险人及其家庭成员、投保人或被保险人雇用人员的故意行为导致标的死亡，保险公司不予以赔付。

母猪因得传染病被强行扑杀，在保险期间内，由于发生保险条款列明的高传染性疫病，政府实施强制扑杀导致保险母猪死亡，保险公司也负责赔偿，但赔偿金额以保险金额扣减政府扑杀专项补贴金额的差额为限。

(三) 农村劳动力意外伤害救灾保险

农村劳动力意外伤害救灾保险是居住在农村的无严重疾病和伤残的家庭劳动者因自然灾害或意外事故造成严重伤残或死亡时，由国家、集体和劳动者个人共同集资成立的救灾保险互济组织，按条款规定及时给付救助费或补助金的做法。其保险目的是通过国家、集体和个人共同筹集一定的救灾保险基金，用来保障农村劳动力伤残有医治、死亡有补偿的一种社会保险制度，以促进农村社会安定和生产力发展。

农村劳动力意外伤害救灾保险范围：农村年满 18～60 周岁的无严重疾病或伤残的家庭劳动者；保险期限一般为 1 年，即自投保人交纳保费之日起，至期满日 24 时止。保险责任，凡因下列原因导致家庭劳动力严重伤残、死亡时，救灾保险互济组织负责补偿或救助：①水灾、火灾、风暴、雪冻、地震、冰雹、泥石流及雷击触电；②爆炸、交通事故、中毒、猛兽袭击；③固定物体倒塌、空中运行物撞击或机械事故；④农村集体承保的生产队(组)负责人及农场主对所属单位的农工、合同工和受聘人员在保险期内负有因意外人身伤害享受补偿的责任。

由于下列原因导致在保劳动力严重伤残或死亡时，救灾保险组织不负保险或救助责任：①长期或突发性疾病；②被保人及其家庭人员、亲友的故意行为；③打架、斗殴、酗酒或违章、违纪、违法、犯罪及不道德行为；④战争或军事行为，以及集会、游行、公共娱乐场所引起的伤害。

(四) 农业保险险种的财政补贴

农业保险有政策性农业保险和商业性农业保险之分，只有政策性农业保险才可以享受财政补贴。具体的政策性农业保险险种要依据地方的实际来确定，种类和范围在各地区都有所不同。比较常见的保费补贴品种有水稻、小麦、玉米、能繁母猪、奶牛、天然橡胶、森林等。

(五) 涉农保险

涉农保险是指农业保险以外、为农民在农业生产生活中提供保险保障的保险，包括农房、农机具、渔船等财产保险，涉及农民的生命和身体等方面的短期意外伤害保险。保险机构经营有政策支持的涉农保险，参照适用《农业保险条例》的有关规定。

三、火灾保险

(一) 火灾保险的定义

火灾保险是指为存放在固定场所并处于相对静止状态的财产遭受的火灾损失提供保障的保险。目前，保险公司开办的财产保险业务没有直接使用火灾保险这一名称，但是企业财产保险、家庭财产保险等都是在火灾保险的基础上发展起来的险种，火灾是其中最重要的承保风险。

(二) 家庭财产保险

家庭财产保险的承保风险以火灾、盗窃等风险为主。家庭财产综合保险主要承保房屋、房屋装修及保单列明的室内财产3类家庭财产。在投保时,保险金额按3类财产分项确定,投保人可以自由选择3类财产的保险金额。

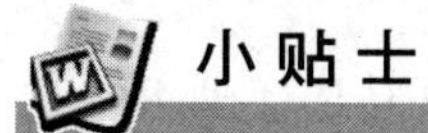

小贴士

在购买火灾保险时需要留意的细节

1. 合理估计财产价值及其可能发生的变化

在投保家庭财产保险时,可以自由选择保险金额,但这并不意味着保险金额越高保险公司赔得越多。简单来说,保险公司赔偿金额以财产价值为限,多买的保险只能算作浪费。房屋主体被烧垮的风险是最低的,购买火灾保险时可以适当减少房屋主体的保险金额,可以节省保费。

2. 购买火灾保险后要注意保存好货物证据

拿家财险来说,投保很方便,但理赔却不那么简单,特别是当家中物品在火灾中被烧光之后,在空口无凭的状态下,要理赔还是有点麻烦。一个简单有效的办法就是注意保存财物的发票单据,把它们搁置在住宅以外的地方,甚至对于一些奢侈品还可以拍照立证。

3. 作为一种火灾保险,家财险一般属于定额给付

理赔金额是固定的。如果保险期限内发生了理赔,剩下的理赔金额就会变少。比如,某户买了1份保额10万元的家财险,着火后保险公司赔付2万元,那剩下的保期内保额便只有8万元。所以,建议索赔过后最好补交一点保费,免得省了芝麻却丢了西瓜。

END

四、人身意外伤害保险

人身意外伤害保险是指在约定的保险期内,因发生意外事故而导致被保险人死亡或残疾,支出医疗费用或暂时丧失劳动能力,保险公司按照双方的约定,向被保险人或受益人支付一定金额的保险金的保险。

意外伤害是非本意的、外来的、不可预料的原因造成被保险人的身体遭到严重创伤的客观事件的。如人们在游泳时,不幸溺水身亡应属于意外事故;而在水里突发心脏病导致死亡,就不属于意外伤害,因为它是身体内部本已存在的疾病引起的。其特点一般是交费少、保障高。

五、农民工工伤保险

根据《关于农民工参加工伤保险有关问题的通知》(劳社部发〔2004〕18号)和《工伤保险条例》的规定,有关农民工工伤保险的四项规定如下。

(一) 工伤保险基金

工伤保险基金由用人单位缴纳的工伤保险费、工伤保险基金的利息和依法纳入工伤保险基金的其他资金构成。

用人单位应当按时缴纳工伤保险费。职工个人不缴纳工伤保险费。用人单位缴纳工伤保险费的数额为本单位职工工资总额乘以单位缴费费率之积。工伤保险基金逐步实行省级统筹。

(二) 认定为工伤的情形

职工有下列情形之一的,应当认定为工伤。

(1) 在工作时间和工作场所内,因工作原因受到事故伤害的。

(2) 工作时间前后在工作场所内,从事与工作有关的预备性或者收尾性工作受到事故伤害的。

(3) 在工作时间和工作场所内,因履行工作职责受到暴力等意外伤害的。

(4) 患职业病的。

(5) 因工外出期间,由于工作原因受到伤害或者发生事故下落不明的。

(6) 在上下班途中,受到非本人主要责任的交通事故或者城市轨道交通、客运轮渡、火车事故伤害的。

(7) 法律、行政法规规定应当认定为工伤的其他情形。

(三) 视同工伤的情形

(1) 在工作时间和工作岗位,突发疾病死亡或者在48小时之内经抢救无效死亡的。

(2) 在抢险救灾等维护国家利益、公共利益活动中受到伤害的。

(3) 职工原在军队服役,因战、因公负伤致残,已取得革命伤残军人证,到用人单位后旧伤复发的。

职工有前款(1)、(2)情形的,按照有关规定享受工伤保险待遇;职工有前款(3)情形的,按照有关规定享受除一次性伤残补助金以外的工伤保险待遇。

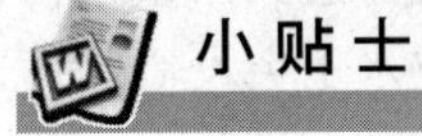

小贴士

不得认定为工伤或者视同工伤的情形

根据《工伤保险条例》第16条的规定,不得认定为工伤或者视同工伤的情形有以下几种：①故意犯罪的；②醉酒或者吸毒的；③自残或者自杀的。

（四）工伤认定

1. 工伤认定申请的提出

职工发生事故伤害或者按照职业病防治法规定被诊断、鉴定为职业病，所在单位应当自事故伤害发生之日或者被诊断、鉴定为职业病之日起30日内，向统筹地区社会保险行政部门提出工伤认定申请。遇有特殊情况，经报社会保险行政部门同意，申请时限可以适当延长。

用人单位未按前款规定提出工伤认定申请的，工伤职工或者其近亲属、工会组织在事故伤害发生之日或者被诊断、鉴定为职业病之日起1年内，可以直接向用人单位所在地统筹地区社会保险行政部门提出工伤认定申请。

按照规定，应当由省级社会保险行政部门进行工伤认定的事项，根据属地原则由用人单位所在地的设区的市级社会保险行政部门办理。

用人单位未在规定的时限内提交工伤认定申请，在此期间发生符合本条例规定的工伤待遇等有关费用由该用人单位负担。

2. 提出工伤认定申请应当提交的材料

①工伤认定申请表；②与用人单位存在劳动关系（包括事实劳动关系）的证明材料；③医疗诊断证明或者职业病诊断证明书（或者职业病诊断鉴定书）。

工伤认定申请表应当包括事故发生的时间、地点、原因以及职工伤害程度等基本情况。工伤认定申请人提供材料不完整的，社会保险行政部门应当一次性书面告知工伤认定申请人需要补正的全部材料。申请人按照书面告知要求补正材料后，社会保险行政部门应当受理。

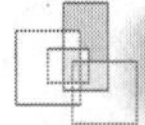

案例 10-3

辣椒是贵州省遵义市特色优势产业，常年种植面积达60余万亩。太平洋财产保险有限公司贵州分公司在遵义市的绥阳县、播州区、新蒲新区启动辣椒保险试点工作，保费每亩30元，其中农户承担6元（贫困户全免），其余由省、市、县政府补贴，最高保额达600元。2016年，受极端天气影响，遵义市3个试点地区辣椒发生较大面积损失。赔付20万元，预计赔款达到84万元。

请问：保险公司开展特色农业保险的意义何在？

【解析】

辣椒种植“靠天收”的瓶颈难以改变，如果遇到旱涝灾害年份或者虫害将会减产，影响农户和企业利益，阻碍辣椒产业发展。产业扶贫是关键，保险服务是产业壮大的有力保障。政府通过补贴保费，鼓励农户购买特色农业保险可为椒农抵御自然灾害系上“保险带”。充分运用保险机制的经济补偿和风险管理等功能化解农业风险，为农户发展产业、精准脱贫系上“安全带”。

六、大力发展“三农”保险，创新支农惠农方式

（1）提升保险意识，在农村形成学保险、懂保险、用保险的氛围。

（2）积极发展农业保险。按照中央支持保大宗、保成本，地方支持保特色、保产量，有条件的保价格、保收入的原则，鼓励农民和各类新型农业经营主体自愿参保，扩大农业保险覆盖面，提高农业保险保障程度。开展农产品目标价格保险试点，探索天气指数保险等新兴产品和服务，丰富农业保险风险管理工具。落实农业保险大灾风险准备金制度。健全农业保险服务体系，鼓励开展多种形式的互助合作保险。健全保险经营机构与灾害预报部门、农业主管部门的合作机制。

（3）拓展“三农”保险广度和深度。根据实际，支持保险机构提供保障适度、保费低廉、保单通俗的“三农”保险产品。积极发展农村小额信贷保险、农房保险、农机保险、农业基础设施保险、森林保险，以及农民养老健康保险、农村小额人身保险等普惠保险业务。

（4）完善现代保险服务业发展的支持政策。鼓励政府通过多种方式购买保险服务，完善对农业保险的财政补贴政策。加大农业保险支持力度，提高中央、省级财政对主要粮食作物的保费补贴，减少或取消产粮大县三大粮食作物保险县级财政保费补贴。建立财政支持的农业保险大灾风险分散机制。

第四节　涉农税收优惠政策

一、企业所得税涉农优惠政策

依据《企业所得税法》及《企业所得税法实施条例》的规定，对企业从事下列项目的所得免征企业所得税。

（1）蔬菜、谷物、薯类、油料、豆类、棉花、麻类、糖料、水果、坚果的种植。

（2）农作物新品种的选育。

（3）中药材的种植。

（4）林木的培育和种植。

（5）牲畜、家禽的饲养。

（6）林产品的采集。

(7) 灌溉、农产品初加工、兽医、农技推广、农机作业和维修等农、林、牧、渔服务业项目。

(8) 远洋捕捞。

另外，新企业所得税法对企业从事下列项目的所得，减半征收企业所得税。

(1) 花卉、茶以及其他饮料作物和香料作物的种植。

(2) 海水养殖、内陆养殖。

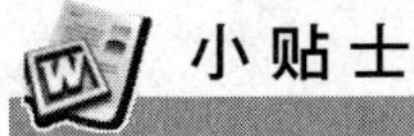

小贴士

内蒙古国税局落实涉农优惠政策

内蒙古国税局积极贯彻落实涉农税收优惠政策，着力扶持自治区农林牧渔业企业发展，2016 年，全区享受农林牧渔企业所得税优惠企业共有 1 264 户，共减免所得税 12.5 亿元，政策实际受惠面 100%，在助力农业发展、扶持农产品加工业发展、加速农产品流通等方面都发挥了积极作用，有效推动了农牧业发展、新农村建设和农牧民增收。

主要措施有：一是注重贯彻落实。二是注重宣传辅导。三是注重服务跟进。四是注重执行问效。通过召开税企座谈会、回访、金税三期软件系统数据比对分析等方式，跟踪掌握政策执行情况和执行效果，主动收集企业在政策执行中遇到的问题，及时帮助企业解决涉税难题，确保政策落实到位。五是注重后续管理。将优惠政策落实情况纳入年度绩效管理范围，对涉农税收优惠政策进行绩效分析，提出完善优惠政策和创新管理方式的合理建议，确保政策落实不走样。

END

二、增值税涉农优惠政策

(1)《增值税暂行条例》《增值税暂行条例实施细则》规定，农业生产者销售的自产农产品(包括初加工、农民专业合作社、“公司＋农户”经营模式)免征增值税。

《财政部、国家税务总局关于农民专业合作社有关税收政策的通知》(财税〔2008〕81 号)规定：对依照《农民专业合作社法》规定设立和登记的农民专业合作社销售本社成员生产的农业产品，视同农业生产者销售自产农业产品免征增值税；增值税一般纳税人从农民专业合作社购进的免税农业产品，可按 13%的扣除率计算抵扣增值税进项税额；对农民专业合作社向本社成员销售的农膜、种子、种苗、化肥、农药、农机，免征增值税。

(2)《财政部、国家税务总局关于有机肥产品免征增值税的通知》(财税〔2008〕56 号)规定，纳税人生产销售和批发、零售有机肥产品(包括有机肥料、有机一无机复混肥料和生物有机肥)免征增值税。

(3)《财政部、国家税务总局关于农业生产资料征免增值税政策的通知》(财税〔2001〕

113号)规定,对企业生产销售的磷肥、氮肥以及以免税化肥为主要原料的复混肥,免征增值税。对农膜以及批发、零售的种子、种苗、化肥、农药、农机等农资产品,免征增值税。

(4)《财政部、国家税务总局关于免征蔬菜流通环节增值税有关问题的通知》(财税〔2011〕137号)规定,自2012年1月1日起,免征蔬菜流通环节增值税。

(5)《财政部、国家税务总局关于免征部分鲜活肉蛋产品流通环节增值税政策的通知》(财税〔2012〕75号)规定,自2012年10月1日起,免征部分鲜活肉蛋产品流通环节增值税。

三、耕地占用税、土地使用税、城镇土地使用税涉农优惠政策

(1)《耕地占用税暂行条例》第10条第1款规定,农村居民占用耕地新建住宅,按照当地适用税额减半征收耕地占用税。

第10条第2款规定,农村烈士家属、残疾军人、鳏寡孤独以及革命老根据地、少数民族聚居区和边远贫困山区生活困难的农村居民,在规定用地标准以内新建住宅缴纳耕地占用税确有困难的,经所在地乡(镇)人民政府审核,报经县级人民政府批准后,可以免征或者减征耕地占用税。

第14条第2款规定,建设直接为农业生产服务的生产设施占用前款规定的农用地的,不征收耕地占用税。

(2)《城镇土地使用税暂行条例》第6条第(5)项规定,"直接用于农、林、牧、渔业的生产用地"免缴土地使用税。第6条第(6)项规定,经批准开山填海整治的土地和改造的废弃土地,从使用的月份起免缴土地使用税5~10年。第9条规定,新征用的土地,依照下列规定缴纳土地使用税:征用的耕地,自批准征用之日起满1年时开始缴纳土地使用税。

(3)国家税务总局《关于调整房产税和土地使用税具体征税范围解释规定的通知》(国税发〔1999〕44号)规定:"对农林牧渔业用地和农民居住用房屋及土地,不征收房产税和土地使用税。"

(4)《财政部、国家税务总局关于房产税、城镇土地使用税有关政策的通知》(财税〔2006〕186号)规定:在城镇土地使用税征收范围内经营采摘、观光农业的单位和个人,其直接用于采摘、观光的种植、养殖、饲养的土地,根据《城镇土地使用税暂行条例》第6条中"直接用于农、林、牧、渔业的生产用地"的规定,免征城镇土地使用税。在城镇土地使用税征收范围内,利用林场土地兴建度假村等休闲娱乐场所的,其经营、办公和生活用地,应按规定征收城镇土地使用税。

四、印花税涉农优惠政策

对国家指定的收购部门与村民委员会、农民个人书立的农副产品收购合同免征印花税;农林作物、牧业畜类保险合同暂不贴花。另据《财政部、国家税务总局关于农民专业

合作社有关税收政策的通知》(财税〔2008〕81 号)规定,对依照《农民专业合作社法》规定设立和登记的农民专业合作社与本社成员签订的农业产品和农业生产资料购销合同,免征印花税。

五、车船税涉农优惠政策

根据《车船税暂行条例》的规定,拖拉机、捕捞、养殖渔船、非机动车船(不包括非机动驳船)免征车船税。省、自治区、直辖市人民政府可以根据当地实际情况,对农村公共交通车船给予定期减税、免税。

财政部、国家税务总局《关于农用三轮车免征车辆购置税的通知》(财税〔2004〕66 号)规定,对农用三轮车免征车辆购置税。

六、契税涉农优惠政策

根据《契税暂行条例》和《中契税暂行条例实施细则》的规定,纳税人承受荒山、荒沟、荒丘、荒滩土地使用权,用于农、林、牧、渔业生产的,免征契税。

七、个人所得税涉农优惠政策

(1) 个人或个体工商户从事种植业、养殖业、饲养业和捕捞业且经营项目属于农业税(包括农林特产税)、牧业税征税范围的,其取得的上述"四业"所得暂不征收个人所得税。

(2) 对进入各类市场销售自产农产品的农民所得暂不征收个人所得税。对市场内的经营者和其经营的农产品,如税务机关无证据证明销售者不是"农民"的和不是销售"自产农产品"的,一律按照"农民销售自产农产品"执行政策。

(3) 对于在征用土地过程中,征地单位支付给土地承包人的青苗补偿费收入,暂免征收个人所得税。

导学案例解析

贵州保险业创新特色农业保险,为脱贫攻坚保驾护航。太平洋财产保险有限公司 2016 年罗甸县试点承保火龙果面积 790 亩,保费收入 9.5 万元(其中承保户自交、财政补贴各占一半),承担风险保障 158 万元。因为雨水多、冰雹、冻害及病虫害等自然因素影响,已在罗甸发生火龙果保险案件 11 起,报损面积 470 亩,理赔金额 20.5 万元。

罗甸县 2017 年扩大火龙果投保面,将罗甸脐橙、杨梅、蔬菜等特色农业种植也纳入投保范围。与省州部门对接谋划,向财政申请专项补贴资金,进一步减轻农户自缴保费的比例。

END

练习题

一、简答题

1. 简述财政补贴政策。

2. 简述金融服务“三农”发展的政策。

3. 简述农村信用合作社的特征。

4. 简述村镇银行的优势。

5. 简述农业保险的种类。

二、不定项选择题

1. 培育农村新型金融服务机构，鼓励、引导和支持民间资本参与或发起设立（　　）。

A. 村镇银行　B. 小额贷款公司　C. 担保公司　D. 信托公司

2. 中国农业银行创新了（　　）、“公司＋农户”担保、专业合作社担保等担保方式，还允许对符合条件的客户发放信用贷款。

A. 农机具抵押　B. 农副产品抵押

C. 林权抵押　D. 农村新型产权抵押

3. 村镇银行是指经中国银行业监督管理委员会依据有关法律、法规批准，由境内外金融机构、（　　）出资，在农村地区设立的主要为当地农民、农业和农村经济发展提供金融服务的银行业金融机构。

A. 境内非金融机构企业法人　B. 境内自然人

C. 境外非金融机构企业法人　D. 境外自然人

4. 涉农保险是指农业保险以外、为农民在农业生产生活中提供保险保障的保险，包括（　　）等财产保险。

A. 农房　B. 农机具　C. 渔船　D. 仓库

5. 工伤保险基金由用人单位缴纳的（　　）的利息和依法纳入工伤保险基金的（　　）构成。

A. 工伤保险费　B. 工伤保险基金　C. 其他资金　D. 全部资金

6. 政策性农业保险比较常见的保费补贴品种有（　　）。

A. 水稻　B. 奶牛　C. 小麦　D. 火灾

7. 对企业从事下列（　　）各项的种植所得，免征企业所得税。

A. 蔬菜　B. 谷物　C. 油料　D. 棉花

8. 对农民专业合作社向本社成员销售的（　　）、农药、农机，免征增值税。

A. 农膜　B. 种子　C. 种苗　D. 化肥

三、案例分析题

2016 年 4 月 20 日，王某在信用社将 50 000 元现金交给该社代办员张某，张某收款后，在该社为王某出具了加盖其私人印章及信用社业务章的定期存单(后经鉴定，该存单上面的公章系王某伪造)，存单载明：存入日期为2017年4月20日，金额为50 000元，期限为定期1年。存款到期后王某到该社取款，信用社以该存单不是本单位出具为由不予支付。2017年5月，王某向A县人民法院民事审判庭提起诉讼，要求信用社支付存款本金50 000元及利息。同年6月，王某向公安机关提出控诉，要求追究张某的刑事责任，同年7月1日一审法院刑事审判庭以张某犯金融凭证诈骗罪判处其有期徒刑10年。

试分析：王某向A县人民法院提起诉讼，要求信用社支付存款本金50 000元及利息，能否得到支持？

第十一章 农村社会保障制度

学习目标

- 掌握新型农村合作医疗制度、“新农合”报销范围与比例，农村最低生活保障制度。
- 理解建立“新农合”遵循的原则，“新农合”的人均补助标准，新型农村社会养老保险制度，农村优抚政策。
- 了解“新农合”的筹资标准，城乡居民医保制度，农村五保供养制度。

案例导学

甘肃省兰州市卫生局对榆中县、皋兰县、永登县等区县的“新农合”定点医疗机构进行抽查，通过随机抽取病例、调阅信息、现场询问等方式，进行了抽查，走访、询问相关患者122人。发现存在虚列费用现象。如门诊费用记入住院清单、多记录住院天数、多收护理费、床位费。病历、处方书写不规范，如永登县连城卫生院抽查病历全部不合格，病历医嘱与处方时间、内容均不一致。其他如打包录入项目、临床记录不及时、处方与医嘱不相符、出院带药超标过量、医疗项目录入错误率高、检查(检验)单回报不及时等问题也有不同程度的存在。

END

第一节　新型农村合作医疗制度

一、新型农村合作医疗制度的概念

新型农村合作医疗制度(以下简称“新农合”)，是由政府组织、引导、支持，农民自愿参加，个人、集体和政府多方筹资，以大病统筹为主的农民医疗互助共济制度。实施新型农村合同医疗制度是帮助农民抵御重大疾病风险的有效途径，是推进农村卫生改革与发展的重要举措，对于提高农民健康保障水平，减轻医药负担，解决因病致贫、因病返贫问题，具有重要作用。

新型农村合作医疗制度从2003年起在全国部分县(市)试点，到2010年逐步实现基本覆盖全国农村居民。

小贴士

国际组织对合作医疗的评价

联合国妇女儿童基金会在1980—1981年年报中指出，中国的“赤脚医生”制度在落后的农村地区提供了初级护理，为不发达国家提高医疗卫生水平提供了样本。世界银行和世界卫生组织把我国农村的合作医疗称为“发展中国家解决卫生经费的唯一典范”。

END

二、建立“新农合”应遵循的原则

1. 自愿参加，多方筹资

农民以家庭为单位自愿参加新型农村合作医疗，遵守有关规章制度，按时足额缴纳合作医疗经费；乡(镇)、村集体给予资金扶持；中央和地方各级财政每年安排一定专项资金予以支持。

2. 以收定支，保障适度

坚持以收定支、收支平衡的原则，既保证这项制度持续有效运行，又使农民能够享有最基本的医疗服务。

3. 先行试点，逐步推广

从实际出发，通过试点总结经验，不断完善，稳步发展。随着农村社会经济的发展和农民收入的增加，逐步提高新型农村合作医疗制度的社会化程度和抗风险能力。

三、“新农合”的筹资标准

“新农合”实行个人缴费、集体扶持和政府资助相结合的筹资机制。

1. 农民个人缴费标准

每年的缴费标准不应低于10元，经济条件好的地区可相应提高缴费标准。乡镇企业职工(不含以农民家庭为单位参加新型农村合作医疗的人员)是否参加新型农村合作医疗由县级人民政府确定。

2. 乡村集体经济组织扶持

有条件的乡村集体经济组织应对本地新型农村合作医疗制度给予适当扶持。扶持新型农村合作医疗的乡村集体经济组织类型、出资标准由县级人民政府确定，但集体出资部分不得向农民摊派。鼓励社会团体和个人资助新型农村合作医疗制度。

3. 地方财政支持

地方财政每年对参加新型农村合作医疗农民的资助不低于人均10元，具体补助标准和分级负担比例由省级人民政府确定。经济较发达的东部地区，地方各级财政可适当增加投入。从2003年起，中央财政每年通过专项转移支付对中西部地区除市区以外的参加新型农村合作医疗的农民按人均10元安排补助资金。

4. 可以参加"新农合"的人员

除已参加城镇职工基本医疗保险的居民外，其余农村居民均应参加户口所在地的新型农村合作医疗。

由于合作医疗属于互助共济性质，所以必须是以家庭为单位，实行整户参保，避免保大不保小、保弱不保强，中小学生必须与其家庭成员一并参加合作医疗。已参加城镇职工基本医疗保险的人员不能同时参加新型农村合作医疗。

四、"新农合"医药费用报销要求

1. "新农合"医药费用报销需要的材料，需要履行的手续和程序

(1) 所需材料：住院发票原件，出院记录，医药费用清单或医嘱单(由就诊医院提供)，本人身份证明(身份证复印件或户籍证明)，其他(转诊证明、打工地证明等)。

(2) 手续和程序：患者在市内就诊，直接在各定点医疗机构结算住院费用；转市外的住院费用，在1个月内将上述材料交本乡镇卫生院(合管所)经办人员办理结报手续，经初审后，由乡镇集中送交市医保处结算。

参合人员在本市各定点医疗服务机构(卫生院)住院治疗不需办理任何手续。但因病情需要转市外就诊治疗的，由经治医生填写病情诊断，医疗机构医保办审批，报市合管办备查。急诊在10日内按规定程序补办。

2. 外出打工人员的医药费报销手续

外出打工者住院治疗，除需提供住院发票、出院记录、医药费用清单(或医嘱单)、身份证明外，还需提供打工地的打工证明材料(可由打工所在地的居委会或工厂等单位提供)。否则，按无转诊证明比例结算。

五、"新农合"的资金管理

农村合作医疗基金是由农民自愿缴纳、集体扶持、政府资助的民办公助社会性资金，要按照以收定支、收支平衡和公开、公平、公正的原则进行管理，必须专款专用，专户储存，不得挤占挪用。

1. 农村合作医疗基金的管理

农村合作医疗基金由农村合作医疗管理委员会及其经办机构进行管理。农村合作医疗经办机构应在管理委员会认定的国有商业银行设立农村合作医疗基金专用账户，确保基金的安全和完整，并建立健全农村合作医疗基金管理的规章制度，按照规定合理筹集、及时审核支付农村合作医疗基金。

2. 专用账户

农村合作医疗基金中农民个人缴费及乡村集体经济组织的扶持资金，原则上按年由农村合作医疗经办机构在乡（镇）设立的派出机构（人员）或委托有关机构收缴，存入农村合作医疗基金专用账户；地方财政支持资金，由地方各级财政部门根据参加新型农村合作医疗的实际人数，划拨到农村合作医疗基金专用账户；中央财政补助中西部地区新型农村合作医疗的专项资金，由财政部根据各地区参加新型农村合作医疗的实际人数和资金到位等情况核定，向省级财政划拨。中央和地方各级财政要确保补助资金及时、全额拨付到农村合作医疗基金专用账户，并通过新型农村合作医疗试点逐步完善补助资金的划拨办法，尽可能简化程序，易于操作。要结合财政国库管理制度改革和完善情况，逐步实现财政直接支付。

3. 农村合作医疗基金主要补助费用

农村合作医疗基金主要补助参加新型农村合作医疗农民的大额医疗费用或住院医疗费用。有条件的地方可实行大额医疗费用补助与小额医疗费用补助结合的办法，既能提高抗风险能力又能兼顾农民受益面。对参加新型农村合作医疗的农民，年内没有动用农村合作医疗基金的，要安排进行一次常规性体检。各省、自治区、直辖市要制定农村合作医疗报销基本药物目录。各县（市）要根据筹资总额，结合当地实际，科学合理地确定农村合作医疗基金的支付范围、支付标准和额度，确定常规性体检的具体检查项目和方式，防止农村合作医疗基金超支或过多结余。

4. 加强对农村合作医疗基金的监管

农村合作医疗经办机构要定期向农村合作医疗管理委员会汇报农村合作医疗基金的收支、使用情况；要采取张榜公布等措施，定期向社会公布农村合作医疗基金的具体收支、使用情况，保证参加合作医疗农民的参与、知情和监督的权利。县级人民政府可根据本地实际，成立由相关政府部门和参加合作医疗的农民代表共同组成的农村合作医疗监督委员会，定期检查、监督农村合作医疗基金使用和管理情况。农村合作医疗管理委员会要定期向监督委员会和同级人民代表大会汇报工作，主动接受监督。审计部门要定期对农村合作医疗基金收支和管理情况进行审计。

六、“新农合”报销范围与比例

1. 门诊补偿

①村卫生室及村中心卫生室就诊报销 60%，每次就诊处方药费限额 10 元，卫生院医

生临时补液处方药费限额50元。②乡镇卫生院就诊报销40%,每次就诊各项检查费及手术费限额50元,处方药费限额100元。③二级医院就诊报销30%,每次就诊各项检查费及手术费限额50元,处方药费限额200元。④三级医院就诊报销20%,每次就诊各项检查费及手术费限额50元,处方药费限额200元。⑤中药发票附上处方每贴限额1元。⑥镇级合作医疗门诊补偿年限额5 000元。

2. 住院补偿

①报销范围:药费,辅助检查——心脑电图、X光透视、拍片、化验、理疗、针灸、CT、核磁共振等各项检查费限额200元,手术费(参照国家标准,超过1 000元的按1 000元报销)。60周岁以上老人在乡镇卫生院住院,治疗费和护理费每天补偿10元,限额200元。②报销比例:乡镇卫生院报销60%;二级医院报销40%;三级医院报销30%。

3. 大病补偿

①乡镇风险基金补偿。凡参加农村合作医疗保险的住院病人一次性或全年累计应报医疗费超过5 000元以上分段补偿,即5 001~10 000元补偿65%,10 001~18 000元补偿70%。②乡镇级合作医疗住院及尿毒症门诊血透、肿瘤门诊放疗和化疗补偿年限额1.1万元。

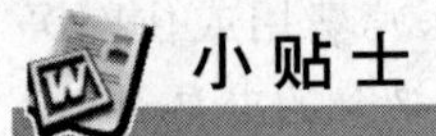

小贴士

不属于"新农合"报销范围的情况

(1) 自行就医(未指定医院就医或不办理转诊单)、自购药品、公费医疗规定不能报销的药品和不符合计划生育的医疗费用。

(2) 门诊治疗费、出诊费、住院费、伙食费、陪客费、营养费、输血费(有家庭储血者除外,按有关规定报销)、冷暖气费、救护费、特别护理费等其他费用。

(3) 车祸、打架、自杀、酗酒、工伤事故和医疗事故的医疗费用。

(4) 矫形、整容、镶牙、假肢、脏器移植、点名手术费、会诊费等。

(5) 报销范围内,限额以外部分。

END

七、"新农合"的人均补助标准

国家卫计委会同财政部联合印发了《关于做好2016年新型农村合作医疗工作的通知》(国卫基层发〔2016〕16号,简称《通知》)提出,2016年,各级财政对新农合的人均补助标准在2015年的基础上提高40元,达到420元,农民个人缴费标准在2015年的基础上提高30元,全国平均达到150元左右。巩固提高新农合保障水平,将政策范围内门诊和住院费用报销比例分别稳定在50%和75%左右。严格控制目录外费用占比,缩小政策报销比和实际报销比之间的差距。要加快推进按病种付费、按人头付费、按床日付费等复合型支付方式改革，扩大支付方式改革对定点医疗机构的覆盖面，控制医疗费用不合理增长。

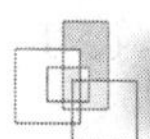

案例 11-1

年逾七旬、家住山西省大同市新荣区 A 村的郭某兰老人，由于家境贫困，不愿意去医院看病，一般是能扛则扛，实在扛不住了，就去药店买点药吃。前不久身体不舒服，被家人送到市三医院，确诊为肺动脉血栓栓塞，经过一周住院治疗，老人身体恢复良好。期间，住院治疗费用共花去 9 101.36 元，新农合报销了 4 106 元。

请问：“新农合”制度的存在意义？

【解析】

“新农合”带给农民实实在在的利益。不少农民切身体会到“新农合”的好处，“在农村生活了一辈子，没想到老了看病还能报销”。建立和完善“新农合”制度是一项“民生工程”，是政府为统筹城乡经济、构建和谐社会，加快农村建设而采取的重大举措，对于保障农民群众身体健康，维护农村社会稳定，缓解农民群众因病致贫、返贫问题具有重要意义。只有最大限度地确保参合农民的利益，“新农合”制度才能健康持续发展。

END

八、城乡居民医保制度

国务院正式发布《国务院关于整合城乡居民基本医疗保险制度的意见》(国发〔2016〕3 号)，对下列情况有明确规定。

1. 覆盖人群

城乡居民医保制度覆盖范围包括现有城镇居民医保和新农合所有应参保(合)人员，即覆盖除职工基本医疗保险应参保人员以外的其他所有城乡居民。农民工和灵活就业人员依法参加职工基本医疗保险，有困难的可按照当地规定参加城乡居民医保。

2. 筹资

坚持多渠道筹资，继续实行个人缴费与政府补助相结合为主的筹资方式，鼓励集体、单位或其他社会经济组织给予扶持或资助。合理划分政府与个人的筹资责任，在提高政府补助标准的同时，适当提高个人缴费比重。

3. 筹资标准的确定

各地统筹考虑城乡居民医保与大病保险保障需求，按照基金收支平衡的原则，合理确定城乡统一的筹资标准。现有城镇居民医保和新农合个人缴费标准差距较大的地区，可采取差别缴费的办法，利用 2～3 年时间逐步过渡。整合后的实际人均筹资和个人缴费不得低于现有水平。

4. 保障待遇的均衡

遵循保障适度、收支平衡的原则，均衡城乡保障待遇，逐步统一保障范围和支付标准。城乡居民医保基金主要用于支付参保人员发生的住院和门诊医药费用。稳定住院保障水平，政策范围内住院费用支付比例保持在75%左右。进一步完善门诊统筹，逐步提高门诊保障水平。逐步缩小政策范围内支付比例与实际支付比例间的差距。

第二节　农村最低生活保障制度

一、农村最低生活保障制度概述

农村最低生活保障制度是对家庭人均收入低于最低生活保障标准的农村贫困人口按最低生活保障标准进行差额补助的制度。它是农村社会救助中最稳定、最广普的一种基本救助制度，覆盖农村所有的、收入水平低于最低生活保障线以下的贫困者。目标是将符合条件的农村贫困人口纳入保障范围，重点保障病残、年老体弱、丧失劳动能力等生活常年困难的农村居民；逐步将符合条件的农村贫困人口全部纳入保障范围，稳定解决全国农村贫困人口的温饱问题。

二、农村最低生活保障标准

由县级以上地方人民政府按照能够维持当地农村居民全年基本生活所必需的吃饭、穿衣、用水、用电等费用确定，并报上一级地方人民政府备案后公布执行。农村最低生活保障标准要随着当地生活必需品价格变化和人民生活水平提高适时进行调整。

三、对象范围

农村最低生活保障对象是家庭年人均纯收入低于当地最低生活保障标准的农村居民，主要是因病残、年老体弱、丧失劳动能力以及生存条件恶劣等原因造成生活常年困难的农村居民。

四、农村最低生活保障的管理

农村最低生活保障管理既要严格规范，又要从农村实际出发，采取简便易行的方法。

1. 申请、审核和审批

农村最低生活保障一般由户主本人向户籍所在地的乡(镇)人民政府提出申请；村民委员会受乡(镇)人民政府委托，也可受理申请。受乡(镇)人民政府委托，在村党组织的领导下，村民委员会对申请人开展家庭经济状况调查、组织村民会议或村民代表会议民主评议后提出初步意见，报乡（镇）人民政府；乡（镇）人民政府审核后，报县级人民政府民政部门审批。乡（镇）人民政府和县级人民政府民政部门要核查申请人的家庭收入，了解其家庭财产、劳动力状况和实际生活水平，并结合村民民主评议，提出审核、审批意见。在核算申请人家庭收入时，申请人家庭按国家规定所获得的优待抚恤金、计划生育奖励与扶助金以及教育、见义勇为等方面的奖励性补助，一般不计入家庭收入，具体核算办法由地方人民政府确定。

2. 民主公示

村民委员会、乡（镇）人民政府以及县级人民政府民政部门要及时向社会公布有关信息，接受群众监督。公示的内容重点为：最低生活保障对象的申请情况和对最低生活保障对象的民主评议意见，审核、审批意见，实际补助水平等情况。对公示没有异议的，要按程序及时落实申请人的最低生活保障待遇；对公示有异议的，要进行调查核实，认真处理。

3. 资金发放

最低生活保障金原则上按照申请人家庭年人均纯收入与保障标准的差额发放，也可以在核查申请人家庭收入的基础上，按照其家庭的困难程度和类别，分档发放。要加快推行国库集中支付方式，通过代理金融机构直接、及时地将最低生活保障金支付到最低生活保障对象账户。

4. 动态管理

①乡（镇）人民政府和县级人民政府民政部门要采取多种形式，定期或不定期调查了解农村困难群众的生活状况，及时将符合条件的困难群众纳入保障范围。②根据其家庭经济状况的变化，及时按程序办理停发、减发或增发最低生活保障金的手续。③保障对象和补助水平变动情况都要及时向社会公示。

五、农村最低生活保障资金

(1) 农村最低生活保障资金的筹集以地方为主，地方各级人民政府要将农村最低生活保障资金列入财政预算，省级人民政府要加大投入。地方各级人民政府民政部门要根据保障对象人数等提出资金需求，经同级财政部门审核后列入预算。

(2) 中央财政对财政困难地区给予适当补助。

(3) 地方各级人民政府及其相关部门要统筹考虑农村各项社会救助制度，合理安排农村最低生活保障资金，提高资金使用效益。

(4) 鼓励和引导社会力量为农村最低生活保障提供捐赠和资助。

(5) 农村最低生活保障资金实行专项管理，专账核算，专款专用，严禁挤占挪用。

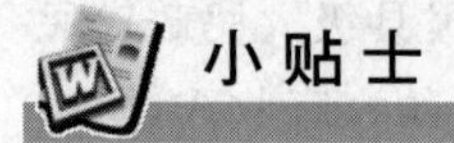

小贴士

韩国的社会医疗保险

1963 年，韩国通过了第一部《医疗保险法》，由于当时韩国社会与经济状况困难，国家医疗保险计划是自愿性保险，参保人数很少。20 世纪 70 年代后期，韩国经济发展很快，国家决定实施强制性医疗保险。1988 年扩展到全国农村，覆盖率为 90%的农村人口，其余 10%贫困线以下的农民由政府提供医疗救济。

韩国农村医疗保险经费筹集：农民家庭支付 50%，政府支付 50%。医疗服务费用分担方式有 3 种：一是起付。病人每诊次付 4 美元。二是自付费用比例。病人在诊所看门诊自付 30%，在医院看门诊自付 50%。三是住院封顶。保险部门每年最多付 180 天的住院费，其余自理。法律规定医疗服务实行逐级转诊制度。

第三节 新型农村社会养老保险

一、基本原则

根据国务院《关于开展新型农村社会养老保险试点的指导意见》(以下简称《指导意见》)的规定，从 2009 年起开展新型农村社会养老保险(以下简称“新农保”)试点。“新农保”工作的基本原则是“保基本、广覆盖、有弹性、可持续”。

(1) 从农村实际出发，低水平起步，筹资标准和待遇标准要与经济发展及各方面承受能力相适应。

(2) 个人(家庭)、集体、政府合理分担责任，权利与义务相对应。

(3) 政府主导和农民自愿相结合，引导农村居民普遍参保。

(4) 中央确定基本原则和主要政策，地方制定具体办法，对参保居民实行属地管理。

二、参保范围

年满 16 周岁(不含在校学生)、未参加城镇职工基本养老保险的农村居民，可以在户籍地自愿参加“新农保”。

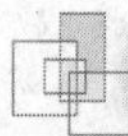

案例 11-2

重庆市璧山县城文风社区的张某，现在每个月都能领到 180 元的城乡居民养老金。

2016年4月用领到的养老金，花了70元买了1双棉鞋，穿着脚很暖和，心里也感到很暖和。张某与老伴都有病，去一次医院要花几百元或上千元，老伴每个月的退休金根本不够用，日子过得紧巴巴的。

2016年1月，张某得知璧山县启动城乡居民社会养老保险试点，参保后每个月基础养老金80元，70岁以上每月多10元，若选择月缴费90元的参保档次，个人缴费5 240元，每月能领养老金180元。于是，她与老伴拿出所有的积蓄办了城乡居民养老保险。2016年11月她突然发病被送到医院治疗，靠养老金交的住院费。

请问：城乡居民养老保险的意义何在？

【解析】

重庆市作为统筹城乡改革的试验区，在全国率先实现城乡居民社会养老保险全覆盖，不仅仅是让老百姓每个月能领到几十元钱，更重要的是为社会创造了一份幸福。让农村农民享有与城市人均等的社保制度，这也是缩小城乡差距、实现城市与农村统筹发展的重要措施。

END

三、基金筹集

"新农保"基金由个人缴费、集体补助、政府补贴构成。

1. 个人缴费

参加"新农保"的农村居民应当按规定缴纳养老保险费。缴费标准目前设为每年100元、200元、300元、400元、500元5个档次，地方可以根据实际情况增设缴费档次。参保人自主选择档次缴费，多缴多得。国家依据农村居民人均纯收入增长等情况适时调整缴费档次。

2. 集体补助

有条件的村集体应当对参保人缴费给予补助，补助标准由村民委员会召开村民会议民主确定。这样做既体现集体的责任，也有利于调动农民的参保积极性。

同时鼓励其他经济组织、社会公益组织、个人为参保人缴费提供资助。

3. 政府补贴

政府对符合领取条件的参保人全额支付"新农保"基础养老金，其中中央财政对中西部地区按中央确定的基础养老金标准给予全额补助，对东部地区给予50%的补助。地方政府应当对参保人缴费给予补贴，补贴标准不低于每人每年30元；对选择较高档次标准缴费的，可给予适当鼓励，具体标准和办法由省（区、市）人民政府确定。对农村重度残疾人等缴费困难群体，地方政府为其代缴部分或全部最低标准的养老保险费。

"新农保"基金全部纳入财政专户，实行收支两条线管理，单独记账、核算。"新农保"的工作费用纳入同级财政预算，不从基金中提取。有关部门按职责对"新农保"基金实施监管，并加强社会监督，定期披露信息，并每年在行政村范围内公示，从内部控制、外部监督和社会监督3方面保证基金安全，既防止挤占挪用，也防范冒领、诈骗等风险。

四、养老金待遇

养老金待遇由基础养老金和个人账户养老金组成，支付终身。中央确定的基础养老金标准为每人每月55元。地方政府可以根据实际情况提高基础养老金标准，对于长期缴费的农村居民，可适当加发基础养老金，提高和加发部分的资金由地方政府支出。个人账户养老金的月计发标准为个人账户全部储存额除以139(与现行城镇职工基本养老保险个人账户养老金计发系数相同)。参保人死亡，个人账户中的资金余额，除政府补贴外，可以依法继承；政府补贴余额用于继续支付其他参保人的养老金。

五、养老金待遇领取条件

年满60周岁、未享受城镇职工基本养老保险待遇的农村有户籍的老年人，可以按月领取养老金。“新农保”制度实施时，已年满60周岁、未享受城镇职工基本养老保险待遇的，不用缴费，可以按月领取基础养老金，但其符合参保条件的子女应当参保缴费；距领取年龄不足15年的，应按年缴费，也允许补缴，累计缴费不超过15年；距领取年龄超过15年的，应按年缴费，累计缴费不少于15年。要引导中青年农民积极参保、长期缴费，长缴多得。

六、新老制度衔接

原来已开展以个人缴费为主、完全个人账户农村社会养老保险(以下简称“老农保”)的地区，要在妥善处理“老农保”基金债权问题的基础上，做好与“新农保”制度衔接。在“新农保”试点地区，凡已参加“老农保”、年满60周岁且已领取“老农保”养老金的参保人，可直接享受“新农保”基础养老金；对已参加“老农保”、未满60周岁且没有领取养老金的参保人，应将“老农保”个人账户资金并入“新农保”个人账户，按“新农保”的缴费标准继续缴费，待符合规定条件时享受相应待遇。

小贴士

农村60岁老人参保流程

(1) 参保办理以村(社区、居委)为单位，参保单位办理登记手续，首次参保时应填写《参加养老保障(险)单位登记表》。

(2) 符合参保条件的人员随带户口簿、身份证原件及复印件、一英寸免冠照片1张，到村(含居委、社区，下同)劳动保障管理服务站提出参保申请，由村负责初审参保资格并填写《农民基本养老保险参保人员公示单》公示 1 周，无异议的人员填写《农民基本养老保险参保人员基本情况登记表》(简称《登记表》)；参保人员若为现役军人或退伍军人，提供人武部出具的从军证明，填写《农民基本养老保险服役士兵政府补助申请表》，报镇(街道)劳动保障管理服务所。

第四节　农村五保供养制度

一、农村五保供养概述

2006 年 1 月，国务院修正并公布了《农村五保供养工作条例》，自 2006 年 3 月 1 日起施行。五保供养是指对规定的村民在吃、穿、住、医、葬方面给予的生活照顾和物质帮助。五保供养是农村的集体福利事业。农村集体经济组织负责提供五保供养所需的经费和实物，乡、民族乡、镇人民政府负责组织五保供养工作的实施。

二、五保供养对象

五保供养对象简称五保对象，是指村民中符合下列条件的老年人、残疾人和未成年人。

(1) 无法定扶养义务人，或者虽有法定扶养义务人，但是扶养义务人无扶养能力的。

(2) 无劳动能力的。

(3) 无生活来源的。

法定扶养义务人是指依照婚姻法规定负有扶养、抚养和赡养义务的人。

确定五保对象，应当由村民本人申请或者由村民小组提名，经村民委员会审核，报乡、民族级、镇人民政府批准，发给《五保供养证书》。

三、五保供养内容

(1) 供给粮油、副食品和生活用燃料。

(2) 供给服装、被褥等生活用品和零用钱。

(3) 提供符合基本居住条件的住房。

(4) 及时治疗疾病，对生活不能自理的给予照料。

(5) 妥善办理丧葬事宜。

五保对象是未成年人的，还应当保障依法接受义务教育。

五保供养的实际标准不应低于当地村民的一般生活水平。具体标准由乡、民族乡、镇人民政府规定。五保供养所需经费和实物应从村提留或者乡统筹费中列支，不得重复列支；在有集体经营项目的地方，可以从集体经营的收入、集体企业上交的利润中列支。灾区和贫困地区的各级人民政府在安排救灾救济款物时，应当优先照顾五保对象，保障他们的生活。

四、五保供养形式

对五保对象可以根据当地的经济条件，实行集中供养或者分散供养两种形式。

具备条件的乡、民族乡、镇人民政府应当兴办敬老院，集中供养五保对象。敬老院实行民主管理，文明办院，建立健全服务和管理制度。五保对象入院自愿，出院自由。敬老院可以开展农副业生产，收入用于改善五保对象的生活条件。地方各级人民政府和有关部门对敬老院的农副业生产应当给予扶持和照顾。

实行分散供养的，应当由乡、民族乡、镇人民政府或者农村集体经济组织、受委托的扶养人和五保对象三方签订五保供养协议。

五、五保对象的财产处理

五保对象的个人财产，其本人可以继续使用，但是不得自行处分；其需要代管的财产可以由农村集体经济组织代管。

五保对象死亡后，其遗产归所在的农村集体经济组织所有；有五保供养协议的，按照协议处理。

未成年的五保对象年满16周岁以后，按照规定停止五保供养的，其个人原有财产中如有他人代管的，应当及时交还本人。

小贴士

停止五保供养的情形

五保对象具有下列情形之一的，经村民委员会审核，报乡、民族乡、镇人民政府批准，停止其五保供养，收回《五保供养证书》：①有了法定扶养义务人且法定扶养义务人具有扶养能力的；②重新获得生活来源的；③已满16周岁且具有劳动能力的。

END

第五节　农村优抚政策

一、适用对象的界定

根据民政部、财政部《关于给部分农村籍退役士兵发放老年生活补助的通知》（民发

〔2011〕110 号，简称《通知》）规定，自 2011 年 8 月 1 日起，对部分农村籍退役士兵按每服 1 年义务兵役（不满 1 年的按 1 年计算）、每人每月发给 10 元老年生活补助。

政策实施对象的人员范围为，1954 年 11 月 1 日试行义务兵役制后至《退役士兵安置条例》实施前入伍，年龄在 60 周岁以上（含 60 周岁）、未享受到国家定期抚恤补助的农村籍退役士兵。

农村籍退役士兵的界定为，退役时落户农村户籍目前仍为农村户籍、退役时落户农村户籍后转为非农户籍的人员。上述人员中不包括已享受退休金或城镇职工养老保险金待遇的人员。

二、人员身份的核查认定

按照属地管理原则组织实施，由本人户籍地村（居）委会、乡（镇、街道）和县（市、区）民政部门统一调查、审定和申报。

1. 政策宣传

各级民政部门要广泛采取媒体播报、张贴告示、入户宣讲等形式，保证将政策内容宣传到位，做到家喻户晓，防止因政策宣传不到位出现漏查漏认的问题。

2. 个人申报

符合条件的人员需携带本人身份证、户口簿、退伍证等相关证明材料，向本人户籍所在地村（居）委会提出申请并办理登记手续，填写有关登记审核表。

3. 初审把关

对相关人员的申报材料，由村（居）委会初审、乡（镇、街道）复核，并做好登记工作。对符合条件的签署意见后，将有关登记审核表、人员花名册和个人相关资料复印件等材料上报县级民政部门；对经复核不符合条件的，应书面说明理由并告知本人。

4. 会审认定

县级民政部门对乡（镇、街道）上报的材料，组织专门人员认真核实其身份，逐一审定其年龄、服义务兵役的年限等条件。对符合条件的，由申请人所在村（居）委会进行张榜公示。对公示期间及以后有异议的，县级民政部门要组织专人调查核实。经查实不符合条件的，应书面通知本人并说明理由。调查核实过程中有疑义的，应逐级请示，确保认定工作稳妥顺利进行。

会审认定的依据应为个人档案、退伍证、户口簿、身份证等有效证明材料。对年龄的认定出现个人档案与身份证不符的，应以身份证为准；对服役年限的认定出现个人档案与退伍证不符的，应以个人档案为准。对无法提供有效证明材料的申报人，由乡（镇、街道）民政助理员会同同级人武部、村（居）委会和已认定的同乡（镇、街道）、同期入伍、同部队服役的人员进行会审，形成会审纪要后，连同相关资料报县级民政部门审批。

5. 建立档案

县级民政部门对申报登记人员的资料，要建立健全档案和数据资料，并认真做好适时更新、动态管理工作。

核查认定工作过程中需要相关人员填写的表格，由县级民政部门根据本地情况自行制作，但表格内容应包括民政部制发的《60周岁以上农村籍退役士兵信息采集表》中的项目。审定工作结束后，县级民政部门应将符合条件的人员信息填入《60周岁以上农村籍退役士兵信息采集表》，统一录入优抚对象信息管理系统，与其他享受国家定期抚恤补助的优抚对象一样，形成每年定期更新机制。

导学案例解析

甘肃省卫计委、省发改委、省财政厅联合印发《甘肃省新农合定点医疗机构违规行为基金扣减办法》明确规定，从2015年9月1日起，全省"新农合"定点医疗机构违规收费和开大处方、乱检查、分解住院、提高自费药品比例、串换药品、串换病种等医疗违规行为，一经发现，将视情节轻重予以相应处罚。同时，鼓励单位、个人举报上述违规行为，举报经查实，予以举报人100～500元的奖励。

END

练习题

一、简答题

1. 简述农村最低生活保障制度。
2. 简述新型农村社会养老保险制度。
3. 什么是新型农村合作医疗制度？
4. 简述农村五保供养制度。
5. 简述农村优抚政策。

二、不定项选择题

1. "新农合"的筹资标准要求，每年的缴费标准不应低于(　　)元，经济条件好的地区可相应提高缴费标准。

A. 10　　B. 20　　C. 30　　D. 40

2. 三级医院就诊报销(　　)，每次就诊各项检查费及手术费限额50元，处方药费限额200元。

A. 10％　　B. 20％　　C. 30％　　D. 40％

3. 农村最低生活保障资金实行(　　)，严禁(　　)。

A. 专项管理　　B. 专账核算　　C. 专款专用　　D. 挤占挪用

4.“新农保”基金由(　　)构成。

A. 个人缴费　B. 集体补助　C. 政府补贴　D. 企业补贴

5. 年满(　　)周岁、未享受城镇职工基本养老保险待遇的农村有户籍的老年人，可以按月领取养老金。

A. 55　B. 60　C. 65　D. 70

6. 五保供养的对象是指村民中符合下列条件的(　　)和(　　)。

A. 老年人　B. 残疾人　C. 未成年人　D. 肢体残疾人士

7. 对五保对象可以根据当地的经济条件，实行(　　)或者(　　)两种形式。

A. 集中供养　B. 分散供养　C. 集中抚养　D. 分散抚养

8. 自 2011 年 8 月 1 日起，对部分农村籍退役士兵按每服 1 年义务兵役(不满 1 年的按 1 年计算)、每人每月发给(　　)元老年生活补助。

A. 10　B. 20　C. 30　D. 40

三、案例分析题

2016 年 1 月，许某驾驶货车在路上行驶时撞倒学龄前儿童胡某，造成胡某重伤。根据交警部门做出的道路交通事故认定书，许某、胡某负此次事故的同等责任。经过鉴定，胡某构成 5 级伤残。在住院治疗期间，胡某的家属无法承担高额的医疗费，于是在“新农合”报销了 6 万元的医疗费，以便继续治疗。2017 年 3 月，胡某起诉到法院，要求许某赔偿交强险限额外的医疗费、伤残赔偿金等损失共计 15.9 万元。审理过程中，许某提出，胡某在“新农合”报销的费用应当减除后，余下的部分双方才按责任比例承担。

人民法院判决，许某应承担 70％的民事赔偿责任；胡某应承担 30％的民事责任；对许某认为胡某已经在“新农合”报销了 6 万元，该部分损失已经不存在，应当扣除的辩解理由，不予支持。

试分析：结合人民法院的判决谈谈“新农合”制度建立的优越性。

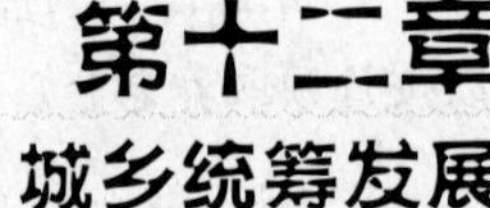

第十二章 城乡统筹发展

学习目标

- 掌握城乡一体化建设的内涵，城乡一体化建设的任务。
- 理解城乡基础设施一体化建设的政策。
- 了解城乡基础设施一体化建设的实现途径。

案例导学

陕西扶风农发行全力支持当地城乡统筹发展

扶风县位于陕西省宝鸡市最东端，是世界佛教圣地法门寺所在地，因出土佛祖释迦牟尼真身(指骨舍利)而闻名于世。同时扶风县也是宝鸡市国家4个六盘山集中连片特困地区之一。

农发行扶风县支行在扶风县扶贫脱困和经济社会发展中担负着重要的金融支撑作用。近年来，扶风农发行切实履行围绕政府中心工作，按照银行规律办事，积极支持经济社会发展重点项目建设，在人员少、任务重、时间紧的情况下，抢抓国家稳增长、调结构、惠民生的政策机遇，全力服务扶风脱贫攻坚和重大民生项目建设，项目贷款实现了历史性突破，基金投资达到了雪中送炭的目的。

扶风县农发行近年共为当地投放项目贷款、基金投资计28 800万元。其中为扶风县累计争取农发重点建设基金6笔11 400万元，仅2015年就争取农发重点建设基金4 000万元，2016年争取农发重点建设基金达到了7 400万元。2016年农发行扶风支行共为当地投放民生建设项目贷款2笔计17 400万元，项目贷款和基金支持范围覆盖了扶风县棚户区改造、体育场馆建设、河道流域治理、城区供水、供气等领域，期限最长达20年。①

END

① 任建伟.陕西扶风农发行全力支持当地城乡统筹发展.中国产经新闻报，2017-01-20.

第一节　城乡一体化建设概述

一、城乡一体化建设的内涵

(一) 城乡一体化建设的概念

城乡一体化建设是指要把工业与农业、城市与乡村、城镇居民与农村村民作为一个整体,统筹谋划、综合研究,通过体制改革和政策调整,促进城乡在规划建设、产业发展、市场信息、政策措施、生态环境保护、社会事业发展的一体化,改变长期形成的城乡二元经济结构,实现城乡在政策上的平等、产业发展上的互补、国民待遇上的一致,让农民享受到与城镇居民同样的文明和实惠,使整个城乡经济社会全面、协调、可持续发展。

(二) 城乡一体化建设的基本方式

1. 多予

多予就是要加大对农业和农村的投入,完善农村地区基础设施建设,为农民提供与城市配套的社保、文化和技能培训体系,增加农民的收入。

2. 少取

少取就是要减轻农民负担,废除额外的税费,让农民和城市居民一样拥有较多的资源可供支配。

3. 放活

放活就是要解放思想,因地制宜地落实党的政策,充分调动农民的积极性和创造性,实现农村和城市发展的有机统一。

城乡一体化建设是随着生产力的发展而促进城乡居民生产方式、生活方式和居住方式变化的过程,使城乡人口、技术、资本、资源等要素相互融合、互为资源、互为市场、互相服务,逐步达到城乡之间在经济、社会、文化、生态、空间、政策(制度)上协调发展的过程。

(三) 城乡一体化建设的基本方向

1. 以工补农

以工补农就是让工业反哺农业,为农业提供更多的资源和技术,带动农业更好更快地发展。农业在新中国建立之初为我国的经济发展打下了坚实的基础。当前,我国正处在工业化中期,建立起了较为完备的工业体系,走到了工业反哺农业的历史阶段。这就需要工业拿出更多的资源帮助农业,以实现工业农业的同步发展。

2. 以城带乡

以城带乡就是让城镇为乡村发展提供更多的资源,完善乡村的基础设施建设,使乡村也能分享到城市经济高速发展的成果,缩小城乡差距,加速乡村经济的发展,实现城乡共同发展、共同繁荣。

二、城乡一体化建设的任务

1. 加快城乡公路网络建设

科学合理地搞好城乡公路网络规划，加快农村公路建设及乡村巷道硬化，推进城乡交通运输一体化进程。

2. 加快城乡能源建设

全面完成城乡电网改造工程，实现城乡用电同网同价。

3. 加强城乡公用设施建设

搞好统一布局规划，加快城镇供排水、供热、供气、公交等公用设施建设，完善城镇服务功能；鼓励城市公用设施向有条件的农村延伸；加大对农村通信设施的投入，保障城乡信息畅通。

4. 推进城乡生态环境建设

加快交通道路绿化工程和生态林体系建设，提高生态承载能力；加强水利基础设施建设，搞好流域综合治理；严格控制污染物排放，加快城镇污水和垃圾集中处理设施建设，大力改善城乡总体环境质量；引导农民科学施用化肥、农药，加大规模化养殖业污染治理力度，推进废弃物再利用和资源化。

5. 加快农村人畜饮水工程建设

对水源有保证、人口居住较集中的地区，着力推进集中供水工程建设；对农户居住分散的山区，建设分散式供水工程(集雨水窖等)或集中供水点。尽快解决农村高氟、高砷、苦咸水以及水源污染和严重缺水问题。

6. 大力发展农村沼气

加快建设农村户用沼气，支持养殖场和饲养集中区建设大中型沼气工程，积极开展沼气综合利用。

7. 加强村庄规划和人居环境治理

加强宅基地规划和管理，节约用地，引导和帮助农民切实解决住宅与畜禽圈舍混杂问题，加大以改水、改圈、改厨、改厕以及垃圾、污水集中处理等为主要内容的村容村貌整治力度，改善农村环境卫生状况。

8. 优先发展教育事业

调整优化教育布局，整合教育资源，尽快实现所有学校达到省定办学条件基本标准；努力提高高中教育质量，以就业为导向，加快发展中等职业教育，加强县级职教中心建设，提高中等职业教育办学水平，推行工学结合、校企合作等培养和办学模式，建立和完善职业技能培训网络。

9. 大力发展卫生事业

以提高公共医疗服务水平、完善医疗保障制度为重点，尽快实现新型农村合作医疗制度全覆盖；合理配置城乡医疗卫生资源，全面提高医务人员技术和医疗装备水平，加快建设规范化的村卫生所，完成县医院、中医院、乡镇卫生院改造，确保城乡居民公平享有基本医疗服务。

10. 加快公共文化设施建设

创新文化管理体制和运行机制，完成县文化馆、图书馆达标改造，实现乡镇有综合文化站、村有文化活动室、所有自然村通广播电视目标；加强体育设施建设，因地制宜地开展适合农村特点的大众体育活动。

11. 切实维护农民的民主权利

完善村民自治制度，进一步推进村务公开，规范村民代表会议制度和村级重大事务决策机制，所有行政村完成村级阵地建设；深入开展农村普法教育，增强农民的法制观念，建设平安乡村，创造农民安居乐业的社会环境。

12. 加强农村精神文明建设

大力弘扬以爱国主义为核心的民族精神和以改革创新为核心的时代精神，深入开展社会主义荣辱观教育；推进文化、科技、卫生"三下乡"活动制度化、经常化，加强科普培训，培养造就有文化、懂技术、会经营的新型农民；认真实施公民道德建设工程，广泛开展群众性精神文明创建活动，形成文明健康的社会风尚。

13. 深化户籍管理制度改革

改革现行户籍管理体制，取消户口的农业和非农业性质划分，确保进城落户的农民在劳动就业、计划生育、子女入学、社会保障以及经济适用住房等方面享有与城镇居民同等待遇。

14. 加快用地制度改革

进一步加大农田水利建设力度，统筹规划城乡用地，提高土地利用水平；提高征地补偿标准，拓宽对被征地农民的安置途径，保障失地农民的合法权益；推进土地流转制度改革，鼓励农民按照"依法、自愿、有偿"原则，采取出租、入股、置换等各种方式，加快农村土地流转，大力发展多种形式的农业适度规模经营。

15. 完善城乡统一的劳动就业制度

积极推进城乡一体化就业试点工作，取消各种对农民工进城就业、务工的歧视性、限制性规定，建立城乡统一的就业服务体系；乡镇要建立劳动保障事务所，集中提供职业介绍、职业技能培训及劳务输出等相关服务；建立农民工工资支付监控管理制度，维护农民工合法权益；认真解决进城农民工的子女入学、住房和社会保障等问题。

16. 健全社会保障体系

加快建立以养老保险、新型农村合作医疗、五保对象集中供养和最低生活保障为主要内容的农村社会保障体系；完善城镇社会保障制度，不断扩大覆盖面；认真解决被征地农民的社会保障问题；积极创造条件，逐步实现城乡社会保障制度接轨，让农民享有与城市居民同等的社会保障。

17. 改革行政管理体制

积极支持农村社区建设，探索实行城市化的社区管理体制；支持具备条件的乡撤乡建镇，推进具备条件的城郊乡改设街道办事处；鼓励建设中心村，支持撤并户数较少的自然村，进一步优化城乡布局。

18. 推进县域金融改革与发展

积极开展组建农村合作银行试点，鼓励设立多种所有制形式的农村社区金融组织，支持发展农村信贷担保机构，逐步形成包括小额信贷组织和农户资金互助组织、商业银行和政策性银行以及金融性担保服务组织在内多层次的县域金融体系，培育农村金融市场，鼓励发展资本市场，积极开展农村政策性保险试点工作。

三、城乡一体化建设的最终目标

在新的历史时期，为了促进城乡一体化发展，必须破除城乡二元结构，实现城乡资源共享，不仅要在地域上消除城乡隔阂，更要在基础设施和社保、文化上实现城乡均等化发展。

党的十七届三中全会指出，“形成城乡经济社会发展一体化新格局，必须扩大公共财政覆盖农村范围，发展农村公共事业，使广大农民学有所教、劳有所得、病有所医、老有所养、住有所居”，提出了城乡一体化建设的 8 大具体措施：“繁荣发展农村文化、大力办好农村教育事业、促进农村医疗卫生事业发展、健全农村社会保障体系、加强农村基础设施和环境建设、推进农村扶贫开发、加强农村防灾减灾能力建设、强化农村社会管理等。”①

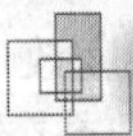

案例 12-1

2016 年 5 月，四川省广元市城乡规划局在全省率先启动村“多规合一”编制试点工作，通过公开比选，邀请了 5 家国内高水平知名规划机构分别承担全市 7 个县区 21 个村的“多规合一”规划编制试点工作。研究如何通过贫困村“多规合一”的试点编制，把脱贫攻坚与幸福美丽新村建设有机结合，从而探索解决当前村“多规合一”合什么、怎么合等难题。

请问：“多规合一”编制试点工作的意义何在？

① http://blog.sina.com.cn/s/blog_4fcecf310100hjl1.html.2010-03-26 访问.

【解析】

通过近半年的基础调查、咨询论证，探讨研究，规划方案不断优化完善。四川省广元市城乡规划局组织召开21村"多规合一"专家审查会议，邀请了省住建厅、省城乡规划设计研究院等9名省、市知名专家对21村"多规合一"问诊把脉。"多规合一"统筹考虑村庄设施建设、产业发展、土地利用、精准扶贫、社会事业发展等内容，通过技术手段将涉及空间布局的专项规划统筹融合，绘就发展的"一张蓝图"。开展村"多规合一"编制，对全市贫困村的规划编制工作提供了经验和参考，对全省推进村"多规合一"编制提供了可借鉴、可复制的经验，特别是对深入实施脱贫攻坚和城乡统筹发展具有重大意义。

END

第二节　城乡规划

一、城乡规划的概念

城乡规划是以促进城乡经济社会全面协调可持续发展为根本任务，促进土地科学使用为基础，促进人居环境根本改善为目的，涵盖城乡居民点的空间布局规划。《中华人民共和国城乡规划法》(以下简称《城乡规划法》)中提及的城乡规划包含城镇体系规划、镇规划、城市规划、乡规划及村庄规划等内容。城乡规划涉及多个领域，包括政治、文化、经济及社会生活等，是一项具有较高战略和全局性、较强综合性的统筹工作。

二、制定城乡规划的基本原则

(1) 制定城乡规划必须遵守并符合国家《城乡规划法》及相关法律法规，在规划指导思想、内容及具体程序上，真正做到依法制定规划。

(2) 制定城乡规划必须严格执行国家政策。应当以科学发展观为指导，以构建社会主义和谐社会为基本目标，坚持5个统筹，坚持中国特色的城镇化道路，坚持节约和集约利用资源，保护生态环境，保护人文资源，尊重历史文化，坚持因地制宜确定城市发展目标与战略，促进城市全面协调可持续发展。

(3) 制定城乡规划应当遵循城乡统筹、合理布局、节约土地、集约发展和先规划后建设的原则，改善生态环境，促进资源、能源节约和综合利用，保护耕地等自然资源和历史文化遗产，保护地方特色、民族特色和传统风貌，防止污染和其他公害，并符合区域人口发展、国防建设、防灾减灾和公共卫生、公共安全的需要。

(4) 制定城乡规划应当考虑人民群众需要，改善人居环境，方便群众生活，充分关注低收入人群，扶助弱势群体，维护社会稳定和公共安全。

(5) 制定城乡规划应当坚持政府组织、专家领衔、部门合作、公众参与、科学决策的原则。

三、城乡规划的内容

(一) 县域村镇体系规划内容

(1) 综合评价县域的发展条件。

(2) 制定县域城乡统筹发展战略,确定县域产业发展空间布局。

(3) 预测县域人口规模,确定城镇化战略。

(4) 划定县域空间管制分区,确定空间管制策略。

(5) 确定县域镇村体系布局,明确重点发展的中心镇。

(6) 制定重点城镇与重点区域的发展策略。

(7) 确定必须制定规划的乡和村庄的区域,确定村庄布局基本原则和分类管理策略。

(8) 统筹配置区域基础设施和社会公共服务设施。

(9) 制定包括交通、给水、排水、电力、邮政、通信、教科文卫、历史文化资源保护、环境保护、防灾减灾、防疫等专项规划。

(二) 县城区规划内容

(1) 分析确定县城性质、职能和发展目标,预测县城人口规模。

(2) 划定规划区、确定县城建设用地规模。

(3) 划定禁止建设区、限制建设区和适宜建设区,制定空间管制措施。

(4) 确定各类用地的空间布局,确定绿地系统、河湖水系、历史文化、地方传统特色等保护内容、要求,划定各类保护范围,提出保护措施。

(5) 确定交通、给水、排水、供电、邮政、通信、燃气、供热等基础设施和公共服务设施的建设目标和总体布局。

(6) 确定综合防灾和公共安全保障体系的规划原则、建设方针和措施。

(7) 确定空间发展时序,提出规划实施步骤、措施和政策建议。

(三) 镇域规划内容

(1) 提出镇的发展战略和发展目标,确定镇域产业发展空间布局。

(2) 预测镇域人口规模;明确规划强制性内容,划定镇域空间管制分区,确定空间管制要求。

(3) 确定镇区性质、职能及规模,明确镇区建设用地标准与规划区范围;确定镇村体系布局,统筹配置基础设施和公共设施。

(4) 提出实施规划的措施和建议。

(四) 镇区规划内容

(1) 确定规划区内各类用地布局。

(2) 确定规划区内道路网络,对规划区内的基础设施和公共服务设施进行规划安排。

(3) 建立环境卫生系统和综合防灾减灾系统。

(4) 确定规划区内生态环境保护与优化目标,提出污染控制与治理措施。

(5) 划定河、湖、库、渠和湿地等地表水体保护和控制范围。

(6) 确定历史文化保护及地方传统特色保护的内容及要求。

(五) 乡域规划的内容

(1) 提出乡产业发展目标,落实相关生产设施、生活服务设施以及公益事业等各项建设的空间布局。

(2) 落实规划期内各阶段人口规模与人口分布情况。

(3) 确定乡的职能及规模,明确乡政府驻地的规划建设用地标准与规划区范围。

(4) 确定中心村、基层村的层次与等级,提出村庄集约建设的分阶段目标及实施方案。

(5) 统筹配置各项公共设施、道路和各项公用工程设施,制定各专项规划,并提出自然和历史文化保护、防灾减灾等要求。

(6) 提出实施规划的措施和有关建议,明确规划强制性内容。

(六) 乡驻地规划的内容

(1) 确定规划区内各类用地布局,提出道路网络建设与控制要求。

(2) 建立环境卫生系统和综合防灾减灾系统。

(3) 确定规划区内生态环境保护与优化目标,划定主要水体保护和控制范围。

(4) 确定历史文化保护及地方传统特色保护的内容及要求。

(5) 规划建设容量,确定公用工程管线位置、管径和工程设施的用地界线等。

(七) 村庄规划的内容

(1) 安排村庄内的农业生产用地布局及为其配套服务的各项设施。

(2) 确定村庄居住、公共设施、道路、工程设施等用地布局。

(3) 畜禽养殖场所等农村生产建设的用地布局。

(4) 确定村庄内的给水、排水、供电等工程设施及其管线走向、敷设方式。

(5) 确定垃圾分类及转运方式,明确垃圾收集点、公厕等环境卫生设施的分布、规模。

(6) 确定防灾减灾设施的分布和规模。

(7) 对村庄分期建设时序进行安排,并对近期建设的工程投资等进行估算和分析。

四、城乡规划的实施

(1) 地方各级人民政府应当根据当地经济社会发展水平量力而行,尊重群众意愿,有计划、分步骤地组织实施城乡规划。

(2) 镇的建设和发展应当结合农村经济社会发展和产业结构调整,优先安排供水、排水、供电、供气、道路、通信、广播电视等基础设施和学校、卫生院、文化站、幼儿园、福利院等公共服务设施的建设,为周边农村提供服务。

(3) 乡、村庄的建设和发展应当因地制宜、节约用地,发挥村民自治组织的作用,引导村民合理进行建设,改善农村生产、生活条件。

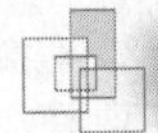

案例 12-2

广东省新兴县第一产业发展有龙头,打好"温氏牌"。新兴县抓住温氏股份上市、股份解禁机遇,加大向温氏招商力度,重点谋划建设总规划 3 000 亩、首期 500 亩的现代农牧装备产业园,打造中国现代农牧集聚区。同时,支持温氏股份在"公司+农户"基础上,向更高层次的"公司+家庭农场"模式探索,提升产业集聚水平,上好用好环保设施,发展循环型畜牧业。另外,推广温氏"公司+农户""公司+家庭农场"的模式,扶持农业龙头企业走品牌农业之路,重点抓好飞天蚕、泰和农庄、天堂紫米基地等建设。

第二产业升级有载体,打好"园区牌"。新兴县不断推进园区扩能增效,突出抓好了载体建设。成立不锈钢创新服务中心,出台"不锈钢二十条"政策,扶持不锈钢企业"机器换人",促进不锈钢产业转型升级。同时,加大招商引资,做实产业支撑。重点项目的建设驱动园区发展提档升级。

第三产业提质有内涵,打好"六祖牌"。新兴县是我国禅宗六祖惠能大师的故乡,重点抓好了禅文化创意产业园核心区概念规划,并完成中心街街景立面改造,按照 5A 景区标准设计的集成河"一河两岸"大地景观、坛经桥等也已启动建设。与此同时,新兴把县内的天露山、象窝山、狮子腰、悦天下等项目串联起来,大力发展乡村旅游,推动形成全域旅游发展格局。

请问:广东省新兴县有哪些成功经验可以借鉴?

【解析】

广东省新兴县是国家级农村产业融合发展(多业态复合型)试点示范县。从农村三产融合向县域三产融合深化探索的跨越性经验值得借鉴。新兴县立足三产协调、各有龙头、文化包容的"原点",以 2016 年年底国务院办公厅印发的《农村一二三产业融合发展的指导意见》为基础,进一步扩大、创新和深化农村三产融合的范畴,提出了在县域层面实现三产融合发展,并出台了《创建县域一二三产业融合发展试点县的实施方案》,描绘起三产融合的"路线图"。以供给侧结构性改革和产业融合为抓手,初步形成三产交叉融合、互促互融的现代产业体系,构建三产融合、四化同步、城乡统筹的新格局。

要推动传统农业转型升级,只有走"融合型产业"的发展路径,新兴县实现了一二三产业在“现代性”基础上的高度融合，逐步走出了一条“新兴之路”，推动县域经济蓬勃发展。

END

第三节　城乡基础设施一体化建设的政策

一、城乡基础设施一体化的含义

城乡基础设施一体化就是按照城市现代化、近郊城市化、远郊城镇化、城乡一体化的标准，完善提升城市基础设施配套水平，加快市政基础设施向农村延伸覆盖，构建城乡一体、标准统一、功能完备、管理规范的城乡基础设施体系。

二、城乡基础设施一体化规划建设原则

1. 坚持统筹协调发展原则

统筹研究制定覆盖城乡全域的基础设施建设规划，全面协调推进城乡基础设施建设，着力缩小城乡基础设施配套差距，实现体系统一、标准统一、管理统一。

2. 坚持规划指导原则

依据城市建设总体规划和重点区域控详规划，高标准完善提升城乡基础设施建设规划，并严格按照规划实施城乡基础设施建设，做到一步规划到位，逐年分步实施。

3. 坚持重点突破原则

依据统筹城乡基础设施建设规划和重点区域开发时段，优先实施城乡基础设施主干路水管网，重点实施新城新市镇及产业园区基础设施建设工程，以点带面，推进市政基础设施向农村延伸覆盖。

4. 坚持政府主导原则

建立政府主导、社会参与、市场运作的新机制，加大区级财政投入、争取上级城建资金，采取吸引企业实行 BT/BOT 等多元化投资方式，积极推进城市基础设施规划、建设和管理工作稳步开展，形成推进全域城市化的强大合力。

三、城乡基础设施一体化实现途径

城乡基础设施一体化可通过覆盖城乡的基础设施规划系统、交通系统、生态景观系统、公用设施及管网系统、信息化服务系统、城乡环境管理系统等 6 大系统的建设来实现。

1. 建立覆盖城乡、有机衔接的基础设施规划系统

高标准编制和完善提升城乡路网、公共交通、供水排水、电力通信、煤气供暖、治污排

污等专项基础设施规划,形成覆盖城乡全域、相互衔接融合、满足区域发展需求的城乡基础设施建设规划体系,提高基础设施规划的全面性、可行性和科学性,引领全区城乡基础设施建设。

2. 建立覆盖城乡、方便快捷的城乡交通系统

(1) 推进城乡路网建设。增强与市中心及周边地区交通通行能力,拉开全域城市化发展格局。按照控详规划高标准、适度超前实施路网建设,加快道路网络化,实现重点地区“增路扩容”。按照市政街路标准实施城乡路网建设,合理优化道路断面及公交、出租车乘降港湾等配套设施布局,尽可能在绿化带及人行道内布置各种市政管网,优化整合村屯现有路网和新增路网,形成村内环路并呈放射状对外联系,提高通行承载能力。

(2) 推进公共交通体系建设。优化交通运输网络格局,优化交通运输资源配置,优化交通运输经营体制和运力结构,优化交通运输投资融资渠道,继续落实公交优先政策,构建覆盖城乡全域的公共交通体系,建立大公交管理体制,大力发展公共交通,加强公交首末站合理设置、积极推动配合地铁建设,加快换乘中心科学布局,实现轨道交通与公交的无缝对接。

(3) 推进交通管理体系建设。结合城乡路网建设,高标准实施交通信号减速带、隔离带等交通管理设施建设。利用现代化科学技术,在全区主干道及重点路口设置可旋转高清摄像头、高清照相机、车辆识别和突发状况视频检测系统,实现路面信息采集、信号调整、车辆调流的网络化和信息化。结合数字化城管指挥中心,建设智能交通指挥平台,在线监测、指挥、调度全区道路交通。实行快速反应机制,对路面通行车辆出现非正常状况时可自动检测发现,通过车主信息系统发送短信进行安全提醒。

(4) 推进城乡停车设施建设。实行差别化停车政策,以经济杠杆调节停车需求,逐步建立配建为主、公共为辅、路边为补充的停车位供应体系。在商业密集区建设路外公共停车场,同时利用街角空地设置临时停车场,对建成区停车场实行统一管理。提高新建住宅项目配建停车场比例,新建住宅项目按一户一车位配建停车场。按建设现代化人防体系要求,在密集交通节点、商业繁华地带,实现地下停车场与人防建设有机结合。通过发掘停车空间潜力,科学规划停车场布局,引入先进停车场建设方式和管理模式等措施,全面改善静态交通秩序,力争实现新增停车位与新增车辆持平。

3. 建立覆盖城乡、宜居优美的城乡生态景观系统

开展水系建设,完善休闲景观配套设施,体系文化特色和内涵,高标准实施主干路网两侧景观绿化工程,打造生态景观“绿廊”。结合新城新市镇及产业园区建设,因地制宜规划建设集中精品绿地和公园、休闲健身广场等设施,打造生活宜居环境,提高城乡生态景观化水平。

4. 建立覆盖城乡、功能完备的市政公用设施及管网系统

按照全域市政公用基础设施综合规划和重点地区控详规划,高标准编制完善覆盖城乡全域的市政公用设施及管网建设专项规划，通过与水务集团、供电公司、燃气公司等专业公司的战略合作，着力抓好一批与群众生产生活及城镇和产业园区建设密切相关的市政工程，不断提高供水、供电、供暖、排污、通信等基础设施的承载能力和覆盖率，加快市政基础设施向农村延伸，努力建设城乡一体、高效便捷的现代化公用基础设施体系。

5. 建立覆盖城乡、便捷高效的信息化服务系统

整合现有资源，努力使网络间实现互联互通，实现声音、数据、图形和图像等信息高速安全地相互传递和交流，信息技术和服务在社会各个领域得到广泛应用，运行效率明显提高，实现网络的数字化、综合化、宽带化、智能化和个性化。加大信息工程建设力度，着力提高公共服务便捷程度，方便百姓生活，在目前 2G、3G 网络全域覆盖的基础上，大力推进 WLAN（即无线局域网）的建设。

6. 建立覆盖城乡、规范专业的城乡环境管理系统

按照全域城市化的目标要求，建立健全城乡环境一体化的管理体制机制，在全面做好城市环境精细化管理的基础上，将农村道路扫保与垃圾转运排纳入城乡一体目标管理体系，实现城市扫保精品化、近郊标准化、远郊常态化的目标。

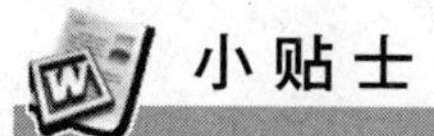

小贴士

我国农村基础设施的现状

近年来，国家基础设施建设和社会事业发展重点不断转向农村，中央财政持续加大对“三农”投入力度，大力支持农业和农村基础设施建设。但还是因为资金投入相对较少，致使我国农村基础设施建设经过多年的努力，依旧呈现薄弱不强的局面。

(1) 从我国现有基础设施存量来看，农村生产性基础设施由于资金缺口，普遍存在年久失修、功能老化、更新改造缓慢等问题，并且由于农村基层组织管理功能普遍薄弱，导致基础设施的损坏严重。另外，由于农村生产技术水平低下，农业机械化程度非常低，现代农业发展缓慢，农业生产资料利用效率不高，农业生产效益低下，为了增加收入，农民不得不长期过度开发利用农用土地，使得土地的承载力逐年下降。

(2) 绝大部分农村地区的文化、体育、娱乐、休闲等生活性服务基础设施建设普遍不足，尤其是与农民自身发展紧密相关的医疗卫生基础设施缺乏。中小学基础设施短缺，教育手段落后，教育水平低。农村居民公平享有上学、就医的机会大大低于城市居民，使得农村地区普及和巩固九年义务教育的困难大，因病致贫、因病返贫的比例高。

(3) 与农民生活息息相关的自来水、电网基础设施更为缺乏，且已通自来水的自然村，由于水源不足、管理不善，供水得不到保障；饮用水安全隐患大，供水水质、水量不达标。受特定的自然地理条件、社会经济发展水平以及人类不合理活动等因素影响，目前中国农村饮用水安全问题仍较为突出。受工业污染影响和农业生产过程中不合理使用农药化肥、固体废弃物等影响，污染物通过地表径流和农田渗漏，造成饮用水重金属矿物质农药等有害物质严重超标；受工业发展影响，部分地区地下水水位严重下降，造成饮用水水量短缺。这些问题，严重影响了群众的身体健康和生产生活，亟须加快解决。

(4) 交通方面，农村仍然有自然村没有通公路，且已有的乡村交通设施落后，公路路面坎坷，使农业机械作用的发挥受到极大限制，对农业生产资料购买与农产品的出售造成了很大的影响。

(5) 通信方面，农村通电话率低，仍有自然村未通电话，且由于受地理环境以及通信基础设施水平的影响，农村电话信号差。

(6) 农村邮政方面，由于乡镇邮局基础设施条件差、服务水平低，使得大部分自然村很难获得邮政服务。

(7) 农村农产品交流市场基础设施建设滞后，大部分农业生产资料的购买与农产品的出售依靠乡镇集市，对农民的生产造成了很大的影响。

END

四、城乡基础设施一体化的发展目标

“统筹城乡发展，形成城乡一体化新格局”是一个长期战略目标，不是一朝一夕就能达到或实现的，一体化并不是要求城市与农村的发展完全一样，而是要求城乡发展得到同样重视，城乡发展差距日益缩小。

现今城乡差别在硬件之一就是基础设施的差别，推进城乡一体化，首要的就是要抓好城乡一体化基础设施建设，在硬件上缩小差别。针对城乡基础设施差异大、各种功能布局不合理、设施共享性差等突出问题，必须把城市和农村作为一个有机整体，在规划布局、基础设施建设方面统一考虑、统一布局、统一推进。强化城乡设施的衔接、互补，加大对农村基础设施的投入，让城市基础设施建设向农村不断延伸，使农民真正享受到城市先进的生产力和城市文明，从而实现城乡共建、城乡联网、城乡共享。

农村基础设施的外部效益是为全社会分享的。要改变农村落后面貌，必须从改变基础设施抓起，形成完善的现代化农业、交通、供排水、供电、供气和流通网络。

五、推进城乡基础设施一体化发展规划

1. 统筹城乡布局，规划先行

搞好新农村建设中基础设施建设的规划。①“中心城市”在城市规划的编制中，不应局限城市，应该把城市的基础设施按可持续发展的要求，按“城市—乡镇—中心村—自然村”分步骤进行，把农村基础设施建设纳入城市规划编制，统筹城乡发展。②切实根据农业生产发展和与“中心城市”基础设施对接的需要，充分发挥自然资源与农业生产的优

势，按照投入产出的基本原理，应用科学的方法，进行全面和科学的规划，因地制宜地制定出适用、可行和有效的农村基础设施建设的规划。当然为使规划更切合农民需要，政府应主要做好规划编制和实施的指导，具体规划由村民民主讨论决定，经村民代表大会通过后方可实施。

2. 紧密结合市场和农民意愿，构建多元投资格局

社会主义新农村建设是一项巨大的系统工程，资金缺口大，单靠政府或者农民自身的力量都不可能负担巨大的农村基础设施建设投资需求，必须紧密结合市场和农民的意愿，动员各方力量，形成政府、农民、企业、社会共同参与的多元投资格局来推进城乡基础实施一体化和促进新农村建设。

3. 建立和完善城乡一体化的公共财政体系

政府财政作为主要投资主体应转变成涵盖城乡全部的公共财政，应根据经济的发展，逐步增加促进农村发展的转移支付力度，农村基础设施建设等农村公共物品应纳入公共财政的预算范围，使农村公共产品的制度外供给为制度内供给。

4. 完善投资机制，引导企业及社会投资

在农村基础设施建设中，政府投资应发挥主导性作用，但在地区政府财力有限的情况下，逐步形成政府投资引导的多渠道、多元化投资体系则是必然要求。完善以农民投资为主体的投资政策，引导农民投资，鼓励社会团体和个人投资，广泛筹集社会资金兴办基础设施，争取外资投入，逐步建立起以农民投资为主体，多渠道、多层次社会集资的良性运行机制。积极探索公私合伙经营模式（PPP）、研究适宜的财税优惠政策、大力发展农村金融等，为企业及社会投资农村基础设施建设创造条件。

5. 因地制宜、通过多样化来促进发展

实现城乡一体化不是指城乡一样化，而是在空间形态上城乡有别，使城市更像城市、农村更像农村，农村既保留优美的田园风光，又达到城市的文明及生活的便利。因此，农村基础设施建设规划应结合本地区的经济条件、自然环境、气候地理、建筑风貌、传统文化、民俗风情和地方物产等因素，通过多样化来因地制宜地促进农村基础设施建设发展。比如，农村基础设施建设可以考虑与文明生态村的创建、与农业综合开发和重点项目建设、与旅游开发建设等方式相结合。

导学案例解析

陕西省扶风县农业发展银行不忘初心，恪尽职守，全力服务地方重点民生项目建设，2016年累计发放各类贷款4亿多元，较上年增长了75%，有力地促进了当地城乡统筹发展，在当地稳增长、调结构、惠民生工作中做出了积极贡献，受到了当地党委、政府的赞扬。

这些项目的实施极大地改变了扶风县的基础设施建设和民生项目建设面貌，有效地提升了群众生活的幸福指数，提高了当地作为世界佛都的知名度和美誉度，推动了当地旅游等第三产业的发展。农发行扶风支行通过为当地城乡统筹发展投放期限长、利率低的项目贷款和基金投资，每年至少为扶风县节约利息开支500余万元。

农发行作为政策性银行对打赢脱贫攻坚战发挥了骨干作用，做好项目贷款和基金投资，抢抓城乡统筹发展、“一带一路”建设等政策机遇，为地方政府主导的民生项目提供长期、低息的政策性资金，推动了当地经济社会发展，为脱贫攻坚、改善民生福祉贡献了力量。

END

练习题

一、简答题

1. 简述城乡一体化建设的任务。
2. 简述制定城乡规划的基本原则。
3. 城乡基础设施一体化实现途径有哪些？
4. 城乡基础设施一体化的发展目标是什么？
5. 如何推进城乡基础设施一体化发展规划？

二、不定项选择题

1. 城乡一体化是中国(　　)和(　　)发展的一个新阶段。

A. 现代化　　B. 城市化　　C. 近代化　　D. 乡村化

2. (　　)确立了城乡一体化建设的基本方式。

A. 多予　　B. 少取　　C. 放活　　D. 统一

3. 城乡规划的内容包括(　　)。

A. 县域村镇体系规划　　B. 县城区规划内容

C. 镇域规划内容　　D. 镇区规划内容

4. 城乡基础设施一体化可通过覆盖城乡的基础设施规划系统、(　　)、公用事业系统、(　　)等系统的建设来实现。

A. 交通系统　　B. 生态景观系统　　C. 信息化系统　　D. 城乡管理系统

5. 实行差别化停车政策，以经济杠杆调节停车需求，逐步建立(　　)的停车位供应体系。

A. 配建为主　　B. 公共为辅　　C. 路边为补充　　D. 公共为主

6. 开展水系建设，完善休闲景观配套设施，体系文化特色和内涵，高标准实施主干路网两侧景观绿化工程，打造生态景观“(　　)”。

A. 绿廊　　B. 长廊　　C. 通道　　D. 体系

7. 必须把城市和农村作为一个有机整体，在规划布局、基础设施建设方面（　　）。

A. 统一考虑　　B. 统一安排　　C. 统一布局　　D. 统一推进

8. “（　　）新格局”是党的十七大针对新农村建设提出来的发展目标。

A. 统筹城乡发展　　B. 形成城乡一体化

C. 稳定城乡安全　　D. 形成城市大发展

三、案例分析题

“统筹城乡发展，形成城乡一体化新格局”是党的十七大针对新农村建设提出来的发展目标。

试分析：你所在的省（自治区、直辖市）都采取了哪些措施推进城乡一体化建设？

第十三章 扶贫开发与农民合法权益维护

学习目标

- 掌握打赢脱贫攻坚战的总体目标、农村扶贫开发的主要任务、农民基本权益的概念、婚姻家庭继承法律规定。
- 理解打赢脱贫攻坚战的基本原则、农民基本权益的内容、农民享有的生产经营权利。
- 了解实施精准扶贫方略、加快贫困人口精准脱贫的内容、农民基本权益的概念、信访事项和法律援助范围。

案例导学

2016年3月1日，岳红父亲岳为收以家庭代表人的身份同山西省A县大厂村村委会签订了土地承包合同书。2016年8月大厂村村小组召开村民代表会议，将岳红所享有土地经营权的土地收回，一部分土地分配给了其他村民，一部分土地卖给了铁矿企业。岳红系“出嫁女”，但户口尚未迁出，在新居住地也未取得土地承包经营权，为此与大厂村村委会、大厂村村小组发生纠纷，经相关的部门调解无效后，岳红便向A县人民法院提起对大厂村村委会、大厂村村小组的民事诉讼。请求人民法院依法保护原告的合法利益，赔偿原告不能够依法耕种此土地，损失的数额8 506.35元。

END

第一节 扶贫开发

一、打赢脱贫攻坚战

中央在《关于打赢脱贫攻坚战的决定》(中发〔2015〕34号)中提出以下内容。

（一）打赢脱贫攻坚战的总体目标

到2020年，稳定实现农村贫困人口不愁吃、不愁穿，义务教育、基本医疗和住房安全有保障。实现贫困地区农民人均可支配收入增长幅度高于全国平均水平，基本公共服务主要领域指标接近全国平均水平。确保我国现行标准下农村贫困人口实现脱贫，贫困县全部摘帽，解决区域性整体贫困。

（二）打赢脱贫攻坚战的基本原则

（1）坚持党的领导，夯实组织基础。

（2）坚持政府主导，增强社会合力。

（3）坚持精准扶贫，提高扶贫成效。贵在精准，重在精准，必须解决好扶持谁、谁来扶、怎么扶的问题，做到扶真贫、真扶贫、真脱贫，切实提高扶贫成果可持续性，让贫困人口有更多的获得感。

（4）坚持保护生态，实现绿色发展。牢固树立绿水青山就是金山银山的理念，把生态保护放在优先位置，扶贫开发不能以牺牲生态为代价，探索生态脱贫新路子，让贫困人口从生态建设与修复中得到更多实惠。

（5）坚持群众主体，激发内生动力。

（6）坚持因地制宜，创新体制机制。突出问题导向，创新扶贫开发路径由"大水漫灌"向"精准滴灌"转变；创新扶贫资源使用方式由多头分散向统筹集中转变；创新扶贫开发模式由偏重"输血"向注重"造血"转变；创新扶贫考评体系由侧重考核地区生产总值向主要考核脱贫成效转变。

（三）实施精准扶贫方略，加快贫困人口精准脱贫

1. 健全精准扶贫工作机制

2. 发展特色产业脱贫

实施贫困村"一村一品"产业推进行动，扶持建设一批贫困人口参与度高的特色农业基地。依托贫困地区特有的自然人文资源，深入实施乡村旅游扶贫工程。引导中央企业、民营企业分别设立贫困地区产业投资基金，采取市场化运作方式，主要用于吸引企业到贫困地区从事资源开发、产业园区建设、新型城镇化发展等。

3. 实施易地搬迁脱贫

对居住在生存条件恶劣、生态环境脆弱、自然灾害频发等地区的农村贫困人口，加快实施易地扶贫搬迁工程。积极整合交通建设、农田水利、土地整治、地质灾害防治、林业生态等支农资金和社会资金，支持安置区配套公共设施建设和迁出区生态修复。探索利用农民进城落户后自愿有偿退出的农村空置房屋和土地安置易地搬迁农户。

4. 结合生态保护脱贫

国家实施的退耕还林还草、天然林保护、防护林建设、石漠化治理、防沙治沙、湿地保

护与恢复、坡耕地综合整治、退牧还草、水生态治理等重大生态工程，在项目和资金安排上进一步向贫困地区倾斜，提高贫困人口参与度和受益水平。合理调整贫困地区基本农田保有指标，加大贫困地区新一轮退耕还林还草力度。开展贫困地区生态综合补偿试点，健全公益林补偿标准动态调整机制，完善草原生态保护补助奖励政策，推动地区间建立横向生态补偿制度。

5. 着力加强教育脱贫

加快实施教育扶贫工程，让贫困家庭子女都能接受公平有质量的教育，阻断贫困代际传递。国家教育经费向贫困地区、基础教育倾斜。健全学前教育资助制度，帮助农村贫困家庭幼儿接受学前教育。建立保障农村和贫困地区学生上重点高校的长效机制，加大对贫困家庭大学生的救助力度。对贫困家庭离校未就业的高校毕业生提供就业支持。实施教育扶贫结对帮扶行动计划。

6. 开展医疗保险和医疗救助脱贫

实施健康扶贫工程，保障贫困人口享有基本医疗卫生服务，努力防止因病致贫、因病返贫。对贫困人口参加新型农村合作医疗个人缴费部分由财政给予补贴。新型农村合作医疗和大病保险制度对贫困人口实行政策倾斜。

7. 实行农村最低生活保障制度兜底脱贫

完善农村最低生活保障制度，对无法依靠产业扶持和就业帮助脱贫的家庭实行政策性保障兜底。加大农村低保省级统筹力度，低保标准较低的地区要逐步达到国家扶贫标准。有条件、有需求的地区可以实施“以粮济贫”。

8. 探索资产收益扶贫

在不改变用途的情况下，财政专项扶贫资金和其他涉农资金投入设施农业、养殖、光伏、水电、乡村旅游等项目形成的资产，具备条件的可折股量化给贫困村和贫困户，尤其是丧失劳动能力的贫困户。资产可由村集体、合作社或其他经营主体统一经营。

9. 健全留守儿童、留守妇女、留守老人和残疾人关爱服务体系

建立家庭、学校、基层组织、政府和社会力量相衔接的留守儿童关爱服务网络。加强对未成年人的监护。健全孤儿、事实无人抚养儿童、低收入家庭重病重残等困境儿童的福利保障体系。对低保家庭中的老年人、未成年人、重度残疾人等重点救助对象，提高救助水平，确保基本生活。引导和鼓励社会力量参与特殊群体关爱服务工作。

二、《中国农村扶贫开发纲要(2011—2020年)》突出核心目标任务

(一) 农村扶贫开发的总体目标

到2020年，稳定实现扶贫对象不愁吃、不愁穿，保障其义务教育、基本医疗和住房。

贫困地区农民人均纯收入增长幅度高于全国平均水平，基本公共服务主要领域指标接近全国平均水平，扭转发展差距扩大趋势。

（二）农村扶贫开发的主要任务

1. 基本农田和农田水利

到2020年，农田基础设施建设水平明显提高。

2. 特色优势产业

到2020年，初步构建特色支柱产业体系。

3. 饮水安全

到2020年，农村饮水安全保障程度和自来水普及率进一步提高。

4. 生产生活用电

到2020年，全面解决无电人口用电问题。

5. 交通

到2020年，实现具备条件的建制村通沥青（水泥）路，推进村庄内道路硬化，实现村村通班车，全面提高农村公路服务水平和防灾抗灾能力。

6. 农村危房改造

到2020年，贫困地区群众的居住条件得到显著改善。

7. 教育

到2020年，基本普及学前教育，义务教育水平进一步提高，普及高中阶段教育，加快发展远程继续教育和社区教育。

8. 医疗卫生

到2020年，贫困地区群众获得公共卫生和基本医疗服务更加均等。

9. 公共文化

到2020年，健全完善广播影视公共服务体系，全面实现广播电视户户通；自然村基本实现通宽带；健全农村公共文化服务体系，基本实现每个国家扶贫开发工作重点县（简称重点县）有图书馆、文化馆，乡镇有综合文化站，行政村有文化活动室。以公共文化建设促进农村廉政文化建设。

10. 社会保障

到2020年，农村社会保障和服务水平进一步提升。

11. 人口和计划生育

到2020年，重点县低生育水平持续稳定，逐步实现人口均衡发展。

12. 林业和生态

到2020年，森林覆盖率比2010年年底增加3.5个百分点。

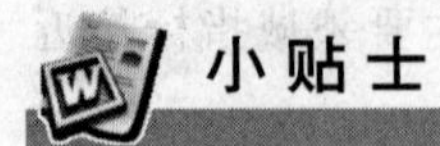

农村扶贫开发的对象范围

①扶贫对象。在扶贫标准以下具备劳动能力的农村人口为扶贫工作主要对象。②连片特困地区。六盘山区、秦巴山区、武陵山区、乌蒙山区、滇桂黔石漠化区、滇西边境山区、大兴安岭南麓山区、燕山—太行山区、吕梁山区、大别山区、罗霄山区等区域的连片特困地区和已明确实施特殊政策的西藏、四省藏区、新疆南疆三地州是扶贫攻坚主战场。③重点县和贫困村。

END

第二节　农民的基本权益

一、农民基本权益的概念

农民基本权益是指农民作为社会成员、国家公民应享有的宪法具体保障的权利和应得到的利益。农民基本权益是宪法赋予的，表明农民根本的政治、经济与社会地位的权益，体现了权益的根本性、基础性与决定性。

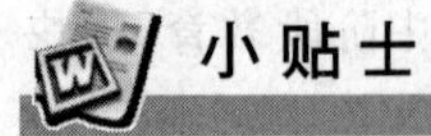

我国宪法规定的公民的基本权利

根据我国《宪法》的规定，我国公民的基本权利可以分为8大类。①政治权利和自由。包括平等权，选举权和被选举权，言论、出版、集会、结社、游行、示威自由。②宗教信仰自由。③人身自由。④批评、建议、申诉、控告、检举和取得赔偿的权利。⑤公民的社会经济权利。⑥文化教育权利。⑦婚姻、家庭、妇女、老人、儿童受国家保护的权利。⑧保护华侨和归侨以及侨眷的权益。

END

二、农民基本权益的内容

(一) 农民的经济权益

农民的经济权益主要涉及财产权益和市场主体权益两个方面。财产权益又可细化为财产的所有、使用、处置、收益等方面的权益，又以土地财产为最主要的方面(表现为土地的使用权、流转权、自主经营管理权和收益权等)。除此之外，还包括农村集体经营性资产、农业生产设施设备及小型水利设施、农业知识产权等财产权益。市场主体权益主要是农民作为市场主体或农民参与的市场主体在生产经营过程中取得的权益。《民法总则》第113条规定，民事主体的财产权利受法律平等保护。

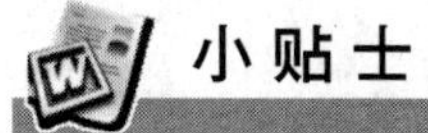

小贴士

批评权与建议权区别，申诉权与控告权关系

批评权与建议权的区别在于，前者针对的是国家机关和其工作人员在工作中的缺点和错误；后者针对的是国家机关和其工作人员的工作。

申诉权与控告权都是同失职违法行为做斗争的手段，但两者区别在于：前者是受违法失职行为不法侵害的人，是为了保护自己的权益而要求依法处理；而后者一般与事件无直接关系，一般是出于争议感和维护公共利益而对违法失职行为进行检举。

END

（二）农民的政治权益

农民的政治权益主要表现为农民的政治参与权、政治决策权以及与此有关的农民在国家政治生活中的地位相关权利，如选举权和被选举权、组织权等。

为保障农民的政治权益落到实处，应当适当增加农民在人大与政协中的比例，扩大民意诉求通道，保证农民以合法正当的方式表达自己的权益。另外，拓展农民利益表达渠道还应健全村民议事会、监事会等农村自治组织和各类经济合作组织，使农民在村集体公共事务决策中有制度性的“话语权”，真正做到自主决策、民主管理、民主监管。

（三）农民的社会权益

农民的社会权益主要有劳动就业权、受教育权、社会保障权、受尊重权、婚姻家庭继承权等。我国《宪法》规定了，受教育权和劳动权既是公民的基本权利又是公民的基本义务。

农民进入城市打工，应当受到法律保护，国家应健全农民工权益保护体系。进一步健全相关法律制度，明确农民工的基本权利和合法权益，对农民工的职业培训、就业指导、劳动条件、居住环境、政治权利、子女入学等做出具体规定。加大劳动执法力度，明确监督主体的职责和权限，建立严格而科学的执法监督机制。提高农民工素质，增强其就业能力和维权意识。鼓励用人单位和社会力量开展农民工职业技能培训，引导农民工参加培训；加强法制宣传，让农民工了解法律援助、劳动仲裁和民事诉讼等相关法律知识以及自身所享有的合法权益，引导他们通过法律手段维护合法权益。加强服务农民的法律援助机构和队伍建设。逐步建立国家财政支持与社会慈善行为相结合的法律援助模式，加强对农民的法律援助。司法部门在承接农民、农民工的诉讼请求时，应在坚持秉公执法的前提下给予其更多的帮助和方便。有关组织、协会(如妇联、工会、产业协会)等应对农民和农民工的诉讼请求提供帮助,降低其维权成本。

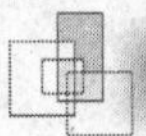

案例 13-1

张某对当地镇政府干部王某的工作提出激烈批评,引起群众热议,被公安机关以诽谤他人为由行政拘留 5 日。张某的精神因此受到严重打击,事后相继申请行政复议和提起行政诉讼,法院依法撤销了公安机关《行政处罚决定书》。随后,张某申请国家赔偿。

请问:张某的哪些权利受到侵犯?

【解析】

根据《宪法》和法律的规定,本案中张某的人身自由受到侵犯;张某的监督权受到侵犯;张某有权获得精神损害抚慰金。

END

第三节 农民生产经营权利保护

一、农民生产经营权利的概念

农民生产经营权利是指农民从事生产经营的资格或正当性,通常以国家法律或法律性文件予以确认和保护。农民生产经营合法权益是指农民生产经营的利益的合法表现。

二、农民生产经营权利的主要内容

1. 土地承包经营权

落实农民对承包土地占有、使用、收益三项权能,主要是对承包土地经营权确权、登记、颁证。落实承包土地流转权能,就是允许农户依法自愿有偿流转土地经营权,可以转包、出租、互换、转让、股份合作等,发展多种形式的适度规模经营。落实抵押、担保权能,就是允许农户以土地经营权,也就是土地上面的种植收益权向金融机构抵押、担保融资。需要强调的是,土地流转、抵押、担保都是指土地经营权,不涉及土地承包权,更不涉及土地所有权。

2. 林权

林权权能与土地承包权经营权权益大致相当,在稳定林地承包关系、保持林地用途不变的前提下,鼓励开展集体林权股份合作制经营,积极发展林业合作组织。

3. 宅基地使用权

宅基地所有权属于村集体,农户享有占有、使用权利,但个人没有处置权。改革完善农村宅基地制度,探索建立宅基地使用权自愿有偿退出机制。必须明确,农民住房财产权可以抵押、担保、转让，并包括宅基地。

4. 农村集体经营性资产相关权益

党的十八届三中全会《中共中央关于全面深化改革若干重大问题的决定》指出："保障农民集体经济组织成员权利，积极发展农民股份合作，赋予农民对集体资产股份占有、收益、有偿退出及抵押、担保、继承权。"2014 年，农业部、中央农办、国家林业局印发《积极发展农民股份合作赋予农民对集体资产股份权能改革试点方案》明确提出，在保障农民集体经济组织成员权利，积极发展农民股份合作，赋予农民对集体资产股份占有、收益、有偿退出及抵押、担保、继承权三方面开展试点。

对占有权，要将集体资产折股量化到人，落实到户。对收益权，要明确收益分配范围，规范收益分配顺序，确定收益分配比例，把农民对集体资产股份的收益分配权落实到位。对有偿退出权，要明确有偿退出的范围、条件和程序，建立农民对集体资产股份有偿退出机制；对继承权，要在尊重本集体经济组织成员实惠的基础上制定具体办法；对抵押、担保权，要在农民有需求和集体经济组织章程允许的情况下，探索农民以其所在村集体资产股份向金融机构申请抵押、担保贷款，但要避免集体经济的产权结构受到冲击，严格防范金融风险。

5. "四荒地"使用权

"四荒地"是农村较丰富的土地资源，属于现行经济环境中未得到充分、合理、有效利用的土地，是一种宝贵资源。"四荒地"所有权归农村集体经济组织，可以纳入集体资产股份合作制改革范围，保障农户合法财产权益，也可以将使用权采取家庭承包的方式进行承包，还可以通过招标、拍卖、公开协商等方式进行承包。

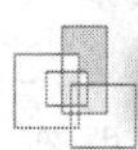

案例 13-2

刘月购买甲公司的化肥使用后农作物生长异常。刘月向法院起诉，要求甲公司退款并赔偿损失。诉讼中甲公司否认刘月的损失是因其出售的化肥质量问题造成的，刘月向法院提供了本村吴某起诉甲公司损害赔偿案件的判决书，以证明甲公司出售的化肥有质量问题且与其所受损害有因果关系。

请问：本案刘月能获得哪些赔偿？

【解析】

我国《农业法》第 76 条规定："农业生产资料使用者因生产资料质量问题遭受损失的，出售该生产资料的经营者应当予以赔偿，赔偿额包括购货价款、有关费用和可得利益损失"。因此，本案中刘月可获得的赔偿有购买化肥的价款、为处理此事花费的交通费等有关费用及农作物生长正常时的正常获利。

END

第四节 婚姻家庭继承权益保护

一、婚姻家庭权益保护

(一) 婚姻自由

婚姻自由是我国婚姻法的一项重要原则,也是我国宪法赋予公民的一项权利,是我国婚姻家庭制度的重要组成部分。《中华人民共和国民法总则》(简称《民法总则》)第112条规定,自然人因婚姻、家庭关系等产生的人身权利受法律保护。

1. 婚姻自由的概念

婚姻自由是指婚姻当事人有权按照法律规定决定自己的婚姻问题,不受其他任何人的强制和干涉。婚姻自由是法律赋予公民的一项权利。婚姻自由的行使必须符合法律的规定。

2. 婚姻自由的内容

婚姻自由包括结婚自由和离婚自由。结婚自由是指婚姻当事人有权按照法律的规定自主自愿地缔结婚姻关系,不受其他任何人的强制和干涉。离婚自由是指夫妻双方或一方有权按照法律规定的条件和程序解除夫妻关系,不受任何人的强制和干涉。

结婚自由和离婚自由是婚姻自由的两个不同方面,两者共同构成婚姻自由原则的完整含义。结婚自由是实现离婚自由的先决条件,离婚自由是结婚自由的必要补充。

3. 婚姻自由原则的贯彻

(1) 禁止包办买卖婚姻和其他干涉婚姻自由的行为。包办婚姻是指第三者(包括父母)违反婚姻自由原则,包办、强迫他人所促成的婚姻。买卖婚姻是指第三者(包括父母),以索取大量财物为目的,包办、强迫他人所促成的婚姻。包办婚姻与买卖婚姻既有联系又有区别。共同之处在于两者都违反婚姻自由原则,对婚姻进行包办、买卖。不同之处在于,买卖婚姻以索取大量钱财为目的,包办婚姻没有这一特征。因此,买卖婚姻必然是包办婚姻,但包办婚姻不一定是买卖婚姻。

现实生活中,除了包办、买卖婚姻外,还有很多其他违反婚姻自由原则的行为,统称为干涉婚姻自由的行为。主要表现为干涉父母再婚、干涉寡妇改嫁、干涉离婚自由、干涉复婚自由等。

(2) 禁止借婚姻索取财物。借婚姻索取财物是指婚姻当事人一方借结婚的机会向他方索要一定财物的行为。其特点是:第一,索要财物的主体一般是婚姻当事人一方;第二,在婚姻决定权上,男女双方对结婚基本上是自主自愿的;第三,婚姻缔结多数不是以感情为基础,对于索要财物的一方来说,往往是建立在贪图金钱物质的基础上;第四,这种婚姻关系在性质上违背社会主义婚姻的基本要求,违反婚姻自由原则,属于违法行为,我国婚姻法予以禁止。

(二)一夫一妻原则

一夫一妻制是人类婚姻文明高度发展的产物,是我国婚姻法一项重要的基本原则,也是我国婚姻制度的一项重要内容。

一夫一妻制是指一男一女结合为夫妻的婚姻制度,亦称单偶制或双单式婚姻。其基本法律要求是:第一,任何人不得同时有2个或2个以上的配偶。第二,已婚者在其配偶死亡或离婚之前不得再行结婚;未婚者不得同时与2个或2个以上的人结婚。第三,一切公开的、隐蔽的一夫多妻、一妻多夫的两性关系都是非法的。情节轻微的,要予以批评教育或行政处分;情节较重的,应给予民事制裁或行政处罚;情节严重构成犯罪的,要受到刑罚制裁。

一夫一妻制禁止重婚。禁止有配偶者与他人同居。

(三)男女平等原则

男女平等原则专指夫妻和性别不同的家庭成员以及其他近亲属,在婚姻家庭生活和亲属关系中处于平等的法律地位,享有平等的权利,承担平等的义务。

男女平等原则在我国婚姻法的各项制度、各项规定中都有所体现。第一,在结婚和离婚制度上,男女双方当事人的权利和义务是完全平等的。男女双方平等地享有结婚自由和离婚自由;登记结婚后,女方可以成为男方家庭成员,男方也可以成为女方家庭成员。离婚时的财产清算,离婚后的子女抚养和教育,男女双方的权利义务也是平等的。第二,在家庭关系中,不同性别的家庭成员的权利义务是完全平等的。在夫妻关系上,男女结婚后地位平等、人格平等、共享权利、共担义务。在父母子女关系上,父母有抚养和教育子女的义务,同时有受子女赡养的权利;同时子女有受父母抚养教育的权利,也有赡养父母的义务。父母子女之间可相互继承财产。在其他家庭成员方面,祖父母和孙子女、外祖父母和外孙子女之间,兄弟姐妹之间的权利义务也是平等的。第三,在收养关系上,男女平等亦是收养法所坚持的基本原则。收养法中关于收养人、被收养人、送养人的条件规定,关于夫妻共同收养和父母共同送养的要求,关于养父母、养子女及其他亲属的权利义务的各项规定,无不贯彻着男女平等的原则。

(四)保护妇女、儿童和老人的合法权益的原则

《民法总则》第128条规定,法律对未成年人、老年人、残疾人、妇女、消费者等的民事权利保护有特别规定的,依照其规定。

1. 妇女合法权益

保护妇女合法权益是对男女平等原则的必要补充。我国现行的《婚姻法》对保护妇女合法权益的问题,在许多条款中作了有针对性的具体规定,尤其是在离婚方面规定得更为具体和完善。例如,女方在怀孕期间或分娩后1年内或终止妊娠6个月内,男方不

得提出离婚;离婚时分割夫妻共同财产,应根据具体情况,对女方的权益予以照顾;离婚时如一方生活困难,另一方应给予适当的经济帮助。

2. 保护儿童合法权益

我国婚姻家庭法对儿童合法权益的保护是全面的,根据《婚姻法》《中华人民共和国未成年人保护法》(以下简称《未成年人保护法》)等法律规定,主要有人身权和财产权两个方面。第一,儿童的人身权:一是生命权、健康权;二是人身自由权和人格权;三是受教育权。第二,儿童财产权。

3. 保护老人合法权益

老人的合法权益不仅涉及财产方面的内容,而且具有人身方面的内容。现行《婚姻法》规定了许多保护老人合法权益的条款:子女应当尊重父母的婚姻权利;子女对父母有赡养扶助的义务;孙子女、外孙子女对于祖父母、外祖父母有附条件的赡养义务。1996 年颁布实施的《老年人权益保障法》对老年人的合法权益作了全面的规定。

4. 保护妇女、儿童和老人的合法权益原则的贯彻

(1) 禁止家庭暴力。《反家庭暴力法》第 3 条规定,国家禁止任何形式的家庭暴力。这表明国家对家庭暴力持零容忍的态度。《反家庭暴力法》首次建立了人身安全保护令制度,当事人因遭受家庭暴力或者面临家庭暴力的现实危险,向人民法院申请人身安全保护令的,人民法院应当在 72 小时内做出裁定,情况紧急的应当在 24 小时内做出。

(2) 禁止虐待和遗弃家庭成员。虐待是指以作为和不作为的形式,对家庭成员歧视、折磨、摧残,使其在精神上、肉体上遭受损害的违法行为,如打骂、恐吓、冻、饿、患病不予治疗、限制人身自由、在居住条件上的歧视性待遇等。遗弃是指家庭成员中负有抚养、赡养、扶养义务的一方,对于年老、年幼、患病或其他没有独立生活能力,需要有抚养、赡养、扶养的另一方,故意不履行其应尽义务的行为。与虐待不同的是,遗弃一般表现为不作为的方式。

小贴士

家庭暴力的认定

根据我国《反家庭暴力法》第 2 条、第 37 条之规定,反家庭暴力法的适用范围不仅包括家庭成员间的身体侵害,也包括家庭成员间的精神侵害;非家庭成员之同居关系之间的暴力行为也被视同家庭暴力。

END

(五) 计划生育原则

计划生育原则是指人类自身的生产应当有计划地进行,要有计划地控制全社会人口的运行。根据2015年10月29日党的十八届五中全会全面放开二胎政策的决定,《中华人民共和国人口与计划生育法》(以下简称《人口与计划生育法》)进行了修改。该法第17条、第18条规定:"公民有生育的权利,也有依法实行计划生育的义务,夫妻双方在实行计划生育中负有共同的责任,国家提倡一对夫妻生育2个子女。符合法律、法规规定条件的,可以要求安排再生育子女。"

二、继承权益保护

(一) 继承及继承权的概念

继承是指死者将其生前所享有的权利在死亡时依法转移于其他主体所有的制度。继承权是指继承人依法享有的继承被继承人遗产的权利。

在继承法律关系中,将生前所享有的权利于死亡时转移给其他主体的死者为被继承人,依法享有被继承人权利的人为继承人,被继承人死亡后遗留给继承人的合法权利为遗产,继承人依法享有的继承被继承人合法利益的权利为继承权。《民法总则》第124条规定,自然人依法享有继承权。

(二) 继承的顺位

根据我国《继承法》第5条、第9条之规定,继承权男女平等,继承开始后,按照法定继承办理;有遗嘱的,按照遗嘱继承或者遗赠办理;有遗赠扶养协议的,按照协议办理。

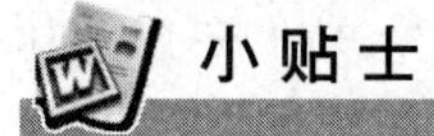

小贴士

法定继承顺序

《继承法》第10条规定,遗产按照下列顺序继承:第一顺序为配偶、子女、父母。第二顺序为兄弟姐妹、祖父母、外祖父母。继承开始后,由第一顺序继承人继承,第二顺序继承人不继承。没有第一顺序继承人继承的,由第二顺序继承人继承。

END

(三) 继承权的保护

当继承人的继承权利受到侵害时,法律赋予继承人通过法律途径恢复其继承遗产的权利,主要包括确认继承权人请求权、遗产返还请求权两个方面。请求权应在法律规定的期间内行使。《继承法》第8条规定:"继承权纠纷提起诉讼的期限为2年,自继承人知道或者应当知道其权利被侵犯之日起计算。但是,自继承开始之日起超过20年的,不得再提起诉讼。"

如果继承人自继承开始之日起的第18~20年内才知道权利被侵犯的,则应当在继承开始之日起的20年内有权提起诉讼,超过20年的,不得再行提起诉讼。

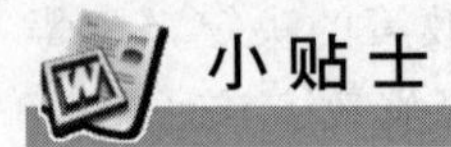

小贴士

婚姻家庭法中子女、父母、兄弟姐妹的含义

子女包括婚生子女、非婚生子女、养子女和有扶养关系的继子女。父母包括生父母、养父母和有扶养关系的继父母。兄弟姐妹包括同父母的兄弟姐妹、同父异母或者同母异父的兄弟姐妹、养兄弟姐妹、有扶养关系的继兄弟姐妹。

END

(四) 夫妻的继承权利

我国《婚姻法》第 24 条规定，夫妻有相互继承遗产的权利。根据我国《继承法》规定，夫妻互为第一顺序的法定继承人，可以互相继承对方的遗产。

(五) 父母子女的继承权利

我国《婚姻法》第 24 条第 2 款规定："父母和子女有相互继承遗产的权利。"根据我国《继承法》的规定，子女和父母均为第一顺序继承人，相互享有继承权。

父母子女的继承权利的具体内容包括：①父母与婚生子女有相互继承遗产的权利。②养父母与养子女有相互继承遗产的权利；但养子女无权继承生父母的遗产，生父母也无权继承养子女的遗产。③有抚养关系的继父母与继子女有相互继承遗产的权利；继父母继承继子女遗产的，不影响其继承生子女的遗产；继子女继承继父母遗产的，不影响其继承生父母的遗产。父母和子女的继承权是平等的，父母子女都是独立的继承主体，享有独立的继承份额。

另外，《继承法》还特别规定：①对被继承人死亡时尚未出生的胎儿，也应依法保留其继承的份额。胎儿出生时是死体的，保留的份额由被继承人的继承人继承；胎儿出生后死亡的，由其继承人继承。②子女先于父母死亡的，其晚辈直系血亲依法享有代位继承权。③丧偶儿媳对公婆、丧偶女婿对岳父母尽了主要赡养义务的，也作为第一顺序继承人继承遗产。

第五节 法律援助与信访

一、法律援助制度的概念和范围

(一) 法律援助制度的概念

法律援助制度是指国家在司法制度运行的各个环节和各个层次上，对因经济困难及其他因素而难以通过通常意义上的法律救济手段保障自身基本社会权利的社会弱者，减免收费，提供法律帮助的法律保障制度。

它为世界上许多国家所普遍采用的一种司法救济制度。自 1996 年在我国建立以来，法律援助制度已经成为我国司法制度的一个有机组成部分，在维护社会稳定、促进司法公正、实现社会公平正义、推动经济社会全面发展中，发挥着越来越重要的作用。法律援助工作已经成为一项重要的民生工程。

(二) 法律援助范围

根据《法律援助条例》第 10 条规定，公民对下列需要代理的事项，因经济困难没有委托代理人的，可以向法律援助机构申请法律援助。

(1) 依法请求国家赔偿的。

(2) 请求给予社会保险待遇或者最低生活保障待遇的。

(3) 请求发给抚恤金、救济金的。

(4) 请求给付赡养费、抚养费、扶养费的。

(5) 请求支付劳动报酬的。

(6) 主张因见义勇为行为产生的民事权益的。

省、自治区、直辖市人民政府可以对前款规定以外的法律援助事项做出补充规定。公民可以就本条第一款、第二款规定的事项向法律援助机构申请法律咨询。

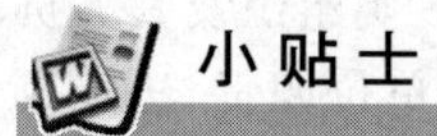

小贴士

司法救助内容

获得法律援助后的司法救助是指人民法院对获得法律援助机构援助的当事人在诉讼中的司法救济，主要是在当事人诉讼费用的缓、减、免交以及与法律援助人员的配合方面。

END

二、申请法律援助的程序

(1) 提出法律援助申请。

(2) 初审后填写申请表格。

(3) 申请人递交材料，包括法律援助申请书；身份证或其他有效身份证明，代理人还需提交授权代理的证明；所在街道、乡镇人民政府或县级以上民政部门出具的经济困难证明；与所申请法律援助事项有关的案件材料；法律援助中心认为需要提供的其他材料。

(4) 法律援助机构对申请进行审查。

(5) 决定给予或不给予法律援助。

(6) 决定给予法律援助的,办理相关援助手续,法律援助自办或指派律师事务所律师办理;决定不给予法律援助的,告知不予援助的理由,由其自聘社会律师或自行办理。

三、信访的概念、事项和形式

(一) 信访的概念特色与原则

1. 信访的概念

信访是指公民、法人或者其他组织采用书信、电子邮件、传真、电话、走访等形式,向各级人民政府、县级以上人民政府工作部门反映情况,提出建议、意见或者投诉请求,依法由有关行政机关处理的活动。

2. 信访的特色和原则

信访是除法律以外的一种解决问题的办法,是一种比较直接的利益表达形式。但是,由于信访的有关信息一般要经过信访办公室工作人员的筛选,然后递交有关领导、有关机关,所以,它也是一种间接的利益表达方式。

信访的原则是属地管理、分级负责,谁主管、谁负责,依法、及时、就地解决问题与疏导教育相结合。

(二) 信访事项

根据《信访条例》第 14 条之规定,信访人提出信访事项,主要针对 5 类组织及其人员的职务行为提出建议、意见或对其不服。职务行为是指履行本机关或单位职责、法定或者约定义务的行为,或者代表本机关或者单位,以机关、单位名义履行职责所做出的行为,而非以个人名义做出的行为。这 5 类组织及人员为:①行政机关及其工作人员;②法律、法规授权的具有管理公共事务职能的组织及其工作人员;③提供公共服务的企业、事业单位及其工作人员;④社会团体或者其他企业、事业单位中由国家行政机关任命、派出的人员;⑤村民委员会、居民委员会及其成员。根据《信访条例》第 14 条规定,对依法应当通过诉讼、仲裁、行政复议等法定途径解决的投诉请求,信访人应当依照有关法律、行政法规规定的程序向有关机关提出。

(三) 信访形式

根据《信访条例》第 16 条、第 17 条、第 18 条之规定,信访人采用走访形式提出信访事项,应当向依法有权处理的本级或者上一级机关提出;信访事项已经受理或者正在办理的,信访人在规定期限内向受理、办理机关的上级机关再提出同一信访事项的,该上级机关不予受理。信访人提出信访事项,一般应当采用书信、电子邮件、传真等书面形式;信访人提出投诉请求的,还应当载明信访人的姓名(名称)、住址和请求、事实、理由。有关机关对采用口头形式提出的投诉请求,应当记录信访人的姓名(名称)、住址和请求、事实、理由。信访人采用走访形式提出信访事项的,应当到有关机关设立或者指定的接待场所提出。多人采用走访形式提出共同的信访事项的，应当推选代表，代表人数不得超过5人。

小贴士

信访处理程序

《信访条例》第31条规定：对信访事项有权处理的行政机关办理信访事项，应当听取信访人陈述事实和理由；必要时可以要求信访人、有关组织和人员说明情况；需要进一步核实有关情况的，可以向其他组织和人员调查。

对重大、复杂、疑难的信访事项可以举行听证。听证应当公开举行，通过质询、辩论、评议、合议等方式，查明事实，分清责任。听证范围、主持人、参加人、程序等由省、自治区、直辖市人民政府规定。

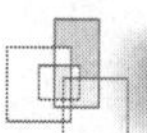

案例 13-4

小王认为，我国法律援助制度因其保障人权而体现司法正义，因其救助贫困而体现社会公平。对公民的法律援助申请和法院指派的法律援助案件，由法律援助机构统一受理、审查、指派、监督，必要时可以委托慈善机构协助受理。

请问：小王的这种看法正确吗？

【解析】

小王的看法是错误的。我国法律援助是政府的一项重要职责，在性质上是一种社会保障制度。实施法律援助的既有律师、法援机构，也有社会组织，形式上包括诉讼法律援助、非诉讼法律援助及公证、法律咨询。法律援助对象包括符合法定受援条件的经济困难者、残疾者、弱者，及符合规定的外国公民及无国籍人。公民的法律援助申请和法院指派的法律援助案件，由法律援助机构统一受理、审查、指派、监督。

导学案例解析

A县人民法院审理认为，①土地承包经营合同应当依法履行。土地承包合同履行期间，发包方不得调整承包的土地，故原告的诉讼请求应予支持。被告在承包期间，调出原告的承包土地是违法的，是无效的。②原告的请求赔偿损失事实虽然存在，但原告未提供相关证据佐证，无法认定。③农户是农村土地承包经营合同的当事人，是权利的享有者，是义务的承担者。岳红霞以个人的名义提起诉讼，应当说是主体不适格，人民法院在裁判文书中注明，岳红系该农户的代表人。

练习题

一、简答题

1. 简述农村扶贫开发的主要任务。
2. 简述男女平等原则。
3. 父母子女的继承权利是什么?
4. 法律援助范围有哪些?
5. 简述信访的事项。

二、不定项选择题

1.《关于打赢脱贫攻坚战的决定》提出实施(　　)方略,加快贫困人口(　　)。

A. 精准扶贫　　B. 彻底脱贫　　C. 精准脱贫　　D. 精确扶贫

2. 下列(　　)既是公民的权利又是公民的义务。

A. 劳动权　　B. 选举权　　C. 受教育权　　D. 监督权

3. 婚姻自由包括(　　)。

A. 结婚自由　　B. 离婚自由　　C. 同居自由　　D. 分居自由

4. 钱某与胡某婚后生有子女甲和乙,后钱某与胡某离婚,甲、乙归胡某抚养。胡某与吴某结婚,当时甲已参加工作而乙尚未成年,乙跟随胡某与吴某居住,后胡某与吴某生下一女丙,吴某与前妻生有一子丁。钱某和吴某先后去世,下列说法正确的是(　　)(2009年卷三第68题)?

A. 胡某、甲、乙可以继承钱某的遗产　　B. 甲和乙可以继承吴某的遗产

C. 胡某和丙可以继承吴某的遗产　　D. 乙和丁可以继承吴某的遗产

5. 法律援助范围包括(　　)。

A. 依法请求国家赔偿的　　B. 请求发给抚恤金、救济金的

C. 请求给付赡养费、抚养费、扶养费的　　D. 请求支付劳动报酬的

6. 多人采用走访形式提出共同的信访事项的,应当推选代表,代表人数不得超过(　　)人。

A. 2　　B. 3　　C. 4　　D. 5

7. 我国的法律援助制度于(　　)年建立。

A. 1986　　B. 1996　　C. 2006　　D. 2016

8. 信访人提出信访事项,一般应当采用(　　)等书面形式。

A. 书信　　B. 电子邮件　　C. 传真　　D. 电话

三、案例分析题

王小海系某省A市某乡村民,他外出打工时,与邻居张旺书面约定,把自己经营承包

的 2 亩多土地委托给张旺耕种，但没有就土地的收益进行约定。他从外地回到家乡后，想从张旺手中收回土地，并要求分配张旺耕种期间的收益。2 人为此发生纠纷，他将张旺诉至 A 市农村土地承包纠纷仲裁委员会。

试分析：王小海与张旺的口头约定是否有效？可否采取仲裁方式解决土地承包权益纠纷？（注：回答本题请参阅本教材第三章。）

第十四章 村民基层组织与自治法律制度

学习目标

- 掌握农村基层党组织的地位、村民委员会的主要任务、农村妇女代表会任务、农村社会治安治理机构、村民委员会选举法、“一事一议”的概念。
- 理解农村基层党组织的产生、村民委员会的性质、村民委员会在社会治安综合治理中的职责、“一事一议”的议事原则、筹资筹劳的范围与对象。
- 了解农村基层党组织的基本任务、共青团的宗旨、村民委员会组织法、“一事一议”议定事项的特点。

案例导学

2016年12月16日，江西省A县金山镇石门村村民委会与张文签订《转让协议》，约定本村集体所有的位于大毛坪大塘下的土地使用权和原某小学楼房转让给张文，转让价格为22万元。黄勇等124位石门村村民认为，张文与村民委员会签订的转让协议违反了法律规定的民主议定原则，无视村民的自治权利，故而向人民法院起诉，请求判决石门村村民委员会与张文签订的转让协议为无效合同。

END

第一节 农村基层组织

一、农村基层党组织

(一) 农村基层党组织的地位

《中国共产党党章》第29条明确规定：“农村……凡是有正式党员三人以上的，都应当成立党的基层组织。”在中国共产党 8 000 多万党员的执政党方阵里，基层党组织是全部工作和战斗力的基础，是落实党的路线、方针、政策和各项工作任务的战斗堡垒。农村基层干部队伍的核心是村党支部或党总支部，而村党支部（党总支）书记又是支部班子的核心。支部书记素质高，表率作用强，整个党组织的战斗力才会强。选准一个好的支部（或总支）书记，对于一个村来说至关重要。在社会转型时期，基层党组织作用发挥得好坏，直接关系党的执政能力、执政基础和作风形象。

中共中央、国务院《关于推进社会主义新农村建设的若干意见》明确要求，不断增强农村基层党组织的战斗力、凝聚力和创造力，充分发挥农村基层党组织的领导核心作用，为建设社会主义新农村提供坚强的政治和组织保障。农村基层党组织是党在农村的组织基础，是实现党在农村的正确领导的基础，是党在农村的力量和智慧的源泉，是维护党的先进性、纯洁性的重要关口，农村党员直接、经常、具体地体现着党组织的战斗堡垒作用。

（二）农村基层党组织的产生

根据工作需要和党员人数，党的基层组织经上级党组织批准，分别设立党的基层委员会、总支部委员会、支部委员会。基层委员会由党员大会或代表大会选举产生，总支部委员会和支部委员会由党员大会选举产生，提出委员候选人要广泛征求党员和群众的意见。党的基层委员会每届任期 3～5 年，总支部委员会、支部委员会每届任期 2～3 年。基层委员会、总支部委员会、支部委员会的书记、副书记选举产生后，应报上级党组织批准。

根据《中国共产党基层组织选举工作暂行条例》的规定，党的基层组织设立的委员会委员候选人，按照德才兼备和班子结构合理的原则提名。正式党员有表决权、选举权、被选举权。受留党察看处分的党员在留党察看期间没有表决权、选举权、被选举权，预备党员没有表决权、选举权和被选举权。选举应尊重和保障党员的民主权利，充分发扬民主，体现选举人的意志。任何组织和个人不得以任何方式强迫选举人选举或不选举某个人。委员候选人的差额为应选人数的 20%。选出的委员报上级党组织备案；选出的书记、副书记报上级党组织批准。召开党员大会进行选举时，有选举权的到会人数超过应到会人数的 4/5，会议有效。召开党员大会进行选举，由上届委员会主持。不设委员会的党支部进行选举，由上届支部书记主持。召开党员代表大会进行选举，由大会主席团主持。大会主席团成员由上届委员会或各代表团（组）从代表中提名，经全体代表酝酿讨论，提交代表大会预备会议表决通过。

委员会第一次全体会议选举书记、副书记。召开党员代表大会的，由大会主席团指定 1 名主席团成员主持；召开党员大会的，由上届委员会推荐 1 名党员主持。实行差额预选时，赞成票超过实到会有选举权的人数半数的，方可列为候选人。进行正式选举时，被选举人获得的赞成票超过实到会有选举权的人数的一半，始得当选。

（三）农村基层党组织的基本任务

(1) 宣传和执行党的路线、方针、政策，宣传和执行党中央、上级组织和本组织的决议，充分发挥党员的先锋模范作用，团结、组织党内外的干部和群众，努力完成本单位所担负的任务。

(2) 组织党员认真学习马克思列宁主义、毛泽东思想、邓小平理论和“三个代表”重要思想，学习科学发展观，学习党的路线、方针、政策和决议，学习党的基本知识，学习科学、文化、法律和业务知识。

(3) 对党员进行教育、管理、监督和服务，提高党员素质，增强党性，严格党的组织生活，开展批评和自我批评，维护和执行党的纪律，监督党员切实履行义务，保障党员的权利不受侵犯。加强和改进流动党员管理。

(4) 密切联系群众，经常了解群众对党员、党的工作的批评和意见，维护群众的正当权力和利益，做好群众的思想政治工作。

(5) 充分发挥党员和群众的积极性创造性，发现、培养和推荐他们中间的优秀人才，鼓励和支持他们在改革开放和社会主义现代化建设中贡献自己的聪明才智。

(6) 对要求入党的积极分子进行教育和培养，做好经常性的发展党员工作，重视在生产、工作第一线和青年中发展党员。

(7) 监督党员干部和其他任何工作人员严格遵守国法政纪，严格遵守国家的财政经济法规和人事制度，不得侵占国家、集体和群众的利益。

(8) 教育党员和群众自觉抵制不良倾向，坚决同各种违法犯罪行为做斗争。

(9) 乡、镇党的基层委员会和村党组织领导本地区的工作，支持和保证行政组织、经济组织和群众自治组织充分行使职权。

小贴士

加强农村基层党组织队伍建设

1. 提高领导发展的能力

紧密团结在以习近平同志为核心的党中央周围。增强对中国特色社会主义的道路自信、理论自信、制度自信，切实使中共十八大精神成为全面建成小康社会、夺取中国特色社会主义事业新胜利的强大思想武器。

2. 选好配强支部一班人

农村基层党组织是最直接的组织者，农村基层干部是最基础的落实群体。要创新用人机制，把党性强、作风正、会管理、善经营的人选为党支部书记。按照“抓好一把手、带好一班人、建好一支队伍”的工作要求，把村党支部班子建设放在首位，努力提高广大党员干部的整体素质，建设一支高素质的党员干部队伍，让每一个农村基层党员都能够成为带领群众发展经济、带领群众共同致富的能手，发挥先锋模范作用，使村级党组织成为带领群众走共同富裕道路的坚强领导核心，为加快建设社会主义新农村奠定坚实的组织基础。

3. 强化党员队伍建设

一是不断壮大党员队伍。二是加强基层党员的学习。三是加强和改进基层思想政治工作。四是建章立制，加强对党员的监督和管理。

坚持反腐倡廉。对于不合格党员、不履行党章规定的权利和义务、不能发挥模范作用的，要经过党员民主评议，该劝退的劝退，该除名的除名。对于违法乱纪的腐败分子坚决清除出党，绝不姑息，确保党员队伍的纯洁和活力。

END

二、村民委员会

（一）村民委员会的性质

村民委员会是建立在农村的基层群众性自治组织，不是国家基层政权组织，不是一级政府，也不是乡镇政府的派出机构。村民委员会对村民会议负责并报告工作，村民委员会虽不是一级政府，却在村民自治中发挥着重要作用。它的主要任务是办理村里的公共事务、调解民间纠纷和维护村里的治安等。农村党支部（或党总支）应积极主动加强党对村民自治的领导，同时加强自身队伍建设，形成在村党支部（或党总支）领导下的村民自治运行机制。

（二）村民委员会的主要任务

1. 办理本居住地区的公共事务和公益事业

公共事务是指与本村全体村民生产和生活直接相关的事务。公益事业是本村的公共福利事业，主要包括修桥铺路、兴办学校（幼儿园或敬老院）、兴修水利、植树造林、整理村容村貌、辅助贫困、救助灾害等。村民委员会办理本村公共事务和公益事业，要着眼于解决村民生产生活存在的实际困难，实事求是，量力而为，从本村实际情况出发，考虑村民的需要和承受能力，决定办理的事项，要坚持民主自愿的原则，充分发动村民就所办理事项进行讨论并决定，自愿去办理。

2. 调解民间纠纷

这是一项重要的经常性工作。由于各种利益的冲突，村民之间、邻居之间、家庭之间和家庭内部，不可避免地会发生矛盾，如婚姻、家庭、继承、财产、宅基地、水利、土地、山林、损害赔偿等常见纠纷，还有轻微违法刑事纠纷。村民的纠纷不是根本利益冲突和对立，往往是局部利益或暂时利益引起的纠纷，村民委员会是村民自己选出的组织，受到村民信赖，并对本村情况和人际关系熟悉，有条件及时调解和解决，避免矛盾激化。

3. 协助政府维护社会治安

村委会要及时向人民政府反映村民的意见，提出建议。维护社会治安是公安机关的主要职责，但是由于我国地域辽阔、人口众多，需要动员群众力量来参加社会治安管理，重点作好治安防范工作，广泛开展法制宣传和教育工作，深入开展社会治安综合治理工作。

三、农村基层团组织

（一）共青团的宗旨

全心全意为人民服务是党的根本宗旨，也是共青团的根本宗旨。农村基层共青团员贯彻这一宗旨，就是要把人民的利益看得高于一切，深深植根于人民群众之中，千方百计地为农民群众多办实事，尽心尽力地帮助农民群众解决生产生活中遇到的实际困难。共青团坚持引导青年为农村社会服务，把党的根本宗旨的要求具体地落实到共青团工作的实处。这既体现共青团组织的群众性，更体现共青团组织的先进性。共青团着眼于为党和政府分忧，为人民群众解愁，在服务社会、服务新农村建设方面做力所能及的工作，不但是应该的，也是能够做到的，乃至是可以大有作为的。坚持引导青年为社会服务，是共青团工作的独特要求。共青团不是一般的群众组织，它在根本任务是培养有理想、有道德、有文化、有纪律的社会主义新人。

（二）加强农村基层团组织建设的建议

在当前和今后一个时期，农村共青团工作和青年工作按照中共十八大确定的路线，以城乡建设一体化的建设目标为抓手，坚持以服务促活跃，充分挖掘农村青年的潜能，最大限度地调动农村青年的积极性，把广大农村青年的思想和行动引导到建设社会主义新农村上来。

1. 坚持党建带团建

团的建设是党的建设的有机组成部分，加强团建必须坚持党建带团建。在组织上，高度重视基层团干部的选配工作，把素质好、能力强、热情高、潜力大的年轻干部选拔到基层团干部岗位上来。进一步规范和完善团干部的管理工作。进一步落实好团干部的各项待遇。团委书记是党员的原则上应提名为同级党委委员候选人。真正把农村基层团组织建设成为有凝聚力和战斗力的坚强集体。

2. 创新基层团组织设置模式

在基层农村，应把“支部建在产业链上”。打破传统的按地域区划设置模式，村级普遍建立总支，立足于适应农业产业化进程，提高青年的组织化程度，加快产业建支部步伐，依托龙头企业、生产基地和各种营销组织、经济组织、专业技术协会及专业批发市场建立团支部。

3. 为农村青年营造良好的社会环境

青年具有长远的眼光，具有敢闯敢拼的冲劲，应借助社会各方面的力量，充分发挥农村青年的生力军作用，为他们营造良好的社会环境，积极引导他们参与改变村容村貌、改变旧俗陋习。提高农村青年的政治待遇，加大表彰推荐力度，创造宽松的环境，争取党政、财政、科技和教育等部门提供政策、智力、财力、物力支持，引导青年留乡创业。

4. 发挥团组织自身优势

推进农村共青团工作和青年工作，善于合理利用整合资源，发挥青联、“青年志愿者”“青年文明号”“希望工程”等团内工作品牌的资源优势，通过科技、资金一帮一结对帮扶、先进集体示范带动等方式，通过联系城市机关或大型企业、院校团组织到农村团支部进行帮扶，转变农村青年的择业观念，激发农村青年的创业激情，增强农村青年的致富信心，探索致富道路。

5. 争取社会各界的支持

推进共青团工作和青年工作的社会化运作，争取社会各界的支持，为农村青年的成长成才搭建更为广阔的舞台。

四、农村妇女代表会

(一) 农村妇女代表会的地位

根据《农村妇女代表会工作条例》的规定，农村妇女代表会（以下简称农村妇代会）是妇女联合会在农村的基层组织，是党和政府与农村妇女联系的桥梁和纽带。农村妇代会接受同级党组织和上级妇女联合会的领导。

(二) 农村妇代会的任务

(1) 宣传、贯彻党和政府在农村的方针、政策。教育、引导农村妇女增强自尊、自信、自立、自强精神，成为有理想、有道德、有文化、有纪律的社会主义新农民。

(2) 组织农村妇女参加“双学双比”“五好文明家庭”和拥军优属等活动。提高农村妇女文化科技水平，帮助农村妇女增收致富。弘扬社会公德、职业道德和家庭美德。

(3) 维护妇女儿童合法权益，反映妇女的意见、建议和要求，代表妇女参与村务决策，发挥民主参与、民主管理、民主监督作用，推进男女平等基本国策的落实。

(4) 宣传、普及有关妇女儿童的法律和法规知识，抵制封建迷信和陈规陋习。配合有关部门打击拐卖妇女儿童、嫖娼、卖淫、赌博、吸毒等社会丑恶行为，推进依法治村。

(5) 普及科普知识、环境保护知识、妇幼卫生保健知识，宣传优生、优育、优教，倡导文明、健康、科学的生活方式。

(6) 协助党组织，做好培养、推荐妇女入党积极分子和农村后备女干部工作。

(7) 因地制宜建立妇女儿童活动阵地，创办经费基地，提供市场信息和农业技术服务。

(8) 建立和完善学习培训、工作会议、代表联系户、检查考核、评比表彰等工作制度。

(三) 农村妇代会的组织

农村妇代会实行代表联系群众制度。农村妇代会设在行政村、乡镇企业、农林牧渔场和其他经济组织中。根据妇女人数及工作需要，可建立村妇联或其他形式的妇女组织。妇女超过30人的，可成立妇代会。不足30人的可设妇女小组。

农村妇代会由农村妇女民主选举若干代表组成，代表人数根据行政村的规模和各经济组织中妇女人数多少而定。10～30人选举1名代表。代表推选主任1人，根据工作需要可推选副主任。农村妇代会每3年换届1次，换届工作与村民委员会换届同步进行。换届情况报乡镇妇女联合会备案。农村妇代会主任必须具备的基本条件是，政治思想好，有文化，有本领，热心妇女儿童工作。农村妇代会主任应是村委会或村党支部成员。

成立或撤销妇代会组织需经同级妇女代表大会通过及同级管理部门审核，报乡镇妇女联合会批准。

五、农村社会治安治理组织

社会治安综合治理是组织、动员全社会力量，预防和治理违法犯罪，化解不安定因素，确保社会稳定的一项系统工程。社会治安综合治理是解决我国社会治安问题的根本出路。各级人民政府应当加强社会治安综合治理，采取有效措施，化解社会矛盾，增进社会和谐，维护社会稳定。

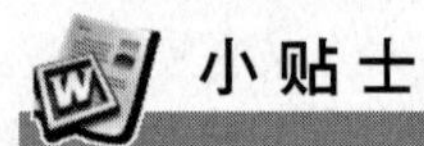

小贴士

陕西省出台《意见》引领农村社会治安管理提速升级

2016年10月，陕西省社会治安综合治理委员会办公室、陕西省公安厅联合出台《关于加强农村社会治安工作的意见》(以下简称《意见》)。

1. 根据该《意见》，以精心构建农村地区立体化治安防控体系，强力推进“平安乡村”“和谐乡村”“美好乡村”和社会主义新农村建设为总体目标，“十三五”期间，全省农村地区要实现刑事、治安案件发案率明显下降，人民群众安全感和满意度大幅提升的目标。

2.《意见》强调，按照全省社会治安防控体系“6＋5＋X”升级版的建设要求，以“信息主导、打防并重、管控结合、科学布警、依靠群众”为基本原则，进一步织密农村社区防控网络，形成长效机制，提升农村社会治安防控工作能力和水平。

3.《意见》明确进一步加强农村公安派出所和警务室建设。在广大农村地区科学设置中心警务室,逐步形成以中心警务室或城镇社区警务室辐射普通警务室的工作格局。同时,各地要学习借鉴"十小警务""三警合一""分级管理"等成功经验,结合本地实际,积极探索适应新农村发展需要的警务工作模式。

4.《意见》提出进一步夯实基层基础工作,做实城镇流动人口和出租房屋管理,做细治安问题排查,尤其要加大对重点地区、重点部位及治安突出问题的排查整治力度。建立健全治安保卫组织,织密农村社会治安防控网络。2017 年年底,每个行政村都应建有一支"红袖章"平安志愿者队伍。提高村民自我防范意识和能力,包人包户,利用节假日、农贸集会等时间段,通过"小卡片""小喇叭"和微信、微博等途径,广泛开展宣传。

5.《意见》还明确指出进一步加大技防建设力度,重点加快城乡接合部、农村地区公共区域视频监控系统建设步伐,提高视频监控系统的智能化水平,在乡镇街道、学校内部及周边、农贸集市、交通要道、村庄出入口等人员密集场所及部位安装视频监控,在偏远或经济较落后的村组安装"小探头",全面实现视频监控联网和可视化实时管控。同时,宣传发动农村群众使用电子门锁、防盗报警系统等技防设施。2020 年前,农村地区要在主要路口、重点部位实现视频监控全覆盖,达到村村有探头,家家有技防设施。

END

(一) 村民委员会在社会治安综合治理中的职责

村民委员会应当建立健全治安保卫组织,即治安保卫委员会。村民委员会在社会治安综合治理中履行下列职责。

(1) 宣传、贯彻执行有关法律、法规和方针、政策。

(2) 组织制定村规民约,并监督执行。村规民约一般应包括思想教育方面,热爱祖国、热爱共产党、热爱社会主义、热爱劳动、爱护公物、爱护集体财产等。维护社会秩序方面,遵守法规、不偷盗、不赌博、不吸毒、不打架斗殴,维护公共秩序。社会公德方面,讲礼貌、尊老爱幼、团结互助,帮助贫困户,不虐待妇女儿童,户户争当"五好家庭"。精神文明建设方面,讲文明、讲卫生,搞好生活和生态环境的美化绿化,学文化、学科学,移风易俗,反对封建迷信。履行法律义务方面,依法服兵役,严格履行土地承包合同,提倡晚婚晚育、少生优生优育、搞好计划生育等内容。

(3) 进行防盗、防火、防破坏、防自然灾害事故等安全教育,提高群众自防、自治能力。

(4) 加强对治安保卫组织的领导,组织群众开展安全防范工作。

(5) 协助公安、司法机关监督、考察被依法判处管制、有期徒刑宣告缓刑、监外执行、假释的犯罪人员和被监视居住、取保候审人员。

(6) 配合有关部门,查禁卖淫嫖娼,严禁制作、运输、走私、贩卖毒品和淫秽物品,禁止吸食、注射毒品,禁止赌博和利用封建迷信骗钱害人等社会丑恶现象;做好本单位的吸食、注射毒品人员的戒毒工作和戒除毒瘾的巩固工作。

(7) 教育、管理刑满释放人员、解除劳动教养人员和有轻微违法行为的人员。

(8) 做好辖区内青少年和社会闲散人员的教育管理工作。

(9) 及时报告社会治安情况,反映村民对社会治安综合治理工作的意见和要求。组织村民协助公安机关做好治安防范、调查各种案件、管理常住和暂(寄)住人口。

(10) 办理社会治安综合治理的其他事项。

(二) 加强社会治安防控体系建设

2015 年 4 月,中共中央办公厅、国务院办公厅印发了《关于加强社会治安防控体系建设的意见》(以下简称《意见》)。目的是为有效应对影响社会安全稳定的突出问题,创新立体化社会治安防控体系,依法严密防范和惩治各类违法犯罪活动,全面推进平安中国建设。主要建设内容有:

1. 加强社会治安防控网建设

(1) 加强社会面治安防控网建设。根据人口密度、治安状况和地理位置等因素,科学划分巡逻区域,优化防控力量布局,加强公安与武警联勤武装巡逻,建立健全指挥和保障机制,完善早晚高峰等节点人员密集场所重点勤务工作机制,减少死角和盲区,提升社会面动态控制能力。加强对偏远农村、城乡接合部、城中村等社会治安重点地区、重点部位以及各类社会治安突出问题的排查整治。总结推广零命案县(市、区、旗)和刑事案件零发案社区的经验,加强规律性研究,及时发现和处置引发命案和极端事件的苗头性问题,预防和减少重特大案(事)件特别是命案的发生。

(2) 持续开展治爆缉枪、管制刀具治理等整治行动,对危爆物品采取源头控制、定点销售、流向管控、实名登记等全过程管理措施,严防危爆物品非法流散社会。加强社区服刑人员、扬言报复社会人员、易肇事肇祸等严重精神障碍患者、刑满释放人员、吸毒人员、易感染艾滋病病毒危险行为人群等特殊人群的服务管理工作,健全政府、社会、家庭三位一体的关怀帮扶体系,加大政府经费支持力度,加强相关专业社会组织、社会工作人才队伍等建设,落实教育、矫治、管理以及综合干预措施。

(3) 加强乡镇(街道)和村(社区)治安防控网建设。以网格化管理、社会化服务为方向,健全基层综合服务管理平台,推动社会治安防控力量下沉。把网格化管理列入城乡规划,将人、地、物、事、组织等基本治安要素纳入网格管理范畴,做到信息掌握到位、矛盾化解到位、治安防控到位、便民服务到位。因地制宜确定网格管理职责,纳入社区服务工作或群防群治管理,通过政府购买服务等方式,加强社会治安防控网建设。到 2020 年,实现全国各县(市、区、旗)的中心城区网格化管理全覆盖。整合各种资源力量,加强基层综合服务管理平台建设,逐步在乡镇(街道)推进建设综治中心,村(社区)以基层综合服务管理平台为依托建立实体化运行机制,强化实战功能,做到矛盾纠纷联调、社会治安联防、重点工作联动、治安突出问题联治、服务管理联抓、基层平安联创。到2020年实现县（市、区、旗）、乡镇（街道）、村（社区）三级综合服务管理平台全覆盖，鼓励有条件的地方提前完成。深化社区警务战略，加强社区（驻村）警务室建设。将治安联防矛盾化解和纠纷调解纳入农村社区建设试点任务。

(4) 加强信息网络防控网建设。落实手机和网络用户实名制。健全信息安全等级保护制度，加强公民个人信息安全保护。深入开展专项整治行动，坚决整治利用互联网和手机媒体传播暴力色情等违法信息及低俗信息。

2. 提高社会治安防控体系建设科技水平

(1) 加强信息资源互通共享和深度应用。在确保信息安全、保护公民合法权益前提下，提高系统互联、信息互通和资源共享程度。

(2) 加快公共安全视频监控系统建设。加大城乡接合部、农村地区公共区域视频监控系统建设力度，逐步实现城乡视频监控一体化。实施“技防入户”工程和物联网安防小区试点，推进技防新装备向农村地区延伸。

3. 完善社会治安防控运行机制

(1) 健全实战指挥机制。公安机关推行扁平化勤务指挥模式，减少指挥层级，畅通指挥关系，紧急状态下实行“点对点”指挥，确保就近调度、快速反应、及时妥善处置。

(2) 健全部门联动机制。

(3) 健全区域协作机制。

4. 运用法治思维和法治方式推进社会治安防控体系建设

(1) 运用法律手段解决突出问题。充分发挥法治的引导、规范、保障、惩戒作用，做到依法化解社会矛盾、依法预防打击犯罪、依法规范社会秩序、依法维护社会稳定。加强和改进法治宣传教育工作，着力增强法治宣传教育的针对性和实效性，在全社会形成办事依法、遇事找法、解决问题用法、化解矛盾靠法的良好法治环境。

(2) 加强基础性制度建设。建立以公民身份号码为唯一代码、统一共享的国家人口基础信息库，建立健全相关方面的实名登记制度。建立公民统一社会信用代码制度。探索建立公民所有信息的一卡通制度。落实矛盾纠纷排查调处工作协调会议纪要月报制度，完善人民调解、行政调解、司法调解联动工作体系，建立调处化解矛盾纠纷综合机制，着力防止因决策不当、矛盾纠纷排查化解不及时等引发重大群体性事件。推进体现社会主义核心价值观要求的村规民约、社区公约建设，充分发挥社会规范在调整成员关系、约束成员行为、保障成员利益等方面的作用。

(3) 严格落实综治领导责任制。把社会治安防控体系建设纳入综治工作（平安建设）考核评价指标体系。对因重视不够、社会治安防范措施不落实而导致违法犯罪现象严重、治安秩序严重混乱或者发生重特大案（事）件的地区，依法实行一票否决权制，并追究有关领导干部的责任。

5. 建立健全社会治安防控体系建设工作格局

(1) 加强党委和政府对社会治安防控体系建设的领导。充分发挥基层党组织作用，特别是在农村和城市社区，党组织要发挥领导核心作用，切实保障推进社会治安防控体系建设的各项任务走完“最后一公里”。

(2) 充分发挥综治组织的组织协调作用。乡镇(街道)综治委主任可由乡镇(街道)党(工)委书记担任，综治办主任应由党(工)委副书记担任；村(社区)综治机构主要负责人由党组织书记担任，并明确1名负责人主管综治工作，确保这项工作有人抓、有人管。

(3) 充分发挥政法各机关和其他各有关部门的职能作用。公安机关要充分发挥骨干作用，根据社会治安防控体系建设需要调整工作重点、警力部署、警务保障和勤务制度，改进工作方法，投入更多人力和精力加强基层治安基础工作，及时掌握影响社会治安的情况，依法查处危害社会治安行为。司法行政机关做好社区矫正、刑满释放人员安置帮教、人民调解、法制宣传、法律服务、法律援助等工作。

(4) 充分发挥社会协同作用。大力支持工会、共青团、妇联等人民团体和群众组织参与社会治安防控体系建设，积极为他们发挥作用创造有利环境和条件。加大对城乡社区服务类社会组织的培育扶持力度，将适合由社会组织承担的矛盾纠纷调解、特殊人群服务管理、预防青少年违法犯罪等社会治安防控体系建设任务纳入政府购买服务目录，通过竞争性选择等方式，交给相关社会组织承担，发挥好他们在社会治安防控体系建设中的重要作用。规范警务辅助人员管理。加强城乡基层群众自治组织建设，搭建群众参加社会治安防控体系建设的新平台，通过各种方式就社会治安防控体系建设问题进行广泛协商，广纳群言，增进共识。

(5) 积极扩大公众参与。坚持人民主体地位，进一步拓宽群众参与社会治安防控的渠道，依法保障人民群众的知情权、参与权、建议权、监督权。继承和发扬专群结合的优良传统，充分发挥共产党员、共青团员模范带头作用，发挥民兵预备役人员等的重要作用，发展壮大平安志愿者、社区工作者、群防群治队伍等专业化、职业化、社会化力量，积极探索新形势下群防群治工作新机制、新模式。落实举报奖励制度。完善见义勇为人员相关制度。充分发挥传统媒体与新媒体的作用，采取群众喜闻乐见的宣传教育方式，提高群众安全防范意识。

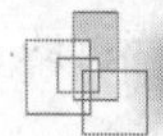

案例 14-1

孙大虎是1名退役军人，头脑灵活。退役后用退役的钱和银行贷款从事养殖业，短短3年时间，他养殖小区的奶牛就达80多头。年纯利润近百万。乡亲们看到孙大虎是个能人，就在村委会换届选举中选他当了本村的村委会主任。孙大虎当选后，想开一家鞋厂，一来村里有了企业增加了收入，二来乡亲们有了工作也增加了收入。孙大虎计划好后，没有和村支书张胜利商量就召开村民代表会议，决定向银行贷款开始建厂。张胜利知道后，认为目前开鞋厂竞争激烈，如果投入过大，赔了会给村里造成不可估量的损失，因此，要求征求县里有关企业专家的意见后再决定。孙大虎认为，村委会属于自治组织，村党支部无权干涉村委会的事情。这样一来，2人闹起了矛盾。村里大小事情都办不成。乡领导批评孙大虎不向党支部汇报和征求党支部意见的做法，孙大虎很不服气。

请问：村委会和村党支部是什么关系？

【解析】

村党支部与村委会都是农村基层组织，目标是共同的，都是为了建设有中国特色的社会主义新农村这个目标而工作的。要明确处理两者的关系。①必须坚持村党支部对村民自治的领导核心地位不动摇，村党支部领导核心地位是法律赋予的，加强以党支部为核心的村级组织建设格局不能变。②村党支部与村委会的关系是领导与被领导的关系。坚持村民自治不动摇，不能违背民意。法律不允许村党支部包办村里大小事务。③正确处理村党支部与村委会的关系，必须建章立制，规范操作。如：村党支部和村委会联合会议制度；村“两委”主要干部按一定程序实行交叉兼职；村委会如何就具体的事宜向村党支部汇报，党支部的意见和建议如何采纳；在两者出现纠纷时，如何去解决纠纷等。

只有这样才能确保党领导村委会的地位不动摇，确保村民自治不受不正确的干扰。本案中，孙大虎应与村支部书记张胜利处理好关系，共同为新农村建设，农民的富裕做贡献。

END

第二节　村民自治法律制度

一、村民委员会组织法

(一) 村民民主选举程序

村委会选举是实行村民自治的重要环节。完善村委会成员的选举和罢免程序，是《中华人民共和国村民委员会组织法》(以下简称《村民委员组织法》)的一项重要内容。

1. 完善村民选举委员会的组成和推选程序

村民选举委员会由主任和委员组成，由村民会议、村民代表会议或者各村民小组会议推选产生。村民选举委员会成员被提名为村民委员会成员候选人，应当退出村民选举委员会。村民选举委员会成员退出村民选举委员会或者因其他原因出缺的，按照原推选结果依次递补，也可以另行推选。

2. 选民登记

《村民委员会组织法》规定，村委会选举前，应当对下列参加选举的村民进行登记，列入参加选举的村民名单：户籍在本村并且在本村居住的村民；户籍在本村，不在本村居住，本人表示参加选举的村民；户籍不在本村，在本村居住 1 年以上，本人申请参加选举，并且经村民会议或者村民代表会议同意参加选举的公民。同时还规定，已在户籍所在村或者居住村登记参加选举的村民，不得再参加其他地方村民委员会的选举，也就是说 1 个选民不能在 2 个以上村登记参加选举。

3. 村民名单的公布

为避免选民登记工作有误，《村民委员会组织法》规定登记参加选举的村民名单应当在选举日的 20 日前由村民选举委员会公布。对登记参加选举的村民名单有异议的，应当自名单公布之日起 5 日内向村民选举委员会申诉，村民选举委员会应当自收到申诉之日起 3 日内做出处理决定，并公布处理结果。

4. 村委会组成人员候选人条件

为做好提名候选人的引导工作，《村民委员会组织法》对村委会组成人员候选人条件提出了适当要求。

村民提名候选人，应当从全体村民利益出发，推荐奉公守法、品行良好、公道正派、热心公益、具有一定文化水平和工作能力的村民为候选人。村民选举委员会应当组织候选人与村民见面，由候选人介绍履行职责的设想，回答村民提出的问题。

5. 选举程序更加规范

《村民委员会组织法》规定，选举村民委员会，有登记参加选举的村民过半数投票，选举有效；候选人获得参加投票的村民过半数的选票，始得当选。当选人数不足应选名额的，不足的名额另行选举。另行选举的，第一次投票未当选的人员得票多的为候选人，候选人以得票多的当选，但是所得票数不得少于已投选票总数的 1/3。

选举实行无记名投票、公开计票的方法，选举结果应当当场公布。选举时，应当设立秘密写票处。登记参加选举的村民，选举期间外出不能参加投票的，可以书面委托本村有选举权的近亲属代为投票。村民选举委员会应当公布委托人和受委托人的名单。

6. 村委会成员的罢免程序

《村民委员会组织法》规定：本村 1/5 以上有选举权的村民或者 1/3 以上的村民代表联名，可以提出罢免村委会成员的要求，并说明要求罢免的理由。被提出罢免的村委会成员有权提出申辩意见。罢免村民委员会成员，需有登记参加选举的村民过半数投票，并需经投票的村民过半数通过。

7. 选举权的保护

为维护村民的合法权益，保障村民委员会选举真实、合法、规范、有效，《村民委员会组织法》规定：以暴力、威胁、欺骗、贿赂、伪造选票、虚报选举票数等不正当手段当选村民委员会成员的，当选无效。

对以暴力、威胁、欺骗、贿赂、伪造选票、虚报选举票数等不正当手段，妨害村民行使选举权、被选举权，破坏村民委员会选举的行为，村民有权向乡、民族乡、镇的人民代表大会和人民政府或者县级人民代表大会常务委员会和人民政府及其有关主管部门举报，由乡级或者县级人民政府负责调查并依法处理。

8. 新当选的村民委员会成员，因各种原因出现空缺时的办理

《村民委员会组织法》规定，村民委员会成员丧失行为能力或者被判处刑罚的，其职务自行终止。村民委员会成员出缺，可以由村民会议或者村民代表会议进行补选。补选程序参照《村民委员会组织法》第15条的规定办理。补选的村民委员会成员的任期到本届村民委员会任期届满时止。

（二）村民民主议事制度

1. 村民会议讨论决定的事项

《村民委员会组织法》规定了村民会议可以授权村民代表会议讨论决定的事项：①本村享受误工补贴的人员及补贴标准；②从村集体经济所得收益的使用；③本村公益事业的兴办和筹资筹劳方案及建设承包方案；④土地承包经营方案；⑤村集体经济项目的立项、承包方案；⑥宅基地的使用方案；⑦征地补偿费的使用、分配方案；⑧以借贷、租赁或者其他方式处分村集体财产；⑨村民会议认为应当由村民会议讨论决定的涉及村民利益的其他事项。

2. 村民代表会议的组成和议事程序

《村民委员会组织法》规定：人数较多或者居住分散的村，可以设立村民代表会议，讨论决定村民会议授权的事项。村民代表会议由村委会成员和村民代表组成，村民代表应当占村民代表会议组成人员的4/5以上，妇女村民代表应当占村民代表会议组成人员的1/3以上。村民代表由村民按每5～15户推选1人，或者由各村民小组推选若干人。村民代表的任期与村民委员会的任期相同。村民代表可以连选连任。村民代表应当向其推选户或者村民小组负责，接受村民监督。村民代表会议由村委会召集。村民代表会议每季度召开1次。有1/5以上的村民代表提议，应当召集村民代表会议。村民代表会议有2/3以上的组成人员参加方可召开，所作决定应当经到会人员的过半数同意。

3. 村民小组会议制度

为了切实保障村民依法办理自己的事情，保障其利益不受侵害，《村民委员会组织法》规定：召开村民小组会议，应当有本村民小组18周岁以上的村民2/3以上，或者本村民小组2/3以上的户的代表参加，所作决定应当经到会人员的过半数同意。村民小组组长由村民小组会议推选。村民小组组长任期与村民委员会的任期相同,可以连选连任。属于村民小组的集体所有的土地、企业和其他财产的经营管理以及公益事项的办理,由村民小组会议依照有关法律的规定讨论决定,所作决定及实施情况应当及时向本村民小组的村民公布。

(三) 民主管理和民主监督制度

1. 村务公开制度

《村民委员会组织法》规定,村民委员会实行村务公开制度。村民委员会应当及时公布下列事项,接受村民的监督: ①《村民委员会组织法》第 23 条、第 24 条规定的由村民会议、村民代表会议讨论决定的事项及其实施情况; ②国家计划生育政策的落实方案; ③政府拨付和接受社会捐赠的救灾救助、补贴补助等资金、物资的管理使用情况; ④村民委员会协助人民政府开展工作的情况; ⑤涉及本村村民利益,村民普遍关心的其他事项。前款规定事项中,一般事项至少每季度公布 1 次;集体财务往来较多的,财务收支情况应当每月公布 1 次;涉及村民利益的重大事项应当随时公布。村民委员会应当保证所公布事项的真实性,并接受村民的查询。

对村民委员会不及时公布应当公布的事项或者公布的事项不真实的,村民有权向乡、民族乡、镇的人民政府或者县级人民政府及其有关主管部门反映,有关人民政府或者主管部门应当负责调查核实,责令依法公布;经查证确有违法行为的,有关人员应当依法承担责任。

2. 村务监督机构

《村民委员会组织法》规定,村应当建立村务监督委员会或者其他形式的监督机构,负责村民民主理财,监督村务公开等制度的落实,其成员由村民会议或者村民代表会议在村民中选举产生,其中应有具备财会、管理知识的人员。村民委员会成员及其近亲属不得担任村务监督机构成员。村务监督机构成员向村民会议和村民代表会议负责,可以列席村民委员会会议。

3. 民主评议的内容

《村民委员会组织法》规定,村委会成员以及由村民或者村集体承担误工补贴的聘用人员,应当接受村民会议或者村民代表会议对其履行职责情况的民主评议。民主评议每年至少进行 1 次。村委会成员连续两年被评议不称职的,其职务终止。

4. 村务档案制度

《村民委员会组织法》规定,村委会和村务监督机构应当建立村务档案。村务档案包括选举文件和选票、会议记录、土地发包方案和承包合同、经济合同、集体财务账目、集体资产登记文件、基本建设资料、公益设施基本资料、宅基地使用方案、征地补偿费使用及分配方案等。村务档案应当真实、准确、完整、规范。

小贴士

村民委员会成员任期和离任审计制度

《村民委员会组织法》明确了村民委员会成员任期和离任审计，包括的事项有：①本村财务收支情况；②本村债权债务情况；③政府拨付和接受社会捐赠的资金、物资管理使用情况；④本村生产经营和建设项目的发包管理以及公益事业建设项目招标投标情况；⑤本村资金管理使用以及本村集体资产、资源的承包、租赁、担保、出让情况，征地补偿费的使用、分配情况；⑥本村 1/5 以上的村民要求审计的其他事项。村民委员会成员的任期和离任经济责任审计，由县级人民政府农业部门、财政部门或者乡、民族乡、镇的人民政府负责组织，审计结果应当公布，其中离任经济责任审计结果应当在下一届村民委员会选举之前公布。

END

5. 侵害村民权利的责任

一些地方的村民自治章程、村规民约以及村民会议或者村民代表会议讨论决定的事项存在违反法律、法规，侵害村民利益的情况。为加强乡镇政府对村规民约的指导监督，新法规定，村民自治章程、村规民约以及村民会议或者村民代表会议的决定违反宪法、法律、法规和国家的政策，侵犯村民的人身权利、民主权利和合法财产权利的，由乡、民族乡、镇的人民政府责令改正。

村委会或者村委会成员做出的决定侵犯村民合法权益的，受侵害的村民可以申请人民法院予以撤销，责任人依法承担法律责任。

此外，《村民委员会组织法》对加强基层党组织对村民自治的领导、村民委员会职责、村委会开展工作和办理村公益事业的经费保障等作了完善。

二、村民委员会选举法

（一）村民、本村村民和本村本届选民

(1) 具有农村户籍的公民为村民。村民一般居住在农村，享有村集体公共财产的使用权和相应的收益权，并承担相应的义务。村民是村民自治的主体。

(2) 本村村民。具有本村户籍的人为本村村民。本村村民是本村的主人。

(3) 本村本届选民。登记参加本村本届村民委员会换届选举的选民是本村本届选民。

（二）村民享有和行使选举权

年满 18 周岁的村民享有和行使选举权。在村民委员会选举中，选举权包括推选权、

登记权、提名权、投票权、罢免权。

(1) 推选权是推选产生村民选举委员会的权利。

(2) 登记权是登记成为某届村民委员会选民的权利。

(3) 提名权是直接提名村民委员会成员候选人的权利。直接提名包括：①选民自我提名。②选民联名提名。③选民个人提名。选民个人提名在预选会议上以投票方式进行，提名投票须不记名秘密写票。

(4) 投票权是在村民委员会选举日参加投票的权利。

(5) 罢免权是对村民选举委员会成员提出罢免要求的权利。

年满18周岁村民的选举权不受剥夺与停止。

(三) 村民享有和行使竞选权

年满18周岁的村民享有和行使竞选权。竞选权是以当选村民委员会成员为目标与其他选民为同一职务竞争选民选票的权利。行使竞选权的年满18周岁村民为竞选人。村民的竞选权可依照法律剥夺与停止。剥夺竞选权，适用《中华人民共和国刑法》(简称《刑法》)剥夺政治权利的规定。对被剥夺竞选权选民的候选人提名无效。

被判处徒刑、拘役、管制、被羁押、正在取保候审或者被监视居住、正在被劳动教养、正在受拘留处罚的选民，如果本届村民委员会选举日及其后其人身自由能够恢复，则有权行使竞选权；如果本届村民委员会选举日及其后其人身自由不能恢复，则停止行使竞选权。其人身自由届时能否恢复，由判处限制其人身自由的机关或者负责限制其人身自由的机关出具书面证明。

对被停止行使竞选权选民的候选人提名无效。

(四) 村民享有和行使被选举权

年满18周岁的村民享有和行使被选举权。被选举权是指选民享有的被选举当选为本村村民委员会成员的权利。在村民委员会选举中，被选举权包括参选权、竞选权、候选权、当选权、任职权。

(1) 参选权是表明担任村民委员会成员的意愿并接受选民投票选择的权利。

(2) 竞选权是以当选村民委员会成员为目标与其他选民为同一职务竞争选民选票的权利。

(3) 候选权是作为初步候选人、正式候选人接受选民投票选择的权利。

(4) 当选权是因获得法定的赞成选票数量而当选村民委员会成员的权利。

(5) 任职权是当选村民委员会成员后就任相应成员职务的权利。

村民的被选举权可依照法律剥夺与停止。剥夺被选举权，适用《刑法》剥夺政治权利的规定。对被剥夺被选举权选民的候选人提名无效。

被判处徒刑、拘役、管制、被羁押、正在取保候审或者被监视居住、正在被劳动教养、正在受拘留处罚的选民，如果本届村民委员会选举日及其后其人身自由能够恢复，则有权行使被选举权；如果本届村民委员会选举日及其后其人身自由不能恢复，则停止行使被选举权。其人身自由届时能否恢复，由判处限制其人身自由的机关或者负责限制其人身自由的机关出具书面证明。

对被停止行使被选举权选民的候选人提名无效。

（五）村民会议的职权

村民会议具有立约权、决策权、组织权和监督权，讨论决定涉及全体村民利益的事项。村民会议行使下列职权。

（1）制定、修改村民自治章程、村规民约。

（2）选举、罢免村民委员会成员。

（3）讨论决定由村负担的村民委员会成员、村民代表、村监事会成员、村民小组组长、副组长的报酬或补贴标准，以及本村享受误工补贴的人数及补贴标准。

（4）讨论决定村办学校、村建道路等村公益事业的经费筹集方案。

（5）讨论决定村集体经济项目的立项、承包方案及村公益事业的建设承包方案。

（6）讨论决定村民的承包经营方案。

（7）讨论决定转让土地的面积与价格和转让费的收入、分配与支配，以及征用土地的面积及补偿方案。

（8）讨论决定宅基地的使用方案。

（9）讨论决定本村发展规划和年度计划。

（10）一事一议，及有关筹资筹劳事项。

（11）讨论决定村集体 2 万元以上的非生产性开支及 10 万元以上的生产性开支，或人均 50 元以上的公益性事业建设项目。

（12）推选产生民主理财小组。

（13）审议村民委员会和村民代表会议的工作报告、村务收支情况，评议村民委员会成员和村民代表的工作。

（14）撤销或者改变村民代表会议不适当的决定。

（15）撤销或者改变村民委员会不适当的决定。

（16）讨论决定从村集体经济所得收益的使用与分配方案。

（17）讨论决定村民会议认为应当由村民会议讨论决定的涉及全体村民利益的其他事项。

（18）法律、法规规定的其他职权。

前款除(1)、(2)、(11)、(14)项外，村民会议可以授权村民代表会议讨论决定。村民会议作出的决议、决定，由村民委员会负责组织实施。

(六) 村民代表享有的权利

1. 知情权

村民代表可以约见村民委员会成员,了解村民委员会的工作情况和村务方面的具体情况。

2. 建议权和批评权

村民代表应广泛征求村民意见,及时向村民委员会提出工作建议、批评和意见。

3. 表决权

村民代表参加村民代表会议,讨论村务方面的重大事项,参与表决。

4. 监督权

村民代表有权监督村民委员会的工作,特别是对村务公开的监督,如村民委员会不及时公布应公布的村务事项,或者公布的事项不真实,村民代表有权向县、乡级政府及其有关部门反映,有关政府机关应当负责调查核实,责令公布或者纠正。经查证确有违法行为的,有关人员应当依法承担责任。

5. 依法履行职务的保障权

如发生村民代表因履行职务而被打击报复或者被侵害政治、经济权益的行为,有关部门必须严肃查处。

(七) 村民代表应当履行的义务

(1) 必须遵守宪法、法律和法规,遵守社会公德和公共秩序,自觉遵守村民自治章程和村规民约。

(2) 密切联系原选区的村民,广泛听取和反映他们的建议、意见和要求,及时通报村民代表会议精神,传达村民代表会议决议。

(3) 带头履行法定义务,带头执行村民代表会议的各项决定,监督村民委员会执行村民代表会议决议。

(4) 树立全局观念,从维护全体村民的利益出发,认真履行职责,化解基层矛盾,支持镇村工作。

(5) 行使权力时,不得损害国家、社会、集体和其他村民的合法权益。

(八) 村民委员会的主要职责

(1) 宣传宪法、法律、法规和国家的政策,推动和帮助村民履行法律规定的义务,维护村民的合法权益。

(2) 执行村民会议和村民代表会议的决议、决定,主持日常村务,保障村民自治章程和村规民约的实施;召集村民会议和村民代表会议,向会议报告工作。

(3) 依照法律规定,管理本村属于全体村民集体所有的土地、山林、水面和其他财产,管理村级财务,合理利用自然资源,保护和改善生态环境。

(4) 执行土地利用总体规划、基本农田保护规划、村镇建设规划和资源生态、环境保护规划。

(5) 支持和组织村民发展经济，并做好各项服务工作，维护集体经济组织和村民、承包经营户、联户或合伙的财产权和其他合法的权利和利益。

(6) 实施本村经济和社会发展规划与年度计划，办理本村的公共事务和公益事业。

(7) 协助乡级政府开展合作医疗、救济救灾、拥军优属、婚姻管理、计划生育、殡葬改革、"五保户"供养等工作。

(8) 调解民间纠纷，促进村民团结，协助乡级政府和有关部门做好社会治安综合治理工作，维护村民的生产、生活秩序和社会治安。

(9) 开展政治文明、精神文明和物质文明建设活动，发展文化教育，普及科技知识，破除封建迷信，移风易俗，反对各种不良风俗习惯和丑恶现象。

(10) 推动村民加强民族团结，互相尊重，互相帮助。

(11) 向上级政府反映村民的意见、要求和提出建议。

(12) 法律、法规规定的其他职责。

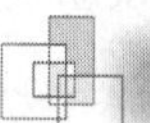

案例 14-2

陈某南是湖南省 A 县 A 镇王家村人。2017 年 1 月 15 日，该村进行村级换届选举。陈某南和陈力 2 位村主任候选人的当选票数均未过选民半数通过。次日，A 镇镇政府委派 2 名负责干部监督重新选举，共发出选票 1 009 张，收回选票 1 016 张，多出了 7 张选票。此后，该村民选举委员会经举手表决，一致通过陈某南当选为该村村主任。随后，陈某南履行村主任职责。期间，有群众向 A 县民政局举报，反映王家村村主任的选举有多票行为。

请问：王家村本次选举是否有效？

【解析】

A 县民政局派员检查落实后，根据《湖南省村民委员会选举办法》有关规定，下发书面通知，鉴于选举有多票行为，确认本次村主任选举无效。A 镇人民政府终止了陈某南的村主任职务。陈某南即向 A 县人民法院提起行政诉讼，以 A 县民政局所下发的通知侵犯其合法权益为由，要求撤销确认通知，并恢复名誉。A 县人民法院根据最高人民法院《关于执行〈中华人民共和国行政诉讼法〉若干问题的解释》第 57 条，《湖南省村民委员会选举办法》第 34 条、第 35 条的规定，做出一审行政判决，认定 A 县民政局做出的确认王家村选举无效的行政行为事实依据充分，适用法律准确，程序合法，驳回陈某南的诉讼请求。

第三节 “一事一议”制度

一、“一事一议”的概念

“一事一议”是指在农村税费改革这项系统工程中，取消乡统筹和改革村提留后，原由乡统筹和村提留中开支的农田水利基本建设、道路修建、植树造林、农业综合开发有关的土地治理项目和村民认为需要兴办的集体生产生活等其他公益事业项目所需资金，不再固定向农民收取，采取“一事一议”的筹集办法。

二、“一事一议”的议事原则

1. 群众自愿原则

召开“一事一议”议事会，一般是发起人在发出通知时就向各农户说明：愿意参与的就到会，不愿参与的不强求，不加任何强制观点。群众知道不参加会议就不会受益，会仔细考虑发起人通知的内容，自己决定取舍。这种会议虽然属自愿参加，但大多数议事会召开时，被通知的对象会全部参加。

2. 权利、义务一致原则

成功的“一事一议”议事会，参会村民都遵循“谁受益、谁负担”的权利、义务一致原则。这个原则有两层含义：一方面，想受益就必须投工投资；另一方面，谁不投工、不投资，就不能受益。正是“权利、义务一致”的原则把意见一致的农户凝聚在一起，把持有不同意见的农户排开在外，这是意见很容易统一的重要原因。这个原则也并非使那些当初不同意参会的农户永远不能受益，只要他们同意缴纳议事会确定的投工投资份额，仍然可以加入受益体中。

3. 公平负担原则

在义务分摊方面，农户投入一般实行“按受益户均等”或“按受益人均等”分摊。有些地方因条件特殊，议事会上也做出一些有针对性的特殊条款。

三、“一事一议”议定事项的特点

1. 用工采用货币决算

“一事一议”中出现的“货币决算”与过去农村摊派义务工中出现的“以资代劳”在形式上虽然相似，都用货币表示人工的价值量，但它们在体现农民的意志方面有本质区别。

2. “小规模”格局

“小规模”是指受益范围在村以内的小型建设项目。“一事一议”要遵循群众自愿原则，以群众直接受益为前提，如果规模太大，群众受益不均衡或受益不直接的程度也大，就难以形成统一意见。从调查情况看,成功的议事会讨论的议题多数是村以下的小型公益事业建设项目,“小规模”仍是其基本格局。

3. 工程权属共有

“一事一议”议事会对他们所建工程的权属一般都用这样的表述:建成的工程归投资的农户所有,各户份额均等。这一表述表明:这种财产属于共有财产。但村民对这种财产行使所有权的方式与村民对公共财产行使所有权的方式有3点不同。第一,所有权人有特定的对象,而一般公共财产的所有者没有特定对象,只要村民户口属于这个行政区,哪怕是新搬迁来的农户,都可以享受所有者的权利。第二,所有权人对自己的份额可以转让。如农户搬迁时,可以将自己份额有偿转让他人。第三,具有排他性,即未投资的农户不能享受权利。但这种财产有一点与公共财产相似,即所占份额不能退出,因为使用中的财产不能分割。

4. 议定事项只具有一定约束性

“一事一议”议定的事项也具有一定的约束性。但这种约束性不同于行政决定的约束性,它是在群众自愿的基础上产生的,主要靠受益群众互相信任、互相监督和限制受益来实现,不带惩罚性。行政决定由于形成的机制不同,一般需采用行政、经济等一系列手段来维持正常实施,有些还带有一定的惩罚性。

5. 议事内容广泛

“一事一议”议定的事项不只是投工问题,它所涉及的事项包括建设项目的各个方面。成功的“一事一议”议事会所讨论的内容通常包括投工、投资、占地、原材料、工程负责人人选和建设管理等。但这种广泛性与行政决定的广泛性不同,它只限于基本建设项目所涉及的事项。行政决定包括权限范围内所有的政治、经济与社会事务。

四、筹资筹劳的范围与对象

(1) 筹资筹劳的适用范围。村内农田水利基本建设、道路修建、植树造林、农业综合开发有关的土地治理项目和村民认为需要兴办的集体生产生活等其他公益事业项目。

对符合当地农田水利建设规划,政府给予补贴资金支持的相邻村共同直接受益的小型农田水利设施项目,先以村级为基础议事,涉及的村所有议事通过后,报经县级人民政府农民负担监督管理部门审核同意,可纳入筹资筹劳的范围。

属于明确规定由各级财政支出的项目,以及偿还债务、企业亏损、村务管理等所需费用和劳务,不得列入筹资筹劳的范围。

(2) 筹资筹劳的议事范围为建制村。

(3) 筹资的对象为本村户籍在册人口或者所议事项受益人口。

筹劳的对象为本村户籍在册人口或者所议事项受益人口中的劳动力。

(4) 五保户、现役军人不承担筹资筹劳任务;退出现役的伤残军人、在校就读的学生、孕妇或者分娩未满1年的妇女不承担筹劳任务。

(5) 属于下列情况之一的，由当事人提出申请，经符合规定的民主程序讨论通过，给予减免。①家庭确有困难，不能承担或者不能完全承担筹资任务的农户可以申请减免筹资；②因病、伤残或者其他原因不能承担或者不能完全承担劳务的村民可以申请减免筹劳。

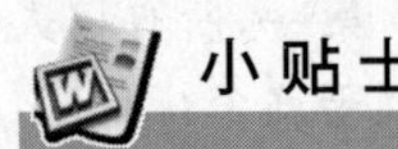

小贴士

"一事一议"项目的议事程序

根据农业部2012年出台的《规范村民一事一议筹资筹劳操作程序的意见》的要求，项目的议事程序如下。

(1) 筹资筹劳的议事范围为建制村(以村民小组或者自然村为单位议事的，参照本意见的有关规定执行)。筹资筹劳项目方案可由村民委员会提出，也可由1/10以上的村民或者1/3以上的村民代表提出；筹资筹劳项目方案的主要内容包括项目的内容、预算、资金劳务筹集对象和方式、项目建设管理及建成后的管护方式等。

(2) 村民委员会将筹资筹劳项目方案进行公示，公示期不少于7天。公示的主要内容包括：项目的建设范围、标准及预算情况；项目所需资金和劳务的筹集计划，筹资筹劳减免对象、数额和程序；项目建设管理、资金劳务管理和项目监督的人员组成及相关管理规定；项目实施计划和项目建成后的管护方式。

(3) 村民委员会组织村民代表对筹资筹劳项目方案进行评议，重大项目可邀请相关部门进行可行性评估，按照评议评估意见对筹资筹劳项目方案进行修改完善。

(4) 村民委员会召开村民会议或者村民代表会议对筹资筹劳项目方案进行讨论表决。提交村民代表会议审议和表决的事项，会前应当由村民代表逐户征求所代表农户的意见并经农户签字认可；筹资筹劳项目方案应当经到会人员的过半数通过，村民代表会议表决时按一户一票进行，应当经到会村民代表所代表的户过半数通过；表决后形成的筹资筹劳项目方案，由参加会议的村民或者村民代表签字。

END

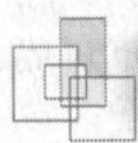

案例14-3

浙江省温州市瓯海区2016年积极推进支农资金整合，每年整合水利资金500万元用于一事一议奖补项目，有效提高了资金使用效益。省、区两级财政投入一事一议奖补资金10 710万元，其中省财政安排奖补资金4 837万元，财政奖补资金共带动村级公益事业总投入6 087万元，全区103个经济薄弱村全部实现脱贫。完成村级公益事业项目

37 个，修建村内道路 44.26 千米，水利渠道修复 16.86 千米，受益村庄 37 个，受益人口 5 万人，修建村内公共活动场所 3 371 平方米，小型水利设施 1 个，桥涵 7 座。2016 年度农村常住居民人均可支配收入 28 062 元，比上年增长了 8.2%。

请问：瓯海区的财政奖补措施有哪些？

【解析】

构建"政府资金引导、农民筹资筹劳、社会捐赠赞助"的村级公益事业建设新机制，建立健全"财政适当补助、农民积极参与、社会力量支持"的村级公益事业多元化建设投入新机制，提高农民村居水平，大大改善了农民生产生活条件。

END

五、"一事一议"项目的方案审核

根据农业部 2012 年出台的《规范村民一事一议筹资筹劳操作程序的意见》的要求，项目的方案审核如下。

1. 村民委员会向乡镇人民政府提交筹资筹劳建设项目申报材料，申报材料包括筹资筹劳项目方案申报表、村民会议或者村民代表会议记录以及村民或者村民代表签字记录等。

2. 乡镇人民政府重点对项目是否符合筹资筹劳适用范围、方案是否履行村民民主议事程序、筹资筹劳的数额是否在省级人民政府规定的限额标准内、财政奖补项目是否符合立项要求等进行初审。乡镇人民政府初审应对筹资筹劳项目进行实地考察，了解会议召开和表决情况是否真实、向农民筹劳是否按项目建设实际需要、捐资捐物是否自愿。乡镇人民政府初审同意后签署意见，报县级人民政府农民负担监督管理部门复审。

3. 县级人民政府农民负担监督管理部门应对项目方案是否符合政策规定严格复审，对符合筹资筹劳政策规定的项目应在收到方案的 7 个工作日内作出书面答复，对不符合筹资筹劳政策规定的项目应及时提出纠正意见。

4. 经县级人民政府农民负担监督管理部门复审同意的筹资筹劳项目，村民委员会可申请财政奖补。

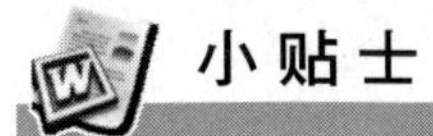

小贴士

"一事一议"项目的资金劳务筹集

根据农业部 2012 年出台的《规范村民一事一议筹资筹劳操作程序的意见》的规定，项目的资金劳务筹集如下。

(1) 乡镇人民政府对经审核的筹资筹劳事项、标准、数额在农民负担监督卡上进行登记。村民委员会将农民负担监督卡分发到农户，并张榜公布筹资筹劳事项、标准、数额。

(2) 村民委员会按照筹资筹劳项目方案向村民筹集资金和安排出劳时，需向出资人和出劳人开具筹资筹劳专用凭证。对无正当理由不承担筹资筹劳的村民，村民委员会应当说服教育，也可以按照村民会议通过的符合法律法规的村民自治章程、村规民约进行处理。严禁突破限额标准筹资筹劳，不得用惠农补贴资金抵扣或者采取其他非法方式强行筹资筹劳。

(3) 村民自愿以资代劳的，要由本人或者家属向村民委员会提出书面申请，不得强行要求村民以资代劳，防止用自愿以资代劳名义变相向农民筹资。

(4) 村民、其他个人和单位对筹资筹劳项目捐资捐物，要严格坚持自愿原则，不得摊派或者规定捐资捐物数量。

导学案例解析

农村集体经济组织所有的财产属于该村全体村民集体所有。每个村民对集体所有的财产均享有权利，部分村民对集体所有财产享有部分的财产权。被告人石门村村民委员会未经民主议定程序，未召开村民会议表决，擅自将集体土地和集体财产转让给张文(第三人)，损害了集体和村民的利益，违反了《村民委员会组织法》第24条第(八)项的规定。人民法院依据该法律规定，判决石门村村民委员会与第三人张文签订的转让协议为无效合同。

练习题

一、简答题

1. 简述农村基层党组织制度。
2. 简述村民委员会法律制度。
3. 简述农村基层团组织制度。
4. 简述农村妇女代表会制度。
5. 简述农村社会治安治理组织制度。

二、不定项选择题

1. 党的基层委员会每届任期(　　)至(　　)。

   A. 3年　　B. 5年　　C. 6年　　D. 4年

2. 村民委员会的主要任务(　　)。

   A. 办理本居住地区的公共事务和公益事业

   B. 调解民间纠纷

   C. 协助政府维护社会治安

D. 及时回复村民的意见

3. 共青团的根本任务是培养(　　)的社会主义新人。

A. 有理想　　B. 有道德　　C. 有文化　　D. 有纪律

4. 妇女超过(　　)人,可成立农村妇代会。

A. 10　　B. 20　　C. 30　　D. 40

5. "一事一议"的议事原则是(　　)。

A. 群众自愿原则　　B. 权利、义务一致原则

C. 公平负担原则　　D. 诚实信用原则

6.《村民委员会组织法》规定,选举村民委员会,有登记参加选举的村民(　　)投票,选举有效。

A. 过半数　　B. 半数　　C. 2/3　　D. 1/3

7. 年满(　　)的村民享有和行使(　　)。

A. 18周岁　　B. 选举权　　C. 16周岁　　D. 被选举权

8. 村民会议具有(　　)和(　　)。

A. 立约权　　B. 决策权　　C. 组织权　　D. 监督权

三、案例分析题

2016年2月27日,河南省A市滨湖县上村村民会议召开,进行了如下事项的表决:①修改上村村民自治章程;②选举姚兴补选为村民委员会成员;③讨论决定上村村民的果园承包经营方案;④决定在上村主要街道设立宣传栏宣传宪法、法律、法规和国家的政策;⑤讨论决定本村发展。

试分析:上村村民会议表决的事项是否符合法律对村民会议职权的规定?

参考答案

第一章　农村政策法规概论

【参考答案】

一、简答题

1. 农村政策是什么？农村法规是什么？

要点：农村政策是指中国共产党或国家在一定历史时期为实现党在我国农业的一定的目标而规定的行政准则和依据。农村政策的特点。从本身的性质出发，具有内容的纲领性、工作范围的广泛性、具体应用的灵活性、政策效力的有限性等特点。农村政策的分类。按不同层次划分为农村总政策、农村基本政策和农村具体政策。

从立法效力关系上进行界定，我国农业、农村法律体系框架构成可以分为五个部分：(1)《农业法》(2)专业法律(3)行政法规(4)地方性法规(5)部门规章（或称部门行政规章）和地方规章（或称地方行政规章）。

从涉农关系看，农业、农村适用的法规体系框架可分为六大部分。(1)农业基本法律制度(2)农产品生产与经营法律制度(3)农业知识产权法律制度(4)农村土地承包与纠纷解决法律制度(5)农业资源与环境保护法律制度(6)农村金融服务法律制度(7)农民婚姻家庭继承法律制度(8)农村社会保障制度(9)村民自治法律法规。

2. 14个“中央一号”文件有哪些？

要点：2004年《中共中央、国务院关于促进农民增加收入若干政策的意见》。2005年《中共中央、国务院关于进一步加强农村工作提高农业综合生产能力若干政策的意见》。2006年《中共中央、国务院关于推进社会主义新农村建设的若干意见》。2007年《中共中央、国务院关于积极发展现代农业扎实推进社会主义新农村建设的若干意见》。

2008年《中共中央、国务院关于切实加强农村基础建设进一步促进农业发展农民增收的若干意见》。2009年《中共中央、国务院关于促进农业稳定发展农民持续增收的若干意见》。2010年《中共中央、国务院关于加大统筹城乡发展力度进一步夯实农业农村发展基础的若干意见》。2011年《中共中央、国务院关于加快水利改革发展的决定》。2012年《中共中央、国务院关于加快推进农业科技创新持续增强农产品供给能力的若干意见》。2013年《中共中央、国务院关于加快发展现代农业进一步增强农村发展活力的若干意见》。2014年《中共中央、国务院关于全面深化农村改革加快推进农业现代化的若干意见》。2015年《中共中央、国务院关于加大改革创新力度加快农业现代化建设的若干意见》。2016年《中共中央、国务院关于落实发展新理念加快农业现代化实现全面小康目标的若干意见》。2017 年《中共中央、国务院关于深入推进农业供给侧结构性改革加快培育农业农村发展新动能的若干意见》。

3. 农村政策种类包括哪些？

要点：按不同层次划分为农村总政策、农村基本政策和农村具体政策。

农村基本政策。主要包括：(1)家庭承包经营责任制政策(2)以公有制为主体，多种所有制经济共同发展政策(3)共同富裕政策(4)以按劳分配为主体和按生产要素分配为辅相结合的分配政策(5)“以工哺农，以城带乡，多予、少取、放活”的政策(6)推进农产品流通体制改革的政策(7)扶持老少边穷地区脱贫致富的政策(8)推进农业供给侧结构性改革的政策。

4. 农村政策与农村法规的区别有哪些？

(1)属性不同。(2)制定主体不同。(3)表现方式不同。(4)实施方式不同。(5)稳定程度不同。

二、不定项选择题

1. A B C D 2. A 3. B 4. A C D 5. A B 6. A B C D 7. A B C D 8. A B C D

三、案例分析题

【分析】

抓好农业供给侧结构性改革，对于北京而言，重点是抓好农业结构调整和农村改革。围绕让市民吃得放心、游得开心，持续改善种养结构、改善供给结构、改善要素使用，加大释放改革活力，不断提升都市型现代农业和乡村休闲旅游水平，在保有效供给、保安全供给和保多元化供给方面，引领着全市农业供给侧结构性改革迈向宽阔大道。

均衡供给保“吃足”。北京是典型的“大城市小农村”城乡格局，农业规模小、资源压力大，依靠自身的生产能力来完全解决 2100 多万人口的吃饭问题，难度极大，也不现实。因此，北京农业发展的首要之计是提高自给率，保障应急供给，而根本出路在“调转节”。

从 2014 年开始，北京农业转向“调转节”。按照“调粮、保菜、增林、节水、做精畜牧水产业”的调整思路，完成 80 万亩粮田、70 万亩菜田、100 万亩鲜食果园划定工作，使农业生产空间初步实现了上图入库钉桩。

深入推进京津冀农业协同发展，支持北京企业到周边地区建设生产和流通基地，以此改善全市农产品的供给结构。“十二五”期间，北京已在环京周边地区新建蔬菜基地 25 万多亩、畜禽基地近 50 家。目标是打造成为集奶牛饲养、牛奶生产、加工、科普及观光旅游于一体的高科技农业生态园。园区全部建成后，日产优质原料奶将达到 1000 吨。

供给需要依靠有效的配送体系。如今，随着北京疏解整治进程的加快，一批批小商贩、散户逐渐被清退，北京的农产品急需一个高效便捷、安全稳定的流通渠道。投资 40 多亿元的北京鲜活农产品流通中心。作为服务保障北京老百姓的全新“菜篮子”，中心将被打造成为承担首都农产品安全供应和应急储备、具备现代化承接能力的农产品配送枢纽。未来，它将与新发地市场形成首都农产品供应储备的“双中心”。

绿色安全供给保“吃好”。作为首善之区，质量安全始终是北京农业的红线。近几年，在大力推进结构调整、规模调减的同时，北京市从政策、技术、机制上发力，聚焦绿色安全，加大新技术、新设备、新品种的推广应用，从满足“吃饱吃好”向保障“安全健康”“绿色生态”转变，不断做优做精城市“菜篮子”。

利用“互联网+”、物联网、大数据等，近年来北京市大力推进园区化建设、标准化生产、品牌化营销，提高“三品”认证率。北菜园合作社作为全市的代表园区，充分利用先进农业信息技术，实现了产品提质增效，农民增收致富。从源头上为北京“菜篮子”安全提供了保障。

多元特色供给保“开心”。观光休闲和乡村旅游成为北京山区发展的首选产业。2016年全市休闲农业和乡村旅游接待游客4548万人次、实现收入42.4亿元，同比实现双增。

“新三起来”从处理好农民与资源、积累、市场的关系出发，尤其在突出抓好农村集体建设用地的统筹利用方面，实现“腾笼换鸟”，盘活农业供给侧结构性改革的要素“家当”。

第二章 农业基本法律制度

【参考答案】

一、简答题

1. 简述农业生产法律制度。

要点：(1)农业结构调整。农业产业结构调整是指根据市场对农产品需求结构的

变化改变农产品的生产结构，从而使农业生产和市场需求相协调的过程。调整优化农业结构是新阶段农业发展的客观要求。调整优化农业结构是扩大农业对外开放的必然要求，也是增加农民收入的有效途径。调整优化农业结构是合理开发利用农业资源的重要手段。

县级以上人民政府根据国民经济和社会发展的中长期规划、农业和农村经济发展的基本目标和农业资源区划，制定农业发展规划。省级以上人民政府农业行政主管部门根据农业发展规划，采取措施发挥区域优势，促进形成合理的农业生产区域布局，指导和协调农业和农村经济结构调整。

农业产业结构调整优化的原则。以市场为导向，根据市场需求及其变化趋势调整优化农业结构，满足社会对农产品多样化和优质化的需求。发挥区域比较优势调整优化农业结构，在发挥区域比较优势的基础上，逐步发展不同类型的专业生产区。依靠科技进步，调整优化农业结构要充分依靠科技进步。稳定提高农业综合生产能力，严格保护耕地、林地、草地和水资源，防治水土流失。用经济手段调控和引导，要正确处理政府引导和发挥市场机制作用的关系。

我国农业生产结构的调整方向。国家引导和支持农民和农业生产经营组织结合本地实际按照市场需求，调整和优化农业生产结构，协调发展种植业、林业、畜牧业和渔业，发展优质、高产、高效益的农业，提高农产品国际竞争力。

县级以上人民政府应当制定政策，安排资金，引导和支持农业结构调整。

(2) 促进农业生产，改善农业生产条件。各级人民政府应当采取措施，加强农业综合开发和农田水利、农业生态环境保护、乡村道路、农村能源和电网、农产品仓储和流通、渔港、草原围栏、动植物原种良种基地等农业和农村基础设施建设，改善农业生产条件，保护和提高农业综合生产能力。

各级人民政府和农业生产经营组织应当加强农田水利设施建设，建立健全农田水利设施的管理制度，节约用水，发展节水型农业，严格依法控制非农业建设占用灌溉水源，禁止任何组织和个人非法占用或者毁损农田水利设施。国家对缺水地区发展节水型农业给予重点扶持。

国家鼓励支持农民和农业生产经营组织使用先进、适用的农业机械，加强农业机械安全管理，提高农业机械化水平。国家对农民和农业生产经营组织购买先进农业机械给予扶持。

(3) 保证农产品质量安全。应主要从以下几个方面着手。净化产地环境。严格管理农业投入品。注重生产过程管理。规范农产品标识。严格市场准入制度。加快资金投入，加强检测机构仪器设备建设。积极推进农业产业化发展，培育和引进农产品龙头企业。

(4) 建立健全农产品质量标准体系和质量检验检测监督体系。国家采取措施提高农产品的质量，建立健全农产品质量标准体系和质量检验检测监督体系，按照有关技术规范、操作规程和质量卫生安全标准，组织农产品的生产经营，保障农产品质量安全。

(5) 国家支持建立健全优质农产品认证和标志制度。农产品质量认证制。农产品产地、产地标志管理制度。农产品产地名称、产地标志都是农产品出产地的标识。我国尚未建立起完备的农产品产地名称、产地标志管理制度。建立健全农产品产地名称和标志制度，对保障农产品质量安全具有十分重要的意义。

(6) 实行动植物防疫、检疫制度。国家实行动植物防疫、检疫制度，健全动植物防疫、检疫体系，加强对动物疫病和植物病、虫、杂草、鼠害的监测、预警、防治，建立重大动物疫情和植物病虫害的快速扑灭机制，建设动物无规定疫病区，实施植物保护工程。

(7) 建立健全农业生产资料的安全使用制度。农药、兽药、饲料和饲料添加剂、肥料、种子、农业机械等可能危害人畜安全的农业生产资料的生产经营，依照相关法律、行政法规的规定实行登记或者许可制度。

2. 简述农业信贷担保体系。

要点：(1)建立健全覆盖全国的政策性农业信贷担保体系框架。(2)加快建立省级农业信贷担保机构。力争用2年时间建立健全省级农业信贷担保机构。(3)适时筹建全国农业信贷担保联盟。在省级农业信贷担保机构建立健全的基础上,适时组建全国农业信贷担保联盟,重点为省级及省以下农业信贷担保机构提供政策和业务指导、行为规范和风险救助、再担保、人员培训和信贷政策对接等服务。(4)稳妥建立市县农业信贷担保机构。有条件的市县可以建立市县级农业信贷担保机构,省级财政可以安排一定资金给予适当支持。省级担保机构要为省内市县农业信贷担保机构提供担保业务设计、业务指导、政策对接和监督管理等服务。

3. 简述农业支持保护体系。

要点:(1)国家建立和完善农业支持保护体系。采取财政投入、税收优惠、金融支持等措施,从资金投入、科研与技术推广、教育培训、农业生产资料供应、市场信息、质量标准、检验检疫、社会化服务以及灾害救助等方面扶持农民和农业生产经营组织发展农业生产,提高农民的收入水平。

(2) 提高农业投入的总体水平。国家逐步提高农业投入的总体水平。中央和县级以上地方财政每年对农业总投入的增长幅度应当高于其财政经常性收入的增长幅度。

国家为加快西部开发,增加对西部地区农业发展和生态环境保护的投入。

(3) 多渠道增加农业投入。国家鼓励社会资金投向农业,鼓励企业事业单位、社会团体和个人捐资设立各种农业建设和农业科技、教育基金。国家采取措施,促进农业扩大利用外资。

(4) 健全农村金融服务体系。国家建立健全农村金融体系,加强农村信用制度建设,加强农村金融监管。

(5) 国家建立和完善农业保险制度。鼓励和扶持农民和农业生产经营组织建立为农业生产经营活动服务的互助合作保险组织,鼓励商业性保险公司开展农业保险业务。农业保险实行自愿原则。任何组织和个人不得强制农民和农业生产经营组织参加农业保险。

(6) 在与世界贸易组织规则相衔接的前提下,明确了促进农产品出口的扶持措施。

(7) 鼓励和支持开展农业信息服务以及其他多种形式的农业生产产前、产中、产后社会化服务。各级人民政府应当鼓励和支持企业事业单位及其他各类经济组织开展农业信息服务。

(8) 扶持农业生产资料的生产和贸易,采取措施保持主要农业生产资料和农产品之间的合理比价。

(9) 做好防灾、抗灾和救灾工作。各级人民政府应当采取措施,提高农业防御自然灾害的能力,做好防灾、抗灾和救灾工作,帮助灾民恢复生产,组织生产自救,开展社会互助互济;对没有基本生活保障的灾民给予救济和扶持。

(10) 加大扶贫工作力度和资金投入。

(11) 加强国家财政对农业的支持、监督管理。

4. 简述减轻农民负担的主要制度。

要点：(1)禁止非法收费、罚款、摊派(2)不得向农民集资和非法在农村进行达标、升级、验收活动(3)不得违法摊派税款及以其他非法方法向农民征税(4)不得对农村中小学生非法收费(5)不得侵犯农民在土地征用、占用时的合法利益(6)不得强制农民接受服务。

5. 简述农业资源与环境保护的基本制度。

要点：(1)建立农业资源区划和监测制度。

(2) 保护耕地质量。农民和农业生产经营组织应当保养耕地，合理使用化肥、农药、农用薄膜，增加使用有机肥料，采用先进技术，保护和提高地力，防止农用地的污染、破坏和地力衰退。县级以上人民政府农业行政主管部门应当采取措施，支持农民和农业生产经营组织加强耕地质量建设，并对耕地质量进行定期监测。各级政府应当依法采取措施，全面规划，严格管理，保护、开发土地资源，制止非法占用耕地的行为。

(3) 预防和治理水土流失、治理沙化土地。各级人民政府应当采取措施，加强小流域综合治理，预防和治理水土流失。从事可能引起水土流失的生产建设活动的单位和个人，必须采取预防措施，并负责治理因生产建设活动造成的水土流失。

(4) 保护森林资源。国家实行全民义务植树制度。各级人民政府应当采取措施，组织群众植树造林，保护林地和林木，预防森林火灾，防治森林病虫害，制止滥伐、盗伐林木，提高森林覆盖率。

(5) 保护草原资源。禁止毁林毁草开垦、烧山开垦以及开垦国家禁止开垦的陡坡地，已经开垦的应当逐步退耕还林、还草。

禁止围湖造田以及围垦国家禁止围垦的湿地。已经围垦的，应当逐步退耕还湖、还湿地。对在国务院批准规划范围内实施退耕的农民，应当按照国家规定予以补助。

(6) 保护渔业资源。各级人民政府应当采取措施，依法执行捕捞限额和禁渔、休渔制度，增殖渔业资源，保护渔业水域生态环境。禁止性行为的规定。主要有：禁止破坏渔业资源的方法进行捕捞；对渔获物中幼鱼比例的限制；禁止在禁渔区、禁渔期内销售非法捕捞的渔获物等。确立水产种植资源保护制度。水产种植资源保护制度有益于水生动植物种群的繁衍和生物多样性的保护。强调水生野生动植物的重点保护。

(7) 保护农业生物物种资源。国家建立与农业生产有关的生物物种资源保护制度，保护生物多样性，对稀有、濒危、珍贵生物资源及其原生地实行重点保护。从境外引进生物物种资源应当依法进行登记或者审批，并采取相应安全控制措施。

(8) 保护农业环境。各级农业行政主管部门应当引导农民和农业生产经营组织采取生物措施或者使用高效低毒低残留农药、兽药，防治动植物病、虫、杂草、鼠害。

二、不定项选择题

1. AB 2. AD 3. AB 4. ABC 5. ABC 6. ABCD 7. ABC 8. ABCD

三、案例分析题

【分析】

以河北省为例。河北省提出力争用3年时间基本构建起设施现代、功能集聚、便捷高效、竞争有序的农产品流通网络，初步形成全国农产品流通创新发展先行区；培育50家具有较高组织化、专业化、标准化水平的龙头示范企业；农产品在京津市场的占有率达到60%以上；规模以上连锁超市农产品统一配送率达到80%。

作为农业大省、农业强省，河北省依托丰富的农产品种类、便利的交通条件，成功担当起京津的菜篮子。为了打通生产、销售的“任督二脉”，进一步创新农产品流通渠道，广泛占领市场份额，切实增加农民收入。

以培育壮大农产品流通主体为抓手，从源头生产、加工、流通等三方面，确保农产品生产的延续性；以质量求生存，通过建设农产品流通质量安全保障体系，强化农产品准出制度，实现高标准、严要求与京津无缝对接；流通环节是关键，推进农产品流通重点环节改革创新，打通农产品的流通渠道，实现产销无障碍；完善销售场所，推进农产品批发市场转型升级，建立起大型农产品交易中心，不断扩大河北农产品的影响力，迎接来自各地的客商；产品运输无限制，健全农产品全程冷链体系，从“最先1公里”到“最后1公里”，实现保质、无忧服务；完善相关配套设施，建设“环京津一小时鲜活农产品流通圈”，承接京津农产品物流中心，建立起京津冀的农产品聚集地。

以打造现代农业产业园为突破口推动农产品的生产经营，实现农产品的转型升级；同时明确河北在京津冀协同发展中的位置和优势，以服务京津为中心，重点打造绿色、环保、高质的菜篮子工程。

第三章 农村土地承包与纠纷解决法律制度

【参考答案】

一、简答题

1. 土地承包合同的主要条款。

要点：(1)发包方、承包方的名称。(2)承包土地的名称、坐落、面积、质量等级。(3)承包期限和起止日期。(4)承包土地的用途。(5)发包方和承包方的权利和义务。(6)违约责任。

2. 其他方式承包的土地承包经营权流转与农村土地承包经营权流转的区别。

要点：(1)承包方不同。(2)承包的对象不同。(3)承包土地的原则不同。(4)当事人权利义务、承包期限确定方式不同。(5)权利的保护方式不同。(6)继承权利不同。

3. 土地承包经营权流转的方式有哪些？

要点：农村土地承包方依法采取转包、出租、互换、转让和入股方式将农村土地承包经营权部分或者全部流转，承包方与发包方的承包关系不变，双方享有的权利和承担的义务不变。

4. 申请仲裁应当具备的条件。

要点：申请农村土地承包经营纠纷仲裁应当符合下列条件：(1)申请人与纠纷有直接的利害关系；(2)有明确的被申请人；(3)有具体的仲裁请求和事实、理由；(4)属于农村土地承包仲裁委员会的受理范围。

5. 仲裁员应当回避的情形。

要点：仲裁员有下列情形之一的，必须回避，当事人也有权以口头或者书面方式申请其回避：(1)是本案当事人或者当事人、代理人的近亲属；(2)与本案有利害关系；(3)与本案当事人、代理人有其他关系，可能影响公正仲裁；(4)私自会见当事人、代理人，或者接受当事人、代理人的请客送礼。

二、不定项选择题

1. ABC 2. AB 3. A 4. B 5. ABD 6. ABD 7. ABCD 8. ABCD

三、案例分析题

【分析】

土地承包合同有效。《物权法》第131条明确规定："承包期内发包人不得收回承包地。农村土地承包法等法律另有规定的，依照其规定。"《农村土地承包法》明确规定了，召开本集体经济组织成员的村民会议或者农户会议讨论发包方案，表决权总数的三分之二以上同意有效。法律没有明确规定村委会发包村属的荒地必须召开村民大会决定。发包方应当履行义务，维护承包方的土地承包经营权，不得因为换届改选就随意变更、解除承包合同。

番字牌乡人民政府应当调解解决该纠纷。村民委员会、乡(镇)人民政府应当加强农村土地承包经营纠纷的调解工作，帮助当事人达成协议解决纠纷。调解农村土地承包经营纠纷，是它们的法定职责。

本案中李某的土地承包经营权依法受法律保护。30年承包期内可以继续承包经营该荒地。

第四章 农业生产经营管理

【参考答案】

一、简答题

1. 新型农业经营主体都有哪些？

要点：专业大户、家庭农场、专业合作社等新型农业经营主体。大力培育发展新型农业经营主体，逐步形成以家庭承包经营为基础，专业大户、家庭农场、农民合作社、农业产业化龙头企业为骨干，其他组织形式为补充的新型农业经营体系。

2. 家庭农场有哪些优势特点？

要点：(1)家庭农场的出现促进了农业经济的发展，推动了农业商品化的进程。有效的缩小了城乡贫富差距。

(2) 家庭农场以追求效益最大化为目标，使农业由保障功能向盈利功能转变，克服了自给自足的小农经济弊端，商品化程度高，能为社会提供更多、更丰富的农产品。

(3) 家庭农场比一般的农户更注重农产品质量安全，更易于政府监管。

3. 农民专业合作社的法律地位是什么？

要点：(1)农民专业合作社是一种经济组织。

(2) 农民专业合作社具有独立的企业法人地位，对外承担有限责任。

(3) 社员对农民专业合作社承担有限责任。

(4) 农民专业合作社是建立在家庭承包经营基础上的，具有互助性质的经济组织。

4.《农产品质量安全法》的调整范围是什么？

要点：为避免与产品质量法所调整的"经过加工、制作的产品交叉重复，《农产品质量安全法》调整的农产品不包括工业生产活动中以农产品为原料加工、制作的产品。明确规定，农产品是指来源于农业的初级产品，即在农业活动中获得的植物、动物、微生物及其产品。

农产品质量既包括涉及人的健康、安全的质量要求，也包括涉及产品的营养成分、口感、色香味等非安全性质量指标。需要由法律规范、监管、保障的，应是农产品质量中的安全性要求。法律明确了农产品的范围，规定了农产品质量安全的要求。农产品质量安全是指农产品质量符合保障人的健康、安全的要求。

5. 农产品产地的禁止性规定有哪些？

要点：(1)禁止在有毒有害物质超标区域生产、捕捞、采集食用农产品和建立农产品生产基地。

(2) 禁止违法向农产品产地排放或倾倒有毒有害物质以及农业生产用水和用作肥料的固体废物必须达标。农业生产用水和用作肥料的固体废物，应当符合国家规定的标准。

二、不定项选择题

1. A B C　2. A　3. A D　4. A　5. A B C D　6. A B C　7. D　8. A B C D

三、案例分析题

【分析】

河南省农业厅有权对A公司进行处罚。《农业转基因生物安全管理条例》规定，生产转基因植物种子、种畜禽、水产苗种的单位和个人，应当建立生产档案，载明生产地点、基因及其来源、转基因的方法以及种子、种畜禽、水产苗种流向等内容。

单位和个人从事农业转基因生物生产、加工的，应当由国务院农业行政主管部门或者省、自治区、直辖市人民政府农业行政主管部门批准。

从事生产、经营转基因大豆油产品的A公司，未按照规定保存生产、经营档案的，河南省农业厅依据职权，责令改正，处1000元以上1万元以下的罚款。

第五章　农业生产资料管理

【参考答案】

一、简答题

1. 种子的概念是什么？种子生产经营许可证制度是什么？

要点：《种子法》第2条明确规定，种子是指农作物和林木的种植材料或者繁殖材料，包括籽粒、果实和根、茎、苗、芽、叶等。即：《种子法》所称的种子不仅是常见的用于播种的籽粒，还包括育苗移栽、扦插、嫁接、压条等所用的繁殖材料。

(1) 种子生产经营许可证的核发。从事种子进出口业务的种子生产经营许可证，由省、自治区、直辖市人民政府农业、林业主管部门审核，国务院农业、林业主管部门核发。

从事主要农作物杂交种子及其亲本种子、林木良种种子的生产经营以及实行选育生产经营相结合，符合国务院农业、林业主管部门规定条件的种子企业的种子生产经营许可证，由生产经营者所在地县级人民政府农业、林业主管部门审核，省、自治区、直辖市人民政府农业、林业主管部门核发。

(2) 申请者具备的条件。申请取得种子生产经营许可证的，应当具有与种子生产经营相适应的生产经营设施、设备及专业技术人员，以及法规和国务院农业、林业主管部门规定的其他条件。从事种子生产的，还应当同时具有繁殖种子的隔离和培育条件，具有无检疫性有害生物的种子生产地点或者县级以上人民政府林业主管部门确定的采种林。申请领取具有植物新品种权的种子生产经营许可证的，应当征得植物新品种权所有人的书面同意。

(3) 禁止性规范。

2. 如何确定假种子和劣种子？

要点：(1)下列种子为假种子。以非种子冒充种子或者以此种品种种子冒充其他品种种子的。种子种类、品种与标签标注的内容不符或者没有标签的。

(2) 下列种子为劣种子。质量低于国家规定标准的。质量低于标签标注指标的。

3. 肥料的概念是什么？

要点：根据农业部《肥料登记管理办法》的规定，肥料作为重要的农业生产资料，与农业生产、农民增收以及农产品品质、农业生态环境密切相关。肥料是指用于提供、保持或改善植物营养和土壤物理、化学性能以及生物活性，能提高农产品产量，或改善农产品品质，或增强植物抗逆性的有机、无机、微生物及其混合物料。

4. 开办农药生产企业的条件有哪些?《兽药管理条例》的适用范围有哪些?

要点:开办农药生产企业的条件:(1)有具备农药和病虫害防治专业知识,熟悉农药管理规定,能够指导安全合理使用农药的经营人员。(2)有与其他商品以及饮用水水源、生活区域等有效隔离的营业场所和仓储场所,并配备与所申请经营农药相适应的防护设施。(3)有与所申请经营农药相适应的质量管理、台账记录、安全防护、应急处置、仓储管理等制度。

在中华人民共和国境内从事兽药的研制、生产、经营、进出口、使用和监督管理,应当遵守《兽药管理条例》。

5. 禁止生产、销售的农业机械有哪些?

要点:(1)不符合农业机械安全技术标准的。(2)依法实行工业产品生产许可证管理而未取得许可证的。(3)依法必须进行认证而未经认证的。(4)利用残次零配件或者报废农业机械的发动机、方向机、变速器、车架等部件拼装的。(5)国家明令淘汰的。

三、案例分析题

【分析】(1)农业机械在道路上发生的交通事故,由公安机关交通管理部门依照道路交通安全法律、法规处理;拖拉机在道路以外通行时发生的事故,公安机关交通管理部门接到报案的,参照道路交通安全法律、法规处理。农业机械事故造成公路及其附属设施损坏的,由交通主管部门依照公路法律、法规处理。

(1)农业机械化主管部门调解解决。(2)诉讼。

第六章 农业知识产权法律制度

【参考答案】

一、简答题

1. 植物新品种的特征有哪些?

要点:(1)新颖性。(2)特异性。(3)一致性。(4)稳定性。

2.《种子法》保护范围是什么?

要点:农业、林业两个主管两部门在植物新品种保护工作上的分工,国家林业局负责林木、竹、木质藤本、木本观赏植物(包括木本花卉)、果树(干果部分)及木本油料、饮料、调料、木本药材等植物新品种保护工作,其他植物新品种保护由农业部负责。目前,我国对植物品种权的保护还仅限于植物品种的繁殖材料。对植物育种人权利的保护,保护的对象不是植物品种本身,而是植物育种者应当享有的权利。

国家鼓励和支持种业科技创新、植物新品种培育及成果转化。取得植物新品种权的品种得到推广应用的,育种者依法获得相应的经济利益。

3. 地理标志产品的概念是什么?TRIPS协定是如何规定的?

要点:产自特定地域,所具有的质量、声誉或其他特性本质上取决于该产地的自然因素和人文因素，经审核批准以地理名称进行命名的产品。地理标志产品包括。(1)来自本地区的种植、养殖产品。(2)原材料全部来自本地区或部分来自其他地区，并在本地区按照特定工艺生产和加工的产品。

在 TRIPS 协定中，原产地名称被地理标志所代替，该协定第三节第 22 条规定："地

理标志是指证明某一产品来源于某一成员国家或某一地区或该地区内的某一地点的标志。该产品的某些特定品质、声誉或其他特点在本质上可归因于该地理来源。"

4. 依法保护农业知识产权的对策有哪些？

要点：(1)加大宣传力度，提高人们依法保护农业知识产权的意识。(2)农业科技人员要增强依法保护知识产权的意识，依法保护专利权、农业著作权、商标权。对微生物专用菌种、动植物新品种权的研究与开发等方面的知识产权也必须依法保护。(3)农业经济组织依法保护自己的商标和商业秘密。(4)司法部门也应加大农业知识产权的法律保护，适应形势发展，把依法保护农业知识产权问题纳入视野，提到议事日程上来。

5. 如何大力加强农业知识产权的保护？

要点：加强地理标志、植物新品种等领域知识产权保护工作。

建立地理标志联合认定机制，加强我国地理标志在海外市场注册和保护工作。

推动建立统筹协调的植物新品种管理机制，推进植物新品种测试体系建设，加快制定植物新品种测试指南，提高审查测试水平。

加强种子企业与高校、科研机构的协作创新，建立授权植物新品种的基因图谱数据库，为维权取证和执法提供技术支撑。建设知识产权信息公共服务平台。实现专利、植物新品种、地理标志以及知识产权诉讼等基础信息资源免费或低成本开放共享。运用云计算、大数据、移动互联网等技术，实现平台知识产权信息统计、整合、推送服务。

二、不定项选择题

1. ABC 2. ACD 3. ABC 4. AB 5. AB 6. A 7. B 8. B

三、案例分析题

【分析】

人民法院审理认为：植物新品种是经过人工培育的或者对发现的野生植物加以开发，具有新颖性、特异性、一致性和稳定性，并有适当命名的植物品种。完成育种的单位或者个人对其授权品种，享有排他的独占权，任何单位或个人未经品种权人许可，不得以商业目的将该授权品种的繁殖材料重复使用于生产另一品种的繁殖材料。原告澄海公司享有排他的独占权，应受法律保护。被告农科所未经品种权人许可，擅自生产澄海 9 号玉米杂交种。所生产的玉米品种经鉴定为澄海 9 号，对此被告农科所应承担侵权的法律责任。判决：1. 被告农科所立即停止侵犯原告澄海公司所享有的澄海 9 号玉米品种权的行为；2. 被告农科所在《农民日报》上刊登启示消除影响；3. 被告农科所赔偿原告澄海公司经济损失人民币 431200 元；4. 限令被告农科所销毁所生产的侵权品种；5. 驳回原告

的其他诉讼请求。

第七章　农村资源利用和环境保护法律制度

【参考答案】

一、简答题

1. 简述自然资源的特征。

要点：自然资源具有两重性，既是人类生存和发展的基础，又是环境要素。自然资源具有以下特征：(1)稀缺性。(2)空间分布不均匀性。(3)整体性。(4)多用性。(5)社会性。

2. 我国农业可持续发展的目标是什么？

要点：(1)到2020年，农业可持续发展取得初步成效，经济、社会、生态效益明显农业发展方式转变取得积极进展，农业综合生产能力稳步提升，农业结构更加优化，农产品质量安全水平不断提高，农业资源保护水平与利用效率显著提高，农业环境突出问题治理取得阶段性成效，森林、草原、湖泊、湿地等生态系统功能得到有效恢复和增强，生物多样性衰减速度逐步减缓。

(2) 到2030年，农业可持续发展取得显著成效。供给保障有力、资源利用高效、产地环境良好、生态系统稳定、农民生活富裕、田园风光优美的农业可持续发展新格局基本确立。

3. 土地资源的特性有哪些？

要点：土地资源的特性：(1)土地数量的有限性(2)土地功能的不可代替性(3)土地位置的固定性(4)土地肥力的持久性(5)土地利用的不可逆性。

4. 如何进行水资源的保护与节约？

要点：(1)开发利用水资源，应注意维护生态环境。水是可再生的资源，应考虑既满足防洪、灌溉、发电、供水、航运、水生生物、旅游等方面的需要，也应注意到生态环境的需要。(2)节约用水。(3)水域、水工程保护。

5. 怎么进行森林保护？

要点：严禁毁林开垦、乱砍滥伐。毁林开垦、乱砍滥伐的后果是水土流失、沙漠化、生态环境被破坏，对人类的危害是很严重的，其损失是难以弥补的。森林法规定，禁止毁林开垦和毁林采石、采砂、采土以及其他毁林行为。禁止在幼林地和特种用途林内砍柴、放牧。进入森林和森林边缘地区的人员，不得擅自移动或者损坏为林业服务的标志。违法进行开垦、采石、采砂、采土、采种、采脂、砍柴和其他活动，致使森林、林木受到毁坏的，由林业主管部门责令赔偿损失，补种毁坏株数一至三倍的树木。滥伐森林或者其他林木，情节轻微的，由林业主管部门责令补种滥伐株数五倍的树木，并处以违法所得二至五倍的罚款。情节严重的，可追究刑事责任，给以刑法制裁。《森林法》还规定了对森林实行限额采伐，鼓励植树造林，建立林业基金制度等多项措施，对森林进行保护。

二、不定项选择题

1. ABCD 2. ABCD 3. ABCD 4. AB 5. B 6. B 7. ABCD 8. ABC

三、案例分析题

【分析】

被告人李某违反土地管理法规，非法占用国有林场林地，并改变被占用林地用途，数量较大，造成林地大量毁坏，其行为已构成非法占用林地罪，依据我国《刑法》第342条的规定，违反土地管理法规，非法占用耕地、林地等农用地，改变被占用土地用途，数量较大，造成耕地、林地等农用地大量毁坏的，处五年以下有期徒刑或者拘役，并处或者单处罚金。

第八章 农业行政执法

【参考答案】

一、简答题

1. 农业行政执法的主体有哪些？

要点：(1)国家行政机关。

(2) 法律、法规授权的组织。行政机关的内设机构、派出机构。事业单位。行业协会等社会组织。

(3) 农业系统的法律、法规授权组织。植物检疫机构。动物卫生监督机构。渔政监督管理机构。渔船检验机构。草原监督管理机构。

2. 加强农业行政执法的措施有哪些？

要点：(1)深入推进农业综合执法。深入推进农业综合执法，即做"减法"，就是通过整合农业执法职能，健全综合执法体系，坚定不移地推进农业综合执法，切实解决多头执法的问题。(2)加强农业执法规范化建设。加快推进综合机构的合规化，落实好执法机构和人员编制。充实执法人员，确保执法力量与执法任务相适应。突出执法办案"主业"地位，将执法办案作为衡量农业综合执法机构业绩的基本标准，纳入执法考评。加强能力建设。严格规范公正文明执法。

3. 简述行政复议的程序。

要点：(1)申请。公民、法人或者其他组织认为涉农的具体行政行为侵犯其合法权益，可以自知道该具体行政行为之日起六十日内提出行政复议申请；但是法律规定的申请期限超过六十日的除外。

(2) 受理。行政复议机关收到行政复议申请后，应当在五日内进行审查，对不符合本法规定的行政复议申请，决定不予受理，并书面告知申请人；对符合本法规定，但是不属于本机关受理的行政复议申请，应当告知申请人向有关行政复议机关提出。

(3) 审理。行政复议原则上采取书面审查的办法,但是申请人提出要求或者行政复议机关负责法制工作的机构认为有必要时,可以向有关组织和人员调查情况,听取申请人、被申请人和第三人的意见。

(4) 决定。行政复议机关应当自受理申请之日起六十日内作出行政复议决定;但是法律规定的行政复议期限少于六十日的除外。情况复杂,不能在规定期限内作出行政复议决定的,经行政复议机关的负责人批准,可以适当延长,并告知申请人和被申请人;但是延长期限最多不超过三十日。

(5) 执行。行政复议决定生效后,被申请人应当履行行政复议决定。

4. 简述《行政诉讼法》直接列举的行政案件受案范围。

要点:(1)对行政拘留、暂扣或者吊销许可证和执照、责令停产停业、没收违法所得、没收非法财物、罚款、警告等行政处罚不服的。(2)对限制人身自由或者对财产的查封、扣押、冻结等行政强制措施和行政强制执行不服的。(3)申请行政许可,行政机关拒绝或者在法定期限内不予答复,或者对行政机关作出的有关行政许可的其他决定不服的。(4)对行政机关作出的关于确认土地、矿藏、水流、森林、山岭、草原、荒地、滩涂、海域等自然资源的所有权或者使用权的决定不服的。(5)对征收、征用决定及其补偿决定不服的。(6)申请行政机关履行保护人身权、财产权等合法权益的法定职责,行政机关拒绝履行或者不予答复的。(7)认为行政机关侵犯其经营自主权或者农村土地承包经营权、农村土地经营权的。(8)认为行政机关滥用行政权力排除或者限制竞争的。(9)认为行政机关违法集资、摊派费用或者违法要求履行其他义务的。(10)认为行政机关没有依法支付抚恤金、最低生活保障待遇或者社会保险待遇的。(11)认为行政机关不依法履行、未按照约定履行或者违法变更、解除政府特许经营协议、土地房屋征收补偿协议等协议的。(12)认为行政机关侵犯其他人身权、财产权等合法权益的。

5. 简述行政诉讼裁判制度。

要点:(1)一审判决形式。驳回判决。我国《行政诉讼法》第 69 条规定:" 行政行为证据确凿,适用法律、法规正确,符合法定程序的,或者原告申请被告履行法定职责或者给付义务理由不成立的,人民法院判决驳回原告的诉讼请求。"撤销并可重作判决。《行政诉讼法》第 70 条规定:"行政行为有下列情形之一的,人民法院判决撤销或者部分撤销,并可以判决被告重新作出行政行为:(一)主要证据不足的;(二)适用法律、法规错误的;(三)违反法定程序的;(四)超越职权的;(五)滥用职权的;(六)明显不当的。履行判决。根据《行政诉讼法》第 72 条之规定,人民法院经过审理,查明被告不履行法定职责的,判决被告在一定期限内履行。给付判决。确认违法判决。确认无效判决。采取补救措施或赔偿补偿判决。变更判决。

(2) 二审判决形式。驳回上诉、维持原裁判。一审认定事实清楚,适用法律、法规正确的,判决或者裁定驳回上诉,维持原判决、裁定。依法改判。撤销的裁判。变更的裁判。发回重审的裁判。

二、不定项选择题

1. A B C D 2. A D 3. A 4. A B C 5. A B C D 6. A B C D 7. A B C D 8. A B C D

三、案例分析题

【分析】

(1) 乡政府的行为是具体行政行为。

(2) 侯大卫可以要求作出行政复议,可以向县一级人民政府提起行政复议。

第九章 农村科技、教育与创业

【参考答案】

一、简答题

1. 简述农业技术和农业技术推广的含义。

要点:农业技术是指应用于种植业、林业、畜牧业、渔业的科研成果和实用技术,包括:(1)良种繁育、栽培、肥料施用和养殖技术.(2)植物病虫害、动物疫病和其他有害生物防治技术。(3)农产品收获、加工、包装、储藏、运输技术。(4)农业投入品安全使用、农产品质量安全技术。(5)农田水利、农村供排水、土壤改良与水土保持技术。(6)农业机械化、农用航空、农业气象和农业信息技术。(7)农业防灾减灾、农业资源与农业生态安全和农村能源开发利用技术。(8)其他农业技术。

农业技术推广是指通过试验、示范、培训、指导以及咨询服务等,把农业技术普及应用于农业产前、产中、产后全过程的活动。

国家扶持农业技术推广事业,加快农业技术的普及应用,发展高产、优质、高效、生态、安全农业。

2. 农业技术推广机构的公益性职责有哪些?

要点:各级国家农业技术推广机构属于公共服务机构,履行下列公益性职责:(1)各级人民政府确定的关键农业技术的引进、试验、示范。(2)植物病虫害、动物疫病及农业灾害的监测、预报和预防。(3)农产品生产过程中的检验、检测、监测、咨询、技术服务。(4)农业资源、森林资源、农业生态安全和农业投入品使用的监测服务。(5)水资源管理、防汛抗旱和农田水利建设技术服务。(6)农业公共信息和农业技术宣传教育、培训服务。(7)法律、法规规定的其他职责。

3. 农业技术推广的保障措施有哪些?

要点:(1)技术推广资金保障。(2)推广人员的工作条件和待遇保障。(3)技术培训。(4)制度建设。

4. 农业技术推广重点项目和行动有哪些?

要点：(1)农业防灾减灾稳产增产关键技术集成示范工程。(2)主要农作物生产机械化推进行动。(3)保护性耕作技术集成示范工程。(4)同步营养化技术示范应用。(5)草牧业综合配套技术推广项目。(6)农业物联网试验示范工程。(7)水产养殖节水(能)减排技术集成示范工程。(8)稻渔综合种养示范工程。(9)农产品加工关键技术与产业示范工程。(10)农产品质量安全全程关键控制技术推广与科普示范工程。(11)秸秆综合利用技术示范应用。(12)地膜回收综合技术示范应用。(13)畜禽标准化规模养殖技术集成示范工程。(14)全国农业科技成果转移中心建设。(15)农业科技扶贫重点行动。

5. 简述《关于支持农民工等人员返乡创业的意见》核心内容。

要点：(1)降低返乡创业门槛。(2)落实定向减税和普遍性降费政策。符合政策规定条件的，可享受减征企业所得税、免征增值税、营业税等税费减免政策。(3)加大财政支持力度。对符合条件的企业和人员，按规定给予社保补贴；具备享受支农惠农、小微企业扶持政策规定条件的纳入扶持范围；经工商登记注册的网络商户从业人员，同等享受各项就业创业扶持政策；未经工商登记注册的，可同等享受灵活就业人员扶持政策。(4)强化返乡创业金融服务。运用创业投资类基金支持农民工等人员返乡创业；加快发展村镇银行、农村信用社和小额贷款公司，鼓励银行业金融机构开发有针对性的金融产品和金融服务；加大对返乡创业人员的信贷支持和服务力度，对符合条件的给予创业担保贷款。(5)完善返乡创业园支持政策。

二、不定项选择题

1. D 2. D 3. CD 4. ABCD 5. ABC 6. ABC 7. ABC 8. ABCD

三、案例分析题

【分析】

刘某身为村基层组织工作人员，伙同他人在协助政府从事清理化解农村“普九”债务过程中，利用职务上的便利，骗取公共财物，数额巨大，其行为依照《刑法》第93条、第383条的规定，构成贪污罪。

第十章 农村财政、金融与税收

【参考答案】

一、简答题

1. 简述财政补贴政策。

要点：(1)种粮直补政策。中央财政继续实行种粮农民直接补贴，安排补贴资金140.5亿元。(2)农资综合补贴政策。中央财政继续实行种粮农民农资综合补贴，种粮农民农资综合补贴资金1071亿元。(3)良种补贴政策。中央财政安排良种补贴资金203.5亿元。(4)农机购置补贴政策。农机购置补贴政策在全国所有农牧业县(场)范围内实施，补贴机具种类为11大类43个小类137个品目。(5)农机报废更新补贴政策。农机报废更新补贴与农机购置补贴相衔接,同步实施。(6)新型农业经营主体倾斜政策。补贴234亿元支持适度规模经营,重点向专业大户、家庭农场和农民合作社倾斜。(7)小麦、水稻收购价政策。2016年生产的小麦(三等)最低收购价为每50公斤118元;2016年生产的早(三等,下同)、中晚和粳稻最低收购价格分别为每50公斤133元、138元和155元。(8)产粮(油)大县奖励政策。中央财政安排产粮(油)大县奖励资金351亿元,奖励资金由省级财政用于支持本省粮食生产和产业发展。(9)生猪大县奖励政策。补贴35亿元,针对生猪养殖场、圈舍改造、良种引进、粪污处理。(10)农产品目标价格政策。(11)菜果茶标准化创建政策。打造一批规模化种植、标准化生产、品牌化销售的蔬菜、水果、茶叶的标准化示范区。(12)防灾减灾关键技术补助。中央财政安排农业防灾减灾稳产增产技术补助资金,在主产省实现了小麦"一喷三防"全覆盖。(13)测土配方施肥补助政策。中央财政继续投入资金7亿元,深入推进测土配方施肥。(14)推进粮棉油糖高产政策。安排20亿元,由低产变中产、中产变高产、高产可持续,提升粮棉油糖综合生产能力。(15)化肥、农药零增长政策。财政专项安排996万元,开展低毒生物农药示范补助试点。(16)耕地保护与质量提升补助政策。补助8亿元,鼓励和支持秸秆还田,加强绿肥种植,增施有机肥,改良土壤,培肥地力,改善农村生态环境,提升耕地质量。(17)设施农用地支持政策。支持农业大户、家庭农场、农民合作社、农业企业等从事规模化粮食生产所必需的配套设施用地。(18)推进现代种业发展支持政策。(19)追溯体系建设政策。可追溯体系运行所需的装备条件,强化基层信息采集、监督抽查、检验检测、执法监管、宣传培训等能力建设。(20)质量安全县创建政策。8000万元财政补助资金,支持农产品质量安全县创建活动,补助资金重点用于制度创设、模式总结探索、人员培训等。(21)畜牧良种补贴政策。(22)畜牧标准化养殖政策。生猪类(含)标准化规模养殖基地建设以及奶牛标准化规模养殖小区建设。(23)防疫补贴政策。疫病强制疫苗补助政策,畜禽疫病扑杀补助政策。(24)草原生态保护补助政策。国家继续在13省(区)实施草原生态保护政策补贴190亿元。(25)奶业支持苜蓿发展政策。中央财政安排3亿元支持高产优质苜蓿示范片区建设。苜蓿种植补贴,补贴对象:合作社1年以上。(26)渔业柴油补贴政策。继续实施渔业补贴政策,并对补贴方式和方法进行完善。(27)农产品产地初加工支持政策。安排6亿元转移支付资金。(28)农村沼气建设政策。畜牧业规模化养殖相配套,在发达和养殖严重的地区以畜禽粪便为原料建设。(29)开展农业资源休养生息试点政策。开展农产品产地土壤重金属污染综合防治,开展农业面源治理积极探索农业生态补偿机制构建。(30)培育新型职业农民政策。安排11亿元农民培训经费,在4个整省、20个整市和500个示范县开展重点示范培育。(31)培养农村实用人才政策。组织实施"全国十佳农民"资助项目,遴选10名从事种养业的优秀新型农民代表,每人给予5万元的资金资助。(32)发展新型农村合作金融组织政策。进一步完善新型农村合作金融组织的管理体制,明确地方政府的监管职责,鼓励地方建立风险补偿,有效防范金融风险。(33)发展政策。扶持发展规模化、专业化、现代化经营,允许财政资金直接投向符合条件的合作社。(34)扶持生态农庄、家庭农场发展政策。推动落实涉农建设项目、财政补贴、税收优惠、信贷支持、担保、农业保险。(35)扶持生态农庄发展政策。推动落实涉农建设项目、财政补贴、税收优惠、信贷支持、担保、设施用地等相关政策。(36)发展规模经营政策。土地经营权规范有序流转,创新土地流转和规模经营方式。(37)完善农村土地承包经营权确权登记颁证政策。在稳步扩大试点的基础上,用5年左右时间基本完成土地承包经营权确权登记颁证工作。(38)国家现代农业示范区建设政策。

2. 简述金融服务"三农"发展的政策。

要点:(1)深化农村金融体制机制改革,丰富农村金融服务主体,不断满足三农日益增长的多层次、多形式的服务需求。培育农村新型金融服务机构,鼓励、引导和支持民间资本参与或发起设立村镇银行、小额贷款公司、担保公司以及信托公司。规范和发展民间金融。(2)大力发展农村普惠金融,开展金融服务"村村通"工程,推动农村基础金融服务全覆盖,加大金融扶贫力度。重点发展新型农村合作金融组织。推进社区性农村资金互助组织发展。(3)拓宽资金来源,适当降低符合要求的县域农商行和农合行的存款准备金率,引导加大涉农资金投放。(4)创新农村金融产品和服务方式,发展多样化的金融服务产品。(5)加大对重点领域的金融支持,促进农业经营方式创新,农业综合生产能力提升,农业社会化服务产业发展和农业发展方式转变。(6)拓展农业保险的广度和深度,加快建立财政支持的农业保险大灾风险分散机制。进一步加大农业保险支持力度,提高中央、省级财政对主要粮食作物保险的保费补贴比例。(7)稳步培育发展农村资本市场,支持涉农企业发行企业债、公司债和中小企业私募债,逐步扩大中小企业集合票据、短期融资券等非金融企业债务融资工具的发行规模,促进开展多层次的直接融资(8)完善农村金融基础设施,积极培育土地评估、资产评估等中介组织,稳步推广农村移动便捷支付。(9)加大对"三农"金融服务的政策支持,建立导向明确、激励有效、约束严格、协调配套的长期化、制度化农村金融政策扶持体系,为金融机构开展"三农"业务提供稳定的政策预期。

3. 简述农村信用合作社的特征。

要点:(1)农民和农村的其他个人集资联合组成,以互助为主要宗旨的合作金融组织,其业务经营是在民主选举基础上由社员指定人员管理经营,并对社员负责。其最高权利机构是社员代表大会,负责具体事务的管理和业务经营的执行机构是理事会。(2)主要资金来源是合作社成员缴纳的股金、留存的公积金和吸收的存款;贷款主要用于解决其成员的资金需求。(3)由于业务对象是合作社成员,因此业务手续简便灵活。农村信用合作社的任务。依照国家法律和金融政策的规定,组织和调节农村基金,支持农业生产和农村综合发展,支持各种形式的合作经济和社员家庭经济,限制和打击高利贷。

4. 简述村镇银行的优势。

要点：(1)政策优势。国家对村镇银行有很大的政策优惠、政策倾斜。(2)发起行的支持。发起行对村镇银行在资金、人员、治理结构及企业文化等方面的支持，在其初创阶段是很大优势。(3)制度上的路径依赖比较弱，有利于发展创新。(4)决策链条短，扁平化管理。对市场变化、环境的反应与决策机制比较快，几乎无中间环节。(5)激励机制相对比较灵活，有利于充分调动人的积极性、创造性，把人的潜能充分发挥出来。(6)贴近社区，草根金融。

5. 简述农业保险的种类。

要点：(1) 种植业保险、畜牧业保险、渔业保险和森林保险。按照农业生产的对象分。种植业保险通俗来说就是农作物保险，如水稻、小麦等；畜牧业保险主要保牲畜和家禽；渔业保险是为渔民量身打造的；森林保险就是"森林卫士"。(2)能繁母猪的保险。一般来说投保人及其家庭成员、被保险人及其家庭成员、投保人或被保险人雇用人员的故意行为导致标的死亡，保险公司不予以赔付。母猪因得传染病被强行扑杀，在保险期间内，由于发生保险条款列明的高传染性疫病，政府实施强制扑杀导致保险母猪死亡，保险公司也负责赔偿，但赔偿金额以保险金额扣减政府扑杀专项补贴金额的差额为限。(3)农村劳动力意外伤害救灾保险。农村劳动力意外伤害救灾保险是居住在农村的无严重疾病和伤残的家庭劳动者因自然灾害或意外事故造成严重伤残或死亡时，由国家、集体和劳动者个人共同集资成立的救灾保险互济组织，按条款规定及时给付救助费或补助金的做法。(4)农业保险险种的财政补贴。农业保险有政策性农业保险和商业性农业保险之分，只有政策性农业保险才可以享受财政补贴。具体的政策性农业保险险种要依据地方的实际来确定，种类和范围在各地区都有所不同。比较常见的保费补贴品种有水稻、小麦、玉米、能繁母猪、奶牛、天然橡胶、森林等。(5)涉农保险。

二、不定项选择题

1. ABCD 2. ABCD 3. AB 4. ABC 5. ABC 6. ABC 7. ABCD 8. ABCD

三、案例分析题

【分析】

王某向A县人民法院提起诉讼，要求信用社支付存款本金50000元及利息，应当得到支持。根据《民法通则》第43条的规定，企业法人对它的法定代表人和其他工作人员的经营活动，承担民事责任。农村信用合作社对其工作人员在营业场所、营业时间所实施的营业行为应承担民事责任。农村信用合作社要对其员工的职务行为承担法律责任。

第十一章　农村社会保障制度

【参考答案】

一、简答题

1. 简述农村最低生活保障制度。

要点：农村最低生活保障制度是对家庭人均收入低于最低生活保障标准的农村贫困人口按最低生活保障标准进行差额补助的制度。由县级以上地方人民政府按照能够维持当地农村居民全年基本生活所必需的吃饭、穿衣、用水、用电等费用确定，并报上一级地方人民政府备案后公布执行。是家庭年人均纯收入低于当地最低生活保障标准的农村居民，主要是因病残、年老体弱、丧失劳动能力以及生存条件恶劣等原因造成生活常年困难的农村居民。

农村最低生活保障管理既要严格规范，又要从农村实际出发，采取简便易行的方法：(1)申请、审核和审批(2)民主公示(3)资金发放(4)动态管理。

农村最低生活保障资金的筹集以地方为主，地方各级人民政府要将农村最低生活保障资金列入财政预算，省级人民政府要加大投入。鼓励和引导社会力量为农村最低生活保障提供捐赠和资助。农村最低生活保障资金实行专项管理，专账核算，专款专用，严禁挤占挪用。

2. 简述新型农村社会养老保险制度？

要点：新农保工作的基本原则是"保基本、广覆盖、有弹性、可持续"。年满 16 周岁(不含在校学生)、未参加城镇职工基本养老保险的农村居民，可以在户籍地自愿参加新农保。

基金筹集由个人缴费、集体补助、政府补贴构成。

养老金待遇由基础养老金和个人账户养老金组成，支付终身。年满 60 周岁、未享受城镇职工基本养老保险待遇的农村有户籍的老年人，可以按月领取养老金。在新农保试点地区，凡已参加了老农保、年满 60 周岁且已领取老农保养老金的参保人，可直接享受新农保基础养老金；对已参加老农保、未满 60 周岁且没有领取养老金的参保人，应将老农保个人账户资金并入新农保个人账户，按新农保的缴费标准继续缴费，待符合规定条件时享受相应待遇。

3. 什么是新型农村合作医疗制度？

要点：新型农村合作医疗，简称"新农合"，是由政府组织、引导、支持，农民自愿参加，个人、集体和政府多方筹资，以大病统筹为主的农民医疗互助共济制度。实施新型农村合同医疗制度是帮助农民抵御重大疾病风险的有效途径，是推进农村卫生改革与发展的重要举措，对于提高农民健康保障水平，减轻医药负担，解决因病致贫、因病返贫问题，具有重要作用。

新型农村合作医疗制度从 2003 年起在全国部分县(市)试点,到 2010 年逐步实现基本覆盖全国农村居民。

4. 简述农村五保供养制度。

要点:五保供养是指对规定的村民,在吃、穿、住、医、葬方面给予的生活照顾和物质帮助。五保供养是农村的集体福利事业。农村集体经济组织负责提供五保供养所需的经费和实物,乡、民族乡、镇人民政府负责组织五保供养工作的实施。五保对象,是指村民中符合下列条件的老年人、残疾人和未成年人。

供养内容:(1)供给粮油、副食品和生活用燃料。(2)供给服装、被褥等生活用品和零用钱。(3)提供符合基本居住条件的住房。(4)及时治疗疾病,对生活不能自理的给予照料。(5)妥善办理丧葬事宜。

五保对象是未成年人的,还应当保障依法接受义务教育。五保供养的实际标准,不应低于当地村民的一般生活水平。对五保对象可以根据当地的经济条件,实行集中供养或者分散供养两种形式。

五保对象的个人财产,其本人可以继续使用,但是不得自行处分;其需要代管的财产,可以由农村集体经济组织代管。

5. 简述农村优抚政策。

要点:自 2011 年 8 月 1 日起,对部分农村籍退役士兵按每服一年义务兵役(不满一年的按一年计算)、每人每月发给 10 元老年生活补助。政策实施对象的人员范围为,1954 年 11 月 1 日试行义务兵役制后至《退役士兵安置条例》实施前入伍,年龄在 60 周岁以上(含 60 周岁)、未享受到国家定期抚恤补助的农村籍退役士兵。

按照属地管理原则组织实施,由本人户籍地村(居)委会、乡(镇、街道)和县(市、区)民政部门统一调查、审定和申报。(1)政策宣传。各级民政部门要广泛采取媒体播报、张贴告示、入户宣讲等形式。(2)个人申报。符合条件人员需携带本人身份证、户口簿、退伍证等相关证明材料,向本人户籍所在地村(居)委会提出申请并办理登记手续,填写有关登记审核表。(3)初审把关。对相关人员的申报材料,由村(居)委会初审、乡(镇、街道)复核,并做好登记工作。(4)会审认定。县级民政部门对乡(镇、街道)上报的材料,组织专门人员认真核实其身份,逐一审定其年龄、服义务兵役的年限等条件。(5)建立档案。

二、不定项选择题

1. A 2. B 3. ABCD 4. ABC 5. B 6. ABC 7. AB 8. A

三、案例分析题

【分析】

"新农合"制度的建立具有优越性。"新农合"制度的建立,既能减轻农民重大疾病医疗费用负担,又能兼顾农民受益面和受益程度,使得有限的资金发挥最大的效益,不断提高农民的保障水平,使农民群众获得基本的、最有效的医疗服务水平。胡某在"新农合"

报销的部分医疗费，属另一法律关系，不是本案的审理范围。

第十二章　城乡统筹发展

【参考答案】

一、简答题

1. 简述城乡一体化建设的任务。

要点：(1)加快城乡公路网络建设。科学合理地搞好城乡公路网络规划，加快农村公路建设及乡村巷道硬化，推进城乡交通运输一体化进程。(2)加快城乡能源建设。全面完成城乡电网改造工程，实现城乡用电同网同价。(3)加强城乡公用设施建设。(4)推进城乡生态环境建设。加快交通道路绿化工程和生态林体系建设，提高生态承载能力。加强水利基础设施建设，严格控制污染物排放。(5)加快农村人畜饮水工程建设。(6)大力发展农村沼气。(7)加强村庄规划和人居环境治理。(8)优先发展教育事业。调整优化教育布局，整合教育资源，尽快实现所有学校达到省定办学条件基本标准。(9)大力发展卫生事业。以提高公共医疗服务水平、完善医疗保障制度为重点，尽快实现新型农村合作医疗制度全覆盖。(10)加快公共文化设施建设。(11)切实维护农民的民主权利。

完善村民自治制度，进一步推进村务公开，规范村民代表会议制度和村级重大事务决策机制，所有行政村完成村级阵地建设。深入开展农村普法教育，增强农民的法制观念，建设平安乡村，创造农民安居乐业的社会环境。(12)加强农村精神文明建设。(13)深化户籍管理制度改革。(14)加快用地制度改革。进一步加大农田水利建设力度，统筹规划城乡用地，提高土地利用水平。(15)完善城乡统一的劳动就业制度。积极推进城乡一体化就业试点工作，取消各种对农民工进城就业、务工的歧视性、限制性规定，建立城乡统一的就业服务体系。(16)健全社会保障体系。加快建立以养老保险、新型农村合作医疗、五保对象集中供养和最低生活保障为主要内容的农村社会保障体系。(17)改革行政管理体制。(18)推进县域金融改革与发展。

2. 简述制定城乡规划的基本原则。

要点：(1)制定城乡规划必须遵守并符合国家《城乡规划法》及相关法律法规，在规划指导思想、内容及具体程序上，真正做到依法制定规划。

(2) 制定城乡规划必须严格执行国家政策。应当以科学发展观为指导，以构建社会主义和谐社会为基本目标，坚持五个统筹，坚持中国特色的城镇化道路，坚持节约和集约利用资源，保护生态环境，保护人文资源，尊重历史文化，坚持因地制宜确定城市发展目标与战略，促进城市全面协调可持续发展。

(3) 制定城乡规划应当遵循城乡统筹、合理布局、节约土地、集约发展和先规划后建设的原则。

(4) 制定城乡规划应当考虑人民群众需要，改善人居环境，方便群众生活，充分关注低收入人群，扶助弱势群体，维护社会稳定和公共安全。

(5) 制定城乡规划应当坚持政府组织、专家领衔、部门合作、公众参与、科学决策的原则。

3. 城乡基础设施一体化实现途径有哪些？

要点：(1)建立覆盖城乡、有机衔接的基础设施规划系统。(2)建立覆盖城乡、方便快捷的城乡交通系统。推进城乡路网建设。推进公共交通体系建设。推进交通管理体系建设。推进城乡停车设施建设。(3)建立覆盖城乡、宜居优美的城乡生态景观系统。(4)建立覆盖城乡、功能完备的市政公用设施及管网系统。(5)建立覆盖城乡、便捷高效的信息化服务系统。(6)建立覆盖城乡、规范专业的城乡环境管理系统。

4. 城乡基础设施一体化发展目标是什么？

要点："统筹城乡发展，形成城乡一体化新格局"是一个长期战略目标，要求城乡发展得到同样重视，城乡发展差距日益缩小。首要的就是要抓好城乡一体化基础设施建设，在硬件上缩小差别。针对城乡基础设施差异大、各种功能布局不合理、设施共享性差等突出问题，必须把城市和农村作为一个有机整体，在规划布局、基础设施建设方面统一考虑、统一布局、统一推进。强化城乡设施的衔接、互补，加大对农村基础设施的投入，让城市基础设施建设向农村不断延伸，使农民真正享受到城市先进的生产力和城市文明，从而实现城乡共建、城乡联网、城乡共享。

要改变农村落后面貌，必须从改变基础设施抓起，形成完善的现代化农业、交通、供排水、供电、供气和流通网络。

5. 如何推进城乡基础设施一体化发展规划？

要点：(1)统筹城乡布局，规划先行。搞好新农村建设中基础设施建设的规划。"中心城市"在城市规划的编制中，不应局限城市，应该把城市的基础设施按可持续发展的要求，按"城市—乡镇—中心村—自然村"分步骤进行，把农村基础设施建设纳入城市规划编制，统筹城乡发展。切实根据农业生产发展和与"中心城市"基础设施对接的需要，充分发挥自然资源与农业生产的优势。(2)紧密结合市场和农民意愿，构建多元投资格局。(3)建立和完善城乡一体化的公共财政体系。(4)完善投资机制，引导企业及社会投资。(5)因地制宜、通过多样化来促进发展。

二、不定项选择题

1. AB 2. ABC 3. ABCD 4. ABCD 5. ABC 6. A 7. ACD 8. AB

三、案例分析题

【分析】

以河南省为例。农村垃圾治理关键在于县级政府的落实和推进。一些县市对收集转运模式、长效运营机制等缺乏长远考虑。许多县市大力推行农村垃圾全收全运全处理，严重加剧了终端处理设施的负担，也给地方财政带来沉重的负担。加上地方政府发动全民参与的积极性不高，村民缴费的覆盖面偏低，日常监督管理薄弱。河南省持续探索破解之道。

行政村保洁全覆盖、推进垃圾源头减量和分类、排查和整治非正规垃圾堆放点。河南省各地正在通过一系列行之有效的探索措施“破冰”农村生活垃圾治理。

在财力有限的情况下，南乐县投资2500余万元，全面推行城乡环卫一体化，将全县所有村庄纳入生活垃圾治理范围，形成了农村生活垃圾治理党委重视、政府主导、市场运作、分类处理、三级监管的“南乐模式”。兰考县初步形成了“户分类投放、村分类收集、乡分类减量、县分类处理”的四级分类模式。到2018年，济源市计划建成400个达标村、200个示范村和33个精品村，改善农村人居环境。

河南省各地重点排查了城乡接合部、环境敏感区、交通干线、江河沿线等区域，摸清掌握了城乡垃圾乱排乱放点的数量、规模和分布的情况。截至2017年6月底，全省非正规垃圾堆放点已经有41个县(市、区)录入了841个点，9个县(市、区)录入了51个漂浮垃圾堆放点，54个县(市、区)完成基本情况调查表录入工作，并都建立了治理工作台账。

出台了《关于全面推进农村垃圾治理的实施意见》，并制定了《河南省农村垃圾治理达标验收办法》，持续探索农村生活垃圾治理的路子。

第十三章　扶贫开发与农民合法权益维护

【参考答案】

一、简答题

1. 简述农村扶贫开发的主要任务。

要点：(1)基本农田和农田水利。到2020年，农田基础设施建设水平明显提高。(2)特色优势产业。到2020年，初步构建特色支柱产业体系。(3)饮水安全。到2020年，农村饮水安全保障程度和自来水普及率进一步提高。(4)生产生活用电。到2020年，全面解决无电人口用电问题。(5)交通。到2020年，实现具备条件的建制村通沥青(水泥)路，推进村庄内道路硬化，实现村村通班车，全面提高农村公路服务水平和防灾抗灾能力。(6)农村危房改造。到2020年，贫困地区群众的居住条件得到显著改善。(7)教育。到2020年，基本普及学前教育，义务教育水平进一步提高，普及高中阶段教育，加快发展远程继续教育和社区教育。(8)医疗卫生。到2020年，贫困地区群众获得公共卫生和基本医疗服务更加均等。(9)公共文化。到2020年，健全完善广播影视公共服务体系，全面实现广播电视户户通；自然村基本实现通宽带；健全农村公共文化服务体系，基本实现每个国家扶贫开发工作重点县(以下简称重点县)有图书馆、文化馆，乡镇有综合文化站，行政村有文化活动室。以公共文化建设促进农村廉政文化建设。(10)社会保障。到2020年，农村社会保障和服务水平进一步提升。(11)人口和计划生育。到2020年，重点县低生育水平持续稳定，逐步实现人口均衡发展。(12)林业和生态。到

2020 年，森林覆盖率比 2010 年底增加 3.5 个百分点。

2. 简述男女平等原则。

要点：专指夫妻和性别不同的家庭成员以及其他近亲属，在婚姻家庭生活和亲属关系中处于平等的法律地位，享有平等的权利，承担平等的义务。

男女平等原则在我国婚姻法的各项制度、各项规定中都有所体现。第一，在结婚和离婚制度上，男女双方当事人的权利和义务是完全平等的。男女双方平等地享有结婚自由和离婚自由；登记结婚后，女方可以成为男方家庭成员，男方也可以成为女方家庭成员。离婚时的财产清算，离婚后的子女抚养和教育，男女双方的权利义务也是平等的。第二，在家庭关系中，不同性别的家庭成员的权利义务是完全平等的。

在夫妻关系上，男女结婚后，地位平等，人格平等，共享权利，共担义务。

3. 父母子女的继承权利是什么？

要点：我国《婚姻法》第 24 条第 2 款规定："父母和子女有相互继承遗产的权利。"根据我国《继承法》的规定，子女和父母均为第一顺序继承人，相互享有继承权。

父母子女的继承权利的具体内容包括：(1)父母与婚生子女有相互继承遗产的权利。(2)养父母与养子女有相互继承遗产的权利；但养子女无权继承生父母的遗产，生父母也无权继承养子女的遗产。(3)有抚养关系的继父母与继子女有相互继承遗产的权利；继父母继承了继子女遗产的，不影响其继承生子女的遗产；继子女继承了继父母遗产的，不影响其继承生父母的遗产。父母和子女的继承权是平等的，父母子女都是独立的继承主体，享有独立的继承份额。

4. 法律援助范围有哪些？

要点：(1)依法请求国家赔偿的。(2)请求给予社会保险待遇或者最低生活保障待遇的。(3)请求发给抚恤金、救济金的。(4)请求给付赡养费、抚养费、扶养费的。(5)请求支付劳动报酬的。(6)主张因见义勇为行为产生的民事权益的。

5. 简述信访事项。

要点：主要针对五类组织及其人员的职务行为提出建议、意见或对其不服。职务行为，是指履行本机关或单位职责、法定或者约定义务的行为，或者代表本机关或者单位，以机关、单位名义履行职责所作出的行为，而非以个人名义作出的行为。

对依法应当通过诉讼、仲裁、行政复议等法定途径解决的投诉请求，信访人应当依照有关法律、行政法规规定的程序向有关机关提出。

二、不定项选择题

1. A C　2. A C　3. A B　4. C D　5. A B C D　6. D　7. B　8. A B C

三、案例分析题

【分析】

依照《农村土地承包法》第 37 条的规定，土地承包经营权采取转包、出租、互换、转让或者其他方式流转，当事人双方应当签订书面合同。所以，王小海与张旺的口头约定无效。双方可以依照《农村土地承包经营纠纷调解仲裁法》，申请采取仲裁方式解决土地承包权益纠纷。

第十四章 村民基层组织与自治法律制度

【参考答案】

一、简答题

1. 简述农村基层党组织制度。

要点：(1)农村基层党组织的地位。《中国共产党党章》明确规定，农村……，凡是有正式党员三人以上的，都应当成立党的基层组织。中共中央、国务院《关于推进社会主义新农村建设的若干意见》明确要求，不断增强农村基层党组织的战斗力、凝聚力和创造力，充分发挥农村基层党组织的领导核心作用，为建设社会主义新农村提供坚强的政治和组织保障。

(2) 农村基层党组织的产生。党的基层组织，根据工作需要和党员人数，经上级党组织批准，分别设立党的基层委员会、总支部委员会、支部委员会。基层委员会由党员大会或代表大会选举产生，总支部委员会和支部委员会由党员大会选举产生，提出委员候选人要广泛征求党员和群众的意见。党的基层委员会每届任期三年至五年，总支部委员会、支部委员会每届任期两年或三年。基层委员会、总支部委员会、支部委员会的书记、副书记选举产生后，应报上级党组织批准。

党的支部(或总支)委员会委员候选人，按照德才兼备和班子结构合理的原则提名。

(3) 农村基层党组织的基本任务。宣传和执行党的路线、方针、政策，宣传和执行党中央、上级组织和本组织的决议，充分发挥党员的先锋模范作用，团结、组织党内外的干部和群众，努力完成本单位所担负的任务。组织党员认真学习马克思列宁主义、毛泽东思想、邓小平理论和“三个代表”重要思想，学习科学发展观，学习党的路线、方针、政策和决议，学习党的基本知识，学习科学、文化、法律和业务知识。对党员进行教育、管理、监督和服务，提高党员素质，增强党性，严格党的组织生活，开展批评和自我批评，维护和执行党的纪律，监督党员切实履行义务，保障党员的权利不受侵犯。加强和改进流动党员管理。密切联系群众，经常了解群众对党员、党的工作的批评和意见，维护群众的正当权利和利益，做好群众的思想政治工作。充分发挥党员和群众的积极性创造性，发现、培养和推荐他们中间的优秀人才，鼓励和支持他们在改革开放和社会主义现代化建设中贡献自己的聪明才智。对要求入党的积极分子进行教育和培养。监督的任务。教育党员和群众自觉抵制不良倾向，坚决同各种违法犯罪行为作斗争。

2. 简述村民委员会法律制度。

要点：(1)村民委员会的性质。

村民委员会是建立在农村的基层群众性自治组织，不是国家基层政权组织，不是一级政府，也不是乡镇政府的派出机构。它的主要任务是办理村里的公共事务、调解民间纠纷和维护村里的治安等。农村党支部（或党总支）应积极主动加强党对村民自治的领导，同时加强自身队伍建设，形成在村党支部（或党总支）领导下的村民自治运行机制。

(2) 村民委员会的主要任务。办理本居住地区的公共事务和公益事业。调解民间纠纷。协助政府维护社会治安。

3. 简述农村基层团组织制度。

要点：全心全意为人民服务是党的根本宗旨，也是共青团的根本宗旨。农村基层共青团员贯彻这一宗旨，就是要把人民的利益看得高于一切，深深植根于人民群众之中，千方百计地为农民群众多办实事，尽心尽力地帮助农民群众解决生产生活中遇到的实际困难。共青团坚持引导青年为农村社会服务，把党的根本宗旨的要求具体地落实到共青团工作的实处。这既体现了共青团组织的群众性，更体现了共青团组织的先进性。共青团着眼于为党和政府分忧，为人民群众解愁，在服务社会、服务新农村建设方面做力所能及的工作，不但是应该的，也是能够做到的，乃至是可以大有作为的。坚持引导青年为社会服务，是共青团工作的独特要求。共青团不是一般的群众组织，它在根本任务是培养有理想、有道德、有文化、有纪律的社会主义新人。

4. 简述农村妇女代表会制度。

要点：(1)农村妇女代表会的地位。农村妇女代表会（简称农村妇代会）是妇女联合会在农村的基层组织，是党和政府与农村妇女联系的桥梁和纽带。农村妇代会接受同级党组织和上级妇女联合会的领导。

(2) 农村妇女代表会任务。宣传、贯彻党和政府在农村的方针、政策。教育、引导农村妇女增强自尊、自信、自立、自强精神，成为有理想、有道德、有文化、有纪律的社会主义新农民。组织农村妇女参加“双学双比”、“五好文明家庭”和拥军优属等活动。维护妇女儿童合法权益，反映妇女的意见、建议和要求，代表妇女参与村务决策，发挥民主参与、民主管理、民主监督作用，推进男女平等基本国策的落实。宣传、普及有关妇女儿童的法律和法规知识，抵制封建迷信和陈规陋习。推进依法治村。普及科普知识、环境保护知识、妇幼卫生保健知识等。协助党组织，做好培养、推荐妇女入党积极分子和农村后备女干部工作。因地制宜建立妇女儿童活动阵地，创办经费基地，提供市场信息和农业技术服务。建立和完善学习培训、工作会议、代表联系户、检查考核、评比表彰等工作制度。

(3) 农村妇女代表会组织。农村妇代会实行代表联系群众制度。农村妇代会设在行政村、乡镇企业、农林牧渔场和其他经济组织中。根据妇女人数及工作需要，可建立村妇联或其它形式的妇女组织。妇女超过三十人，可成立妇代会。不足三十人可设妇女小组。农村妇代会由农村妇女民主选举若干代表组成，代表人数根据行政村的规模和各经济组织中妇女人数多少而定。

5. 简述农村社会治安治理组织制度。

要点：(1)农村社会治安治理机构。社会治安综合治理是组织、动员全社会力量，预防和治理违法犯罪，化解不安定因素，确保社会稳定的一项系统工程。公安机关、乡派出所和村民委员会肩负着维护农村治安的任务。为了加强社会治安，维护公共秩序，保护公共财产，保障公民权利，市、县公安局可以在辖区内设立公安派出所。

(2) 建立村综合治理工作组织网络。社会治安综合治理需要发动群众，不能仅依靠专门机关的力量，需要建立村综合治理工作组织网络，实现各种力量的有效整合。结合本地实际，成立村社会治安综合治理领导小组，由村委会主任任组长，村委会副主任任副组长，成员有村治保委员会和调解委员会主任、妇代会主任、民兵连长和团支部书记等。村社会综合治理领导小组下设村综合治理协调室，由治保调解主任兼任村综合治理协调室主任。村综合治理协调室应建立综合治理领导小组例会制度、综合治理信息员报告制度等各项工作制度。

(3) 村民委员会在社会治安综合治理中的职责。宣传、贯彻执行有关法律、法规和方针、政策。组织制定村规民约，并监督执行。进行防盗、防火、防破坏、防自然灾害事故等安全教育，提高群众自防、自治能力。加强对治安保卫组织的领导，组织群众开展安全防范工作。协助公安、司法机关监督、考察被依法判处管制、有期徒刑宣告缓刑、监外执行、假释的犯罪人员和被监视居住、取保候审人员。配合有关部门，查禁卖淫嫖娼，严禁制作、运输、走私、贩卖毒品和淫秽物品，禁止吸食、注射毒品，禁止赌博和利用封建迷信骗钱害人等社会丑恶现象；做好本单位的吸食、注射毒品人员的戒毒工作和戒除毒瘾的巩固工作。教育、管理刑满释放人员、解除劳动教养人员和有轻微违法行为的人员。做好辖区内青少年和社会闲散人员的教育管理工作。及时报告社会治安情况，反映村民对社会治安综合治理工作的意见和要求。办理社会治安综合治理的其他事项。

二、不定项选择题

1. AB　2. ABC　3. ABCD　4. C　5. ABC　6. A　7. AB　8. ABCD

三、案例分析题

【分析】

符合法律对村民会议职权的规定的事项是第 1.2.3.5 项内容。第 4 项不属于村民会议职权。

参 考 文 献

[1] 任大鹏.农村政策与法规. 北京：中国农业大学出版社，2004.
[2] 许水俊.消费者权益保护法案例·学理精解.北京：中国经济出版社，2004.
[3] 郑功成.社会保障法.北京：中国劳动社会保障出版社，2005.
[4] 杨立新.物权法(第二版).北京：中国人民大学出版社，2007.
[5] 江伟.民事诉讼法(第三版).北京：高等教育出版社，2007.
[6] 林嘉.劳动法和社会保障法.北京：中国人民大学出版社，2009.
[7] 蔡虹.仲裁法学.北京：北京大学出版社，2009.
[8] 李秉龙.农村土地政策法规知识读本.北京：中国农业大学出版社，2009.
[9] 齐树洁. 民事诉讼法.北京：中国人民大学出版社，2010.
[10] 彭爱美.新编保险法.北京：清华大学出版社，2010.
[11] 关怀.劳动法和社会保障法.北京：法律出版社，2010.
[12] 张子愚.知识产权法.北京：中国政法大学出版社，2010.
[13] 李延荣，周珂.房地产法.北京：中国人民大学出版社，2010.
[14] 丁鸿.农村政策与法规(第二版). 北京：中国农业出版社，2012.
[15] 冯玉军.法理学.北京：中国人民大学出版社，2012.
[16] 周晖.经济法.北京：北京大学出版社，2013.
[17] 顾相伟.农村政策与法规新编教程.上海：复旦大学出版社，2015.
[18] 王立波.农村政策法规案例解读. 北京：化学工业出版社，2017.
[19] 农业部官网.http：//www.moa.gov.cn/.
[20] 国土资源部官网. http：//www.mlr.gov.cn/.
[21] 国家发展和改革委员会官网. http：//www.sdpc.gov.cn/.
[22] 国家林业局官网. http/www.forestry.gov.cn/.
[23] 中国消费者协会信息网.http：//www.cca.org.cn/.
[24] 国家知识产权局官网.http：//www.sipo.gov.cn/.
[25] 国家工商行政管理总局商标局(中国商标网)官网.http：//sbj.saic.gov.cn/.
[26] 中国人民银行网官网.http：//www.pbc.gov.cn.
[27] 国家食品药品监督管理总局.http：//www.sda.gov.cn/.
[28] 中国保险监督管理委员会官网.http：//www.circ.gov.cn/web/site0/.
[29] 中民保险网.http：//www.iscn.net.cn/.
[30] 国务院扶贫开发领导小组办公室 http：//www.cpad.gov.cn/.
[31] 教育部 http：//www.moe.gov.cn/.
[32] 人力资源和社会保障部官网.http：//www.mohrss.gov.cn/index.html.
[33] 中国农民合作社网.http：//www.jgs.moa.gov.cn/cfc/.
[34] 三农网.http：//www.zgsnw.cn/.